Belas Letras

MÚSICA CULTURA POP ESTILO DE VIDA COMIDA
CRIATIVIDADE & IMPACTO SOCIAL

AS VERDADEIRAS AVENTURAS DOS

ROLLING STONES

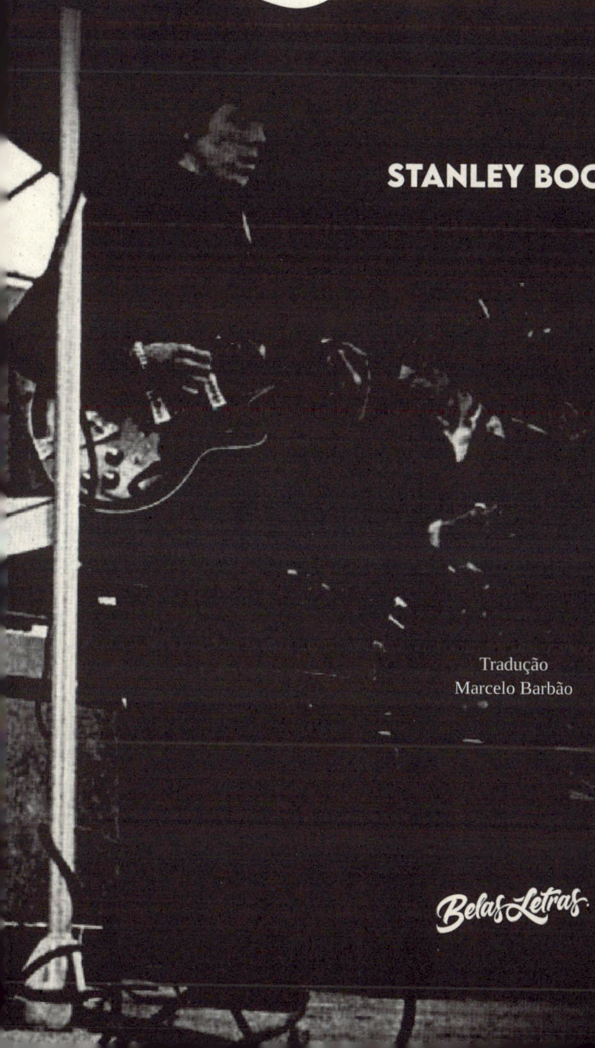

STANLEY BOOTH

Tradução
Marcelo Barbão

Belas Letras

Publicado originalmente pela Chicago Review Press
Título original: The True Adventures of The Rolling Stones

Este livro é o resultado de um trabalho feito com muito amor, diversão e gente finice pelas seguintes pessoas:

Gustavo Guertler (*publisher*), Fernanda Fedrizzi e Germano Weirich (coordenação editorial), Celso Orlandin Jr. (capa, projeto gráfico e diagramação), Marcelo Barbão (tradução), Tanara de Araújo (preparação), Cintia Oliveira e Germano Weirich (revisão).

Obrigado, amigos.

2022
Todos os direitos desta edição reservados à
Editora Belas Letras Ltda.
Rua Antônio Corsetti, 221 – Bairro Cinquentenário
CEP 95012-080 – Caxias do Sul – RS
www.belasletras.com.br

Dados Internacionais de Catalogação na Fonte (CIP)
Biblioteca Pública Municipal Dr. Demetrio Niederauer
Caxias do Sul, RS

B725v Booth, Stanley
As verdadeiras aventuras dos Rolling Stones / Stanley Booth; tradutor: Marcelo Barbão. - Caxias do Sul, RS: Belas Letras, 2022.
512 p.: il.

Contém fotografias.
Título original: The true adventures of The Rolling Stones.
ISBN: 978-65-5537-136-9
ISBN brochura: 978-65-5537-216-8

1. Rock (Música). 2. Músicos de rock - Inglaterra – Biografia. 3. Rolling Stones (Conjunto musical). I. Barbão, Marcelo. II. Título.

22/77 CDU 784.4(420)

Catalogação elaborada por Vanessa Pinent, CRB-10/1297

FSC
www.fsc.org
MISTO
Papel produzido a partir de fontes responsáveis
FSC® C148257

PARA TODAS AS CRIANÇAS

QUEREMOS O CALOR DA ORGIA E NÃO O SEU ASSASSINATO, O CALOR DO PRAZER SEM O APERTO DA DOR, E ASSIM O FUTURO AMEAÇA UM PESADELO, E CONTINUAMOS A NOS DESPERDIÇAR... SOMOS OS COVARDES QUE DEVEM DEFENDER A CORAGEM, O SEXO, A CONSCIÊNCIA, A BELEZA DO CORPO, A BUSCA DO AMOR E A CAPTURA DO QUE PODE SER, AFINAL, UM DESTINO HEROICO.

NORMAN MAILER, *ADVERTISEMENTS FOR MYSELF*

SUM

ROLLIN

ÁRIO

G

October 21, 1969

Mr. Stanley Booth
745 Hawthorne Street
Memphis, Tennessee

Dear Stanley:

This letter assures you of the Rolling Stones' full and exclusive cooperation in putting together a book about the Stones for publication.

Yours faithfully,

Mick Jagger

Keith Richard

Charlie Watts

Bill Wyman

Mick Taylor

PREFÁCIO
POR GREIL MARCUS

No final desta edição, em um posfácio escrito dezesseis anos depois que *As Verdadeiras Aventuras dos Rolling Stones* foi publicado pela primeira vez, após quinze anos dos eventos que o livro reconta – um diário interno da turnê norte-americana dos Rolling Stones no outono de 1969, entrelaçado com capítulos que se alternam para recriar a história da banda do início até a morte de Brian Jones, membro fundador, apenas alguns meses antes da turnê –, Stanley Booth dá nome aos seus "heróis estilísticos". Primeiro temos Jack Kerouac, depois Vladimir Nabokov, Evelyn Waugh, "e – acima de tudo –, Raymond Chandler. Tentei fazer com que cada frase pudesse ser dita pelo narrador detetive de Chandler, Philip Marlowe", escreve Booth.

Ele chega perto o suficiente. "Era a única pessoa que eu já tinha visto que poderia tornar o sono pretensioso" é uma fala que Chandler teria copiado em seu caderno para uso posterior. Às vezes, como ao acompanhar uma típica descrição sentimental de uma primeira viagem de ácido com talvez a única descrição verdadeiramente estranha de uma viagem de ácido já publicada – estranha por estar muito próxima da vida comum –, Booth recua e avança no tempo literário de Chandler para que você ouça ecos de Dashiell Hammett e Ross Macdonald. Booth e um amigo foram a um café aberto a noite toda, no qual "havia um policial, todo de azul-escuro, couro preto e dispositivos ameaçadores. Ele estava sentado em uma mesa com uma xícara de café, conversando com alguém em um *walkie-talkie*. Houve um roubo em um armazém num bairro negro. A assaltante era uma adolescente negra. O policial disse que estaria lá, num tom carregado de sexo e sadismo. A única maneira de ter intimidade com uma garota negra era puni-la. Depois que ele saiu, o lugar ainda fedia com sua luxúria, se você tivesse tomado ácido".

Booth se aproxima mais de Chandler quando não dá para sentir que está tentando, quando ele parece completamente envolvido em sua história, como em uma passagem sobre o empresário dos Rolling Stones em 1969, o falecido Allen Klein, "que assustou Phil Spector, um homem cercado de guarda-costas, barreiras e vidros à prova de balas, que ridicularizou os Stones por terem sido presos; até Spector parecia ter medo daquele contador rechonchudo e carrancudo vestindo uma protuberante camiseta amarela. Mas o que mais me assustou foi perceber que, não importava o que estavam fazendo, eu precisava saber. Não importava se Klein ia pegar meu livro, meu dinheiro, me matar, eu tinha de ficar por aqui e ver o que ia acontecer". *Down these mean streets a man must go who is not himself mean*[1], embora Booth possa ser bastante mau.

Há mais na conexão do que no estilo – ou talvez a questão do que constitui um estilo, o que está nele, o que está por trás dele, seja mais abrangente do que tendemos a pensar. Em um dos momentos mais contundentes e fortes de *As Verdadeiras Aventuras dos Rolling Stones*, novamente no posfácio, Booth se baseia no peso da história social que paira no ar sobre cada show narrado – da primeira noite da turnê em Fort Collins, Colorado, 7 de novembro, até o último dia em Altamont, 6 de dezembro –, sobre cada música tocando no rádio e depois nas próprias páginas. Esse é o tipo de história que permite a Booth escrever que "em 1969, poucas pessoas no Madison Square Garden no Dia de Ação de Graças pensavam que aquilo que os Rolling Stones estavam fazendo era um show... [Elas] tinham, a maioria, vivido uma época de guerra fria, guerra quente, distúrbios raciais, estudantis e policiais, assassinatos, estupros, crimes, julgamentos, pesadelos fora do sono. Mas Keith, Mick, Charlie, Bill e o novo guitarrista estavam representando os Rolling Stones, e aquelas pessoas representavam o público deles... Dançar nessas circunstâncias... parecia ter um valor transcendente. Muita gente pensou então que a dança e a música poderiam ter um papel importante na mudança da estrutura da sociedade. Podem ter sido ingênuos, mas eram muito mais interessantes do que as pessoas sensatas que apareceram depois". É um sentimento que Booth traduz em 2000, no posfácio, como "crianças morrem de fome, governos matam prisioneiros, guerras continuam furiosas,

1 "Por essas ruas más deve andar um homem que não seja, ele mesmo, mau." *The Simple Art of Murder*, Raymond Chandler. (N.T.)

trilhões de dólares são desperdiçados em armas insanas e perigosas. Eu acho que a música pode parar essas coisas? Não. Acho que ela deveria tentar? Talvez não diretamente. Mas considere este verso que eu costumava ouvir Furry Lewis cantar: 'My ole mistress promised me, when she died, she'd set me free; she lived so long till her head got bald, and God had to kill her with a white oak maul[2]'. Não consegue ouvir o protesto nisso? Está no coração dessa música uma profunda tensão de insurreição misteriosa, sem a qual a canção morre". Eis as palavras condenatórias de Booth: "Nos anos 1960 acreditávamos em um mito – que a música tinha o poder de mudar a vida das pessoas. Hoje acreditamos em outro mito – que música é apenas entretenimento" – ou que estilo é apenas estilo ou que histórias de detetive são apenas histórias de detetive.

Em 2011, onze anos depois que Booth homenageou Raymond Chandler no posfácio deste livro, a romancista britânica Jenny Diski, ao escrever sobre a época em que também acreditava no mesmo mito que Booth, retratou Philip Marlowe e Sam Spade de Hammett como figuras de um período posterior, independentemente de sua proveniência nos anos 1920, 1930 ou 1940: "Homens durões com cernes suaves e democráticos, norte-americanos românticos manchados pelas bases e pelo senso melancólico de humanidade de Melville". Eles eram homens "arrastados, recuando com desgosto, em direção ao submundo sujo por homens e mulheres bons e maus, e por sua vocação maldita de corrigir o mundo. Detetives particulares, mas, na verdade, defensores públicos... Homens que se comportavam como se fizesse sentido tentar corrigir os erros, mesmo se soubessem que era impossível". Olhando em retrospecto para as noites passadas nos cinemas vendo Humphrey Bogart no filme de John Huston baseado em *O Falcão Maltês*, de Hammett, ou no filme de Howard Hawks inspirado em *O Sono Eterno*, de Chandler, o legado do estilo era bem claro para Diski: "E talvez, mais tarde, tenham sido Marlowe e Spade que nos deram a coragem e a tolice de ir às ruas". Eles eram, ela disse, "parte da equação".

2 "Minha velha senhora me prometeu, quando morresse, que me libertaria; ela viveu tanto que ficou careca, e Deus teve de matá-la com um martelo de carvalho branco." (N.T.)

É uma noção que, ao menos para mim, poderia ter parecido forçada, até mesmo artificial, sem a afirmação de Booth de que toda vez que estava no palco atrás de um dos amplificadores de Keith Richards enquanto os Rolling Stones tocavam "Gimme Shelter" ou "Street Fighting Man", Philip Marlowe estava atrás dele. O que Diski revela é como eram grandes e profundas as ambições de Booth quando disse que não queria uma frase em seu livro que Marlowe não pudesse falar: não apenas frases como "ele era a única pessoa que eu já tinha visto que poderia tornar o sono pretensioso", mas frases como "há no coração dessa música uma profunda tensão de insurreição misteriosa, sem a qual a canção morre".

O fervor impulsiona *As Verdadeiras Aventuras dos Rolling Stones*, o fervor de, entre outras coisas, tentar localizar o coração dessa insurreição – o que Albert Camus, em *O Homem Revoltado*, ao descrever um prisioneiro na Sibéria soviética que construiu um piano silencioso com teclas de madeira, chamou de "aquela insurreição harmoniosa" – para encontrá-la, nomeá-la, descrevê-la antes que desapareça. "Você tinha de estar lá", escreve Booth sobre um show no L.A. Forum em Los Angeles. Ele não quer dizer que não pode contar o que aconteceu naquela noite; ele pode. O que quer dizer é que se você estivesse vivo naquela noite, ou até mesmo se ainda não fosse nascido, se tivesse a opção de ir, não poderia, como uma pessoa séria, pensante e que estivesse respirando, deixar aquilo passar. "Você tinha de estar lá" – e porque você não estava, Booth afirma, é minha obrigação colocá-lo lá, no palco, nos bastidores, na multidão, no som, em tudo que aconteceu.

Graças a histórias longas e perfeitamente integradas contadas por Keith Richards, Charlie Watts[3], o falecido Ian Stewart (um Rolling Stone original, excluído por causa de sua aparência, que se tornou *roadie* da banda e pianista nos bastidores) e Shirley Arnold (a fã que se tornou presidente do fã-clube), a sensação da presença de Booth é quase tão forte quanto nos capítulos do outono de 1969, quando de fato estava lá. "Nunca vou esquecer o rosto de Bo quando Brian tocou algumas daquelas coisas de Elmore James", Stewart conta para

3 Charlie Watts morreu em 24 de agosto de 2021, aos 80 anos (N.E.)

Booth sobre uma discussão nos bastidores no Reino Unido em 1963. Booth instantaneamente compreende Stewart: "Se os Stones ficaram surpresos por tocar com Bo Diddley, como Bo Diddley deve ter se sentido ao ver um querubim inglês louro, com um olho machucado e inchado, tocando guitarra como Elmore James, que tinha aprendido com Robert Johnson, que aprendera na encruzilhada com o próprio Diabo". Mas a presença de Booth, ou seja, a sua presença, é tão forte em certas noites de 1969 que você quase não quer estar lá, por medo de que a música, como Booth a apresenta, não corresponda às esperanças depositadas nela – depositadas pelos músicos, pelo público, pelo escritor e, sendo tomado pelo entusiasmo, pelo leitor. E há os incidentes de Altamont, o desastroso show gratuito que encerrou tanto a turnê da banda quanto a década que ela representava, que são tão vívidos, tão poeticamente horríveis – "um garoto branco alto com uma nuvem negra de cabelos elétricos estava dançando, se remexendo, enfurecendo os Angels por estar se divertindo muito... [Um] Angel o empurrou e outro começou a atacar a multidão com um taco de sinuca, e, em seguida, vários Angels estavam agarrando as pessoas, batendo e chutando, a multidão recuava da fúria com uma velocidade fantástica, o dançarino tentou se afastar do palco... os Angels o pegaram por trás, a ponta pesada de um taco de sinuca desceu em um longo arco e bateu na lateral de sua cabeça, derrubando-o. O rapaz não se moveu, e eu pensei: 'Meu Deus, eles o mataram'" – isso de fato faz com que você deseje não estar lá. Eu estava, e enquanto lia as páginas de Booth, 42 anos após o fato, senti cada terror, cada horror, cada choque novamente, como se ainda não tivesse acabado.

E não terminou. Esse é o fardo de Booth ao escrever sobre o tempo que se passou entre um telefonema em 1969 e os dias atuais: "Nós nos despedimos, uma tempestade de música, drogas, dinheiro e angústia começando a se acumular no futuro, enquanto o Dia de Ação de Graças continuava em Great Neck"; ao escrever "será que algum de nós estava pronto para viver no mundo real, um mundo que a cada ano se tornaria mais como Altamont?". Essas profecias retrospectivas explicam por que ele levou quinze anos para escrever seu livro e por que, ainda hoje, pode levá-lo para passear na rua, fazer você rir, enchê-lo de prazer e, ao descer na sarjeta, sua perna acabar mergulhada na água até o joelho.

CAMPOS
DA
MORTE

É tarde. Todas as pequenas cobras estão dormindo. O mundo está escuro do lado de fora das janelas do carro, só dá para ver a estrada de barro empoeirada nos faróis. Longe da cidade, depois do último cruzamento (onde costumavam enterrar suicidas na Inglaterra, com estacas de madeira enfiadas em seus corações), estamos procurando por uma estranha encosta da Califórnia onde podemos vê-lo, podemos até dançar com ele em suas peles rasgadas e ensanguentadas, venha brincar.

Um viaduto ferroviário se abre no céu diante de nós; quando saímos dele, há uma bifurcação não marcada na estrada. The Crystals estão cantando "He's a Rebel". O motorista olha para a esquerda, direita, esquerda de novo. "Ele não sabe para onde está indo", diz Keith. "Você... você tem certeza de que este é o caminho?", pergunta Mick. Virando à esquerda, o motorista não responde. O rádio está bastante alto. "Acho que ele não te ouviu." Mick fecha os olhos. Certamente estamos perdidos, mas tão cansados, sem dormir nas últimas quarenta horas, somos cada vez menos capazes de protestar, de mudar de direção, então seguimos em uma limusine Cadillac preta para a vastidão do espaço.

See the way he walks down the street
Watch the way he shuffles his feet
Oh, how he holds his head up high
When he goes walkin' by
He's my guy
When he holds my hand I'm so proud
'Cause he's not just one of the crowd
My baby's always the one
To try the things they've never done
And just because of that they say
He's a rebel
And he'll never ever be

Any good
He's a rebel
'Cause he never ever does
What he should[4]

"Tem alguma coisa aqui adiante", diz o motorista. Parada à beira da estrada está uma van Volkswagen com um cão policial alemão amarrado por uma corda na maçaneta da porta traseira. O cachorro late quando passamos. Em seguida, há mais carros e vans, alguns com pessoas dentro, mas a maioria delas está na estrada, andando em pequenos grupos, carregando sacos de dormir, mochilas de lona, bebês e levando grandes cães feiosos. "Vamos sair", diz Keith. "Não nos deixe", Mick diz ao motorista, que pergunta: "Para onde você está indo?". Mas nós cinco já tínhamos saído: Ron, o Bag Man; Tony, o Spade Heavy; o Okefenokee Kid; e, claro, Mick e Keith, dos Rolling Stones. Os outros membros da banda estão dormindo em São Francisco no Huntington Hotel, exceto Brian, que está morto e, segundo alguns, nunca dorme.

A estrada desce entre ondulantes acostamentos de grama seca, o tipo de paisagem nua na qual, nos filmes de ficção científica dos anos 1950, o adolescente e sua namorada peituda, estacionados em seu carro turbinado, recebem visitantes sobrenaturais, agora está lotado de jovens, a maioria com cabelos compridos, vestidos com roupas pesadas, jeans azuis e jaquetas militares contra o ar da noite de dezembro que nos revive enquanto caminhamos. Mick veste um longo sobretudo bordô, e Keith está com uma jaqueta de couro nazista, verde mofo, que deixará para trás amanhã ou mais precisamente hoje, daqui a dezesseis horas, no pânico cego e louco de fugir do lugar ao qual estão se dirigindo agora. Mick e Keith estão sorrindo, é a piada deles, ter o poder de criar este encontro simplesmente por querer

4 Olhe o modo como ele anda pela rua/ Observe o modo como arrasta seus pés/ Ele anda de cabeça erguida/ Quando passa/ Ele é o meu homem/ Quando segura minha mão fico tão orgulhosa/ Porque ele não é mais um na multidão/ Meu amor, oh ele é o único/ A tentar coisas que outros nunca fizeram/ Só por causa disso dizem que/ Ele é um rebelde e nunca irá prestar/ Ele é um rebelde porque nunca faz o que deveria. "He's a Rebel", The Crystals. (N.T.)

e a liberdade de andar como qualquer outra pessoa por esse movimentado caminho estéril. Há risos e conversas baixas dentro dos grupos, mas pouco falatório cruzado, embora pareça que nenhum de nós é um estranho; cada um usa os signos, as insígnias das campanhas que nos trouxeram, muito antes de a maioria de nós chegar aos trinta anos, a este local desolado na encosta ocidental do Novo Mundo.

"Tony, arme um baseado para nós", diz Keith. E antes de termos dado mais vinte passos, o gigante negro Tony ficou para trás e começou a andar ao lado de um garoto que está fumando e que lhe entrega o baseado, dizendo: "Fique com ele". Então fumamos e seguimos a trilha até uma bacia onde as saliências se estendem em morros baixos já cobertos com milhares de pessoas ao redor de fogueiras, alguns dormindo, outros tocando violão, alguns passando fumo e grandes jarros de vinho tinto. Por um momento, isso nos detém; tem a qualidade onírica dos desejos mais profundos de um indivíduo, ter todas as pessoas boas, toda a família, todos os amantes, juntos em algum país noturno particular. É tão familiar quanto nossos primeiros sonhos e ainda assim tão grandioso e derradeiro, fogueiras piscando como estrelas distantes até onde nossos olhos podem ver, o que é incrível, e quando começamos a subir a encosta à nossa esquerda, andando no meio de sacos de dormir e cobertores, tentando não pisar na cabeça de ninguém, Keith diz que é como o Marrocos, fora dos portões de Marraquexe, ouça as flautas...

As pessoas estão acampadas bem perto de uma cerca de alambrados com arame farpado no alto, e tentamos encontrar o portão, enquanto atrás de nós os irmãos documentaristas Maysles se aproximam passando por corpos adormecidos com lâmpadas de quartzo azul-branco ofuscantes. Mick grita para apagarem as luzes, mas eles fingem ser surdos e continuam vindo. Os garotos que nos olhavam quando passávamos, dizendo "Oi, Mick", agora começam a se juntar a nós; há uma caravana de jovens pendurados nos holofotes quando chegamos ao portão que está, naturalmente, trancado. Dentro podemos ver a sede do Altamont Speedway e algumas pessoas que conhecemos do lado de fora. Mick chama: "Podemos entrar, por favor?". Um deles se aproxima, vê quem somos e sai em busca de alguém que possa abrir o portão. Demora um pouco, e todos os jovens querem autógrafos e entrar conosco. Mick diz a eles que ainda não podemos entrar, e ninguém tem uma caneta além de mim, e eu aprendi a não largar a minha porque eles pegam as assinaturas e vão girando em um frenesi de felicidade e alegria, levando minhas coisas com eles. Ficamos em um pé e depois no outro, xingando no frio, enquanto ninguém vem para nos deixar entrar, e o portão, que está inclinado, chacoalha quando eu o sacudo, então digo que podemos derrubá-lo com bastante facilidade, e Keith emenda: "O primeiro ato de violência".

(Oh, tranquem as portas, deixem suas coisas, seus bebês estão dormindo e o diabo está na estrada.)

J. P. ALLEY: *Meditações de Hambone*

1

> Alguma coisa sobre as curiosas andanças desses griôs[5] pelo deserto amarelo em direção ao norte para o país do Magrebe, muitas vezes uma peregrinação solitária; suas apresentações nos acampamentos árabes na longa viagem, quando os escravizados negros saíam para ouvir e chorar; depois a perigosa viagem a Constantinopla, onde tocam velhas cantigas do Congo para a grande população negra de Istambul, que nenhuma lei ou força pode manter dentro de casa quando o som da música griô é ouvido na rua. Depois eu falaria de como os negros levam sua música consigo para a Pérsia e até para o misterioso Hadramaute[6], onde suas vozes são muito apreciadas pelos mestres árabes. Em seguida, eu tocaria no transplante da melodia negra para as Antilhas e as duas Américas, onde suas mais estranhas flores negras são colhidas pelos alquimistas da ciência musical e seu perfume extraído pelos magos... (Que tal isso como começo?)
>
> Lafcadio Hearn: em carta a Henry E. Krehbiel

ELA ESTAVA SENTADA em um sofá cor de creme, a pálida cabeça loira inclinada sobre um livro de capa vermelha, as pernas cruzadas, um calcanhar apoiado na mesa de centro de mármore. Atrás dela, na janela panorâmica, havia uma espessa cerca viva verde e, lá embaixo, a Cidade dos Anjos, prédios brancos como ossos se estendendo até onde, por ser um dia bastante claro, podia ser visto o oceano Pacífico, brilhando sob a luz do sol através

5 Griôs são os indivíduos na África Ocidental responsáveis por preservar e transmitir histórias. (N.T.)

6 Região no sul da península arábica. (N.T.)

da névoa venenosa que a terra e o céu se transformavam no horizonte. Havia mais gente nos combinados sofás da sala, no saguão daquela mansão parecida com um hotel, e mais pessoas entravam, mas ela não levantou os olhos, nem mesmo quando eu disse “com licença” e passei por cima de sua perna esticada para me sentar ao lado de seu marido, Charlie Watts, um dos Rolling Stones.

“Você se lembra dele, Shirley?”, ele perguntou.

Um olhar rápido. “Não.”

“Um escritor. Você se lembra.”

“Espero que não seja como aquele que veio à nossa casa”, disse ela.

Então olhou para mim novamente e algo aconteceu em seus olhos verdes.

“É *você.*” Ela fechou o livro. “Você escreveu sobre mim na cozinha.”

“Foi outra pessoa”, respondi. “Você está lendo Priestley? *Príncipe do Prazer.* Conhece os livros de Nancy Mitford?”

“Você disse que eu estava *lavando pratos*. Nunca fui tão insultada.”

“Mas Shirley, você *estava* lavando pratos. O que eu poderia falar?”

“Você deveria ter inventado alguma coisa.”

“Onde foi isso?”, perguntou Bill Wyman, outro Rolling Stone, sentado com sua namorada, Astrid Lindstrom, a princesa de gelo sueca, bem longe de mim na ponta do sofá. “Ótimo som de baixo, não?” Um fonógrafo portátil em um canto da sala tocava discos dos anos 1930 do Kansas City Six.

“Sim, Walter Page, muito bom”, disse Charlie. “Uma revista norte-americana. Eles tinham no escritório.”

“Era sobre todos nós? Nós nunca *vimos*”, comentou Astrid. Wyman mantinha álbuns de recortes.

“Eu não iria querer, se fosse você”, respondeu Shirley.

“Nunca se consegue um som como esse com um baixo elétrico”, afirmou Wyman, um baixista cujas mãos eram pequenas demais para tocar o baixo acústico.

“O baixo elétrico é mais flexível”, falei, tentando ajudar a desviar a conversa. “Dá para fazer mais coisas com ele.”

"Não dá para fazer *isso*", disse Wyman. "Você consegue, Charlie?"

"Nunca", Charlie afirmou enquanto o baixo de Page e as vassourinhas de Jo Jones se misturavam com a guitarra de Freddie Green, o ritmo firme como um batimento cardíaco saudável.

"Desculpe", falei.

"Nós o deixamos na defensiva desde que você chegou aqui", disse Charlie. "Por acaso trouxe o jornal com a coluna de Ralph Gleason[7]? Ainda não a vimos."

"Li enquanto vinha para cá."

"Estava ruim?"

"Poderia ter sido pior, mas não muito." Uma vez perguntei a Charlie como ele se sentia sobre os muitos ataques da imprensa aos Stones, ele respondeu: "Nunca acho que eles estão falando de mim". E Shirley emendou: "Charlie e Bill não são realmente Stones, são? Mick, Keith e Brian são os grandes e maus Rolling Stones".

Charlie sorriu, puxando os cantos da boca para baixo. "Sempre gostei das obras de jazz de Gleason. Eu o conheço, na verdade. Quer dizer, eu o conheci, na última vez que tocamos em São Francisco. Gostaria de perguntar por que ele nos odeia tanto."

Um homem com cabelo preto encaracolado e espessas costeletas em forma de cimitarra entrou na sala pela porta aberta na outra extremidade, vestindo shorts brancos e carregando duas raquetes de tênis e uma toalha. "Tênis, alguém?", ele perguntou com uma voz cortante.

Eu nunca o tinha visto, mas conhecia sua voz de tanto sofrer com ela ao telefone. Era Ronnie Schneider, sobrinho de Allen Klein, o empresário dos Rolling Stones. Quase antes que eu percebesse, estava entre ele e a porta. "Você recebeu a carta do meu agente?", perguntei após dizer a ele quem eu era.

"Sim, recebi", respondeu ele. "Precisamos mudar algumas coisas. Diga ao seu agente para me ligar."

7 Um dos fundadores da revista *Rolling Stone*. (N.T.)

"Ele diz que está tentando falar com você. Não temos muito tempo."

"Eu *sei*", disse Ronnie, sua voz era como uma imitação demoníaca do prazer feminino. Ele me deu um sorriso brilhante, como se eu tivesse acabado de engolir o anzol. "Ninguém aqui quer jogar tênis?"

"Eu vou jogar", topou Wyman.

"Aqui, esta está empenada." Ronnie entregou uma raquete em forma de calçadeira, e eles saíram para o pátio, cruzando a grama verde Santo Agostinho até a quadra de tênis. Observei-os pela porta de vidro enquanto caminhavam; então notei que meu chapéu estava na minha mão. Decidi me sentar e tentar relaxar.

Serafina, a filha de dezoito meses dos Watts, entrou com a babá, e Shirley a levou até a cozinha para comer alguma coisa. Astrid foi junto, possivelmente para esfriar o suco de laranja. O Kansas City Six estava tocando "Pagin' the Devil".

"O que o Gleason disse exatamente?", Charlie me perguntou.

"Ele disse que os ingressos custam muito caro, os assentos são ruins, os shows de abertura não estão ganhando o suficiente, e tudo isso prova que os Rolling Stones desprezam seu público. Posso ter esquecido algo. Certo. Ele também mencionou: 'Eles fizeram um bom show'."

A porta dos fundos se abriu e um bando de homens entrou. Altos, magros e de cabelos compridos, ficaram por um momento no centro da sala, como se posassem para uma fotografia em sépia desbotada do tipo que costumava acabar em pôsteres pregados em árvores. A Turma dos Stones: Procurados Vivos ou Mortos, embora apenas Mick Jagger, parado como um modelo, sua bunda afiada como uma faca para o lado, estivesse aguardando julgamento. Ao lado dele estava Keith Richards, que era ainda mais magro e não parecia um modelo, mas um anúncio insano de uma morte perigosa e incauta – cabelo preto irregular, pele verde morta, um dente de puma pendurado no lóbulo da orelha direita, os lábios apertados por causa do cigarro de maconha entre os dentes podres, as gengivas azuis, o único homem branco com gengivas azuis do mundo, venenoso como uma cascavel.

Pelas fotos, reconheci o substituto de Brian Jones, Mick Taylor. Ele era loiro e rosado, bonito como uma boneca de Dresden ao lado de Jagger e

Richards, que tinham envelhecido muito desde que eu os havia visto um ano antes. Um dos outros, com cabelo dourado fosco e uma roupa clássica de country & western da Nudie's the Rodeo Tailor[8], eu me lembrava de ter visto na televisão e nas capas de discos – era Gram Parsons, e ele vinha, pelo que ouvi, da minha cidade natal, Waycross, Geórgia, à beira do pântano Okefenokee. Não nos conhecíamos, mas eu tinha feito a crítica do novo álbum do Flying Burrito Brothers, *The Gilded Palace of Sin*. Não fazia ideia de que ele conhecia os Stones. Vendo-o aqui, um outro cara de Waycross nesta altitude, senti um padrão, algum sinal que não conseguia distinguir, então me levantei para falar com Gram Parsons como se ele fosse um profeta e eu um peregrino em busca de revelação.

Mas quando dei a volta na mesa, Jagger se virou, e, pela primeira vez desde que entrou na sala, ficamos frente a frente, muito perto, seus olhos como os de um cervo, grandes, sombreados, assustados. Lembrei-me de ler no avião uma reportagem da revista *Time* sobre um estudo mostrando que quando duas pessoas se olham, aquele que desvia o olhar primeiro provavelmente dominará a situação. Então dei um sorriso amigável a Mick, e ele desviou o olhar, assim como as pessoas dominantes da *Time*. Tive a sensação de ter perdido um jogo que não estava tentando jogar, mas então passei por Mick, dizendo a Gram: "Bom ver você".

"Sim", disse Gram, "mas quem é você?".

Contei a ele, que respondeu: "Curti o que você escreveu sobre nossa banda".

"Eu sou de Waycross", falei. Ele me olhou por um segundo, então me entregou o baseado que estava fumando. Fomos para o gramado estreito da frente (quando saímos, Keith estava dizendo a Charlie: "Você viu o que seu amigo Gleason disse?"), nos sentamos na grama ao lado da cerca viva e conversamos sobre pessoas e lugares na Geórgia. Gram disse que não tinha intenção de voltar. Lembrei-me de minha mãe me contando que após os pais de Gram terem se divorciado, seu pai, um homem chamado "Coon Dog"

8 Famosa marca de roupas de country. (N.T.)

Connor, havia se matado, e a mãe de Gram tinha se casado com um homem de Nova Orleans chamado Parsons. Só mais tarde eu iria saber, quando as pessoas começaram a escrever artigos e livros dando crédito tardio a Gram por criar uma nova forma de música, que sua mãe, cujo pai era dono de Cypress Gardens e da maioria das laranjas no centro da Flórida, havia morrido de desnutrição alcoólica um dia antes de Gram se formar no Ensino Médio. Até a casa em Waycross, onde ele morava, havia sido vendida e transferida para o lado da estrada principal no sentido sul.

De onde estávamos sentados, no alto do céu sobre a Sunset Boulevard, parecia que, olhando para o leste, podíamos ver, exceto pela poluição, todo o caminho até a Geórgia. Mas se a neblina tivesse desaparecido, o que poderíamos ter visto a não ser as pessoas que criam a neblina? Gram inalou profundamente o baseado, uma pulseira de suástica de prata indiana pendurada em seu pulso, os olhos verdes-claros e opacos, como ovos de pássaros.

"Olhe para isso, cara", disse ele, como se tivesse ouvido meus pensamentos. "Eles chamam isso de América, chamam de civilização, chamam de televisão e acreditam nisso, a saúdam e cantam canções para ela, comem, dormem e morrem ainda acreditando nela, e... e... eu não sei", falou, dando outra tragada, "então às vezes os Mets vêm e ganham a World Series...".

Depois de todas as revelações que eu podia aguentar no momento, voltei para a casa até o pátio, onde a maioria que já estava aqui e outras pessoas que tinham chegado terminavam uma festinha, deixando Jagger falando com um jovem alto com uma juba de Buffalo Bill e bigodes vermelhos. "Agora, Chip", Mick estava dizendo (então eu sabia que ele era real, esse homem que se chamava Chip Monck), "não podemos *fazer* coisas com participação do público. Quero dizer, agradeço sua sugestão e queremos envolvê-los, mas não podemos *tocar* 'With a Little Help from My Friends' e... o que eles *sabem*? Você não pode esperar que as pessoas cantem junto em 'Paint It, Black'. O rock and roll se tornou algo muito legal agora, mas os Rolling Stones não são uma coisa legal, o que fazemos é algo muito mais antiquado, não é como se os Rolling Stones fossem, sabe, cinco *músicos dedicados*. Quero dizer, eu prefiro subir ao palco em um Cadillac dourado ou vestindo um terno dourado ou algo assim...".

De repente, mas de forma calma e gentil, Chip colocou as mãos nos ombros de Mick e disse, no tom suave de barítono que acalmou os milhares de drogados e encharcados de lama dois meses antes no Woodstock Pop Festival: "Só quero que saiba como estou feliz de trabalhar com vocês".

Mick riu. Quando Chip o tocou, as mãos de Mick subiram para segurá-lo à distância de um braço pela clavícula. Sem saber se Mick estava rindo dele, Chip também riu. Eles ficaram parados, joelhos levemente dobrados, na clássica posição inicial dos lutadores, sorrindo um para o outro.

Lá dentro, alguém tocava piano. Era Keith. Juntei-me a ele no banco e perguntei: "E esse livro?". Confiava em Keith, pelo menos para dizer a verdade; um homem com gengivas azuis não tem motivos para mentir.

"O que tem?", ele perguntou, tocando uma melodia que não reconheci.

"Preciso de uma carta."

"Achei que Jo tinha enviado uma carta para você."

"Muitas cartas, mas não a que eu preciso. Ela diz que preciso da aprovação de Allen Klein."

"Você não precisa da aprovação de ninguém. Tudo de que você precisa é de nós. Jo! Ei, Jo!"

Das profundezas daquela casa enorme surgiu Georgia Bergman. Ela era a secretária dos Stones, uma garota anglo-americana em seus vinte e poucos anos, com cabelo preto crespo seguindo a moda elétrica atual, saindo por toda parte como uma peruca assustadora.

"E aquela carta?", perguntou Keith. Ele ainda estava tocando, nada que você pudesse reconhecer.

"Nós enviamos", disse Jo, "mas não estava certa, não funcionou, humm...".

"Vou falar com o Mick sobre isso", afirmou Keith, sem nenhuma intenção de me confortar, mas eu disse "tudo bem", e Jo me levou para um passeio no terreno deste lugar, alugado a um alto custo de alguns dos Du Ponts. Saímos pelos fundos, em direção ao canto mais distante da propriedade, onde havia uma casinha infantil, escorregador e balanços. Andei de cabeça baixa, tateando meus pensamentos.

Pouco mais de um ano antes, em setembro de 1968, pensando que com mais uma história eu poderia publicar uma coletânea de artigos sobre música, fui à Inglaterra visitar os Rolling Stones. Por quase três anos, desde que Mick, Keith e Brian tinham sido presos por posse de drogas, eles ficaram fora de vista, apresentando-se em público apenas uma vez. Vi a banda, participei do julgamento de Brian Jones e escrevi uma história, mas tinha apenas vislumbrado – nos olhos de Brian quando ele olhou para cima do banco dos réus – o mistério dos Rolling Stones. Na primavera, após a história ter sido publicada, pedi a colaboração deles para escrever um livro sobre a banda. Em junho, enquanto eu ainda esperava uma resposta, Brian, que havia começado o grupo, saiu por, segundo ele, "diferenças musicais" com os outros Stones. Menos de um mês depois, Jo Bergman me ligou no meio da noite para dizer que Brian havia sido encontrado morto, afogado em sua piscina.

Passadas algumas semanas, Jo me enviou uma carta em nome dos Stones, na qual ofereciam cooperação mediante um acordo entre a banda, os editores e eu, mas não dá para fazer um bom trabalho dessa maneira. Você tem de escrever o melhor que puder e não compartilhar o controle de nada, nem do manuscrito nem do dinheiro. Qualquer outro arranjo não produz escrita, apenas publicidade. Finalmente Jo levou o assunto do livro, por meio de Ronnie Schneider, a Allen Klein, considerado o empresário mais poderoso do show business. Para me proteger, contratei um agente, o equivalente literário de Klein. Ele enviou uma carta a Schneider para ser assinada pelos Stones. Mas Keith disse que eu não precisava de Klein. Então por que Jo contou a Klein, ou a seu sobrinho Schneider, sobre meu livro?

Jo se sentou em um balanço e foi lentamente para frente e para trás. Era, como eu descobriria, típico da maneira de fazer negócios dos Stones que eu não soubesse exatamente o que Jo fazia pela banda, nem ela e nem eles. Ela havia consultado um astrólogo em Londres que lhe dissera que eu escreveria este livro, mas que perderia muito com ele, exceto a vida. Jo não sabia dos detalhes – que, enquanto eu escrevia, seria agredido por soldados confederados e por Hell's Angels, iria para a cadeia, seria atropelado por um caminhão de madeira na ponte Memphis-Arkansas, cairia de uma cachoeira na Geórgia e quebraria minhas costas, teria ataques epilépticos enquanto me livrava das drogas –, mas se soubesse, não teria me contado. Ela só me relatou sobre o astrólogo mais tarde, quando não havia como voltar atrás. Agora, ansioso, escalei a corrente do balanço com as mãos – subi com facilidade, durante meses não tinha feito nada além de escrever cartas de inglês básico para os Stones e levantar pesos. Quando cheguei ao topo e comecei a descer, meu cachecol voou. Tentei agarrá-lo ao redor da corrente, mas a seda era como óleo, e eu caí no chão, machucando minha mão esquerda. O choque mutilou meu dedo mindinho, de onde brotaram grandes gotas vermelhas da carne arrancada da unha que caíram sobre a terra. "Achei que você faria isso", disse Jo, e eu pensei: "Onde estou, o que está acontecendo comigo? Eu estava na Califórnia, sendo punido por usar um cachecol".

Afastei-me do playground mancando psiquicamente. Al Steckler, um publicitário do escritório de Klein em Nova York, estava chegando ao portão dos fundos, com uma pasta. Nós nos conhecemos em Londres. Disse "oi" e entrei para me sentar no sofá e chupar meu dedo mindinho. Quando notei, Jagger estava ao meu lado, perguntando: "E este livro?".

"O que tem?", então olhei ao redor da sala. Steckler e algumas outras pessoas estavam lá, Jo sentada no chão com uma câmera Polaroid, tirando uma foto de Mick e de mim.

"Esses livros nunca são bons", reclamou Mick.

"Isso é verdade", concordei, supondo que ele se referia a livros como *My Story*, por Zsa Zsa Gabor, contada a Gerold Frank. "Mas eu não vou escrever um desses livros."

"Sobre o que seria o seu livro?"

"Sobre o quê?"

"Você sabe, o que haveria nele?"

"Qual será a sua próxima música?"

"Uma garota em um bar, cara, eu não sei. É muito mais fácil escrever uma música do que um livro."

"Eu sou descolado", falei.

"Sei disso, Bucky."

Ele riu tão contente que eu disse: "Bem, talvez eu possa lhe dar uma ideia". Olhei triste, franzindo a testa, e Mick recuou. "Você não precisa me dizer agora, pode pensar um pouco se quiser..."

"Não, se eu pensar muito sobre isso, vou ficar entediado."

Mick riu de novo. Os outros estavam quietos, nos observando. Jo esperava a fotografia se revelar.

"Talvez eu possa fazer uma comparação", falei, contando a Mick que havia escrito uma história sobre um cantor de blues que varreu as ruas de Memphis por mais de quarenta anos. "Porém, ele era mais do que apenas um varredor de ruas, pois nunca parou de tocar, se é que você entende o que quero dizer." Não olhei para descobrir se ele entendia. "Você escreve", disse a Mick, "sobre coisas que comovem seu coração, e na história do velho cantor de blues, escrevi sobre onde ele mora e as músicas que canta, além de listas das coisas que ele varreu nas ruas. E não consigo explicar a ele, Furry Lewis, o que há no cantor que mexe com meu coração, assim como não posso te dizer o que escreveria sobre os Rolling Stones. Então, bem, acho que não posso responder à sua pergunta". "Não", ele disse, "você já respondeu", e pela primeira vez desde que tive a ideia, há muitos meses, de escrever este livro, senti-me quase bem. Isso deveria ter servido como aviso.

Jo nos mostrou a fotografia. Estava muito escura, Mick e eu éramos duas cabeças sombrias isoladas, como um Monte Rushmore em ruínas. Steckler abriu sua pasta para pedir a aprovação de Mick sobre a capa do programa de shows dos Stones, que tinha uma garota usando um penteado Empire, uma capa acinzentada jogada para trás revelando seu belo corpo e uma expressão de surpresa. Mick aprovou. Keith e Gram vieram da quadra de tênis (nenhum dos Stones sabia jogar tênis, e eles perdiam bolas, muitas latas de bolas, todos os dias; se você viesse pela Doheny até este lugar, pela Oriole Drive, bolas de tênis passariam voando por você em direção à Sunset) e se sentaram ao piano. Mick cantou com eles. A tarde se alongou. Foi uma daquelas tardes de domingo de Scott Fitzgerald em Hollywood que não terminam nunca.

Just a kid actin' smart
I went and broke my darlin's heart
I guess I was too young to know[9]

9 Só um garoto dando uma de esperto/ Machuquei o coração do meu amor/ Acho que era muito novo para saber disso. "Lonesome Whistle", Hank Williams. (N.T.)

A força da poesia romântica, seus detalhes extraídos por Coleridge e Wordsworth dos escritos de William Bartram sobre o interior do país e as lendas em torno do pântano de Okefenokee tinham pousado em Mick e Keith (cujo cachorro Okefenokee eu conheceria mais tarde), os dois garotos blueseiros ingleses ao piano com um cantor branco de country da Geórgia, cantando músicas de Hank Williams. Mick não parecia ter certeza se estava gostando.

Steckler dizia ao telefone: "Daqui a uma semana não adianta. Precisamos ter linhas extras até amanhã... Ajudaria se eu chamasse o governador?... Estou falando sério, querida".

I'll never see that gal of mine
Lord, I'm in Georgia doin' time
I heard that long, lonesome whistle blow[10]

Do lado de fora da sala de estar do escritório (eu disse que este lugar era como um hotel), outro homem responsável pela publicidade, David Sandison, da Inglaterra, enviava um comunicado de imprensa que, segundo li por cima do ombro dele, não mencionava Brian Jones, só dizia que esta turnê "marca a estreia norte-americana de Mick Taylor com os Stones". Condenava, sem citá-lo, o ataque de Ralph Gleason à banda, assegurando à imprensa que "todos poderão ver e ouvir o melhor do grupo". O comunicado também dizia que a turnê "vai passar por treze cidades", listando na sequência quatorze municípios nos quais os Stones tocariam. Fiquei feliz por ver que eu não era o único a desconhecer o que estava acontecendo.

Em um canto do escritório havia um bar e uma geladeira. "Quer uma cerveja?", Sandison perguntou, pegando uma.

"Não, obrigado", respondi. O escritório não era tão ruim quanto outros, tinha estantes nas paredes e uma grande mesa cheia de papéis.

"No começo, eles iriam tocar três dias em cada três cidades", disse Sandison, abrindo a garrafa verde de Heineken e enchendo um copo. "Então

10 Nunca verei minha garota/ Deus, estou cumprindo minha pena na Geórgia/ Ouço aquele longo e solitário apito. (N.T.)

passaram para sete cidades." Ele tomou um longo gole, e vi, ali na mesa, parcialmente coberta por outros papéis, a carta que eu tinha ouvido falar, mas não havia visto, do meu agente para o "sr. Ronny Schneider".

"Agora são quantas? Quinze?", perguntou Sandison.

"*Caro sr. Schneider*", li. "*Esta carta confirmará... sua vontade e a dos Stones de cooperar... buscaremos e obteremos a aprovação dos Stones... através de seu escritório antes de entrar... em acordo com a editora... Os Rolling Stones compartilharão os lucros...*"

"Ou são treze?", seguiu perguntando Sandison.

"*...concordamos também que o texto final será aprovado com os Stones e seus agentes...*"

"Não importa, provavelmente vai mudar de novo amanhã", disse Sandison, voltando do bar enquanto eu enfiava a carta no bolso da camisa.

"Eu não ficaria surpreso com nada", falei, saindo para o corredor, onde fiquei cara a cara com Schneider.

"Estava te procurando", disse ele. "Precisamos conversar sobre nosso acordo. Em primeiro lugar, acho que os meninos deveriam receber metade."

"Fale com meu agente", respondi, planejando dizer ao meu agente para não conversar com ele. "Não sei nada sobre isso."

No começo da tarde, eu tinha saído de Memphis, Tennessee, onde morava, passado pelas ruas largas e arborizadas, carvalhos arqueados sobre a estrada fora da cidade, o centro antigo dentro de Parkways, a caminho do aeroporto. Mais adiante, na estrada, havia uma larga faixa de terra que, dez anos antes, quando cheguei a Memphis, era uma fileira de três ou quatro fazendas, com uma mula no campo, uma cabana sem pintura ou envolta numa imitação de tijolos vermelhos, um antigo Ford se desintegrando no jardim, um velho homem negro de macacão sentado na varanda da frente fumando um cachimbo, tudo misturado com pobreza e madressilva, e agora tudo tinha desaparecido; quando passei, havia apenas muita lama, pequenas poças e um tubo de televisão afundado como um fóssil no lodo atemporal. Tive de passar pelo prédio de escritórios cor de lama onde Christopher, que tem o poder de (se ela quiser) ser uma pessoa após a outra – permita-me mostrar a você este unicórnio de olhos azuis –, tinha feito reservas na Omega Airlines nos últimos quatro anos. Doce e com maneiras muito agradáveis, ela estava ensinando o alfabeto ao nosso gato Hodge – dizia "ratos e camundongos" quando queria xingar. O trabalho na Omega era difícil tanto para ela quanto para nós. Nos últimos três anos, desde que Christopher e eu tínhamos começado o que se chamava de vida de casado, eu pegava voos a preços familiares para pesquisar as histórias que escrevia tão devagar que ninguém poderia imaginar como eu estava desesperado por dinheiro.

Mais tarde, duas dezenas de nós, os Stones e companhia, relaxamos em torno de uma mesa afundada com uma toalha branca no Yamato-E, um restaurante japonês no Hotel Century Plaza, à espera do jantar. Demorou muito, e alguém – Phil Kaufman – distribuiu um punhado de baseados. Kaufman, de Los Angeles, um alemão baixinho com bigode amarelo, andava com Gram e tinha sido contratado para cuidar dos Stones enquanto eles estavam na cidade. Ele havia cumprido pena por uma acusação de tráfico de drogas no Terminal Island Correctional Institute, em San Pedro, Califórnia, com alguém chamado Charlie Manson. Nós ainda não tínhamos ouvido falar de Manson, mas logo, logo iríamos. No entanto, levaria vários anos – quatro – antes de Kaufman virar notícia por roubar o cadáver de Gram de uma rampa de bagagem no aeroporto de Los Angeles e queimá-lo no deserto de Mojave. (O assunto dos preparativos para o funeral tinha surgido durante uma conversa entre Gram e Phil meses antes da noite – em setembro de 1973 – na qual Gram teve uma overdose de morfina e álcool.) Quando comecei a acender um dos baseados, notei que os outros estavam guardando os seus. Chip Monck, que andava por ali nos últimos dias para checar as condições de luz e som nos locais dos shows, estava sentado do outro lado da mesa, meio dormindo com a cabeça pendendo para um lado. Quando acordou e me viu segurando o baseado e um fósforo aceso, disse que não haveria drogas nesta turnê, e se você fosse preso com algo, teria de se virar. Então adormeceu novamente. Achei que ele parecia bobo, mas coloquei o baseado no bolso.

Quando Keith voltava do banheiro, um casal passou por trás dele, e a mulher, vendo sua crina preta irregular, disse bêbada em voz alta: "Você seria fofo se lavasse o cabelo".

Keith se virou, sorrindo, mostrando as presas. “Você seria fofa”, disse, “se lavasse sua boceta”.

Parte do grupo, liderado por Jo Bergman, cantava “Parabéns a Você”. Ronnie Schneider fazia vinte e seis anos. Eu tinha vinte e sete. Não cantei. Nem os Stones.

Depois do jantar, fomos numa frota de Cadillacs ao Ash Grove, um pequeno clube onde o velho cantor de blues Big Boy Crudup dividia o palco com o jovem blueseiro Taj Mahal. O lugar estava bem cheio para assistir ao show sentado, então alguns estavam no corredor quando um caubói alto, ruivo e sardento apareceu e nos disse que era o empresário de Taj. Estava contente com a passagem dos Stones por L.A., pois se lembrava de como tinham sido legais com eles quando foram a Londres. Temos erva, coca, uísque, vinho, tudo o que quiserem nos bastidores.

Estávamos no corredor novamente enquanto Crudup cantava “That’s All Right, Mama” com a banda de Taj, dois negros, dois brancos e um indígena tocando juntos. Eu sentia cada vibração da música, como se uma aranha andasse pelo meu sistema nervoso, quando o empresário me falou: “Sabe, é difícil trabalhar para negros”.

Não soube o que dizer. Ele apontou para o resto da banda: “Aquele baixista, o guitarrista e o baterista podem parecer, uh, caucasianos, mas no fundo são negros”.

Fiquei sem palavras de novo. Ele então completou o pensamento: “Mas sabe, dá para se divertir mais com os negros do que com qualquer outra pessoa no mundo”.

2

Música é música. Numa conversa sobre fazer um show em Nova York, não vacilei, eu simplesmente não iria. Há muitos tiros, morte e coisas acontecendo agora. Esses lugares, aquele monte de gente, você não sabe o que pode rolar. Não é? Não dá para dizer como esses caras são, parceiro. Pfff, cara, há franco-atiradores em todos os lugares. E nem estão escondidos. Lembro que três ou quatro caras foram mortos por tocar música. Imagine eu e você, parceiros – você está ali comigo –, estamos tocando – você sabe o que quero dizer. Bem, *superamos* eles. Não vou ligar para isso, estão mortos agora. Um envenenado, e o outro, morto. Isso aconteceu porque tocavam melhor. Estou lhe dizendo o que sei agora. Eu não mataria ninguém por ser melhor do que eu em qualquer coisa. Isso mesmo. Certo? Alguém vai me matar, pois você e eu tocamos um pouco melhor do que eles. Chamavam-nos o tempo todo. Não vou ligar para eles. Eu e você vamos, diga que vamos, embora. Tocamos ali, damos um pulo e aí ferram com você. Ferram com você, garoto. Outra coisa, quando estiver nesses lugares, não beba muito. Segure as pontas. Não beba muito uísque. Continue tocando. Eles te colocam no caixão, garoto, antes que você perceba. Eles têm uma gangue agora. Você vai ver. Ferram com você, garoto. Buck Hobbs – alguns amigos que não menciono –, ele sabia tocar, não conseguiam tocar como ele. A mesma música que toco de Frankie e Albert, todas aquelas canções antigas, "John Henry", ele sabia tocar. Outros não conseguiam ser melhor que ele. Um bateu na cabeça dele uma noite com uma guitarra, porque não podia tocar melhor que ele. Não fez diferença alguma para ele. Simplesmente arrasava. Desceu e parou de tocar, pegou uma bebida, morreu. Buck Hobbs. Eles o mataram.

Eu penso em tudo isso. Não quero sair daqui. Lugar cheio. Brigas. Lá em nossa casa, onde nasci, em Pleasant Hill, foi onde fizeram isso. Perto de Pleasant Hill. No bosque.

Mississippi Joe Callicott

O TREM DAS 11H45MIN, partindo da estação de Paddington (ida e volta três libras, dois xelins, cinco pences e "quem é essa terceira pessoa a caminhar sempre ao teu lado?"[11]), passava pelo oeste dos blocos de apartamentos sem graça nos arredores de Londres em direção aos campos verdes em torno de Reading e Didcot, com árvores, sebes, porcos cor-de-rosa, gado preto e branco, tratores, celeiros com telhado de palha e casas sob pesadas nuvens brancas.

Sentei-me de frente, tentando ler a biografia de Hemingway que William Burroughs havia recomendado durante uma de nossas conversas sobre Brian Jones, no início da primavera, quando minha vida, assim como a de Brian, começava a desmoronar. Eu lia para descobrir como Hemingway seguiu adiante depois que perdeu Hadley. Pela primeira vez em quase dez anos – era 1970 – eu estava solteiro; ou seja, sozinho.

Logo após Kemble, depois da mudança de Swindon, havia colinas, cavalos em campos nas encostas ao sol. À esquerda da linha, a terra descia, as copas verdes das árvores no vale me lembravam dos contrafortes do meio da Geórgia. Do lado de fora de Stroud, enquanto atravessávamos um riacho que se movia depressa entre salgueiros jovens, vi patos voando juntos e crianças em idade escolar em um caminho estreito de terra que passava por baixo de uma pequena ponte de tijolos, um menino acenava com uma bandeira inglesa para o trem. Dois assentos à minha frente, uma mulher dizia a seu filho e a sua filha que parassem de cantar "Yellow Submarine".

Depois de Gloucester, onde a terra é plana novamente, o trem segue ao norte para chegar a Cheltenham. O guia oficial ainda a chamava de Cheltenham

11 Trecho do poema "A Terra Inútil", de T. S. Eliot. (N.T.)

Spa, embora as "águas medicinais curativas" que atraíam "a elite de muitas gerações" tenham se deteriorado alguns anos atrás. Exatamente há quanto tempo o guia não disse. Não importava. Eu não vim aqui para tomar banho.

Os táxis estavam estacionados do lado de fora da estação de trem de tijolos vermelhos, mas como sempre faço as coisas da maneira mais difícil, deixei que partissem com outros passageiros e comecei a andar, com uma mala preta de náilon pequena demais para guardar roupas, um gravador e o livro sobre Hemingway – pendurada em uma alça no meu ombro, o livro como a Bíblia na minha mão. Há ruas secundárias em Cheltenham que parecem as mesmas ruas secundárias do Queens, Nova York, ou de Birmingham, Alabama, prédios de apartamentos da era da Depressão e casas com gramados onde não cresce grama. O livro e a bolsa estavam ficando pesados quando cheguei ao centro da cidade. A maior parte de Cheltenham foi construída durante a Regência, e as imponentes colunas do Centro Municipal contemplam, através da ampla Promenade[12] e suas calçadas escurecidas por árvores, os Jardins Imperiais, brilhantes com tulipas vermelhas, malvas e amarelas plantadas em curvas e retângulos perfeitos, pardais dançando, pombos girando e voando.

Caminhei até uma rua lateral, encontrei um telefone público e, pela foto nas páginas amarelas, escolhi o Hotel Majestic em Park Place. Parecia o mesmo onde W. C. Fields se hospedava quando visitava a cidade. Ficava também entre o lugar no qual eu estava e Hatherley Road, onde Brian Jones cresceu.

Tinha caminhado o suficiente para pegar, se tivesse algum juízo, um táxi, mas não estava pronto para isso. Queria passar pelas belas lojas da Promenade e casas arrumadas sob as árvores bem cuidadas. Cheltenham foi projetada para ser um lugar legal, e é um lugar legal, até o momento em que decidem que você não é tão legal. Algumas das pessoas mais simpáticas de Cheltenham não falavam com a mãe e o pai de Brian Jones havia anos, enquanto outras pararam de falar com eles apenas quando ele foi enterrado em solo consagrado, seu escândalo final. Você pode apurar os ouvidos e ouvir as podadeiras cortando as cercas vivas de Cheltenham.

12 Uma das avenidas mais antigas e famosas de Cheltenham. (N.T.)

O Hotel Majestic parecia um fantasma desbotado entre prédios de apartamentos descuidados. O recepcionista atendia de dentro de uma pequena caixa de vidro, parecida com uma bilheteria. O barman apoiava seus cotovelos no bar vazio, enrugando as mangas de seu paletó branco engomado. O elevador cheirava como se estivesse fechado desde a década de 1920. Lentamente, ele me levou ao terceiro andar, para meu quarto individual com uma pia. O quarto estava carregado, como todos os quartos de solteiro de hotel, com insinuações de solidão e morte, da ruína da noite em meio à solidão. Deitei-me na colcha cor de salmão.

Meus pés descansaram por alguns minutos, mas minha mente não. Nenhum livro ajuda contra a solidão, assim como nenhuma droga pode tocá-la. Depois que ela o deixou, Brian deve ter continuado a pensar em Anita Pallenberg como, sozinho, eu também pensava. Anita imaginava que Marlon, o filho que ela teve com Keith no ano passado, após a morte de Brian, seria este renascido. Não era, mas ela não parou de pensar em Brian. "Eu o verei novamente. Prometemos nos reencontrar. Era vida ou morte", disse Anita. "Um de nós tinha de ir." Era uma decisão difícil. Eu balancei meus pés cansados para fora da cama. Pensar não estava me levando a lugar algum.

O elevador também era lento quando descia. O barman ainda estava apoiado no bar, nenhum cliente à vista.

Voltei para os Jardins Imperiais e me sentei em um banco verde do parque para fumar um pouco de maconha e observar o final da tarde de quarta-feira. As faxineiras limpavam as mesas vermelhas, azuis e verdes debaixo dos guarda-sóis listrados de laranja e amarelo que diziam *Tuborg*, onde algumas pessoas ainda lanchavam entre as flores. A inscrição no relógio de sol dos jardins dizia: "Só conto suas horas de sol/ Deixe que outros falem de tempestades e chuvas". Naquele momento apenas um menino e uma menina estavam deitados na grama, sem se mexer, como se pretendessem passar a noite ali.

Olhando para as tulipas, as árvores e os motores murmurando no crepúsculo de Cheltenham, pensei em Brian dizendo, durante uma visita à sua casa pouco antes de ele morrer: "Se ao menos eu nunca tivesse saído daqui". Desmanchei a ponta do cigarro, rasgando o papel curto, enrolando-o em uma bolinha que desapareceria, com o material fumegante, ao vento. Depois atravessei a Promenade, passando pelo terceiro monumento militar que tinha visto nesta cidade. Os outros dois faziam menção à África 1899-1902 e à Primeira Guerra Mundial. A placa deste dizia: "Este memorial foi originalmente montado sobre uma arma tomada em Sebastopol. Durante a guerra de 1939-1945, a arma foi entregue ao governo para fornecer o metal para armamentos". Embora fosse menor, Cheltenham me lembrou de Macon, Geórgia, onde cursei o Ensino Médio vestindo um uniforme do exército, carregando um rifle: o último lugar onde me senti obrigado a destruir os cigarros, não porque tinha de esconder que fumava maconha, mas porque precisava manter a área bem patrulhada. Ambas são cidades bonitas com muitas árvores.

Eram 18h44, e eu só tive tempo para um sanduíche. Descendo a rua havia um café que parecia tão deserto quanto o bar do Majestic, apenas uma garota indiana de uniforme branco atrás do balcão. Ela estava guardando as coisas, preparando-se para fechar, mas perguntou se eu queria comer.

Comprei um suco de laranja aguado e um sanduíche de queijo, porque não há muitas maneiras de se arruinar um sanduíche de queijo. Uma mulher entrou, pegou o dinheiro da caixa registradora, deixou a garota sair pela porta dos fundos e a trancou. Quando a garota saiu, percebi que ela havia sido a única pessoa com a pele escura que eu tinha visto na cidade.

De volta ao hotel, eu estava tão calmo e relaxado que meu gravador continuava guardado quando o recepcionista ligou para dizer que um táxi estava à minha espera. Coloquei uma fita no gravador e então decidi deixá-lo.

Antes que eu pudesse rever minhas anotações, o táxi já estava estacionando para minha saída. As casas geminadas cor de mostarda com minúsculos quadrados de vidro atrás de cercas de tijolos, desconfortavelmente acomodadas na orla da classe média, pareciam tão pequenas e regulares que pensei estar no lugar errado. Mas entrei pelo portão e fui até a porta da frente, onde uma campainha de plástico brilhante mostrava o nome L. B. Jones. Toquei a campainha e esperei, tentando sorrir. Era noite agora, e eu estava parado em uma poça de luz amarela sob a lâmpada da varanda, carros correndo pela estrada escura, iluminando os faróis uns dos outros.

O homem miúdo que abriu a porta tinha cabelos grisalhos para trás e um rosto bastante largo, mas com um nariz afilado, vermelho sob a pele pálida e enrugada. Quando comecei a falar, não conseguia parar de pensar que ele era do mesmo tamanho de Brian, que eles deviam ter esqueletos idênticos. Ele tinha o jeito de Brian, ou Brian tinha o dele, de andar quase na ponta dos pés, segurando as mãos para trás ao lado dos quadris. Tinha também os mesmos braços curtos e as mãos pequenas e fortes, e embora os olhos do sr. Jones, por trás dos óculos emoldurados com metal dourado e plástico cinza, não tivessem o mesmo brilho interior dos de Brian, mantinha o modo engraçado com que Brian olhava para as coisas. Ele parou diante de mim, um pé à frente, as mãos nos bolsos quase fechadas, espiando com um olho.

Eu me apresentei, e o sr. Jones, que disse estar feliz em me ver, levou-me para a sala, onde me sentei em um sofá, de costas para a parede da frente, e ele em uma cadeira estofada estampada com flores horríveis diante da lareira elétrica apagada. Contou-me que eu era a quarta pessoa do meu país que tinha vindo falar sobre uma biografia de Brian. "As pessoas vêm com cartas de editores, depois vão embora e não se ouve mais nada. Não sei o que fazer. Acho que estão tirando uma com a minha cara", ele disse, novamente virando um olho para mim.

Estava começando a lhe responder, ainda na base do "er, ah", quando a mãe de Brian entrou. Levantei-me e disse "oi". Ela parecia mais gentil do que o sr. Jones. Chamava-o de Lewis, e ele a chamava de Louie, abreviação de Louisa. Seus olhos eram de um tradicional e bonito azul. Seu cabelo era tão amarelo quanto o de Brian, um tom que parecia envelhecer bem se tivesse oportunidade.

Todos nos sentamos. A sra. Jones numa cadeira em uma extremidade da sala, eu na outra, e o sr. Jones no meio, olhando para a lareira fria. Tentei explicar o que estava fazendo, mas a sala dominava toda a minha atenção. Ali havia, além de nós e um gato laranja, móveis pomposos tipicamente ingleses, um velho toca-discos Heathkit, um rádio antigo, um aparelho de televisão preto e branco, um bonsai florido sob uma cúpula de vidro, uma estatueta de um indígena americano dada a cada um dos Stones em 1964 pela revista adolescente alemã *Bravo* e, sobre a lareira, um bonequinho de borracha com calça vermelha brilhante e cabelos brancos de náilon, a caricatura mais vulgar possível de Brian, e ainda assim parecia um totem para ele, o objeto central nessa minúscula sala grotesca. O gato laranja se enrolou no colo da sra. Jones. Perguntei o nome dele. Jinx.

"Que pena", o pai de Brian dizia. "Brian poderia ter sido um jornalista brilhante, sempre conseguia jogar xadrez melhor do que qualquer outra pessoa na escola, tanto talento desperdiçado." Ele então rangeu os dentes e fez uma careta como se uma horrível transformação estivesse acontecendo.

A sra. Jones me perguntou: "Você jantou bem esta noite, querido?".

Pensei no jantar que tinha comido e em outros jantares perdidos e em outras coisas além de jantares perdidos e em algumas das coisas que não perdi, tudo por causa do que eu tinha visto nos olhos do filho dela. "Estou bem, obrigado", respondi. Então comecei a fazer perguntas.

O sr. e a sra. Jones se conheceram no sul de Gales, onde moravam com seus pais. Os pais do sr. Jones eram professores. Seu pai cantava em sociedades de ópera e liderava o coral na igreja. O pai da sra. Jones foi por mais de cinquenta anos mestre de obras e organista de uma igreja perto de Cardiff. A mãe da sra. Jones não tinha boa saúde e por isso não foi à escola, mas agora estava muito bem aos oitenta e três anos. Os pais dela estavam vivos, os dele já tinham morrido.

O sr. Jones estudou Engenharia na Universidade de Leeds, depois se casou e começou a trabalhar para a Rolls-Royce. Em 1939, com a guerra em andamento, foi transferido para Cheltenham, onde ele e a sra. Jones moravam desde então, ele trabalhando como engenheiro aeronáutico, ela dando aulas de piano.

Brian nasceu no último dia de fevereiro de 1942. O segundo filho dos Jones, uma menina, morreu com cerca de dois anos de idade.

"Como ela morreu?", perguntei da forma mais gentil possível.

"Ela morreu, e isso é tudo que vou dizer sobre isso", finalizou Jones. Tentei explicar novamente por que estava fazendo perguntas, mas o sr. Jones havia sido ferido muitas vezes por mentiras e pela verdade impressa, e não estava nem perto de confiar em um escritor. Ele comentou que a filha mais nova deles, Barbara, nascida em 1946, agora professora de Educação Física, não queria ter nada a ver com Brian, e me pediu para deixá-la em paz. Ele voltou a ranger os dentes. Mas não conseguia parar de falar e trazer álbuns de fotos da família.

Uma fotografia mostrava Brian com cerca de cinco anos, brincando com um gato malhado cinza.

"Um dia, quando Brian e o gato eram muito jovens, ele anunciou que o nome do gato era Rolobur", contou a sra. Jones. "'Aquele é Rolobur', disse ele. Não sei se estava tentando falar outra coisa e saiu Rolobur, ou o quê. Ele o pintou de azul uma vez."

"O gato?"

"Sem nenhuma intenção de machucá-lo", ressaltou o sr. Jones. "E não machucou, ele usou um corante alimentar que logo saiu, e o gato viveu conosco por cerca de dezesseis anos."

"Brian era uma criança peculiar", revelou a mãe.

Ela começou a lhe dar aulas de piano quando o garoto tinha seis anos, e ele estudou até os quatorze anos. "Mas não estava muito interessado", disse ela. "Então começou a tocar clarinete."

"O que não ajudou em nada sua asma", emendou o sr. Jones. "Brian teve crupe[13] aos quatro anos, e isso o deixou com asma. Ele tinha ataques de asma terríveis. Sempre era um problema quando ia à praia nas férias, e tinha ataques graves em Cotchford, crises muito ruins pouco antes de sua morte."

A Cotchford Farm já foi a casa de A. A. Milne[14]; o Ursinho Pooh morava em seu Bosque Hefalump. Parecia adequado que Brian ficasse com o lugar, onde morreu tão cedo, menos de um ano depois de comprá-lo. Muitas coisas o haviam machucado até então, e o sr. Jones não conseguia parar de repeti-las, tentando descobrir onde estavam os erros, onde colocar a culpa.

"Eu estava lá com ele, em uma espécie de quarto de velharias em Cotchford, não muito antes de ele morrer. Brian se deparou com uma fotografia de Anita e ficou parado por um momento olhando para ela. Ele disse 'Anita', quase como se estivesse falando sozinho, como se tivesse esquecido que eu

13 Também conhecida como laringotraqueobronquite. (N.T.)

14 Escritor inglês, criador do Ursinho Pooh. (N.T.)

estava ali. Então largou a fotografia e seguimos conversando, voltamos ao que estávamos fazendo. A perda de Anita o deixou terrivelmente triste. Nada foi o mesmo para Brian depois disso. Então vieram as acusações de drogas, todo esse problema. Não sabia como ajudá-lo. Éramos próximos quando ele era jovem, mas depois tivemos... divergências de opinião. Tanta promessa... um coroinha... primeiro clarinetista... agora meus amigos andavam dizendo: bem, já era hora de você se aposentar, não é?", ele olhou para o fogo apagado, cerrando os dentes, então continuou falando.

"Brian rejeitava toda disciplina. Foi suspenso da escola em duas ocasiões. Certa vez, quando estava na sexta série, ele e outros rapazes usaram seus capelos como bumerangues, jogando-os no ar. O de Brian se desfez, e ele se recusou a usá-lo. Eles o suspenderam. 'Uma experiência muito salutar' para Brian, uma semana de suspensão, de acordo com aquele diretor idiota. Brian passou aquele tempo no Cheltenham Lido, nadando, e voltou como um herói para todos os outros garotos. Eu não sabia como lidar com ele. O diretor reclamava, e eu ficava muito sério e me sentava com Brian para conversar. 'Por que o diretor está sempre nos escrevendo com queixas? Por que você o desobedece?' E Brian dizia: 'Olha, pai, eles são apenas professores. Nunca fizeram nada. Você quer que eu faça as coisas que você fez, mas não posso ser como você. Tenho de viver minha própria vida'. Ele era muito lógico sobre tudo. Eu nunca consegui discutir com ele.

"Brian simplesmente detestava a escola, os exames, a disciplina, tudo isso. Ele conseguiu se formar apesar de si mesmo. Aos dezoito anos deixou a escola. E nem pensou em ir para a universidade. Tinha pavor de universidade, não toleraria enfrentar anos de estudo antes de poder se sustentar. Odiava a ideia de ter vinte e cinco ou vinte e seis anos sem poder começar a ganhar a vida. Por um tempo esteve interessado em Odontologia, mas depois que deixou a escola, decidiu ir trabalhar em Londres para uma empresa de Oftalmologia. Havia uma faculdade de Oftalmologia afiliada à companhia, e Brian estudou lá por um tempo, enquanto trabalhava. A firma tinha uma filial em Newport, mas Brian queria ir para Londres. Queria a vida noturna de Londres, os clubes de jazz, tudo isso. Ele adorava jazz, Stan Kenton, esse tipo de coisa.

"Eu o levei a Londres para o teste com a empresa oftalmológica. Ele fez uma excelente entrevista, e quando nós saímos, eu disse: 'Bem, que trem vamos pegar para casa, o das 17h?'. Ele respondeu: 'Não, pai, eu quero ir a alguns clubes de jazz antes de irmos para casa, você gostaria de ir junto?'. Eu falei: 'Não, não, não quero ir'. Brian então disse: 'Volto para casa em um trem mais tarde'. Ele ia para Londres com mais frequência do que eu sabia, pedindo carona, indo a esses clubes. Voltei para casa, e Brian ficou na cidade. Ele chegou em casa por volta das 6h da manhã. Tinha me comprado um hambúrguer naquela noite em Londres. Não sei por que me lembro disso. Acho que foi a primeira vez que ele me comprou comida.

"E Brian era obcecado por música. Ele costumava tocar esses, o que são, discos do Modern Jazz Quartet..."

"As reverberações costumavam me deixar louca", lembrou a sra. Jones.

"Esses discos tocavam de manhã, ao meio-dia e à noite", disse Jones. "Eu entendia isso como um mal positivo em sua vida, minando uma carreira muito boa. Talvez a música tenha sido sua queda final, mas na época eu via como um mal porque ele era tão obcecado. A música havia expulsado todos os pensamentos de uma carreira convencional. Seu envolvimento com ela e a vida londrina, os clubes noturnos, tudo isso arruinou sua carreira na empresa de Oftalmologia e nos estudos. Ele abandonou a escola e o trabalho e voltou para casa. Fazia bicos, tocava com uma banda, trabalhava numa loja de música em Cheltenham, vendendo partituras, discos. Estava ficando totalmente absorvido por uma atmosfera musical. Eu sabia que Brian possuía habilidade para música, mas não tinha certeza se ele poderia alcançar o sucesso. Para mim, a coisa mais importante era a sua segurança. Eu estava insatisfeito ao vê-lo sem rumo e não acreditava que o jazz pudesse dar alguma segurança ou algum sucesso. Mas, para ele, era uma religião, ele era um fanático. Voltou para Londres de vez quando tinha cerca de vinte anos."

Mais ou menos na mesma época, dois outros jovens estavam indo para Londres, onde conheceriam Brian, e nenhum deles jamais seria o mesmo.

"A queda de Brian não foi minha culpa ou das drogas", certa vez declarou Anita. "Foram Mick e Keith."

3

Por que a *jass music*[15] e, portanto, a *jass band*? Jass era uma manifestação de uma tendência baixa ao gosto do homem que ainda não tinha sido tocada pela civilização. Na verdade, pode-se ir além e dizer que a música *jass* é a história indecente sincopada e contrapontada. Como uma piada imprópria, também, em sua juventude, era ouvida com receio atrás de portas e cortinas fechadas, mas, como todo vício, foi ficando mais arrojada até ousar se mostrar em ambientes decentes, e foi tolerada por causa dessa estranheza... Em certas naturezas, o som alto e sem sentido tem um efeito excitante, quase inebriante, como cores cruas e perfumes fortes, a visão da carne ou o prazer sádico do sangue. Para esses, a música *jass* é uma delícia...

New Orleans Times-Picayune, 1918

ACORDEI DEBAIXO DE UMA COLCHA DO MÁGICO DE OZ, magenta e turquesa, com Dorothy, o Espantalho e todos os outros num balão. Havia duas camas de solteiro no quarto, onde os pequenos e ricos Du Ponts costumavam dormir. David Sandison passou a noite na outra cama, mas já estava acordado. Tomei banho e me vesti olhando para Los Angeles, invisível sob uma densa nuvem cor de elefante. Então caminhei por toda a casa até a cozinha e olhei na geladeira. Era estranho acordar numa mansão sem personalidade em uma manhã ensolarada quando você não podia ver o resto do mundo ao seu redor por causa da poluição, aí abrir a geladeira e encontrar garrafas de leite não pasteurizado e pão integral. Califórnia. Eram

15 A grafia da palavra jazz variou muito no começo do século 20. (N.T.)

10h, e eu estava sentado num balcão comendo uma laranja e um pão de trigo integral com geleia de amora, anotando as coisas no meu caderninho.

Quando passei pelo escritório, Jo Bergman me disse que ela e Sandison estavam trabalhando nos kits de publicidade para a coletiva de imprensa daquela manhã, pois Ronnie Schneider havia voltado para Nova York por alguns dias. Achei que isso ajudaria a evitá-lo.

Jo, David e eu partimos cedo para o Beverly Wilshire Hotel, onde aconteceria a coletiva de imprensa, em uma das limusines que estavam de serviço 24 horas por dia em todas as três residências dos Stones em L.A. – nosso lugar com a família Watts, em Oriole Drive; a casa de Laurel Canyon na qual Keith e os dois Micks estavam hospedados; e o Beverly Wilshire, onde Bill Wyman e Astrid ficariam até que Jo pudesse “arranjar uma casa para eles juntos”. Isso não sugeria que ela poderia conseguir casas separadas; significava simplesmente encontrar e alugar uma casa para eles. “Together”, ou “juntos”, era o jeito californiano descolado de falar e estava em alta tanto quanto as obscenidades eram comuns no exército. Havia certas palavras e frases específicas usadas por gente que gostava de se considerar moderna, *au courant*. As pessoas da moda em Londres, Los Angeles, Katmandu ou o lugar mais distante do mundo de Coral Gables, Flórida, todas as usavam; mas na Califórnia era onde você ouvia mais, em detrimento do inglês comum. Por aqui, bairros inteiros falavam assim havia semanas, desde que souberam que os Stones estavam chegando, deixando o inglês mais básico de lado: “Caras doidos, mano”. “Pesado.” “Que viagem.” Tudo isso pode não significar nada ou pode ser o código para alguma mensagem poética misteriosa, como Catulo falando do túmulo sobre a graça taciturna de Mick, a beleza fria e assassina de Keith.

Jo, nascida em Oakland, Califórnia, criada nos Estados Unidos e na Inglaterra, passou a maior parte de sua vida adulta trabalhando para famosos e falava uma mistura de linguagem moderna e outra ainda mais esotérica, o Código de Celebridade: “Falei com o Mick sobre o telegrama...?”, “Ela vai me matar...”, “Um bebê, isso está muito fora!”, ela dizia tudo com uma espécie de intenso e ofegante ímpeto prazeroso e entusiasmado de Lady Macbeth. Até mesmo quando se tratava de uma preocupação genuinamente sincera, falava essa língua na qual palavras, frases, parágrafos inteiros eram omitidos, deixando qualquer um que não conhecesse o código ou os assuntos privados da celebridade sobre a qual se estava falando inclinado para frente tentando captar com um sorriso falso o que estava sendo dito, o sorriso se tornando mais vidrado à medida que as lacunas se alargavam. Código de Celebridade é uma língua interessante e antiga, difícil de aprender, e nunca ouvi ninguém falar melhor do que Jo Bergman.

A coletiva seria na Sala San Souci (sic) do Wilshire; chegamos lá passando por um labirinto de bares e refeitórios. A "Los Angelização" de Los Angeles ainda não havia chegado ao Beverly Wilshire, onde a sala San Souci reluzia sob o brilho suave de suas luminárias de cristal, o sol áspero do Sul da Califórnia não entrava pelas cortinas de damasco e organdi, mas parecia próximo: do lado de fora, na janela, um martelo pneumático fazia um barulho que ameaçava se tornar um caos, como se a qualquer momento a broca pudesse atravessar a parede. "Que barulho horrível é esse?", Jo perguntou ao homem do hotel, vestido num terno azul listrado, que nos levava à sala.

"Ah, que horas é a sua reunião?"

"Às 11h30min."

"Eles vão parar às 11h."

Cinquenta ou sessenta cadeiras dobráveis estavam dispostas em semicírculos diante de uma longa mesa; à direita, havia um bar e um aparador com serviço de chá e café, salada de frutas e bolinhos; grandes buquês ornavam as mesas. Andei pela sala fazendo anotações, o martelo pneumático parou, Steckler apareceu e a imprensa começou a chegar. Todos pareciam ter vinte e poucos anos, a maioria carregava cadernos, câmeras e gravadores, todos vestidos no estilo atual, certamente tendo gasto muito dinheiro para parecerem pobres e sujos, como uma nova raça de ciganos de classe média. Eles comiam como ciganos, pegando bolos, frutas e bebidas.

Perto das 11h30min, três equipes de televisão chegaram, com roupas mais próximas dos ternos e das gravatas. Com uma delas estava Rona Barrett, a fofoqueira televisiva de Hollywood, uma mulher pequena cujo grande penteado louro parecia congelado dentro de uma camada de goma-laca. Ela se sentou em uma cadeira dobrável, uma pérola culta entre a camurça e o jeans.

Ao meio-dia, os Stones entraram na sala em fila como indígenas bêbados e se acomodaram na longa mesa. Flashes estouraram. As câmeras de televisão foram ligadas. Os Stones se sentaram e coçaram a cabeça.

Com a banda, sentado ao lado de Keith, estava outro jovem inglês, vestindo uma jaqueta de couro bordô e óculos escuros, com mechas escuras e gordurosas de pirata. Era Sam Cutler, uma adição recente à comitiva dos Stones cuja função, além de carregar qualquer coisa que Keith não quisesse levar, não era clara.

Finalmente os flashes pararam, e por um longo momento não houve perguntas, ninguém conseguia pensar no que dizer, o confronto já era suficiente: há três anos, quando o grupo fez a última turnê pelos Estados Unidos, a maioria das pessoas que agora estava ali para entrevistá-los era adolescente, gritando em arenas escuras sua adoração pelos Stones, que nesse ínterim iriam ser presos, trocar de mulher, se separar, morrer, e agora aqui estão eles, cotovelos na mesa.

Os repórteres mais jovens, a maioria dos quais, se o local sofresse uma batida policial, provavelmente teria sido presa por posse de drogas, não se pareciam com nenhum jornalista que os Stones já tinham visto antes em uma entrevista coletiva norte-americana. Mas essa geração, como todas as demais, era formada principalmente por pessoas normais e chatas que precisavam que outros vivessem suas vidas por elas. Felizmente, sempre há algumas pessoas que podem e vivem a vida de outras por elas. São as estrelas da época, e nesse período nenhuma figura pública era tão amada e odiada quanto Mick Jagger, que nome, um nome para abrir latas de sardinha. Jagger estava sentado sorrindo com suas calças cor de limão, uma camisa de seda preta aberta no pescoço com manchas verdes e brancas, algum tipo de grande dente de animal pendurado em uma corrente abaixo de sua clavícula forte, mas delicadamente modelada – como um colar de prata.

Se as perguntas aqui fossem como a maioria das que me fizeram sobre os Stones, seriam curtas e diretas: Você é gay? Que tipo de droga você toma? Você matou Brian? Mas as primeiras questões, respondidas por Jagger, revelaram apenas que o novo álbum da banda, *Let It Bleed*, seria finalizado e lançado em cerca de três semanas, e que os Stones não tinham planos de criar uma gravadora própria. “Isso é tudo o que teremos, um selo”, disse Mick. “A menos que você contrate uma frota de caminhões e venda os discos pela metade do preço, não faz sentido isso.”

Aquela coletiva, ao que parecia, seria amigável e monótona, sem a tensão que costumava caracterizar os encontros dos Stones com a imprensa. Faltava um sentimento mais forte de unidade com a banda que esse pessoal teria três anos atrás ao vê-la se encontrar com a imprensa na televisão, até que um repórter foi forçado a pedir uma resposta à declaração na coluna de Ralph Gleason do dia anterior de que “o preço dos ingressos para seus shows estava muito alto e várias pessoas que gostariam de vê-los não podiam pagar”.

Sem parecer dar crédito à tagarelice de um colunista de jazz de meia-idade, Mick disse generosamente: “Talvez possamos fazer algo por essas pessoas”.

“Um concerto gratuito?”, alguém perguntou, mas Mick declarou que não sabia e evitou a questão com tranquilidade aristocrática: “Não podemos definir o preço dos ingressos. Não sei quanto as pessoas podem pagar. Quero dizer, não tenho ideia”.

Outra pessoa perguntou se o Departamento de Estado dos EUA tinha causado algum problema aos Stones ou pedido que assinassem declarações antidrogas antes de permitir que entrassem no país. Mick respondeu: “Claro que não, nunca fizemos nada de errado”, e, entre risos e aplausos, Rona Barrett sacou: “Vocês se consideram um grupo antissistema ou estão apenas nos enganando?”.

“Estamos apenas enganando vocês”, disse Mick.

“É tudo enganação”, Keith murmurou, as pálpebras de réptil se fechando.

Rona pressionou: “O que acharam do jantar no Yamato ontem à noite?”.

“Ela estava debaixo da mesa”, explicou Keith, mas isso não a impediu.

Mick afirmou a um repórter que eles esperavam contratar Ike e Tina Turner, Terry Reid, B. B. King e Chuck Berry como atrações de abertura para a turnê, e a questão de um show gratuito voltou. Esses jovens repórteres pareciam sugerir de maneira ainda mais intensa do que Ralph Gleason que os Stones tinham uma obrigação com uma nova comunidade, formada em grande parte à imagem da própria banda. Parecia o tipo de coisa com a qual os Stones em sua independência nunca haviam flertado, e Mick mais uma vez evitou o assunto: "Se sentirmos que é o que deve ser feito, então faremos. Mas estou deixando isso muito aberto, percebam, não estou me comprometendo".

"E como está Marianne Faithfull?", Rona Barrett perguntou a Mick. Se você não estivesse por dentro, teria pensado que ela era a única repórter interessada na vida pessoal dos Stones.

Três dias após a morte de Brian Jones, Marianne Faithfull, a *régulière* de Jagger nos últimos dois anos, estava com ele na Austrália para aparecer em um filme quando olhou no espelho e viu não o rosto dela, mas o de Brian. Então tomou uma overdose de pílulas para dormir. Apenas sorte e atendimento médico imediato salvaram sua vida. Depois de se recuperar na Austrália e na Suíça, ela voltou para a casa de Mick em Londres, onde estava agora, sentindo-se abandonada.

"Ela está bem", disse Mick para Rona. "Como você está?"

Rona, destemida, queria saber se Mick tinha algum plano para concorrer a um cargo público. "Não estou me sentindo muito messiânico", disse ele, rindo.

Outras pessoas fizeram mais perguntas sobre festivais e shows gratuitos. O assunto não morria; este ano, a imaginação popular estava entre a indignação e o encantamento, capturada de qualquer maneira pelos festivais pop, com suas exibições colossais de drogas, sexo e música. O espetáculo do ano passado foi a violência policial em Chicago durante a convenção de indicação do Partido Democrata; no ano anterior, tivemos a descoberta pela mídia de massa do uso generalizado entre os jovens de drogas psicodélicas; este ano, ocorreram festivais de música gigantes em lugares como Woodstock, Hyde Park, Atlanta, Denver, a Ilha de Wight, Dallas, onde as pessoas vinham sem pagar, com ingressos vendidos ou não, ficavam nuas, faziam sexo e usavam drogas abertamente sem que houvesse nenhuma prisão porque não havia uma guerra que justificasse prender centenas de milhares de pessoas. Parecia que os bebês da Segunda Guerra Mundial haviam se tornado uma força que a sociedade tradicional era incapaz de conter. Deveria haver, disse Keith sobre os festivais, "dez vezes mais deles".

Mas alguém ainda insistia: e os preços dos ingressos para shows dos Stones?

Mick, Keith e Sam Cutler começaram a falar ao mesmo tempo, pararam juntos, e Sam disse: "Posso dizer isso: Os desvalidos...", e Keith deu um beijo no rosto dele.

Eles ainda eram, afinal, os Rolling Stones. Mick fez um pequeno discurso, as perguntas pararam, e ele disse: "Muito obrigado, pessoal", soando como o falecido Merriman Smith ao encerrar uma entrevista coletiva presidencial.

Os Stones saíram da sala. No final, Mick havia dito: "Não estamos fazendo esta turnê por dinheiro, mas porque queríamos tocar nos EUA e nos divertir muito. Realmente não curtimos esse tipo de cenário econômico. Quer dizer, ou você vai cantar e tudo mais ou vai ser a porra de um economista. Lamentamos que as pessoas não possam vir. Não sabemos se esta turnê é mais cara. Vocês terão de nos dizer". Aquilo parecia um passo sério já que os Stones sempre evitavam que outras pessoas dissessem o que eles deveriam fazer.

Steckler, Sandison, Jo e eu encontramos a banda na suíte de Bill Wyman, onde a discussão séria era se deveriam lançar um único single de seu novo álbum antes do início da turnê. Steckler sugeriu que lançassem a versão country de "Honky Tonk Women" do disco, que havia sido seu último single, tornando-os assim o primeiro grupo musical a lançar a mesma música duas vezes seguidas.

Jagger sugeriu a faixa-título, "Let It Bleed", dizendo: "Se alguém quisesse tocá-la no rádio".

"Não com essa letra", Jo retrucou.

"Bem, ela não é só suja, quero dizer, é de duplo sentido", defendeu Mick.

"'If you want someone to cream, on you can cream on me[16]' tem um significado bem direto", rebateu Jo.

"Também temos de decidir com qual imprensa você vai falar", afirmou Steckler, citando vários periódicos que solicitaram entrevistas.

"*Saturday Review*, como é?", me perguntou Mick.

"A revista mais chata da América", eu expliquei. "Mais maçante que o *Saturday Evening Post*. Mais maçante do que *Grit*."

---

16 "Se quiser alguém para gozar, pode gozar em mim." (N.T.)

"Tudo bem, então."

A reunião foi curta; nada foi resolvido, exceto tentar sobreviver por mais alguns dias. Nenhum esquema, nenhum plano mestre.

De volta à casa de Oriole Drive, após um almoço de sanduíches de presunto e cerveja, Steckler, Sandison e eu visitamos os arredores de Laurel Canyon. Um jovem gorducho chamado Bill Belmont, parte da equipe de produção de palco de Chip Monck, veio na limusine conosco e mostrou a vista como um guia turístico que sonha em ser relações-públicas: "Aquela cabana ali, que é a casa de Frank Zappa, era de Tom Mix. A casa para onde estamos indo, onde estão os Stones, tinha sido de Carmen Miranda e de Wally Cox e depois pertenceu a Peter Tork, dos Monkees, e agora é de Steve Stills. David Crosby morou lá por um tempo. Posso contar tudo. Viram a matéria na *Rolling Stone* sobre o Doors? Fui eu que fiz. Narrei ao cara todo o artigo. Ele apenas escreveu o que eu disse".

Em uma estrada de terra ao lado do vale de Laurel Canyon havia um portão, mas estava aberto e nós entramos, os muros verde-escuros do vale ao nosso redor. A casa era de pedra, com piscina e um grande caminho pavimentado onde estavam estacionados duas limusines e dois sedãs alugados. Dos fundos da casa, no outro lado da piscina, vinham sons abafados de guitarras elétricas e uma gaita.

Um limoeiro crescia no caminho, e os palhaços com quem eu estava começaram a se divertir arrancando e atirando limões. Eu mesmo joguei um ou dois, só para ser sociável, mas venho de um lugar onde as pessoas são orgulhosas, embora pobres, e não posso me dar ao luxo de ficar jogando comida a menos que esteja tentando acertar alguém com ela.

Depois de um tempo, entramos na casa, um refúgio de madeira, couro e pedra com piso de pedra, uma grande lareira também de pedra, sem toques suaves. A cozinha tinha uma geladeira grande como a de uma lanchonete num acampamento, mas estava abastecida com cerveja em vez de pés de porco e suco de laranja. Bebemos Heinekens e esperamos o ensaio acabar. Belmont, Steckler e Sandison estavam sentados em cadeiras ao redor da sala. Não entendi por que tinham vindo. Eu estava ali para falar com Keith e Mick sobre a carta que precisava para conseguir uma editora, para continuar vivendo, para escrever um livro. Deitei-me em um sofá de couro, olhei pela janela e vi, descendo o vale, uma pequena corça marrom.

Logo a música nos fundos da casa parou, e os Stones saíram. Segui Keith até a cozinha. Ele abriu uma lata de filme de 35 milímetros e com uma colherzinha tirou um monte de cristais brancos, sem ter me notado até ter a colher no meio do caminho. Sua mão parou, e eu disse: "Peguei você", e ele deu de ombros, levantou a colher e cheirou. Então continuei: "Ah, Keith, e o, ah, livro?".

"Vou falar com Mick sobre isso."

O tempo passou, nada aconteceu. Na sala, as pessoas continuavam jogadas. Keith estava com uma mão nos quadris inclinados para a frente, a outra com uma cerveja na boca, parecendo um bebê com a mamadeira. Encontrei Mick sentado ao piano do lado de fora da sala de ensaio. "E o livro?", perguntei.

"Preciso falar com Keith."

Então voltei para Keith e disse: "Você já falou com Mick? Precisamos ir".

"Ei", Keith chamou Mick, que por acaso estava passando, "e esse livro?".

"O que tem?"

Eles entraram na cozinha quando a luz do dia estava caindo. Finalmente estávamos de fato indo embora, e eu insisti com Keith: "E aí?".

"Você escreve a carta", respondeu ele, "e nós a assinamos".

"Até aqui tudo bem", pensei, depois de voltar para a casa de Oriole e comer *bouillabaisse*[17]. Eu nunca tinha comido *bouillabaisse* antes e, embora estivesse gostando, estava preocupado com o que deveria fazer a seguir. Escrevo a carta e eles assinam. E depois? Vão me deixar em paz para eu conseguir o contrato e escrever meu livro?

Tentei digerir o *bouillabaisse* e todas essas perguntas sentado depois do jantar com Jo, Sandison, Steckler e a família Watts. A noite estava fresca, e na lareira, quatro jatos de gás queimavam uma pilha de toras de madeira. Al-

17 Uma espécie de sopa (ou guisado) com peixe, típico da culinária francesa. (N.T.)

gumas pessoas deram um tempo por ali, uma delas com um grande frasco de cocaína, então, depois que todos foram para a cama, Sandison, Steckler e eu ficamos conversando. Steckler não cheirou cocaína, mas estava animado por estar longe de casa. Ele tinha quase quarenta anos, um homem mais velho no meio daquele pessoal, e trabalhava para Allen Klein que, como empresário dos dois artistas mais populares do mundo, os Beatles e os Rolling Stones, talvez tenha sido o homem mais poderoso do show business; mas Steckler, tão próximo de todo aquele poder e dinheiro, parecia ingênuo, falando com seriedade sobre poesia e verdade do rock. Ele tinha um cabelo castanho cuidadosamente cortado, um rosto rosado de bebê e olhos sinceros que fariam muitas coisas desagradáveis, mas nunca mentiriam para você.

"Quem é Schneider?", perguntei-lhe quando os troncos já tinham virado pó branco sob os quatro jatos azuis de chamas.

"O sobrinho de Klein."

"Além disso."

"Ele trabalhou para Klein até algumas semanas atrás. Tiveram um desentendimento, e Ronnie formou a Rolling Stones Promotions para fazer esta turnê."

"O que ele faz para os Rolling Stones além da turnê?"

"Nada", disse Steckler.

Depois que todos os outros foram dormir, levei uma máquina de escrever do escritório para a cozinha, fechei todas as portas e escrevi uma carta dos Rolling Stones para mim mesmo, assegurando-me de sua cooperação, com seus nomes digitados no final, espaçados para deixar lugar para as assinaturas. Então levei a máquina de escrever de volta e fui, na ponta dos pés, para a cama.

4

Uma noite esse cara entra no bar com o boné de lado, sabe. E é o Elmore.

Warren George Harding Lee Jackson: *Living Blues*

VALENTINO, UM GATO MALHADO CINZA que pertenceu a Brian Jones, bocejou e se espreguiçou na varanda. Keith e eu estávamos sentados em um tapete marroquino no quintal lateral, Marlon de nove meses, nascido no ano anterior, 1969, rastejava pelado na grama, enquanto pequenos cocôs amarelos saíam de seu bumbum. Sua mãe, Anita, com seus olhos brilhantes, ainda estava no andar de cima, no quarto enfeitado com tapeçarias onde ela e Keith dormiam. Sobre a cômoda em uma moldura prateada, uma pequena fotografia de Brian. Na tampa do banheiro do andar de baixo havia uma colagem de fotos dos Rolling Stones. Essas pessoas não tentavam esconder as coisas. Na primeira noite que passei na casa de Keith, Anita jogou um cobertor ao meu lado na almofada em que eu estava deitado. "Você não precisa de lençóis, precisa?", ela perguntou.

"Não, vou ficar bem", respondi.

"Mick tem de ter lençóis", comentou ela. "Coloque isso no livro."

Redlands, uma residência com telhado de palha em West Witterling, perto de Chichester, em West Sussex, era a casa de campo de Keith Richards desde 1965. Em 1967, junto com Mick Jagger, ele foi preso ali. Naquela manhã, o lugar parecia, à luz pálida da primavera, um hospital de veteranos, onde Keith e eu, como dois velhos soldados, tomávamos remédios com frequência e falávamos sobre o passado.

"A família do meu bisavô veio do País de Gales para Londres no século 19", disse Keith, "e então meu avô, o pai do meu pai, era londrino. Sua esposa, minha avó, foi prefeita de Walthamstow, distrito de Londres, durante a guerra. Foi o auge da fama para a família. Eles eram muito puritanos, muito certinhos. Ambos mortos agora.

"E então tinha Gus: o pai da minha mãe, Theodore Augustus Dupree. Era um doido completo. Costumava ter uma banda de baile nos anos 1930, tocava sax, violino e guitarra. O maior malandro que você poderia conhecer. Esse lado da família veio para a Inglaterra das Ilhas do Canal. Eram huguenotes, protestantes franceses que foram expulsos da França no século 17. E, em meados do século 19, o pai de Gus veio para o País de Gales, para Monmouth.

"Gus era tão engraçado. Teve sete filhas. E elas traziam os namorados para casa, ficavam sentadas com eles de forma apropriada, então ele ia para o andar de cima e começava a balançar anticoncepcionais pela janela. Há tantas histórias sobre ele que não me lembro de nenhuma específica. Nos anos 1950, no *final* dos anos 1950, ele tocava violino em uma banda country & western nas bases da Força Aérea dos EUA na Inglaterra. Umas paradas reais de corda dupla e tudo mais. Ele era amigo de Yehudi Menuhin[18]. Gus o admirava, o conhecia bem. Era um desses caras que sempre consegue o que quer. Imagino que era um pouco como Furry Lewis. E por viver com todas aquelas mulheres, tinha muito senso de humor, porque, com oito mulheres em casa, ou você enlouquece ou ri disso. Era a guitarra dele que eu costumava tocar quando era criança.

"Minha avó costumava tocar piano com meu avô até que, acho, um dia ela o pegou de chamego com outra garota e nunca o perdoou, nunca mais tocou piano com ele. E com mais ninguém até hoje, desde os anos 1930 ou 1940 ou algo assim. Acho que ela até se recusou a transar com ele desde então. Muito estranho.

"Já minha mãe e meu pai ficaram juntos por muito tempo antes de se casarem. Acho que se conheceram em 1934, talvez 1933, e se casaram em 1936. Eles se separaram em 1963. Esta é a parte esquisita da história, no que me diz respeito. Os dois se separaram assim que eu saí de casa, poucos

18 Violinista e maestro norte-americano. (N.T.)

meses depois. O que eu suponho é que o motivo foi meu velho, pois, para uma mulher, devia ser muito chato conviver com ele. Ele trabalhou, ainda trabalha, creio, numa fábrica de eletrônicos, como supervisor ou algo assim, cresceu lá, está lá desde os vinte e um anos ou um pouco mais. Sempre foi muito certinho, pudico – nunca ficava bêbado, era muito controlado, muito nervoso. Devo dizer que era muito estressado. E o maldito – o que é realmente estranho, pois ainda gosto dele, acho certas coisas nele bastante cativantes – ele se recusou a falar comigo desde que se separou da minha mãe, porque, acho, eu ainda estava em termos amigáveis com ela depois da separação. Então ele imediatamente ficou todo tenso, acho, e começou a imaginar coisas – não sei, já escrevi para ele algumas vezes. Escrevi quando fui preso, porque queria explicar tudo a ele, não queria que soubesse só pelos jornais. Mas não obtive resposta, o que me irritou bastante. Não tenho notícias dele desde 1963. Sete anos".

"Você era muito próximo dele quando criança?"

"Não, não era possível ser próximo dele, ele não sabia se abrir. Mas sempre foi bom para mim."

"Era rigoroso com coisas como sair quando você ficou mais velho?"

"Ele tentou ser, mas meio que desistiu, sabe? Acho que por causa da minha mãe, que tinha essa tendência de me deixar fazer tudo, principalmente quando eu crescia. E também porque... acho que ele simplesmente desistiu de mim. Eu o decepcionei muito."

"Você acabou sendo um Dupree em vez de um Richards..."

"Exatamente. Eu realmente não fui nada do que ele queria."

"Onde ele mora?"

"Até onde eu sei, ele ainda mora onde todos nós vivíamos, naquela porra de casa horrível em Dartford. Fica a uns 30 quilômetros a leste, na periferia de Londres, quando começa a virar campo. Ele realmente não tinha coragem de se arriscar. Uma maldita propriedade municipal destruidora de almas. Uma mistura de blocos de apartamentos horrorosos e ruas novas detestáveis cheias de casas geminadas, todas enfileiradas, todas padronizadas, uma verdadeira selva de concreto, um lugar realmente nojento. E como ele não queria se arriscar, não tentou nos tirar de lá, que foi o que a minha mãe acabou fazendo, segundo ele. Vou ter de ir vê-lo um dia, não vou ser tão teimoso. Um dia vou voltar e tentar fazer contato, quer ele goste ou não."

"Ele não se casou de novo?"

"Até onde eu sei, não. Nem consigo imaginá-lo se arrumando para um encontro com outra mulher. Ele prefere ficar amargurado e sentir pena de si mesmo. É triste. No que me diz respeito, gostaria de tê-lo aqui. Ele é jardineiro, poderia cuidar do lugar e adoraria fazer isso se fosse realmente honesto consigo mesmo. E eu adoraria se ele morasse aqui e cuidasse deste lugar."

(Dez anos depois, Keith retomaria contato com o pai, mas sem falsos sentimentos de nenhum dos lados. Quando, em 1983, Bert Richards atendeu o telefone na casa de Keith na Jamaica, o amigo que ligou disse: "Você deve estar orgulhoso dele". E o pai de Keith respondeu: "Bom...", evitando se comprometer.)

"O que você achava da escola?"

"Eu queria dar o fora de lá. Quanto mais velho eu ficava, mais queria sair. Só sabia que não ia conseguir. No Ensino Fundamental, você não precisava se esforçar muito, mas depois, quando segui para aquela porra de escola técnica em Dartford, a doutrinação era muito descarada. Fui para o ensino primário, que na Inglaterra se chama, ou se chamava, escola infantil, dos cinco aos sete anos. Quando comecei a frequentar a escola, logo após a guerra, eles ensinavam o básico, mas era principalmente doutrinação na forma como as escolas eram administradas, quem deve dizer sim a quem e como encontrar seu lugar na sociedade de classes. É isso que você deve fazer pelos próximos dez anos.

"Quando você tem sete anos, vai para a escola. Eles tinham acabado de começar a construir algumas unidades quando terminamos a primeira série, então fomos para uma mais próxima de casa. Foi onde conheci Mick, porque ele também estudou lá, na Escola Primária do Condado de Wentworth. Ele morava perto de mim, eu costumava vê-lo por aí... em nossos triciclos.

"Na escola, eles começam a classificá-lo a cada ano letivo, cada grupo de crianças em três seções: rápida, média e lenta. Quando você tem onze anos, faz um exame chamado *eleven plus*, que é o grande trauma, porque praticamente dita o resto da sua vida para o sistema. Acredito que envolva mais psicologia agora, mas, na época, eles estavam apenas tentando ver o quanto você sabia, com que rapidez aprendia e se sabia escrever. Isso decidia se você iria para as escolas de gramática, em que ministram uma espécie de educação semiclássica para as massas, ou para o que chamam de escola técnica – para a qual eu fui –, que, na verdade, é voltada às crianças que geralmente são bastante inteligentes, mas não aceitam muito bem a disciplina. Chamada de moderna secundária, é uma escola para jovens que não têm muita chance de fazer nada, exceto trabalhos não qualificados ou semiqualificados. Para quem tinha dinheiro havia muitas escolas particulares, entretanto esse era o sistema de educação do Estado.

"Depois dos onze anos, perdi contato com Mick porque ele foi para uma escola de gramática, e eu fui para a escola técnica. Não vi mais Mick por... parecia muito tempo, mas só foram uns seis anos."

Keith Richards, o mais novo dos Rolling Stones originais, nasceu em 18 de dezembro de 1943. Michael Philip Jagger veio ao mundo no mesmo ano e na mesma cidade, Dartford, em 26 de julho. Quando tinha quatro anos, a mãe de Mick chegou a Dartford vinda da Austrália, onde seis gerações de sua família tinham vivido. "As mulheres da minha família foram para a Austrália para fugir dos homens", revelou. Ela se casou com Joseph Jagger, um professor de Educação Física que veio para Dartford de uma família de rigorosos batistas abstêmios do Norte da Inglaterra. O filho deles, Michael, desde cedo se interessou por atletismo e ganhar dinheiro.

"Quando eu tinha doze anos", disse Mick, "trabalhava numa base do Exército norte-americano perto de Dartford, dando instrução física a outras crianças, eu era bom nisso. Precisei me familiarizar com os jogos deles, então aprendi futebol americano e beisebol. Naquele lugar, havia um cara negro chamado José, cozinheiro, que tocava discos de R&B para mim. Foi a primeira vez que ouvi música negra. Na verdade, foi meu primeiro contato com o pensamento norte-americano. Certa vez, enterraram uma bandeira, um pedaço de pano, com todas as honras militares. Achei ridículo e expressei meu pensamento. Então eles perguntaram: 'Como você se sentiria se disséssemos algo sobre a Rainha?', e eu respondi: 'Não me importaria, você não estaria falando de mim. Ela pode se importar, mas eu não'".

Conversamos em muitos lugares – *sets* de filmagem, quartos de hotel, aviões, na casa de Mick em Cheyne Walk, com Marsha Hunt, a atriz afro-americana, grávida do primeiro filho de Mick, usando fita adesiva para proteger seus seios por baixo de um vestido hippie-indiano.

Certa noite, na casa de Keith em Londres, a algumas portas da casa de Mick, eles dois, mais Anita e eu estávamos conversando. Anita então mencionou que a sra. Jagger sempre falava sobre como Mick gostava de acampar e da vida ao ar livre. Com uma voz aguda e apropriada, imitando a sra. Jagger, eu disse: "Quando criança, Mick era muito machão".

"Sim, eu era machão", Mick retrucou. "Mas ela sempre foi muito mais."

"A escola técnica foi completamente errada para mim", ponderou Keith. "Trabalhar com as mãos, metalurgia. Não consigo medir nem uma polegada direito, e eles me forçavam a fazer um conjunto de brocas ou algo do gênero com uma precisão de milésimo de polegada. Fiz tudo o que pude para ser expulso daquele lugar. Demorei quatro anos, mas consegui."

"Como você tentou sair fora? Faltando?"

"Não tanto isso, pois eles faziam várias coisas com você por faltar. Isso tornava a vida difícil para você. E eu estava tentando facilitar para mim. Nessa época, o rock and roll tinha acabado de entrar em cena, o que teve um papel muito pesado na minha decisão. O primeiro disco que realmente me deixou animado com o rock and roll foi *Heartbreak Hotel*[19]."

"Você viu *Sementes da Violência* nesse período?"

"Sim, foi um negócio de rasgar os assentos, bem típico dos Teddy Boys. Eu era muito jovem na época. Fiz o primeiro ano letivo, fiz o segundo, o terceiro, e no final desse fiz tanta merda que me obrigaram a repeti-lo só para me humilhar. Isso significava que você tinha de ficar com as crianças mais

19 Disco de Elvis Presley lançado em 1956. (N.T.)

novas e não podia fazer os exames da G.C.E.[20], que neste país são fundamentais para conseguir um emprego. Não aceitei essa merda de jeito nenhum. Prestei o terceiro ano de novo, fui para o quarto e, no final dele – lembre-se, todo mundo estava no fim do quinto ano –, fiz tudo errado, o que culminou em uma onda de faltas escolares, e, então, eles me expulsaram.

"O segredo era ir embora sempre bem cedo e não fazer o que pediam, milhões de coisas assim. Tipo, eu costumava usar dois pares de calças, um bem apertado e outro bem largo, que vestia por cima logo que chegava perto da escola, pois eles só te mandavam para casa se estivesse usando calças justas. Isso é outra coisa sobre as escolas inglesas, você tinha de usar o uniforme escolar... o boné, que era uma engenhoca muito estranha, como um quipá com um bico, adornado pelo distintivo da escola na parte da frente. Mais um blazer escuro com o distintivo no bolso do peito, gravata e calça de flanela cinza. Eu me recusava a ir e voltar da escola com essas roupas de merda.

"Mas ao me expulsar, eles, numa demonstração final de benevolência, me arrumaram um lugar na escola de arte. Na verdade, essa foi a melhor coisa que poderiam ter feito por mim, porque as escolas de arte na Inglaterra são muito esquisitas. Metade da equipe trabalha em agências de publicidade e, para manter a arte e ganhar uma grana extra, ensina na escola um dia por semana. Malucos, bêbados, maconheiros, uma boa parte jovens. Eu tinha quinze anos e havia caras com dezenove, no último ano. Rola muita música nas escolas de arte. Foi aí que fiquei viciado na guitarra, porque havia muitos guitarristas na época, tocando qualquer coisa, de Big Bill Broonzy a Woody Guthrie. Também fiquei louco por Chuck Berry, embora o que eu estivesse tocando fosse o material da escola de arte, o som de Guthrie e o blues. Não o blues de fato, mas sobretudo baladas e coisas de Jesse Fuller. Na escola de arte, conheci Dick Taylor, um guitarrista, o primeiro cara com quem toquei. Tocávamos um pouco de blues, coisas de Chuck Berry em guitarras acústicas, e acho que tínhamos até um amplificador que parecia um pequeno

20 Certificado Geral de Educação, exame que permite a entrada no sistema universitário britânico. (N.T.)

rádio surrado. Havia outro cara na escola de arte chamado Michael Ross. Ele decidiu formar uma banda country & western – era *bastante* amadora –, canções de Sanford Clark e algumas de Johnny Cash, como ‘Blue Moon of Kentucky’. A primeira vez que subi ao palco para tocar foi com essa banda de country & western. Um show do qual me lembro aconteceu num baile esportivo em Eltham, perto de Sidcup, onde ficava a escola de arte em que eu estudava.

“Saí da escola técnica aos quinze anos, aí fiz três anos de escola de arte. Eu estava começando o último ano quando Mick e eu nos encontramos no trem na estação de Dartford. Entre as idades de onze e dezessete você muda muito. Não sabia como ele estava. Era como ver um velho amigo, mas também era como conhecer uma nova pessoa. Ele havia saído da escola de gramática e estava indo para a London School of Economics, queria ser universitário. Ele carregava alguns discos, e eu perguntei o que eram. Um deles era Chuck Berry, *Rocking at the Hop*.

“Mick gostava de cantar no banho, tinha cantado com um grupo de rock uns dois anos antes. Coisas de Buddy Holly, ‘Sweet Little Sixteen’ e umas paradas de Eddie Cochran em clubes de jovens em Dartford, mas ele não fazia isso havia um tempo quando o encontrei. Eu falei para ele que estava tocando com Dick Taylor. Acontece que Mick já conhecia Dick Taylor, eles estudaram juntos na escola de gramática. Que ótimo, então por que não nos reunimos todos? Acho que uma noite fomos à casa de Dick e fizemos um ensaio, só uma *jam*. Foi a primeira vez que tocamos juntos. Apenas coisas tranquilas, só para nós. Então passamos a nos reunir de vez em quando, principalmente na casa de Dick Taylor. Começamos a fazer coisas como Billy Boy Arnold, ‘Ride an Eldorado Cadillac’, Eddie Taylor, Jimmy Reed, não chegamos a tentar nenhum Muddy Waters ou Bo Diddley naquele período, acho. Mick me apresentou um monte de sons que eu não tinha ouvido. Ele havia importado discos da Ernie’s Record Mart. Nessa época, a música preferida entre os jovens era o jazz tradicional, algumas bem legais e outras muito, *muito* estranhas. O rock and roll já havia se tornado pop como aconteceu aqui novamente, porque a mídia de massa tem de atender a todos. Eles não o dividem em segmentos para que os jovens possam escolher uma estação. Fica tudo junto, então, acaba resumindo tudo que a pessoa comum quer ouvir, que é um lixo comum. De qualquer forma, essa era a cena na época, nenhuma música boa tocava no rádio, nenhuma música boa das chamadas estrelas do rock and roll. Nada era bom.

"Na mesma época em que Mick e eu estávamos em função com Dick Taylor, tentando descobrir qual era, quem está tocando o quê e como estão tocando, Alexis Korner formou uma banda num clube no oeste de Londres, em Ealing, com um gaitista chamado Cyril Davies, que trabalhava reformando carros em um ferro-velho e uma oficina. Ele esteve em Chicago e se sentou com Muddy no Smitty's Corner, e isso era algo grande. Tocava bem a gaita e gostava da noite; costumava beber muito *bourbon*. Alexis e Cyril montaram essa banda, e quem, por acaso, estava na bateria? Ninguém menos que Charlie Watts. Fomos lá na segunda semana que abriu. Era o único clube da Inglaterra onde tocava algo legal, até onde eu sabia. A primeira pessoa que vimos sentada, Alexis logo se levanta e diz: 'E agora, pessoal, um cara que manja de *slide guitar* vindo de Cheltenham para tocar aqui esta noite' – e de repente ouvimos 'Dust My Broom', do maldito Elmore James, lindamente tocada. E é Brian."

5

Se o tolo persistisse em sua tolice, ele se tornaria sábio.

William Blake: *Provérbios do Inferno*

JÁ PASSAVA DAS 11H QUANDO ME ARRASTEI PELO corredor em direção à salada de frutas frescas na geladeira, esperando que curasse a dor de cabeça que ficou como lembrança da cocaína da noite anterior. David Sandison, saindo do escritório, surgiu na minha frente, seu rosto triste como o de um basset hound. Perguntou se eu tinha acabado de me levantar e eu disse bruscamente: "Isso mesmo", só querendo suco de maçã espesso, morangos frios, abacaxi e fatias de laranja, afinal, eles podem tentar roubar de você, mas nunca o matariam de fome. E ele disse: "Então não está sabendo do Kerouac".

"O que tem?"

"Ele morreu."

"Onde você ouviu isso?", perguntei, pois nunca queremos acreditar nessas coisas.

"No rádio esta manhã. Ele morreu ontem à noite. Estava morando na Flórida. Você sabia?"

Não respondi porque em minha mente eu estava andando em um ônibus Trailways de Waycross para Macon, Geórgia, Lumber City logo à frente, lendo uma história em um livro que eu tinha pego emprestado da Biblioteca Regional de Okefenokee, já que Waycross não tinha livraria, se você descontasse o lugar onde vendiam Bíblias. Na história, uma garota mexicana estava cantando para um jovem norte-americano uma música de Piano Red que costumávamos tocar na jukebox no lago onde, com meus amigos do

Ensino Médio, eu dançava, corria e fazia amor em carros. Nunca tinha lido uma história como aquela. As pessoas nela dirigiam rápido e transavam em carros, e isso fazia minha vida mais parecida com algo que se poderia ler ou como as letras das músicas. “If you can’t boogie, you know I’ll show you how.”[21] Então me lembrei de que o único trabalho em que consegui um contrato real havia sido uma história sobre Kerouac para a *Squire*. Esperando notícias dos Stones, adiei minha ida à Flórida para uma entrevista. O pensamento me trouxe de volta ao presente, sentado em um sofá na sala, ainda com fome. Meu humor mudou, fiz um sanduíche de presunto e bebi uma cerveja.

Keith e os dois Micks chegaram. Jagger se trancou no escritório, enquanto Keith foi jogar tênis com Mick Taylor, indo depois exibir na piscina o que ele chamava de “a forma aperfeiçoada ao longo de seis anos descansando nas praias do mundo”. Apenas seis anos como um Rolling Stone, mas parecia ter cem. Quantos anos Kerouac aparentava ter? Sandison observou Keith nadando com um olhar severo. Antes de entrar no ramo da publicidade, Sandison era repórter de um jornal inglês de uma pequena cidade. Tanto seu corpo quanto sua cabeça prematuramente calva tinham formato de pera; Kerouac tinha vivido uma vida de vagabundo desconhecida para pessoas com formato de pera. Sandison realmente sentiu como se algo tivesse sido tirado dele. Ele contou a Keith sobre Kerouac e, embora Keith nunca o tivesse lido, meio que deu algumas braçadas mais sérias.

Quando Keith já estava vestido e seguíamos de volta para casa, lembrei-me de dizer a ele que havia escrito a carta. “Sim”, ele respondeu, “vou falar com Mick sobre isso”, me deixando de novo na melancolia, as coisas pareciam nunca passar desse ponto, mas fui para o meu quarto de Oz e peguei a famosa carta. Um minuto depois, quando voltei, ele tinha ido embora. Jagger estava na sala em um sofá com Jo Bergman, falando de negócios, com a testa franzida. Olhei no quintal e não vi ninguém, então saí na parte da frente e encontrei Mick Taylor sozinho. Não cheguei a dizer

21 “Se você não tem ginga, eu te ensino a rebolar.” Trecho de *On the Road*, Jack Kerouac. (N.T)

"Onde diabos está Keith?", apenas comentei alegre: "Negócios insanos, pessoas correndo", a primeira frase que me lembro de ter dito a Mick Taylor. Ele sorriu simplesmente e comentou: "Não me importo com a parte dos negócios, desde que eu não tenha de fazer isso", foi *então* que eu falei: "Onde diabos está Keith?".

"Ele e Charlie acabaram de ir para o estúdio."

Entrei pensando: "Que se dane!".

Então, quando passei, Jagger levantou a cabeça: "Não há uma carta ou algo assim que alguém quer que eu assine?". Agora nós dois estávamos franzindo a testa. Apresentei a carta, e ele assinou, Jo atrás do sofá lendo tudo sobre nossas cabeças.

Eu havia digitado os nomes dos Stones nesta ordem: Jagger, Richards, Watts, Wyman, Taylor. Quis escaloná-los, pois sabia que, assim que Jagger e Keith assinassem, os outros o fariam. Então fui com os dois Micks, passando pelo Whisky a Go Go e pela Hollywood High School, até o Sunset Sound Studios, onde eles estavam terminando seu novo álbum. Pedi a Keith, caído em um sofá em frente ao console, que assinasse a carta, e ele o fez, no lugar errado. "Não importa", eu disse. E, embora Mick Taylor ficasse no final da lista, como estava sentado ao lado de Keith, aproveitei e passei-lhe o papel e a caneta, e ele assinou. Charlie assinou inclinando-se sobre o console. Eram quatro de cinco. Fui a um escritório e liguei para Wyman em Beverly Wilshire, onde ele e Astrid ainda moravam e não estavam felizes com isso. Ele disse que não iria ao estúdio, mas estaria na casa de Oriole para jantar por volta das 19h30min e aí assinaria. "Tudo bem com isso, não?", perguntou, e eu respondi que sim. Mas queria ter a carta aquela noite. A turnê logo iria começar, de modo que eu esperava grandes despesas, sabendo lá no fundo que levaria uma eternidade para conseguir um contrato de publicação e mais ainda para ser pago.

Quando retornei à sala de controle, Charlie e Mick Taylor estavam indo embora, e eu fui com eles de volta para a casa de Oriole. Wyman e Astrid vinham jantar porque estavam cansados de comer fora, e nós iríamos sair porque estávamos cansados de comer em casa. Eu não tinha nada com que me preocupar, exceto que saíssemos antes que Wyman chegasse, aí me estressei com isso. Mas eles entraram e se sentaram para jantar quando estávamos de saída. Coloquei a carta ao lado do prato de Wyman e pedi que assinasse. Ele a examinou com toda a calma. Eu já tinha esperado mais do que queria. "Bem ali", disse, entregando-lhe uma caneta. Wyman pegou a carta e perguntou: "Você não se importa se eu ler, não é?". E eu prontamente respondi: "Claro, vá em frente, é apenas uma frase, não é grande coisa". "Você sempre na defensiva", falou Charlie, mas Bill assinou, eu coloquei a carta no meu caderno e saí com os demais.

O próximo passo era providenciar cópias da carta e enviar a original ao meu agente, mas eu só poderia fazer isso no dia seguinte. De qualquer forma, eu tinha a carta, ela estava assinada, estava no meu caderno, meu caderno estava na minha mão. Passávamos de limusine por casas caras em ruas com nomes de pássaros.

Jantar em um restaurante badalado e árido não foi muito divertido, mas depois encontramos os outros Stones no Whisky a Go Go para ouvir Chuck Berry.

Na esquina da Strip, após passar pelas recepcionistas tensas e reservadas na porta, entrava-se na escuridão, na terra dos sonhos, onde era quente, enfumaçado e lotado, um grande celeiro com uma pequena pista de dança elevada, o palco num canto ao alto, pessoas desconhecidas procurando pessoas famosas, pessoas famosas procurando umas pelas outras, os Rolling Stones sentados em mesas em um canto, procurando por ninguém. Sentei-me com Jagger, Keith e Wyman, uma combinação improvável. Meninas, duas, três ou sete juntas, andavam por nossas mesas, passando umas seis vezes antes de terem coragem de pedir autógrafos para os Stones. As garçonetes ficavam ao nosso redor, notas de dólar dobradas longitudinalmente entre os dedos.

No palco, estavam quatro músicos brancos, barulhentos e incompetentes. Um show de luzes se espalhava por duas paredes, uma coberta com bolhas e redemoinhos líquidos cor de gelatina, a outra exibindo salmões pulando em uma pequena cachoeira, um clipe repetido várias vezes, intercalado entre cenas de um filme japonês com uma fera gigante vinda do céu para devorar o mundo. A comida de Tóquio combinava perfeitamente com o resto da ação na sala, onde pessoas que cresceram cercadas por imagens malucas – como a garota na pista de dança vestida de couro preto, parecendo má em suas botas e seus protetores de pulso – tentavam ser tão reais quanto Batman, a Mulher Maravilha ou Zontar, a Coisa de Vênus, estremecendo ali na parede.

Mas então um homem negro esguio, de bochechas salientes e olhos taciturnos subiu ao palco, usando sua guitarra baixa como uma arma de pistoleiro, acariciando-a com habilidade obscena. E até mesmo Keith – o pior semblante da sala, indígena, pirata, bruxo, a figura que sorri para a Morte – voltou a ser o que ele era quando ouviu pela primeira vez Chuck Berry, aquele garotinho inglês de uniforme e boné. Alguns anos se passaram até que Keith pudesse conhecer Chuck Berry pessoalmente, pois Berry estava na penitenciária federal em Terre Haute por ter cruzado, com uma prostituta indígena de quatorze anos, a divisa estadual pelas razões erradas, mas Keith e Jagger aprenderam a marca registrada de Berry, o andar de pato do filme *Jazz on a Summer's Day*, que Keith viu quatorze vezes. Mais tarde, quando Chuck Berry estava fora da prisão, e Mick e Keith eram Rolling Stones, eles enfim o conheceram, e, ao contrário de muitos de seus ídolos musicais, ele os esnobou várias vezes, de modo que o respeitassem ainda mais e tentassem contratá-lo para a turnê atual.

E agora, enquanto Berry tocava "Sweet Little Sixteen" de qualquer jeito com essa banda porcaria, nem mesmo acertando os acordes, ainda que de vez em quando ressurgisse um lampejo da magia de sua guitarra, Keith, encarnado no colegial que usava calças apertadas por baixo das largas, inclinou-se sobre a mesa para falar com Wyman, outro que costumava ir aos bailes com dois pares de calças, um folgado sobre o apertado, pois não deixavam ninguém entrar usando calças justas (é possível que o elemento social unificador mais poderoso para esta geração tenha sido o fato de que todos nós, incluindo as meninas, crescemos usando calças que exibiam claramente nossos órgãos sexuais, apertados contra o jeans). E para Wyman, o homenzinho com rosto de uma gárgula engraçada que começou um império *groupie*, na verdade, *o* império *groupie* (segundo Keith, tudo teria começado com Bill. "Ele transou com milhares. Anotou tudo em seu diário. Na verdade, parou de contar depois de, eu acho, 278"), Keith falou: "Ele não está fazendo muito, aquela banda é tão ruim, mas de vez em quando, uau...".

Wyman, vendo Berry, que não deixara nada, nem mesmo a prisão, impedi-lo de cantar sobre xoxotas de dezesseis anos, sorriu e disse: "É, bons tempos...".

Quando o show de Berry terminou, deixamos o Whisky (nossa partida, como todas as nossas chegadas e partidas, foi rápida e dramática, com todos olhando para os Stones quando entrávamos em limusines) em quatro carros cheios de nós, pela autoestrada em direção a Corral, uma boate em Topanga Canyon, para ouvir Gram Parsons and the Flying Burrito Brothers.

Pelos quilômetros da estrada, nós (os Watts, Bill e Astrid, mais outros dois ou três) estávamos conversando sobre música – Shirley, que ama o rock and roll dos velhos tempos, estava muito feliz por ver Chuck Berry – quando, pela primeira vez nesta turnê, descobrimos a fraqueza de Wyman. Bill pediu ao motorista que parasse em um posto de gasolina, pois tinha de ir ao banheiro, mas como não havia nenhum lugar aberto, continuamos pela estrada. Bill novamente disse: "Ei, você tem de parar em algum lugar, preciso ir ao banheiro". E o motorista respondeu: "Não parece ter nenhum lugar aberto". "Bem, pare em um que não está aberto, apenas me deixe sair do carro", vociferou Bill. Até que Charlie o lembrou: "Foi você quem nos colocou em problemas assim da vez anterior, Bill".

Era 18 de março de 1965, a última noite da quinta turnê dos Rolling Stones pela Inglaterra. Tinha durado duas semanas, quatorze apresentações consecutivas em cinemas, dois shows por noite. Não tinha sido muito agitada. Três shows foram gravados para um álbum ao vivo. Em Manchester, no Palace, uma garota caiu quatro metros e meio dos assentos dos camarotes. A queda passou quase despercebida já que outras 150 invadiram o palco gritando quando Mick cantou "Pain in My Heart". A garota fugiu dos atendentes que tentaram levá-la à ambulância e, mais tarde, foi vista do lado de fora, ainda berrando "Mick, Mick". Em Sunderland, onde os Stones tocaram no Odeon, os fãs queriam comprar a água que eles usavam para lavar o cabelo, e alguém vendeu as pontas de cigarro deles por um centavo cada. Em Sheffield, um homem atrás de um autógrafo puxou Charlie do banco enquanto ele tocava. No Leicester Trocadero, outra garota caiu do camarote, perdendo os dentes da frente. "Estávamos com medo", disse Mick mais tarde. "Você sabe como essas coisas se espalham.

Poderíamos facilmente acabar com um surto de pessoas despencando dos lugares mais altos e alguém morto."

No Rochester Odeon, que eles lembrariam como um dos piores teatros da Inglaterra, o vigia da porta do palco não acreditou, por causa da aparência deles, que os Stones eram a atração e se recusou a deixá-los entrar. Keith o derrubou, e eles entraram de qualquer maneira. No Sunderland Odeon, enquanto Charlie anunciava a música "Little Red Rooster", uma garota pulou nas costas de Mick. Com calma, ele a carregou até a beirada do palco e a colocou no chão.

Na última noite da turnê, 18 de março, após dois shows no ABC Theatre em Romford, os Stones seguiram para Londres no Mick's Daimler. Antes de chegar em casa, Wyman precisava urinar. O gerente da turnê, Ian Stewart, descreveu a situação: "Realmente, se você ficar sentado em um camarim a noite toda, bebendo Coca-Cola, subir no palco por cerca de trinta minutos, pular como um idiota, largar sua guitarra e correr para um carro sob aquele maldito frio, está pronto para uma mijadinha rápida".

Mick parou o grande carro preto em um posto de gasolina Francis em Romford Road, Forest Gate, leste de Londres. Era por volta das 23h30min. De acordo com o atendente da estação, Charles Keeley, de 41 anos, "um monstro de cabelos desgrenhados usando óculos escuros" saiu do carro e perguntou: "Onde podemos mijar aqui?". Keeley então disse a Wyman que os banheiros públicos estavam fechados para reforma, o que era mentira, e lhe negou acesso ao banheiro dos funcionários. O comportamento de Wyman, conforme Keeley, "não parecia natural ou normal". Ele estava "correndo para cima e para baixo no pátio, tirando os óculos escuros e dançando". Então, "oito ou nove jovens e meninas saíram do carro". O sr. Keeley, "sentindo que teria problemas", pediu ao motorista do carro, Mick Jagger, para tirá-los do pátio. Mas ele o empurrou para o lado e disse: "Vamos mijar em qualquer lugar, cara". Os outros aderiram à frase, que repetiram em "um canto suave". Um dançou com ela. Então Wyman foi para a estrada e urinou contra uma garagem. Mick Jagger e Brian Jones fizeram o mesmo em seguida. De acordo com o sr. Keeley, "algumas pessoas não pareceram ofendidas. Até vieram pedir autógrafos". Um cliente, no entanto, disse aos Stones que o comportamento deles era "nojento". Com isso, eles "começaram a gritar". O incidente terminou com o Daimler se afastando e seus ocupantes fazendo "um gesto bem conhecido com dois dedos".

O sr. Keeley anotou o número da placa. O cliente que havia se manifestado contra os Stones era Eric Lavender, de 22 anos, diretor de um centro comunitário para jovens de Forest Gate. "Se a polícia não fizer nada, vou abrir um processo", ameaçou o indignado Lavender.

Na acusação policial do caso, os Stones contaram uma história diferente e muito mais curta. Wyman testemunhou que não disse nada mais ao sr. Keeley do que "posso usar o banheiro?". "Eu nunca xinguei", defendeu-se. Com a recusa, eles teriam voltado para o carro e ido embora. Mick também negou qualquer comportamento ofensivo e afirmou que nunca havia xingado na escola, na universidade ou desde então. Brian falou que não era o tipo de pessoa que insulta alguém. "Eu fico facilmente constrangido", emendou. Mas o tribunal ficou do lado dos srs. Keeley e Lavender, condenando os Stones a pagar 15 guinéus[22] de custos, apesar da declaração lamentosa de Wyman: "Acontece que sofro de uma bexiga fraca".

Mas enquanto ele contava a história agora, à medida que andávamos pela costa da Califórnia nesta noite agradável em busca de prazer, antes de uma turnê que seria mais estranha do que qualquer outra das anteriores dos Stones, a memória de Bill elevou a narrativa a proporções heroicas: "... então eu vou atrás do lugar, veja, e coloco meu pau para fora, quando chega esse cara acenando com uma maldita lanterna elétrica, gritando 'aqui, aqui...'".

"Ele provavelmente precisava da lanterna para ver", disse Shirley.

Encontramos um posto de gasolina e, enquanto esperávamos por Bill, perdemos as outras limusines. Nenhum de nós sabia onde ficava o Corral, muito menos o motorista, e andamos pela estrada em busca de rastros. Alguém achou que era virando para a direita, é ali, não, aquele lugar está fechado. E então lá estava à esquerda, parecia uma hospedaria, com capacidade para umas duzentas pessoas, mesas e uma pequena pista de dança, lotada de

22 Antiga moeda inglesa. (N.T.)

caipiras e membros da sociedade rock and roll de Los Angeles. Bruce Johnston, dos Beach Boys, estava presente, além das jovens Miss Christine e Miss Mercy, da banda chamada GTO da Bizarre Records, que significava Girls Together Outrageously ou Orally ou qualquer outra coisa que começasse com O. Miss Mercy era morena e forte, uma cartomante com olhos pintados com kajal, muitas pulseiras, anéis e lenços. Miss Christine, esbelta e loira, em um longo vestido vermelho com renda virginal no peito, era uma flor de magnólia nascida na Califórnia. Dançando juntas, elas deslizaram diante de nós como uma só pessoa, as luzes vermelhas, amarelas e azuis do jukebox lavando a sala enquanto Gram cantava "I made her the image of me".[23]

Nós nos sentamos em uma mesa comprida, a gangue dos Stones e seus amigos e mulheres, bebendo jarras e jarras de cerveja, gritando e berrando enquanto os Burritos tocavam "Lucille" e velhas canções de Boudleaux Bryant, uma verdadeira quadrilha rock and roll. Fazia quase seis anos que os Stones já não tocavam em clubes ingleses, onde o suor se condensava nas paredes e as pessoas se balançavam das vigas. Ficaram felizes quando pararam de tocar em clubes e foram para lugares maiores, mas depois ficaram com saudade deles. E, como já fazia quase três anos de suas prisões por drogas, sentiam falta de tocar.

Agora, preparando-se para voltar à estrada, foi bom estar no Corral e ver todos aqueles tipos diferentes com botas de motociclistas, tatuagens de águia, sedutoras lésbicas, pobretões ingleses, Beach Boys, garotos da Geórgia, todos reunidos pela música. A noite parecia passar como um sonho, num minuto todos nós estávamos cantando e no minuto seguinte era hora de fechar e ir embora. Cochilamos ao longo do caminho de casa, e, chegando lá, bebi um copo de leite e fui para a cama, com meu caderno e a carta dentro, debaixo do travesseiro. Eu estava quase inconsciente, mas sempre lia alguma coisa antes de dormir. Andava relendo Kerouac, preparando-me para visitá-lo, e abri o livro que estava lendo no lugar onde havia parado:

23 "Eu a criei à minha imagem." (N.T.)

Jamais sonhando estava eu, pobre Jack Duluoz, que a alma está morta. Que do Céu a graça desce, seus ministros... Nenhum Doutor Penico Baldesujo para me contar; nenhum exemplo dentro da minha primeira e única pele. Que o amor é a herança e o primo da morte. Que o único amor só pode ser o primeiro amor, a única morte a última, a única vida a interior, e a única palavra... sufocada para sempre.

6

Uma noite lá, quente e atônita no Empire, descobrimos o ragtime, apresentado por três jovens norte-americanos: Hedges Brothers e Jacobsen, eles se chamavam. Era como se ainda estivéssemos vivendo no século 19 e, de repente, encontrássemos o 20 nos encarando e gritando. Fomos puxados para a nossa própria era, fascinante, assombrada pela selva, monstruosa. Estávamos acostumados a cantar em salas de música de uma forma robusta e cheia de entusiasmo, mas o frenesi sincopado desses três jovens norte-americanos era algo bem diferente; brilhando de suor, eles quase pairavam sobre as luzes, desafiando-nos a resistir ao ritmo, gradualmente nos hipnotizando, cantando, tocando e nos levando a outro tipo de vida em que tudo pode acontecer.

J. B. Priestley: *The Edwardians*

"ENTÃO COMEÇAMOS A FALAR COM BRIAN", disse Keith, "e ele iria se mudar para Londres com sua mulher e seu bebê. Seu segundo bebê, o primeiro era de outra garota. Ele a deixou e estava realmente fugindo de Cheltenham. Ele não podia ficar mais lá, estava sendo meio que perseguido, então iria se mudar para a cidade".

"Ele costumava vir aos fins de semana, e eu dizia: 'Olha, cara, aguente até que você tenha um pouco de grana e *então* venha para Londres'", contou Alexis Korner, cantor e guitarrista que foi um dos primeiros europeus a tocar a música de artistas de country e blues dos EUA. Brian, após mudar do clarinete para o saxofone alto e tocar em uma banda de Cheltenham chamada Ramrods, interessou-se pelo blues e começou a tocar guitarra."

"Eu conheci Brian", Korner lembrou, "porque enquanto estava trabalhando com a banda de Chris Barber em alguns shows, tocamos uma vez em Cheltenham, e Brian me procurou depois da apresentação e perguntou se poderia falar comigo. Foi assim que nos conhecemos. Ele costumava ir ao clube Ealing às quintas-feiras e fins de semana e, às vezes, tocava um pouco.

"Brian não suportava Cheltenham. Ele simplesmente detestava Cheltenham. Não suportava suas restrições. E também não aguentava o controle imposto por sua família sobre seu pensamento e comportamento geral. É por isso que ele veio para Londres, simples assim. Todo fim de semana eu dizia: 'Pelo amor de Deus, Brian, espere um pouco mais, não chegue de repente em Londres. É um lugar muito difícil'. E então, no final, esses conselhos não adiantaram nada, e ele chegou a Londres e foi isso. Um dia falou: 'Estou saindo de Cheltenham e indo para Londres, você pode me hospedar?'. Então ele chegou e ficou conosco. Dormiu no chão por algumas noites e depois encontrou um lugar próprio, além de ir trabalhar na Whiteley's, uma loja em Queensway.

"Mick me enviou uma fita com algumas coisas que ele e Keith tinham feito, uns negócios de Bo Diddley e Chuck Berry. Respondi uma carta ou falamos por telefone, e ele veio até a minha casa. Mick costumava ir ao clube em Ealing quase desde o início, meio que esperando para cantar suas três músicas todas as noites. Se tivéssemos alguma grana, ele recebia trinta libras para voltar a Dartford, se não, não. Keith era um guitarrista muito quieto, também de Dartford, que costumava aparecer de vez em quando com Mick. Não era sempre que tocava, mas aparecia bastante por lá. Às vezes tocava e às vezes não. Era algo muito solto.

"Em termos gerais, Mick não era um bom cantor naquela época, assim como não é um bom cantor agora. Mas ele tinha aquela coisa pessoal, tinha a sensação de estar arrasando mesmo que não estivesse. Carregava essa tremenda personalidade, que é o importante no blues, mais do que técnica; sempre teve isso. Eu tenho uma foto muito antiga de Mick vestido num cardigã com zíper, gola, gravata e calças largas. Mick sempre foi assim e tinha certeza absoluta de que estava certo.

"Ele andava muito nervoso, porque estava tendo muitas discussões com sua família. Lembro-me de sua mãe me ligar uma noite e dizer: 'Nós sempre achamos que Mick era o membro menos talentoso da família, você realmente acha que ele tem alguma carreira na música?'. Respondi que não achava que ele pudesse fracassar. Ela não acreditou em mim, não entendia como eu poderia falar algo assim. Acho que não entende até hoje. Não creio que algum dia entenderá por que ele é o que é. Você sabe isso de alguém ou não sabe, e a relação de sangue não tem nada a ver com isso. Nunca conheci ninguém da família de Mick. Conversei com o pai dele em algumas ocasiões, mas acho muito difícil falar com instrutores físicos. Ele era jogador de basquete, o vi na televisão uma ou duas vezes sendo árbitro de jogos de basquete. Mick costumava sair de Dartford com um suspiro de alívio e entrar na área onde poderia dizer o que quisesse, o que ele achava que não poderia fazer em casa".

Em 19 de maio de 1962, uma notícia apareceu no jornal de música *Disco*, intitulada "Cantor se junta a Korner":

> Um cantor de rhythm-and-blues de Dartford de dezenove anos, Mick Jagger, entrou no grupo de Alexis Korner, Blues Inc., e irá cantar com eles nos shows de sábado em Ealing e nas quintas-feiras no Marquee Jazz Club, Londres.
>
> Jagger, que atualmente conclui um curso na London School of Economics, também toca gaita.

"No início do verão", disse Keith, "Brian decidiu formar uma banda. Então fui ao ensaio em um pub chamado White Bear, perto da estação de metrô em Leicester Square. Fui e lá estava Stu, é aqui que Stu entra".

Stu – Ian Stewart, um pianista de boogie-woogie – é de uma cidade escocesa ao norte da Inglaterra, Pittenweem, Fife. "Sempre quis tocar esse estilo de piano", disse Stu, "porque sempre fui maluco por Albert Ammons. A BBC costumava ter programas de jazz todas as noites, e numa delas, muitos anos atrás, meus ouvidos se abriram. Eu achava que boogie era um solo de piano, e eles tinham um programa chamado *Chicago Blues*. Não me lembro de nenhum disco, só lembro que eles tinham esse estilo de piano tocado com guitarras, gaitas e um cara cantando. Então, quando um pequeno anúncio apareceu no *Jazz News* – de um personagem chamado Brian Jones que queria formar um grupo de R&B –, eu fui falar com ele. Nunca vou esquecer, ele tinha esse álbum do Howlin' Wolf, eu nunca tinha ouvido nada parecido. Pensei: 'Certo, é isso', e então ele sugeriu fazermos um ensaio".

"Fizemos um ensaio que foi uma chatice", contou Keith, "com Stu, Brian, um guitarrista chamado Geoff alguma coisa, ah... qual era o nome dele, e um cantor e gaitista chamado... costumávamos chamá-lo de Walk On', pois era a única música que ele conhecia. Era um verdadeiro zero à esquerda, cabelo ruivo oleoso. Esses dois caras não gostaram de mim porque achavam que eu estava tocando rock and roll. E eu estava, mas eles não gostaram disso. Stu adorou porque tem swing, e Brian entendeu. Brian não sabia o que fazer, se me expulsava e ficava com aqueles caras ou expulsava os dois e voltava a ter apenas meia banda. Ninguém ali estava com planos de tocar para o público. Todo mundo queria era ensaiar e tocar juntos só para ver no que dava e descobrir se rolaria algo mais concreto. Brian trabalhava, tinha um emprego em uma loja de discos depois de ter sido demitido de outro serviço por roubar uma coisa ou outra. Ele então decidiu se livrar dos dois caras, o que foi ótimo para mim. E, enquanto isso, eu convencia Mick a vir para o ensaio, que agora iria consistir em Stu, eu, Mick, Brian e Dick Taylor no baixo, sem baterista. Piano, duas guitarras, gaita e baixo. Mick começou a aprender a tocar gaita. Tínhamos este outro pub para os ensaios, o Bricklayers' Arms, na Berwick Street. Fizemos um encontro lá e foi excelente, curtimos muito. Na verdade, provavelmente foi terrível. Mas a coisa rolou e nos divertimos. A maioria dos pubs ao redor do West End tem um quarto no andar de cima ou nos fundos, que alugam para qualquer pessoa por cinco libras por hora ou quinze libras por noite. Apenas um quarto, pode haver um piano nele, mas nada mais, tábuas de chão nuas e um piano. Caixas de papelão cheias de garrafas vazias. Isso foi praticamente nosso lar pelo resto do verão. Nós ensaiávamos duas vezes por semana, sem shows. Os primeiros fãs, se bem me lembro, apareceram em cena nesse momento. Deixei a escola de arte durante esse período e tentei um trabalho com meu pequeno portfólio, sendo prontamente rejeitado pelo cara que acabou desenhando a capa de *Let It Bleed.* Enquanto isso, Mick ainda cantava com Korner, para fazer uma grana e também porque gostava. Brian vivia com Pat e o filho bem no meio da região onde moram todos os negros aqui, em um porão, um lugar muito decrépito com cogumelos e fungos crescendo nas paredes. Aí em algum momento daquele verão algo realmente estranho aconteceu. Uma noite, Mick, que estava fazendo um show com Korner, foi visitar Brian, se bem me lembro, e ele não estava lá, mas sua namorada estava. Mick, muito bêbado, acabou transando com ela... Isso causou todo um trauma. No início, Brian ficou terrivelmente ofendido, a garota foi embora. Porém, aquilo terminou por fazer Mick e Brian se unirem, pois os colocou em uma perspectiva emocional, e eles realmente se entenderam, ficaram próximos... esse tipo de união. Mick ainda se dedicava bastante à escola, a música era apenas uma espécie de hobby. Ninguém estava levando aquilo a sério, exceto Brian, que levava tudo muito a sério".

Após a morte de Brian, a esposa de Alexis Korner foi à Whiteley's, o primeiro empregador de Brian em Londres, "e sugeriu", segundo Korner, "que erguessem uma placa". Eles ficaram absolutamente chocados. Ela argumentou: "Em casas onde homens famosos viveram, colocam placas dizendo Charles Dickens 1860, ou algo assim, eu não vejo por que vocês não deveriam colocar uma placa no departamento elétrico dizendo que Brian Jones trabalhou aqui em 1962, não vejo nenhuma razão para não fazerem isso".

7

Durante toda a viagem, meus sonhos seguiram com obstinação a tática de ignorar a África. Eles se basearam exclusivamente em cenas caseiras e, portanto, pareciam dizer que consideravam – se é permitido personificar os processos inconscientes a esse ponto – a viagem africana não como algo real, mas como um ato sintomático ou simbólico. Até os acontecimentos mais impressionantes da viagem foram rigorosamente excluídos dos meus sonhos. Apenas uma vez durante toda a expedição sonhei com um negro. Seu rosto parecia curiosamente familiar para mim, mas tive de refletir muito antes de poder determinar onde o havia conhecido antes. Finalmente percebi: ele tinha sido meu barbeiro em Chattanooga, Tennessee! Um negro norte-americano. No sonho, estava segurando um tremendo ferro de frisar em brasa na minha cabeça, com a intenção de deixar meu cabelo crespo – isto é, deixar meu cabelo como o de um negro. Eu já podia sentir o calor doloroso e acordei com uma sensação de terror.

C. G. Jung: *Memórias, Sonhos, Reflexões*

EM VEZ DE PASSAR DE FORMA SORRATEIRA PELA porta do escritório, como de costume, naquela manhã entrei para dizer a Jo Bergman que precisava usar uma das inúmeras limusines ou carros alugados. Ela perguntou para onde eu estava indo, e respondi, sem dar muitos detalhes, que tinha de resolver umas coisas. Ela então me explicou que precisava procurar uma casa para Bill Wyman em Beverly Boulevard, e eu poderia usar um carro enquanto ela estivesse lá, se eu não me importasse de levá-la

(Jo não dirigia) e depois buscá-la. Cruzei Santa Monica em um Oldsmobile, subi a Beverly, deixei Jo, voltei para uma copiadora em Santa Monica e esperei, balançando as chaves do carro, provavelmente atrasando ainda mais a lenta matrona que operava deliberadamente a máquina gigante que zumbia, piscava e finalmente cuspiu cópias manchadas de cinza da carta dos Stones. Paguei um dólar e cinquenta por elas, dirigi até a agência, enviei a original por correio aéreo especial para a agência literária e uma cópia para casa, em Memphis. Passei pela banca de cigarros do cara cego até o Olds e desci a Sunset Strip, procurando uma cabine telefônica. Não vi nenhuma na rua, então parei em frente ao Playboy Club, corri para dentro como um homem em uma história de espionagem e perguntei à coelhinha que me cumprimentou se eu poderia usar o telefone. Eram apenas 11h, ainda não havia nenhum outro cliente, mas ela já estava toda enfeitada – uma jovem loira, Deus sabe qual era sua verdadeira aparência – com os saltos altos sadomasoquistas, cetim azul até a fenda, seios levantados (como se eles fossem duas frutas venenosas, deliciosas, mas intocáveis, oferecidas em uma sedutora bandeja) e orelhas de coelho. “Estou trabalhando em uma matéria para a revista *Playboy* e preciso ligar para minha agência”, disse a ela. Parecia convincente, já que a última vez que estive em Hollywood estava de fato trabalhando para a *Playboy*. Ela ligou para alguém lá em cima na hierarquia para ver se era permitido deixar um jornalista usar o telefone, depois me deu o aparelho e caminhou discretamente alguns passos para longe, balançando seu rabo de coelho branco e fofo.

Sentei-me no banquinho dela, liguei para a agência e informei ao assistente número um que a lendária carta estava a caminho, que Schneider deveria ser evitado como um cardume de tubarões e o contrato do livro deveria ser enviado à casa de Oriole em um envelope simples. Em seguida, voltei para a casa em Beverly Boulevard, cujos tijolos vermelhos, arbustos e tapetes orientais pareciam adequados para Bill e Astrid, segundo Jo. Algo nisso parecia sinistro para mim, mas poderia ter sido só uma reação negativa quando, no caminho de volta a Oriole, Jo ficou falando sobre sua coceira nervosa e o seu médico de ervas à medida que fumava sem parar.

Em Oriole comi sanduíches de cheddar branco e bebi cerveja no café da manhã. Charlie estava indo ao Sunset Sound, acompanhado de Sandison, que iria ver um jornalista do *Saturday Review.* Eu me juntei a eles. Uma limusine nos levou até lá, onde descemos o beco, passamos por vários portões e portas, trancando cada um atrás de nós, até a sala de controle, uma cápsula acarpetada contendo um grande console com centenas de luzes, botões, interruptores, alavancas, uma vasta janela escura à frente, alto-falantes gigantes montados na parede acima da janela, inclinados para nossas cabeças, explodindo com o som.

Sentado no console, Keith vestia uma jaqueta de couro com franjas, muito populares na época. Mas ele seguia fiel ao seu estilo: a jaqueta tinha a pior aparência que eu já havia visto: couro amarelo desbotado, rachado e seco, o forro rasgado. Seu brinco de dente estava pendurado, um grande baseado amarelo estava na mão esquerda, enquanto a mão direita mexia no botão vermelho que aumentava a intensidade de sua faixa de guitarra. As faixas estavam empilhadas numa larga fita plástica rodando pela máquina de gravação; um engenheiro de som checava sete delas, Keith cuidava da sua. Jagger estava atrás deles, com uma calça azul apertada, pulôver azul aberto no pescoço, mão esquerda no quadril, cotovelo direito grudado à lateral, a palma da mão direita para cima segurando um baseado do tamanho do pau de um jogador de basquete negro médio, que ele não fumava como Joan Crawford ou Bette Davis, mas como Theda Bara, olhos fechados, lábios franzidos, a boca ligeiramente aberta, a fumaça saindo luxuriante pelos lábios grossos e abertos, inspirando de maneira suave.

Keith estava sorrindo, mostrando os dentes ruins, fazendo rugas profundas ao redor dos olhos enquanto ouvia o *riff* de sua guitarra e girava o botão para fazê-la gritar, aumentando a dor cada vez mais – como homens bêbados em bares na virada do século torcendo os botões de uma máquina de choque elétrico, cinco centavos por choque. Keith, porém, fazia isso para chamar atenção, dando apenas um pouco de alta voltagem para conectar sua mente ao que estava sendo dito: *Did you hear about the*

Midnight Rambler?[24] – a gaita de Jagger e a guitarra de Keith gemendo e se curvando, mergulhando juntas, prestes a pular o muro do jardim – *Says everybody's got to go*[25].

Estávamos trancados no estúdio não por causa de drogas, mas porque os Stones, sem permissão de trabalho, não deveriam usar estúdios de gravação norte-americanos. O que estavam fazendo era ilegal – e eles estavam gostando muito. No meio da música (no trecho *"the one you never seen before*[26]*"*), dois homens entraram na sala de controle. Um deles trajava um terno de seda que mudava de azul para verde como esmalte de automóvel, um charuto em sua mandíbula de chumbo, cabelos pretos brilhantes com aparência de cortado a máquina, Pete Bennett: "Sou o melhor cara do mundo por ter conseguido este disco para vocês", se apresentou. O outro usava Hush Puppies[27], uma camiseta amarela e, embora só tivesse uns trinta anos, parecia velho e grisalho, uma espécie de Jack Ruby com câncer. Era ninguém menos que o lendário Allen Klein, que só não conseguiu esmagar meus planos para um livro como um inseto sob seus Hush Puppies porque, até agora, não havia tido a chance. Com medo de que ele me notasse e pisasse em mim, corri para a frente do console, sentei-me em um sofá e enterrei meu rosto em uma revista. Nela tinha uma entrevista com Phil Spector, que aos 21 anos ficou famoso como o primeiro jovem milionário do rock and roll. No decorrer do texto, Spector ridicularizou quase todos no mundo da música, incluindo a máfia, mas de Allen Klein mencionava apenas: "Não acho que ele seja um cara muito legal". Eu me aconcheguei no couro sintético. A música estava chegando a um clímax insano, uma mensagem de pavor subindo em ondas de gaita e guitarra – cada vez mais rápido, sem fôlego, frenético, e eu me perguntava o que diabos eu estava fazendo com esses loucos ingleses que piavam como corujas. Pior, o que eles estavam fazen-

24 Já ouviu falar sobre o Vagabundo da Meia-Noite? (N.T.)

25 Diz que todos precisam ir. (N.T.)

26 Aquele que você jamais viu antes. (N.T.)

27 Famosa marca norte-americana de calçados de couro nobuck com solado de borracha leve. (N.E.)

do que precisavam de Allen Klein, que assustava mesmo Phil Spector, um homem cercado de guarda-costas, barreiras e vidros à prova de balas, que ridicularizou os Stones por terem sido presos; até Spector parecia ter medo daquele cara rechonchudo e carrancudo vestindo uma protuberante camiseta amarela. Mas o que mais me assustou foi perceber que, não importava o que estavam fazendo, eu precisava saber. Não importava se Klein ia pegar meu livro, meu dinheiro, me matar, eu tinha de ficar por aqui e ver o que ia acontecer. Eu tinha de fazer isso – fazer alguma coisa – por Christopher e pelo fato de que eu gostava de Brian e queria tê-lo conhecido melhor. Além disso, eu tinha a sensação de que algo ia acontecer, algo que eu não deveria perder. A música havia diminuído agora para um canto excruciante de passarinho entre gaita e guitarra. Mick e Keith explorando a poesia dos últimos momentos sem fôlego enquanto a lâmina cortava, e Mick gemeu na voz de alguém que lhe disse que não era o Estrangulador de Boston.

Enquanto estava sentado naquele sofá Naugahyde, na louca Los Angeles dos anos 1960, os rugidos dos alto-falantes eram sons, gemidos e gritos humanos tão baixos que não eram novos, quase velhos como o tempo, mas nunca em um disco pareceram tão ameaçadores. Eu já tinha ouvido esses sons antes. Quando era menino, deitado na cama na área rural do sul da Geórgia, ouvia os sons de animais gritando ao longe na mata, os sons que as mãos de madeira negra faziam no que chamavam de igreja, na floresta, os tambores a noite toda, como o batimento cardíaco do bosque pantanoso escuro, *boom*dada *boom*dada. E ouvia sons que não conseguia identificar – os realmente assustadores. Eu não ficava tão apavorado desde que era um menino magrinho, branco e frágil na cama escura, descobrindo um som na noite, perdendo-o, esperando por ele novamente. Um suspiro suave que poderia ser o vento passando pelas copas dos compridos pinheiros de agulha, ou então gado mugindo muito ao longe, mas sempre parecia soar mais como uma simples exalação humana bem do lado de fora da tela enferrujada da janela do meu quarto, a respiração silenciosamente liberada de um homem parado, quieto, apenas observando, esperando. Eu adorava a floresta, mas durante anos fiquei acordado à noite com medo daquele som. Quando eu tinha idade suficiente para ter um rifle, às vezes ouvia o barulho, o vento, o chamado distante de um animal, a respiração cuidadosa no breu, e ficava ali deitado o quanto aguentasse. Então pegava meu rifle e saía da casa escura, sem acordar ninguém, e olhava em volta, agachado, respirando com a boca aberta para não fazer nenhum som medroso e revelador. Era a mesma sensação que eu tinha naquele momento, com os sons, os gemidos horríveis da guitarra e da gaita, afinados e misturados. A sensação vinha em parte da música e em parte da presença, atrás de mim, daquele homem, Klein, um judeu puro-sangue como o chamariam no Pântano, um homem de grande poder. Para mim, um poder quase incalculável, um homem que não me conhecia, que não se importava comigo. Ainda não sabia se os Stones eram bons ou maus, mas de Klein eu tinha medo, porque mesmo possuindo uma carta deles, um papel mágico, ainda havia a turnê, esse corredor polonês pelo qual eu tinha de correr, e um homem como Klein poderia, pressenti, me impedir a qualquer momento que quisesse. No entanto, quando eu tinha doze anos, parado no escuro do lado de fora da casa do meu avô, quase morrendo de medo, ainda estava, em alguma parte da minha mente – que é um presente do meu pai, que o recebeu de seu pai, que o recebeu de Deus sabe quem –, calmo e pronto, acho, para fazer o que tinha de ser feito. Se, de repente, tivesse surgido diante de mim um dos homens com quem meu avô trabalhava e de quem eu tanto gostava – adorava suas vozes e seus olhares, seus globos oculares amarelos e seus músculos negros, lisos e salientes – transformado por uísque envenenado (uma vez aconteceu: meu avô quase foi esfaqueado com uma lima afiada de três pontas) em um animal louco empunhando a morte, eu poderia ter ficado calmo e firme o suficiente, apesar do terror, para atirar nele. Então fiquei calmo e firme em meu atual pânico, sentindo a loucura dos Stones, do insano Keith, e ciente de que o que já haviam feito tinha matado um deles.

Sandison entrou na sala – eu nem tinha notado que ele havia saído – com uma garota, e os dois se sentaram ao meu lado no sofá. Ela estava vestindo jeans azul e carregando um caderno. A música estava tão alta que impedia as apresentações. Falei em seu ouvido: "Você deve ser do *Saturday Review*".

"Sou", ela gritou de volta. Li seus lábios: "Quem é você?".

Aquilo estava ajudando a passar o medo. "Jann Wenner", respondi.

Ela olhou para mim como se eu fosse louco, o que eu estava achando que ia ficar. Então se virou para Sandison, e, em um segundo, ele respondeu, falando meu nome tão alto que eu ouvi. Se eu ouvi, Klein poderia ter ouvido? E se ouvisse, me reconheceria? Se eu soubesse mais sobre Klein, ficaria ainda mais preocupado. Mas ele não tinha ouvido; quando olhei em volta, estava saindo com Mick. Eles entraram no estúdio, deixando a porta aberta, a luz do corredor invadindo a grande sala de teto alto, iluminando vagamente Mick no banco do piano, Klein sentado de costas em uma cadeira dobrável. Num gesto com as mãos, Mick parecia rechaçar algo que Klein havia dito. Por maior que fosse Klein, aquele jovem inglês magricela e altivo podia afastá-lo, negar-lhe a turnê e se safar. Era quase o suficiente para você passar a ter medo de Mick, dos Stones.

Quando terminaram de conversar, Klein saiu, levando Pete Bennett com ele, enquanto Jagger voltou para a sala de controle. No momento, as fitas estavam paradas, e Sandison apresentou a repórter do *Saturday Review* para Mick. Ela parecia letárgica, hipnotizada pela presença de Mick como uma galinha por uma cobra. Então se lembrou de algo. "Oh!", ela pegou sua bolsa e tirou um monte de plantas de maconha. "Trouxe algumas flores."

"Oh, obrigado", disse Mick, pegando os galhos e jogando-os no sofá. "Gentil de sua parte."

Sandison estava falando com Mick, que deu uma pequena gargalhada por algo dito e se lançou em câmera lenta em direção ao seio esquerdo da garota. Ela lentamente conseguiu reagir; quando a mão dele não atingiu o seio dela por pouco, ela se impeliu a dar um tipo de cutucão nele, mas seu objetivo era incerto, pois não poderia atingi-lo muito bem nas bolas e era inútil socar seu peito plano. Além disso, no meio do ato, deduziu – estava devolvendo um soco brincalhão que Mick Jagger dera em seu peito, que tinha se tornado mais popular do que ela esperava. E isso não era besteira, ele realmente era uma estrela, sua potência tomava conta da sala, então sua mão parou no ar, abriu e esvoaçou como um pássaro baleado ao seu lado.

Mick a levou para uma cadeira ao lado do painel de controle e lhe permitiu fazer algumas perguntas. Ela começou com questões pouco importantes ao estilo do *Saturday Review*, no que ele deu respostas breves e sorridentes. Nesse meio-tempo, Al Steckler chegou com as fotos dos programas do show, mostrou-as a Mick e perguntou: "E o texto?". "Não sei", disse Mick, "Keith, que tal um texto?". "Sim", Keith respondeu, "algo curto, apenas... Talvez possamos pedir para o Sam fazer alguma coisa". "Ei", disse Mick, olhando para mim. "Ah", entendeu Keith. "*Você* é escritor", disparou Mick.

"O quê... o quê... tudo bem, o que você quer?"

"Algo para o programa", resumiu Mick, "mas não muito longo. Algo leve.

"Que tamanho, Al?"

"Cento e oitenta palavras."

"O quê? Como você sabe?"

Al deu de ombros. "Esse tamanho está bom."

"Você sabe", repetiu Mick. "Algo leve."

"E preciso disso o mais rápido possível", reforçou Al.

Achei melhor ir para casa e começar a escrever. Sandison estava saindo, então fomos juntos. Como não havia carros no estúdio, esperamos para pegar um táxi na Sunset. Assim que deixamos aquelas portas trancadas atrás de nós, é claro que não conseguimos táxis, era Los Angeles. Caminhamos pensando que seria fácil achar um em cada quarteirão. Passaram dois cheios e depois mais nenhum, mas não me importei, foi um prazer andar em direção ao pôr do sol na Sunset. Havia todos os tipos de letreiros ao redor, uma máquina que pegava seus cinquenta centavos e lhe dava um mapa das casas das estrelas de Hollywood e, a um passo, outra vendendo o *L.A. Times*, cuja manchete dizia: "*Quero ajuda, diz o assassino do zodíaco*". Passamos pela Casa dos Pioneiros de Ralph, pelo Hofbrau de Viena, pela Cruzada de Oração Familiar do Padre Payton e por um homem que caminhava lendo o jornal. (Eu quero ajuda!) Nas costas, ele usava uma máquina movida a bateria com uma máscara que se encaixava na boca e no nariz, permitindo que respirasse o ar poluído. Do outro lado da rua ficava a Apocalypse, uma loja especializada em livros e artigos pornográficos. Sandison falou: "Nunca entrei em uma nos Estados Unidos", então fui com ele. Óleo Kama Sutra, vibradores de plástico, vaginas infláveis, fotos de homens, garotos, mulheres, meninas e vários animais, separados e em combinações. Os livros eram igualmente diversos: *Hot Snatch, Pedofilia, A História de O,* todo tipo de pornografia para todas as variantes. Quando saímos da loja, eles haviam se tornado em minha mente um volume gigante chamado *O Retorno do Filho da Maldição da Vingança das Vaginas Gigantes.*

A noite caiu, as luzes se acenderam, os carros zumbiam ao nosso redor, a névoa encheu nossos pulmões. Encontramos um táxi na escuridão romântica mortal e voltamos para Oriole.

Enquanto andava pela casa tentando ficar chapado o suficiente para escrever 180 palavras, Steckler agarrou meu bíceps, transmitiu o brilho de seus olhões azuis e disse: "Por favor", então lhe respondi que se quisesse a porra do texto me deixasse em paz. Bowery Boys[28] Rotina #87, o Artista. Voltei para o quarto e tentei escrever. Havia alguns minutos, eu estava no escritório com Sandison e sua amiga Sharon, da United Press International, que me contaram que o velório de Kerouac estava ocorrendo desde as 14h e que ele seria enterrado no dia seguinte. Sandison havia lido em voz alta trechos da pornografia que comprara, e agora, sentado na colcha do Mágico de Oz, só conseguia pensar em frases como: "Os mamilos orgulhosos de Keith endureceram". Havia uma ideia no fundo da minha mente, certas palavras continuavam piscando: *Stones, Apocalipse, quero ajuda,* mas era muito pesado, nada leve. Por fim, disse a Steckler que não havia nada de novo a ser dito sobre os Stones em 180 palavras.

"Tudo bem", disse ele. "Nunca pensei que precisaria de palavras."

28 Grupo de comédia dos EUA que lançou diversos filmes entre os anos 1946 e 1958. (N.T.)

8

> Buddy Bolden é considerado uma figura de época, sua importância na história do jazz parece ser esmagadora, e lendas são tecidas sobre sua pessoa: ele era meio patife e tolo, nunca pagou seus músicos, adorava encantar ou chocar seu público cantando coisas obscenas, seus talentos instrumentais e poderes de improvisação lhe renderam o apelido de "Rei" Bolden; ele costumava ficar perto da janela aberta e tocar sua corneta como um maníaco, podia ser ouvido a quilômetros de distância do outro lado do rio, e todos que o ouvissem, atraídos como se fossem um ímã pelo toque de clarim, se aglomeravam em torno do grande cornetista. Estamos testemunhando o nascimento de um épico de nosso próprio tempo.
>
> Robert Goffin: *Jazz*

"BRIAN FICOU MUITO CHATEADO PORQUE A garota foi embora e ele foi expulso de seu apartamento, então Mick se encarregou de encontrar um lugar bom onde Brian pudesse morar", disse Keith. "Mick achou um apartamento para ele em Beckenham, a meio caminho entre Londres e Dartford. Lugarzinho estranho em uma rua suburbana cheia de casas. Brian tinha um grande quarto nessa residência. Era muito legal, até que um dia ele convidou algumas garotas para cozinhar para ele, e elas queimaram metade da casa, mas ele ainda tinha de morar lá, então colocou um pedaço de lona para tapar um buraco no teto, tentando esconder isso do senhorio. Quando saí de casa, fui morar com Brian nesse lugar. Costumávamos ficar deitados, ouvindo música e tocando o dia todo, além de sempre lermos a *Billboard*, apenas para ver o que estava acontecendo e manter contato com algum tipo de realidade.

Costumava ler todas as páginas, até os lucros do jukebox, sabíamos tudo o que estava rolando nas paradas, absolutamente tudo."

"Ainda estávamos ensaiando", lembrou Stu. "Não tínhamos nome. Naqueles dias, uma coisa certa a se fazer era buscar um clube para chamar de seu. Você encontrava um lugar que achasse que seria bom e tentava uma residência fixa ali. Korner tinha se encaixado em um de muito sucesso em Londres – o Marquee Club nas noites de quinta-feira – e andava lotando o lugar. Porém, quinta-feira à noite era a transmissão de jazz ao vivo da BBC, e o convidaram a participar, o que significava que ele deveria ir aos estúdios da emissora. Então ele nos falou: 'Vocês querem me substituir uma noite?', nós topamos e aí tivemos de pensar num nome. No desespero, viramos Rolling Stones. O Marquee foi nosso primeiro show.

"No começo, ninguém na Inglaterra tocava esse tipo de música. Ninguém mesmo. Mick, Keith e Brian eram as únicas pessoas no país que a conheciam e tentavam tocá-la. Todos os outros eram músicos de jazz sem ouvido tentando tocar um blues. E tendo visto os Stones uma vez no Marquee, as pessoas que comandavam a cena naqueles dias estavam cem por cento contra nós, era uma luta sangrenta para chegar a algum lugar. Eles achavam que R&B era coisa de jazz e deveria haver três saxofones. Diziam: 'O quê? Duas guitarras e um baixo, isso é rock and roll, não queremos isso, vamos tentar acabar com isso'.

"Tentamos tocar em Ealing em uma noite de terça-feira e, por duas semanas, não conseguimos uma alma, nem uma pessoa veio a Ealing para ver os Rolling Stones. Tentamos na terça à noite no Flamingo, e foi a mesma coisa. Isso durou umas duas ou três semanas. Nunca esquecerei a primeira vez que fomos ao Flamingo. Fizemos uma audição em uma tarde de domingo, e o Flamingo era um lugar que estava na moda. Era *o clube* de jazz moderno na cidade, e todo mundo ia lá em seus ternos zoot, suas camisas brancas e tudo mais. Nunca vou esquecer o que disse ao Keith: 'Você não vai ao Flamingo desse jeito, vai?', e ele retrucou: 'O quê, Stu, eu só tenho uma porra de um par de jeans'."

"O inverno de 1962 foi o mais duro", relembrou Keith. "A gente precisava usar fita transparente nas calças, fita adesiva nos rasgos. Passávamos pelo período mais estranho, completamente sem grana, e aí chegou esse cara, um rapazinho estranho que morava na cidade vizinha de Brian, havia estudado com ele. Tinha cerca de um metro e meio, muito gordo, usava óculos grossos. Pertencia ao Exército Territorial, uma espécie de defesa civil. Todos moravam em barracas e ficavam encharcados e resfriados, aprendiam a atirar com um rifle e, no final, recebiam oitenta libras em dinheiro. Esse cara chegou a Londres recém-vindo do acampamento. E queria se divertir com Brian, que tirou cada centavo dele. O cara faria qualquer coisa por Brian, que dizia: "Dê-me seu sobretudo", e estava muito frio, era o pior inverno, mesmo assim ele deu a Brian o sobretudo do Exército. "Dê o suéter para Keith", então eu coloquei o suéter. "Agora, ande vinte metros atrás de nós", e lá íamos a pé até a hamburgueria local. "Ah, fique aí. Não, você não pode entrar. Dê-nos duas libras", e o cara ficava do lado de fora da lanchonete, congelando, depois de dar a Brian o dinheiro para pagar nossos hambúrgueres.

"Brian fez ele lhe comprar uma guitarra nova, uma Harmony elétrica. Ele pagou por tudo. Ao longo de duas semanas, torramos todo o seu dinheiro e aí falamos 'Até mais, cara', o colocamos num trem e o mandamos para casa. Ele ficou incrivelmente chateado, mas mesmo assim nós o levamos conosco para todos esses clubes. E, embora tenha se arrependido de ter sido depenado, voltou a Londres mais tarde com ainda mais grana, e nós o depenamos novamente. Fizemos coisas sádicas terríveis com ele. Brian e eu fomos muito sacanas com esse cara. Acabamos tirando a roupa dele e tentamos eletrocutá-lo.

"Essa foi a noite que ele desapareceu. Nevava lá fora. Voltamos ao apartamento, e ele estava na cama de Brian, que ficou muito irritado por ele estar dormindo lá. Em meio a todos esses cabos que tínhamos espalhados, Brian puxou um fio: 'Esta extremidade está conectada, querido, e eu vou atrás de você', disse ele enquanto corria atrás do cara com um longo pedaço de cabo de aço ligado a um amplificador, faíscas elétricas correndo pela sala. O cara desceu as escadas gritando para uma rua sem ninguém: 'Não subam lá, eles estão loucos, estão tentando me eletrocutar', até que alguém o trouxe uma hora depois, e ele estava roxo.

"No dia seguinte, o cara deu o fora", seguiu Keith, "deixando Brian com uma nova guitarra e seu amplificador consertado, além de um novo conjunto de gaitas. Isso foi em Edith Grove. A segunda vez que o cara tinha vindo, estávamos lá, no apartamento que Mick tinha encontrado. Eu não morava ali porque não tinha grana, não podia pagar o aluguel. Brian podia pagar porque estava trabalhando, e Mick também, porque tinha bolsa de estudos da universidade. Eram Brian, Mick e dois caras da LSE[29]. Um norueguês, e um outro que vinha das Midlands. As pessoas mais caretas que você já viu na vida. Embaixo viviam três senhoras, e, em cima, ficavam os professores-alunos. Era uma casa de três andares, sendo que no segundo moravam Mick e Brian e aqueles dois caras, então imediatamente lancei a frase imortal 'Posso dormir no seu apartamento?' para não ter de voltar para casa. Praticamente saí de casa, porque ficava lá o tempo todo, e esses caras estavam sempre resmungando, não pagavam o aluguel e ainda queriam expulsar Brian por me deixar ficar lá. Sempre ficávamos aborrecidos quando eles chegavam e se sentavam no canto da sala, com uma cara estranha, porque havia três ou quatro músicos no outro lado tentando tocar enquanto eles estavam tentando estudar.

"Não havia absolutamente nenhum dinheiro nesse momento, Brian estava sendo demitido de empregos com mais frequência do que nunca. Foi pego roubando outra vez e, felizmente, foi solto. Ele sempre foi muito bom em se safar das coisas. Sempre conversava com os gerentes, e eles diziam: 'Sim, entendemos, sua esposa te deixou (não era a esposa dele, mas ele dizia que era), sua avó morreu' – ou qualquer outra coisa que ele pudesse pensar. Brian foi quem nos manteve juntos na época. Mick ainda ia à escola, e eu estava meio que procurando um emprego. Saí certa manhã e quando voltei à noite, Brian estava tocando gaita. Ele estava de pé no topo da escada dizendo: 'Ouça isso... whoooo, whoooooo', e todas aquelas notas tristes saindo. 'Aprendi a tocar isso. Descobri como se faz', até que um dia...

"Estávamos ensaiando duas ou três vezes por semana, sem shows, não ousávamos. Dick Taylor continuava conosco, no baixo agora. Estávamos

29 London School of Economics. (N.T.)

procurando um baterista. Charlie vinha tocando com Alexis Korner, e, enfim, não tínhamos nada a oferecer a ele. Pegamos então um baterista chamado Tony Chapman. Terrível, sempre errando o ritmo. Aí Dick Taylor decidiu, eu acho, que ele iria para outra escola de arte em Londres. Já Stu ficou conosco por algum motivo.

"Brian estava prestes a ganhar o suficiente para evitar que fôssemos expulsos do apartamento, e era inverno, o pior inverno de todos. Brian e eu sentados ao redor de um fogão a gás, imaginando onde conseguir o próximo xelim para manter o fogo aceso. Coletar garrafas de cerveja e vendê-las de volta para os pubs, recebendo três xelins. Ou então ir a apartamentos onde sabíamos que havia festas e entrar dizendo 'Olá, que legal, vamos ajudá-lo a limpar', e aí roubávamos as garrafas e toda a comida que pudéssemos encontrar na cozinha, depois saíamos correndo. Estava ficando muito doentio, ao ponto de roubar dos bolsos das pessoas. Aliás, foi por isso que aqueles dois caras da LSE se mandaram. Eles deram o fora, e aí veio um outro cara que merece uma breve menção porque ele era tão horrivelmente nojento quanto Brian e eu na época. E também porque costumava se chamar Phelge, que era só um apelido, mas ele insistia em ser chamado de Phelge."

Segundo Keith, "Nanker Phelge", creditado como o compositor das músicas originais dos Stones em seus primeiros discos, tinha sido uma criação de Brian. "Esse cara que se chamava Phelge estava passando por uma cena incrível na época, assim como todo mundo passou de alguma forma. Mick, por exemplo, estava numa fase em que começou a vagar por aí num roupão de linho azul, agitando as mãos em todos os lugares – 'Oh! Não!'. Uma verdadeira rainha de King's Road por cerca de seis meses, enquanto Brian e eu ficávamos irritando-o. Mick estava no auge, já esse cara com quem vivíamos, Phelge, queria ser a pessoa mais nojenta – seu objetivo era ser a coisa mais nojenta de todos os tempos. Literalmente. Você entrava no apartamento, e ele estava no topo da escada, completamente nu, só com uma cueca *imunda* em cima de sua cabeça, e começava a cuspir em você. Não dava para ficar bravo, você apenas desmaiava de rir. Coberto de cuspe, você cairia de rir.

"O apartamento passou a ficar muito estragado. Por uns seis meses, nós usamos a cozinha para tocar, ensaiar, pois estava frio, e aí aos poucos o lugar ficou imundo e começou a cheirar, então trancamos as portas, condenando a cozinha. Naquela época, eu fazia fitas, tinha um gravador e rolos e rolos de fita no quarto. Veja, era interessante, o lugar foi construído como se fosse o quarto, as escadas subiam por aqui, virariam e depois viriam até aqui, e a cozinha estaria aqui, e o banheiro estaria aqui. Eu costumava ter uma cama aqui, a janela ficava ali, e a janela do banheiro estaria ali.[30] Tudo isso em um pátio no jardim. O microfone ficava na janela da cisterna do banheiro, com o gravador ao pé da cama. E eu tinha rolos e rolos de fitas de pessoas indo ao banheiro, puxando a descarga. Em gravadores baratos, se você gravar a descarga de um banheiro, soa como aplausos, então seria como um show incrível que Brian e eu fazíamos, assim como com a garota do andar de baixo: 'E agora, pessoal, srta. Judy Qualquer Coisa'. Toda vez que alguém entrava no banheiro, eu ligava o gravador, ia até a porta e batia, e eles diziam 'Espere um minuto', e então você fazia essas conversas passarem pela porta, seguidas no final por aplausos, e aí a próxima pessoa entrava. Era desse tipo de coisa de que gostávamos. Bem real.

"Estávamos tentando tirar a banda do papel sem nenhuma esperança verdadeira. Nesse momento, o primeiro disco dos Beatles saiu, e ficamos realmente desanimados. Era o começo da Beatlemania. De repente, todo mundo estava atrás de grupos, e víamos mais e mais deles sendo contratados. Alexis Korner conseguiu um contrato de gravação e abandonou a residência no Marquee Club, deixando os Rolling Stones em seu lugar. Era uma grana suficiente para sobreviver."

Conforme Keith, eles então precisavam muito de um baixista. "Não tenho certeza do que aconteceu com Dick Taylor. Acho que o expulsamos, éramos muito implacáveis naqueles dias. Ninguém podia ouvi-lo porque ele tinha

30 Esse trecho, desde o original, dá a entender que Keith Richards estava explicando gestualmente (ou por meio de um desenho) a estrutura da casa ao longo da entrevista, que foi decupada de modo literal, utilizando as palavras "aqui" e "ali" em vez de descrever com mais detalhes como era a residência. (N.T.)

um equipamento terrível e parecia não ter como conseguir nada melhor. Todos os outros tinham amplificadores de tamanho razoável. Aí havia a questão de quanta grana você estava ganhando para ainda ter de dividir com um cara que não podia ser ouvido de qualquer maneira. Fizemos um anúncio procurando um baixista. Nosso baterista então disse: 'Conheço um baixista que tem o próprio amplificador, um alto-falante enorme, além de um amplificador Vox 130 sobressalente', o que, na época, era o maior amplificador disponível, o melhor. Ele tinha um desses sobrando, fantástico. Então entrou em cena... William Perks, filho de um pedreiro de Penge, no sudeste de Londres... e não podíamos acreditar nele. Era um verdadeiro tonto londrino, cabelo cheio de gel e bainha de 23 centímetros nas calças, fora aqueles enormes sapatos de camurça azul com sola de borracha."

Bill conheceu os Stones em um pub chamado Weatherby Arms, em King's Road, Chelsea. "Bill foi até lá", disse Stu, "e eles estavam bancando os engraçadinhos, nem se deram ao trabalho de falar com ele, deixando-o sem saber o que estava acontecendo. Moravam todos juntos em Edith Grove, e, hum, eu tinha medo de ir lá por causa de algumas das coisas estranhas que costumavam acontecer. Eu achava que estavam bem loucos às vezes. Quando as pessoas vivem juntas o tempo todo, passam a desenvolver a própria linguagem, e você nunca tem certeza se está conseguindo se comunicar com elas, se querem dizer o que dizem ou se estão rindo de você o tempo todo. Então Bill não ficou nem um pouco impressionado".

Alguns anos mais velho que os outros Stones, Bill (nascido em 24 de outubro de 1935) recebeu, junto com seus irmãos e irmãs (dois de cada), uma sólida educação musical. Aos quatorze anos, já sabia tocar clarinete, piano e órgão. "Ele era muito bom", disse seu pai, acrescentando que Bill estava na fila para o cargo de organista na igreja local. O velho sr. Perks, que tocava acordeão "só por diversão" nos bares da vizinhança, avisou a seus filhos que "se eles aprendessem a tocar um instrumento, nunca faltaria dinheiro". Mas mesmo que os pais de Bill trabalhassem – sua mãe em uma fábrica –, aos dezesseis anos ele teve de deixar a Escola de Gramática de Beckenham para encontrar um emprego. Convocado para o Serviço Nacional, Bill começou a tocar guitarra enquanto servia na Alemanha com a Força Aérea Real como arquivista.

Após sua dispensa, encontrou emprego em uma firma de engenharia em Lewisham. Quando conheceu os Stones, estava casado havia um ano e meio e tinha um filho de um ano, Stephen. Bill trabalhava na empresa de engenharia e tocava meio período com uma banda de rock and roll chamada Cliftons. "Tínhamos um baterista e três guitarristas", lembrou Bill. "Um tocava a base, outro o solo, e eu afinava as minhas duas cordas superiores sete semitons, tocando baixo no estilo Chuck Berry. Enganamos por um tempo, mas depois ouvimos grupos com baixos de verdade e notamos que havia algo errado. Então compramos um baixo de um colega, cortamos, tiramos todo o metal, deixamos bem leve e fácil de tocar. Eu ainda uso às vezes. Os Cliftons tocavam em casamentos e bailes em clubes de jovens, ganhávamos uma grana razoável, considerando que não éramos tão bons assim."

Bill usou parte do dinheiro para comprar o tal equipamento que os Stones admiravam. "Não gostaram de mim, gostaram do meu amplificador", afirmou Bill. "Os dois que eles tinham estavam quebrados e rasgados por dentro, até tinham um bom som de fato, mas nós não sabíamos disso na época. De qualquer forma, não gostei muito da música deles. Eu estava tocando hard rock – Buddy Holly, Jerry Lee Lewis – e as coisas do blues lento pareciam muito chatas para mim."

Segundo Keith, Stu era quem realmente havia se dado bem com Bill. "E como eu era o cara que o levava para casa todas as noites, consegui convencer Stu a conversar com ele para ficar. Além disso, Bill sabia tocar mesmo. No começo, era muito desajeitado, mas logo começou a tocar linhas de baixo muito naturais, muito suingadas. Mas não era algo fixo. Ele tocava conosco, estava vindo para os ensaios, mas às vezes não podia fazer os shows, porque era casado, tinha um filho e ainda trabalhava. Então era uma relação muito delicada de um jeito e de outro.

"Stu conseguiu um show regular perto de onde ele morava, no pub Red Lion, em Sutton. Estávamos tocando no oeste de Londres, Eel Pie Island. Quase todas as mesmas pessoas nos seguiam aonde quer que fôssemos, eram os primeiros fãs dos Stones e suas novas dancinhas. Os clubes davam uma boa grana, de modo que as coisas estavam começando a melhorar. Ganhávamos umas cinquenta libras por semana, tocando cerca de cinco noites nos mesmos lugares, e estava indo bem. Enquanto isso, Brian tentava descobrir como conseguir gravações. Sabíamos que por causa da coisa dos Beatles que estava acontecendo, não havia tempo a perder se quiséssemos gravar discos, que era realmente a nossa vontade. Todo músico quer fazer discos, não sei por quê. Não tem nada a ver com grana, só querem ver o que estão fazendo gravado para a posteridade, eu acho.

"Já estáveis na cena de Londres, encontramos nosso primeiro empresário. Sem assinar nada, fechamos com Giorgio Gomelsky, dono do clube de jazz Piccadilly, um lugar terrível onde ninguém costumava frequentar, mas tocamos lá algumas vezes. Em um desses shows, decidimos nos livrar do nosso baterista e roubar Charlie da outra banda com a qual ele tocava, pois agora tínhamos condições de oferecer a ele vinte libras por semana."

Charlie Watts, filho de um motorista de caminhão da British Rail, nasceu em Londres no dia 2 de junho de 1941. "Meus avós se mudaram de Londres antes de eu nascer, quando meu pai se casou. Eles não moravam em Wembley, mas perto de lá. Nós nos mudamos para Wembley quando eu tinha uns sete anos", contou Charlie. "Era como se não existisse ninguém lá. Havia muito verde e artefatos que lembravam as terras agrícolas de vinte anos antes. Lembro-me de, quando era criança, haver uma fazenda em Wembley que já não existe mais. É um conjunto habitacional. Aquela era a última fazenda naquela área que produzia leite e tinha porcos e uma casa típica, com celeiros. Tudo desapareceu agora, e isso foi parte da minha vida. Quero dizer, até onde você pode ir? O mundo caminha assim.

"Frequentei a escola infantil em Wembley. Na secundária, era onde você começava a jogar futebol, então depois tinha a opção de ir para uma escola moderna e ter uma educação comum, que é o que eu tive. Costumávamos ser quarenta alunos em uma classe. Eu me especializei em Arte. Se não tivesse, teria jogado futebol o dia todo. Era tudo que eu queria fazer da vida, além de jogar críquete."

De acordo com Charlie, ele começou a tocar quando tinha quatorze ou quinze anos. "Tínhamos um coral, mas ninguém gostava muito de cantar, não tinha banda. A música era só um cara dando aula, e ninguém entendia o que ele falava. Felizmente meus pais foram perspicazes o bastante para me dar uma bateria. Eu mesmo comprei um banjo, tirei o braço e passei a tocá-lo como bateria. Não sei como surgiu, comecei a aprender o banjo e acabei ficando puto com aquilo, não gostei. Foi um pequeno período de quatro semanas, e, no final, eu já tinha tirado o braço. Tocava em cima do jornal com escovas de arame. Meus pais então me compraram um daqueles primeiros kits de bateria que todo músico conhece muito bem. Mas você precisa tê-los, ou nunca apreciaria os outros. Eu vendia discos para comprar pratos maiores e o que estivesse em voga na época. Costumava gastar dinheiro como um louco com equipamentos. Praticava em casa com discos de jazz o tempo todo. O único rock and roll que escutei foi depois que os Rolling Stones me ligaram. Eu costumava gostar de Jimmy Reed e Bo Diddley e, a partir disso, fui para aquele cara... 'Ooh Poo Pah Doo'[31], e devagar comecei a ouvir como eram bons os primeiros discos do Elvis.

"Quando fiquei um pouco mais velho, passei a tocar em casamentos, mas depois já tinha um emprego diurno. Eu era designer. Bem, não sei o que eu era, fazia *lettering*, era isso o que eu fazia o dia todo. Por três anos, me sentei e trabalhei nisso para um carinha profissional, eu era aprendiz dele. Aí fiz três anos de aprendizado, mas, sendo judeu, eu queria mais dinheiro, então me mudei para uma firma maior, que me enviou para a Suécia... ah, Dinamarca. Na verdade, foi uma grande enganação, pois fui para lá, me pagaram e acabei não trabalhando, afinal ninguém sabia o que eu deveria estar fazendo, como sempre. Eu queria ter ido para Nova York. Essa era minha grande ambição naqueles dias. Mas, em vez disso, fui para a Dinamarca. De qualquer modo, estou feliz por ter feito isso. Entrei direto em uma banda lá, mas eu não tinha bateria e pegava uma emprestada o tempo todo.

"Antes disso, eu tocava no Troubadour com uma banda, época que conheci Alexis Korner. Então viajei, voltei, e ele estava começando um novo grupo. Disse que queria que eu tocasse, e eu topei. Três de nós aguentamos

31 Música composta e gravada por Jessie Hill, sucesso dos anos 1960. (N.T.)

os primeiros ensaios. Bem, os primeiros seis meses. Todos se tornaram amigos meus. Porque não era pelo dinheiro. Você nunca ganha nada, nenhum de nós ganhou. Uma vez fomos até Birmingham e recebemos cinco xelins. O tempo passou, e eu saí daquela banda e também da minha firma. Estava desempregado, tocando às vezes com outro grupo, o Blues by Five, que era apenas uma mistura de pessoas perdidas, e enfim entrei para os Stones."

"Nós chegávamos a um clube", disse Bill Wyman, que havia mudado de Perks para o nome de um amigo da Força Aérea assim que os Stones começaram a ser anunciados um a um no palco, "quando conseguíamos um que nos aceitasse, e montávamos nossos amplificadores. Os outros vestiam suéteres, jaquetas de couro, jeans azuis, enquanto eu estava com as mesmas roupas que usava para trabalhar. O gerente nos dizia: 'Quero todos prontos, faltam só dez minutos para começar, melhor irem se trocar', e nós avisávamos que íamos tocar assim. Aí ele dizia: 'Muito engraçado, agora vão se vestir'.

"Carregávamos três bancos de metal roubados conosco. Com Mick na frente e Charlie atrás, apenas nos sentávamos, Brian, Keith e eu, e começávamos a tocar, como se estivéssemos ensaiando. Cada um tinha uma cerveja ao lado do seu banquinho, e, quando terminávamos um número, todos bebíamos um pouco e acendíamos um cigarro. Os clientes não podiam acreditar. Eles paravam de dançar, vinham para o palco e olhavam para nós. Não sabiam o que pensar. Os gerentes diziam: 'Certo, peguem o equipamento e saiam em cinco minutos ou eu coloco minha gente atrás de vocês'.

"Terminávamos de tocar depois das 2h da manhã, e eu tinha de acordar às 6h para ir trabalhar. Eu dormia uma média de três horas e não sabia onde estava em boa parte do tempo. Mas tinha de continuar, porque eu tinha o Stephen. Até que um dia precisei fazer uma escolha: as pessoas no trabalho me alertaram para cortar meu cabelo ou puxar o carro. Eu já tinha cabelo comprido antes de entrar nos Stones, mas agora estava mais longo do que nunca. Parecia uma coisa tão boba. Todo mundo – colegas de trabalho, meus amigos, meus pais, minha esposa – me aconselharam a manter meu emprego e sair dos Stones. Mais tarde, quando viramos um sucesso, aí disseram: 'Veja, eu sabia que você conseguiria'".

"A primeira vez que os vi, tive a sensação de que nunca tinha visto nada igual, nunca", disse Glyn Johns. Como engenheiro-chefe dos estúdios I.B.C. em Londres, Johns ajudou os Stones a conseguir uma sessão de gravação em janeiro de 1963. "Lembro-me de levá-los ao I.B.C. para a primeira sessão e ter medo de apresentá-los a George Clouston, o dono do estúdio. Eu via fotos deles na época e pareciam tão mansos e inofensivos, não conseguia associá-los ao efeito que tinham nas pessoas. A questão é que a aparência, as roupas, os cabelos, toda a atitude deles ficava imediatamente óbvia assim que você os via tocando. Era um completo choque para a sociedade e tudo mais."

"No início dos Stones, Brian era a cabeça do monstro", afirmou Alexis Korner. "Ele era bem agressivo no palco. A essa altura, seu cabelo estava bem comprido, e ele tinha o que era quase um beicinho permanente, cruzado com um olhar malicioso, parecendo estar incrivelmente excitado a maior parte do tempo. Brian costumava pular para frente com o pandeiro e esmagá-lo na sua cara com um sorriso sarcástico. A agressão tinha um impacto tremendo. Além disso, ele era um músico muito sensível. No seu melhor, Brian podia tocar blues lento excepcionalmente bem. Mas eu me lembro mais dele por sua atitude de 'chutar o balde'. Brian conseguiu o que queria por meio da sua agressividade extrema, e ela era muito extrema, desafiadora. Quando estava no palco tocando, ele incitava todos os homens na sala a espancá-lo. Esse era o sentimento que se tinha. No início, Brian era a imagem da agressão nos Stones muito mais do que Mick."

"Mas era sempre Mick quem brigava", disse Stu. "Quando éramos ferrados toda semana pelo *Jazz News*, que parecia propositalmente imprimir errado os anúncios dos Stones, era Mick quem ia até o escritório deles e reclamava."

"Já no palco", confirmou Alexis, "era Brian quem fazia os caras quererem bater nele. Ele deliberadamente brincava com a garota de alguém e, quando o cara ficava mal-humorado, batia com o pandeiro na cara dele".

"Brian poderia ter sido morto algumas vezes", disse Stu.

9

She said, "Daddy, this old World Boogie
Gone take me to my grave
Gone take me to my grave."[32]

Bukka White: "World Boogie"

ANTES DAS 10H, EU ESTAVA SENTADO NA SALA de costas para Los Angeles, falando em um telefone bege com um agente de viagens. Ele explicou que só daria para chegar ao funeral de Kerouac de táxi ou carro alugado de Boston. Não havia tempo, mas com a carta enviada, e os Stones, segundo Sandison, planejando passar a próxima semana no estúdio finalizando *Let It Bleed*, eu poderia ir para casa e tentar me preparar para a turnê.

Após um dia de compras – uma jaqueta de couro, um grama de erva –, fui para o aeroporto com Chip Monck e Ian Stewart, que iriam inspecionar o lugar no qual os Stones tocariam em Chicago. O cabelo preto arrumado de Stu, com a parte traseira e as laterais curtas, suas calças cáqui, sua camisa de golfe e seu tênis Hush Puppies faziam dele e de Monck, em sua roupa de caubói da Califórnia – jeans de camurça vermelho –, uma dupla curiosa. Monck voltou a adormecer sentado. Ele era a única pessoa que eu já tinha visto que conseguia fazer com que o ato de dormir fosse algo pretensioso.

Perguntei a Stu, que estava dirigindo, se os Stones fretariam um avião para a turnê. Ninguém sabia ainda, mas Stu achou que podia ser uma boa ideia; afinal, Keith tinha sido banido da Alitalia "por ficar no banheiro de Roma a Londres transando com aquela louca da Anita".

32 Ela disse, "Papai este velho World Boogie/ Vai me levar ao meu túmulo/ Vai me levar ao meu túmulo."(N.T.)

Às 23h, voei para Memphis num avião tranquilo, carregado de velhos cansados voltando de férias patrocinadas pela sinagoga em Cingapura. Christopher me encontrou no portão. "Você é criança ou adulta?", as pessoas perguntavam a ela. Christopher tem um metro e cinquenta centímetros de altura, mas como Hermia, em *Sonho de uma Noite de Verão*, "embora ela seja pequena, é feroz".

Naquele dia, Christopher tinha trabalhado para a Omega Airlines das 15h até a meia-noite, conversando com máquinas e pessoas. Seus olhos, que mudam como o mar, pareciam cansados e vermelhos.

Quando a conheci,, a bisneta de um capitão de barco a vapor do rio Mississippi, sem a fortuna da família, ela e a mãe viviam como uma realeza russa arruinada em um conjunto habitacional federal em Memphis. Seus pais se separaram antes de ela nascer, e ela nunca conheceu o pai. As duas moravam em um conjunto habitacional desde que Christopher era uma garotinha. Sua mãe, não tendo nem o traquejo nem as inclinações de uma criada, não cozinhava ou limpava. Elas comiam em um lugar chamado Mae's Grill, ou então se viravam com sanduíches de atum e salsichas vienenses em casa. Ainda muito pequena, Christopher foi para uma escola particular da mesma forma que Fanny Price ia para Mansfield Park. Um dia – por volta de seus cinco anos –, seu pai ligou para a escola e disse a Christopher que viria buscá-la. Ele nunca apareceu, mas ela ficou apavorada.

Christopher cresceu ignorando como eram os homens. Ela via fotografias em livros de estátuas romanas usando folhas de figueira e pensava que os homens eram assim. Nunca teve um namorado na escola, mas leu Thackeray, Henry James, Jane Austen. Sabia mais sobre a vida naquela época do que eu hoje.

Eu tinha dezenove anos quando nos conhecemos, e nunca houve um jovem mais tolo e arrogante. Sem dificuldades de aprendizado ou experiência, não via razão para não me tornar igual a Poe ou Melville. (Não Mark Twain – eu não espumava pela boca.) Também era um grande e cínico amante. Christopher me perdoou.

Quase dez anos se passaram. Christopher tinha chegado à faculdade e tirou sua mãe do conjunto habitacional. Ela havia sido professora particular, escriturária em um hospital e secretária de uma empresa de poupança e empréstimo. Já eu tinha ensinado caratê, sido assistente social do Estado e agente da Pinkerton, além de ter recebido ajuda financeira dos meus pais e tentado aprender a escrever. Agora era algo chamado jornalista. Christopher tinha o desejo de trabalhar para uma companhia aérea para poder viajar. De fato viajamos, mas a Omega mudava a escala de Christopher a cada poucas semanas, dando-lhe *jet lag* quando ela estava de folga. Nós dois trabalhávamos constantemente, mas o único dinheiro que economizamos foram dois mil dólares do *Sunday Evening Post*, acumulados para a turnê dos Stones.

Christopher lidava com dinheiro de forma estranha. Moedas caíam de sua bolsa. Eu as encontrava no carro (vivíamos em uma casinha branca, cuja porta seria arrombada pelo detetive J. J. Wells, do Esquadrão Antinarcóticos, e tínhamos um Mustang marrom) e perguntava: "O que é isso?".

"As pessoas jogam dinheiro em mim."

Mais tarde, eu voltaria da Inglaterra e não encontraria Christopher, apenas um vento frio em seu armário. Quando eu a reencontrei e perguntei onde estava, ela só respondeu: "Os pássaros e os animais me mantêm aquecida".

Nesta noite, porém, eu estava bêbado e feliz, cheio de boas notícias e romance. Franzindo o cenho, Christopher tocou com os dedos de boneca a curva de sua barriga gorducha, que um dia tinha sido perfeita como um pêssego. Estava com dor de estômago e não queria intimidades. E quem poderia culpá-la?

Na sexta-feira, enquanto Christopher estava trabalhando, jantei com minha mãe e meu pai. Eu me sentia bem porque, naquele dia, o assistente do meu agente havia dito ao telefone que o contrato com a editora logo estaria pronto. A minha mãe me ofereceu nabos verdes, o meu pai me passou a broa de milho. Se eu pudesse manter Klein e Schneider fora do acordo, e se os Stones me deixassem trabalhar, então, depois da turnê, Christopher e eu iríamos para a Inglaterra e seríamos felizes para sempre. Eu não tinha certeza do que esperar, mas não achava que os Stones se importassem com o dinheiro. Meu pai deslizou o prato de frango frito para mim, e vi em seus olhos, os olhos de um homem que começou no mundo arando terra com uma mula na Geórgia por cinquenta centavos por dia, um olhar triste e sábio, um olhar que dizia "Ninguém se importa com o dinheiro".

No sábado de manhã, fui a um traumatologista para ver se tinha quebrado meu dedo mindinho na corrente de balanço no domingo anterior em Los Angeles. A garota gorda da recepção perguntou o que havia de errado. Após lhe explicar em termos complicados, ela escreveu um simples, mas eloquente: "machucado na queda".

A sala de espera estava quase cheia de pacientes, a maioria jovens. Um musculoso jogador de futebol do colegial, engessado da bunda ao tornozelo, falava sobre como ele queria voltar a jogar. O médico fez um raio-X da minha mão, olhou para o meu prontuário e disse: "Você é escritor?", e tentou contar com minha ajuda para salvar o mundo dos "chineses vermelhos". Começou perguntando se eu era otimista ou pessimista, mas não via a hora de me dizer que ele era pessimista e não via solução melhor do que nos bombardear de volta à Idade da Pedra e recomeçar.

Falei para ele algo que Margaret Mead havia dito sobre a atual geração jovem ser a primeira tribo global e que esses novos garotos não acreditavam em soluções militares – meio milhão deles tinha passado três dias na lama em Woodstock sem sequer uma briga. O médico, um homem educado apesar de todos os seus planos de bombardeio, não mencionou o meio milhão de garotos norte-americanos na Indochina lutando a guerra mais longa da história dos EUA.

"Espero que você esteja certo", disse ele. "Eu não vejo nenhuma esperança", então examinou os raios-X e garantiu que não havia nada quebrado. Segundo ele, meu dedo deveria ficar bom em algumas semanas ou meses. Por fim, receitou alguns comprimidos que nunca tomei.

No domingo, com Christopher em casa, nossos amigos Jim e Mary Lindsay Dickinson vieram nos ver. Ele foi um dos últimos músicos a gravar no selo Sun, de Sam Phillips, que fez as primeiras gravações de Elvis Presley, Jerry Lee Lewis, Howlin' Wolf, Ike Turner e Charlie Rich, entre muitos outros. Nós nos conhecíamos desde a faculdade e, de vez em quando, nos encontrávamos, ouvíamos música, usávamos drogas e conversávamos. Dessa vez, tomamos comprimidos de mescalina azul-celeste – não Christopher, que voltou a dizer que não estava bem, tocando o estômago mais uma vez. Fiquei preocupado, mas ela partiu para Overton Park, o parque central de Memphis, junto a Mary Lindsay, cujos olhos dançavam em círculos enquanto elas saíam pela porta. Jim e eu ficamos ouvindo uma história especial do rock and roll no rádio, então lhe contei o que havia feito na Califórnia. Ele ficou tão empolgado que, assim que Mary Lindsay voltou, disse a ela para largar o emprego, pensando, suponho, que logo seríamos ricos e famosos. Já Christopher e eu estávamos procedendo com cuidado, agindo como brancos, o que é sempre um erro.

"Eu só quero sobreviver a essa turnê e ver o que acontece", falei.

"Você precisa ir ao topo da montanha e ver o elefante", sugeriu Dickinson.

No rádio, Ike Turner estava falando sobre Phil Spector: "Às vezes, ele usa umas quatro ou cinco baterias, doze guitarras, vinte e cinco ou trinta vozes, o cara é, uh, realmente um gênio, você sabe", foi quando pensei na declaração de Spector, na entrevista que li no Sunset Sound, de que músicos ingleses têm alma como gente negra porque a alma vem do sofrimento, e quando você vê um garotinho inglês num noticiário da Segunda Guerra Mundial, provavelmente é Paul McCartney – o que parecia tolo, mas havia algo naquela imagem, o blecaute, uma criança, o grito de bombas incendiárias.

Lembrei-me de quando era muito pequeno, acordando numa manhã de inverno de um sonho com Mickey Mouse para ouvir no rádio os tons tristes de Grady Cole e uma música country, "Hiroshima, Nagasaki" – as sílabas cujo significado eu não conhecia, a manhã fria, vestir-me para a escola, tudo isso me enchia de pavor. Esse medo fazia parte de nossas vidas; viemos ao mundo quando, pela primeira vez na história, o homem tinha alcançado tal poder que qualquer criança, não importa onde, não importa quem, poderia se deitar em sua cama e temer por sua vida.

Sabíamos em nossos berços que algo estava errado. Agora, alguns de nós, agindo juntos, estávamos começando a desafiar as forças que faziam a guerra e ficavam impunes por isso. Com o alcance grandioso da visão da mescalina, parecia que os Rolling Stones poderiam fazer parte de uma luta pela vida ou morte do planeta.

10

Uma dessas combinações mais populares... era uma companhia de meninos, de doze a quinze anos, que se autodenominava Spasm Band. Eles foram os verdadeiros criadores do jazz, e a Spasm Band foi a banda de jazz original... A Spasm Band apareceu pela primeira vez em Nova Orleans por volta de 1895, e ao longo de vários anos os meninos ganharam muitos centavos honestos tocando em teatros e salões e nos bordéis, além de alguns compromissos formais no West End, Grand Opera House e outros hotéis, quando eram anunciados como "The Razzy Dazzy Spasm Band". O grande momento deles, no entanto, veio quando fizeram uma serenata para Sarah Bernhardt, que expressou espanto e deu uma moeda a cada um.

Herbert Asbury: *O Bairro Francês*

"ENTÃO TIVEMOS AQUELE SHOW EM RICHMOND que se transformou em algo enorme", disse Keith. "Em Londres, o Richmond Station Hotel era *o lugar* para se estar todos os sábados à noite. Ficava próximo ao rio, num bairro bastante abastado, mas que reunia jovens de toda a cidade."

"O Station Hotel era a coisa mais importante", afirmou Stu, "porque foi lá que de fato começou a emoção. Foi no Richmond que eles finalmente passaram a se levantar e a se mexer e, em dois meses, estavam balançando as vigas. Durou apenas cerca de dez semanas, porque tinham a intenção de demolir o lugar, mas ainda está lá. Então acabaram nos mudando para o Richmond Athletic Club, que tinha um teto muito baixo, com vigas, mas é claro que eles continuaram pulando e enlouquecendo. Eu adoraria ver tudo isso de novo. Era tão bom. Nunca houve a menor maldade nisso. Todo mundo se dava bem, e nunca queríamos parar de tocar. Dava 22h30min, então diziam 'Parem', e nós respondíamos 'Ah foda-se' e tocávamos mais três ou quatro músicas. Algumas delas realmente serviam para fazer todo mundo dançar. A essa altura, morando juntos e sem fazer nada além de ouvir discos e fitas e tocar, Brian e Keith tinham essa conexão na guitarra que você não conseguia acreditar. Nunca houve qualquer sugestão de um ser guitarra solo, e o outro, base. Eram dois guitarristas que mais se pareciam com a mão direita e esquerda de alguém.

"Ainda ensaiávamos três vezes por semana. Ninguém tinha dinheiro. Eles gastavam tudo o que conseguiam em equipamentos ou discos. Eram dias bastante difíceis, mas havia toda uma emoção em estar envolvido nisso. Mesmo que nessa época os Beatles estivessem enchendo o Albert Hall com jovens gritando, ainda estavam lá com Gerry and the Pacemakers e Billy J. Kramer e todo esse pessoal, não havia coragem para tanto. Mas você sabia na época que estava realmente começando algo."

"Fui ao Station Hotel... Quantos anos eu tinha? Quinze... sim, quinze", contou Shirley Arnold, uma linda garota inglesa de cabelos ruivos. "Estava bastante frio. Deve ter sido fevereiro. Eu estava prestes a deixar a escola. Fomos em seis para Richmond. Andamos o dia todo por lá e depois fomos para o Station Hotel. Dois de nós acabamos no clube, mas eu não vi os meninos, só consegui ouvir a música. Havia muita gente lá. Eu era fã de Tommy Steele e Elvis, acho que eles eram os dois únicos. E os Beatles surgiram um pouco antes disso, e eu também gostava deles. Acho que não sabia o que era rhythm & blues e rock and roll na época. 'Route 66' foi a primeira coisa que ouvi os Stones tocarem. Nós amamos. Então voltamos, e eu disse 'Ah, preciso vê-los de novo'. Aparentemente, Mick e Keith foram ao clube de jazz de Ken Colyer uma tarde e sugeriram: 'Olha, quando Ken fizer seu intervalo, podemos entrar e tocar de graça?', no que responderam: 'Sim, tudo bem'. Ninguém estava muito interessado, não estava tão lotado, e aí consegui vê-los e me apaixonei por eles. A música era tão incrível. Então, bum! Aconteceu muito rápido, todos sabiam quem eles eram."

Charlie me disse, quase hesitando: "Em Richmond, nós nos tornamos uma espécie de culto, de certa forma. Não por nossa causa, simplesmente aconteceu. Estávamos lá na noite em que todo mundo... meio que funciona nos dois sentidos. Nós os seguimos, e eles nos seguiram. Era muita gente, e como não havia espaço para se movimentar direito, inventavam umas danças ridículas. Não tinha como Mick dançar no palco, então ele só balançava a bunda, o que meio que fez... não sei, mas meio que criou... foi adorável... Quero dizer, o Crawdaddy era legal para dançar. Foi bom estar lá, o Crawdaddy sempre foi assim. Esse foi de fato o melhor momento para receber essa resposta deles. Quer dizer, era um pouco cansativo se você fizesse sempre o mesmo *set*, e sabíamos que em um determinado momento tudo iria explodir. E com certeza isso sempre acontecia, sempre acabava em um absoluto... tumulto... descontrolado. Quando o último bis, ou mais, acabava, você já estava quase morto de suor, não conseguia aguentar mais do que quatro horas, e então tinham de fechar o lugar. É assim que era".

"Sozinhos, descobrimos que esfaqueamos a Dixieland Jazz até a morte", disse Keith, "ela realmente desmoronou por nossa causa. Brian ficou tão contente em ver a última banda de jazz se separar e assumirmos os clubes, foi o momento mais feliz e orgulhoso dele".

O Crawdaddy Club era administrado por Giorgio Gomelsky, o italiano de ascendência russa que gostava de se considerar o empresário dos Stones. "Não tínhamos essas ilusões", afirmou Keith.

"Havia todo tipo de gente querendo ser nosso empresário, mas eles nunca conseguiam entrar em contato conosco, pois não havia telefone em Edith Grove", lembrou Stu. "E não havia telefone em lugar algum ali perto. O único número de contato estava no *Jazz News*, I.C.I." Os anúncios dos Stones traziam o número de telefone da Imperial Chemical Industries, onde Stu trabalhava no departamento de expedição. "Então, um dia, um carinha muito insistente chamado Andrew Oldham ligou e disse que estava muito interessado, que tinha uma sociedade com Eric Easton, blá-blá-blá. Como eu não queria me envolver muito nisso porque tinha muitas coisas para resolver na época, estava enviando cargas inteiras de explosivos, fui direto: 'Olha, por que você não pega sua moto, ou o que quer que tenha, e vai até Edith Grove?', e então ele foi até lá e viu Mick, e esse foi o início de um relacionamento muito próximo entre os dois. Costumávamos contrabandear

Andrew para o Station Hotel sem Giorgio saber, porque havia filas enormes para entrar, eles começavam a fazer fila por volta das 18h30min."

"Andrew era muito jovem", disse Keith, "era ainda mais jovem do que nós, não tinha ninguém contratado, mas era um tremendo mentiroso, um vigarista fantástico que também trabalhou na publicidade inicial dos Beatles. Ele juntou aquelas fotos bem temperamentais que os venderam em primeiro lugar, então, embora não tivesse realmente muito a mostrar, as pessoas ficavam interessadas no que estava fazendo. Ele vinha junto com esse outro cara com quem tinha uma sociedade, Eric Easton, que era muito mais velho e costumava ser organista naquela era moribunda do *vaudeville* depois da guerra nos anos 1950, quando o teatro musical deixou de ser um meio de entretenimento popular. Ele tinha uma ou duas pessoas, não estava ganhando muito dinheiro, mas o pessoal do *show biz* o respeitava. Tinha contatos, uma cantora jovem que tivera alguns discos no Top 20, não estava completamente por fora e conhecia muito o resto da Inglaterra, sobre o qual não sabíamos nada, ele conhecia todos os teatros".

Oldham e Easton tinham um contrato de gravação da Decca para os Stones, mas a banda já havia assinado um documento com George Clouston na I.B.C. em troca do pagamento pela sessão que fizeram lá. A I.B.C. não havia feito nada com as fitas. "Não tinham saída", comentou Keith. "Eles não sabiam como produzi-las ou colocá-las em discos e não conseguiram que nenhuma gravadora se interessasse por elas. Esse contrato de gravação, apesar de não ser nada, ainda era um contrato obrigatório, então Brian partiu para outro de seus fantásticos esquemas de escape. Antes que esse cara, Clouston, pudesse saber que estávamos assinando com a Decca, Brian foi vê-lo com cem libras que Andrew e Eric lhe deram e lançou: 'Olha, não estamos interessados, a banda vai se separar, não vamos tocar mais, desistimos, mas caso tenhamos algo juntos no futuro, não queremos ficar presos a este contrato, então podemos rescindir por cem libras?', e depois de ouvir essa história, na qual obviamente acreditou, aquele velho avarento ficou com as cem libras. No dia seguinte, ele então soube que tínhamos um contrato com a Decca, íamos fazer nosso primeiro compacto, a resposta de Londres aos Beatles, pessoal."

Em 28 de abril de 1963, Oldham trouxe Eric Easton a Richmond para ver os Stones. No dia seguinte, a banda já estava no escritório de Easton na Regent Street, onde fechou um acordo de aperto de mão que oficializava a dupla como empresários da banda. Em três ou quatro dias, Brian havia comprado de volta seu contrato com a I.B.C., e, em 10 de maio, os Stones foram ao Olympic Studios em Londres para sua primeira sessão de gravação profissional. Foi também a primeira tentativa de Oldham na produção de discos. Em cerca de três horas, o grupo gravou dois lados para seu primeiro compacto: "Come On", uma música de Chuck Berry, e "I Wanna Be Loved", do compositor de Chicago Willie Dixon, ambas tocadas em um estilo muito mais leve e menos potente do que costumavam exibir no palco. Oldham deixou a mixagem para o engenheiro, um jovem apropriadamente chamado Roger Savage. A fita da sessão não soava ruim, considerando que Oldham entrou no estúdio pensando que as guitarras deveriam ser conectadas nas tomadas, mas os velhos da Decca ouviram e então ligaram para Oldham a fim de sugerir que ele e os Stones tentassem novamente nos estúdios de West Hampstead da Decca. "Foi uma grande sessão da Decca", relembrou Keith. "Todas as grandes cabeças da Decca estavam lá, ouvindo e fazendo 'tsc tsc' e balançando a cabeça."

Os resultados, nem de longe iguais a qualquer uma das fitas que os Stones haviam feito antes, incluindo as do banheiro, foram lançados como o primeiro single da banda em 7 de junho. O disco pairou em torno do meio das paradas Top 50 dos jornais de música inglesa por mais de três meses. Os Stones tocaram "Come On" em sua primeira aparição na televisão, em um programa chamado *Thank Your Lucky Stars*, gravado em Birmingham. Eles usaram jaquetas xadrez combinadas que Oldham havia fornecido para fazê-los se parecer mais com um grupo, que incluía apenas cinco deles.

"Foi aqui que Brian começou a perceber que as coisas saíram de seu controle", disse Keith. "Antes disso, todo mundo sabia que ele considerava a banda como sua. Agora Andrew Oldham via Mick como um grande símbolo sexual, além de querer expulsar Stu, o que não iríamos aceitar. No final, como era quem o conhecia há mais tempo do que nós, e a banda tinha sido ideia dele em primeiro lugar, Brian teve de informar a Stu que, como tínhamos assinado com essas pessoas, e elas eram muito preocupadas com a questão da imagem, achavam que ele não combinava. Se eu fosse Stu, teria dito 'Vá se foder'. Mas mesmo assim ele ficou para ser nosso *roadie*, o que achei incrível, tão generoso. Porque agora estávamos deslumbrados, cada um de nós. Até os Beatles foram nos ver tocar ["Eles tinham acabado de voltar da Alemanha", emendou Bill, "e estavam na frente do palco, todos vestidos com casacos de couro preto, parecendo bêbados".], e também fomos vê-los no Albert Hall, com todas as garotas gritando, as meninas na frente, e todo mundo mal podendo se segurar, você mal pode esperar para ouvir os gritos..."

"Isso é o que eu *quero*", Brian disse a Giorgio.

"Na vez seguinte que os encontrei, eram só cinco", contou Shirley Arnold. "Eu assisti a eles no Colyer's havia cerca de três meses e só os revi quando o disco já tinha sido lançado. Na vez seguinte que fomos, imploramos à garota na porta para nos vender os ingressos com antecedência, e ela concordou. A fila no dia seguinte era fantástica. O Colyer's é uma sala comprida com um palco muito pequeno em uma extremidade, teto baixo, dá para tocar nele. Chegamos cedo, conseguindo ficar na frente do palco, mas estava tão lotado que acabei esmagada contra ele. A plateia estava de pé ou sentada nos ombros das pessoas. Não havia um centímetro livre. O suor escorria das paredes e os amplificadores não funcionavam, mas a música era fantástica, os meninos eram fantásticos. Eu não desmaiei por causa deles, desmaiei porque estava muito quente. E eles simplesmente me passaram por cima da cabeça de todos até a sala de chá. Um dos seguranças estava despejando água em mim, e eu só pensava 'Oh, minha maquiagem vai escorrer'. Minha amiga veio me ver. Ela disse: 'A música parou, eles estão entrando', então 'voltei a desmaiar' como se não fosse forte o suficiente para sair, afinal, queria vê-los. Foi Brian o primeiro que falou comigo. Ele disse: 'Você é a garota que desmaiou?', sim, eu era tão fã. Não havia nada que não fizesse por eles, e, na época, não havia muitas garotas como eu que estavam pirando, então eles ficaram bastante surpresos. Quando perguntei a Andrew sobre o fã-clube, ele respondeu: 'Não sei o que está acontecendo com o fã-clube. Você quer assumir o fã-clube? Suba e vá falar com Annabelle Smith, vou dizer a ela que você vem, qual é o seu nome?'. Annabelle era a secretária de Andrew. Ela era mais velha do que qualquer um dos meninos. Acho que tinha uns vinte e nove anos, o que significava velho para nós porque éramos todos muito jovens. O fã-clube começou no nome dela, mas acho que ela não estava realmente interessada. Então subimos para ver Annabelle, que pareceu muito satisfeita em passar tudo para mim e me deu uma pilha de vales postais. 'É seu, trabalhe de sua casa', disse. As coisas estavam acontecendo tão rápido com Andrew e os meninos que eles não tiveram tempo para pensar no fã-clube. Então lá estava eu indo para casa com duzentos membros e uma pilha de vales postais que custavam cerca de sessenta libras. Bem, sessenta libras, dá para imaginar, eu colocava debaixo do meu travesseiro todas as noites porque era uma fortuna. Tentei pagá-los no banco, e eles disseram: 'Não, não, você tem de abrir uma conta através da firma'. Então semanas se passaram, e continuei ligando para o escritório de Andrew. Explicava que precisava fazer um boletim informativo e escrever para todo mundo, mas todos estavam ocupados demais. Eu nunca conseguia falar com Andrew, aí tinha todas as coisas do fã-clube, mas não estava em contato com ninguém. Eu estava trabalhando para os meninos e só os vi uma vez."

Em 13 de julho, os Rolling Stones fizeram sua primeira apresentação fora de Londres, no Alcove Club, em Middlesbrough, em um show com um grupo de Liverpool chamado Hollies. "Naqueles dias, o que os grupos de Liverpool faziam devia estar certo", apontou Stu, "e Andrew convenceu os Stones de que faria deles a resposta de Londres aos malditos Beatles, de que seriam um grupo pop realmente fantástico, o que agradou muito a Brian, porque significava dinheiro. E acho que os outros também ficaram muito felizes, afinal, apreciam dinheiro como qualquer outra pessoa. Andrew não sabia nada sobre música, só estava interessado no dinheiro.

"Então, de qualquer forma, lá estavam os Hollies, fazendo sua harmonia vocal de três partes, e nunca tínhamos ouvido nada parecido. Brian imediatamente disse: 'Certo, todo mundo tem de cantar', então Andrew e eles mudaram o grupo, dando ênfase para 'Poison Ivy' e 'Fortune Teller', músicas desse tipo. Por um tempo, os Stones perderam sua identidade, acho, porque estavam tocando todas essas músicas novas e tentando cantá-

-las como os grupos de Liverpool. Isso tinha sido ideia do Andrew, o que foi um pouco chato. Aqueles salões eram horríveis. Costumávamos ir a esses lugares terrivelmente densos como Wisbech e Cambridge, nos quais todos os caipiras tinham ouvido falar desses tais Rolling Stones, mas não tinham a menor ideia do que esperar em termos de música. Para começar, alguns deles apenas nos olhavam com cara de estúpidos.

"Havia um pouco de incerteza naqueles dias sobre o que deveria ser tocado. Eles pensaram em outras músicas como 'Poison Ivy', mas não parecia estar agradando muito. No final, conquistaram todo mundo com o material de Chuck Berry e se voltaram mais para o que estavam tocando antes. Então, após um ano ou mais dessas datas, os shows começaram a ficar muito loucos. Foi a *pura emoção da música.* Oh, meu Deus. Sem camarins, sem palcos, sem eletricidade, sem segurança, era um 'que se foda' que costumava levar a brigas todas as noites. Todos diziam 'Os Beatles tocaram aqui, podemos aguentar qualquer coisa', recebendo como resposta 'Bem, os Stones ainda não tocaram. Espere e veja'. Então insistiam: 'Ah, podemos aguentar o que vier'. E aí, claro, tudo acabava destruído. Os próprios meninos nunca ajudaram muito, pois resistiram por um tempo à ideia de viajarem todos juntos. Brian tinha algo a ver com isso. Ninguém queria ficar no mesmo carro que ele por muito tempo. Brian começou a sentir que estava sendo deixado de lado. Acabou ficando difícil conviver com ele".

"Sendo galês, Brian sempre teve uma veia muito desagradável", lembrou Stu, "ele era muito indelicado e dizia coisas como 'Como sou o líder do grupo, vou ganhar cinco libras extras por semana'. Costumávamos nos hospedar em hotéis baratos porque não tínhamos dinheiro, mas quando começou a entrar mais, nunca ficávamos em um lugar de merda. Era geralmente um hotel de classe média, mas Brian reclamava. 'Em alguns meses, quando estivermos ganhando mais por show, vou ficar no Hilton porque sou o líder, e todo mundo vai ficar com você em algum outro lugar.' Então, no final, todos estavam de saco cheio. Sem contar que ele também mudava com o vento. Brian era um garoto muito bonito, mas muito bobo. Depois de um tempo, se tornou óbvio que Mick era o líder do grupo. Naqueles dias, Brian era simplesmente um guitarrista muito, muito bom, além de muito mercenário, muito interessado em dinheiro. Então, quando Andrew apareceu e disse que era hora de começar a tocar músicas como 'Poison Ivy' porque iria vender mais discos, Brian logo concordou. Mas tendo feito isso, depois dos primeiros seis meses tocando em salões de baile em Stoke-on-Trent e Crewe, foi Brian quem também disse: 'Acho que devemos tocar em Eel Pie Island duas vezes por semana de novo e voltar ao blues'. Ele mudava de um dia para o outro, fazendo todos se cansarem dele.

"Era uma pena. Brian foi criado da pior maneira possível. Teve uma educação muito boa, era muito inteligente na escola, mas em algum momento decidiu que seria um rebelde profissional em tempo integral, e isso não combinava com ele. Então, quando queria ser detestável, ele tinha de fazer um esforço, e era esse esforço que o tornava detestável. Mas sua natureza era muito mansa. Brian era de fato uma pessoa muito doce, embora levasse tudo ao excesso. É uma pena, porque era um excelente músico. Não quero ser muito duro com ele. Era uma pessoa muito difícil."

A lembrança mais nítida de Keith sobre a noite que os Stones tocaram com os Hollies era a viagem de volta a Londres, quase quinhentos quilômetros na traseira da van Volkswagen de Stu com Charlie, Mick, Brian e todo o equipamento. Bill ia na frente com Stu porque mentiu dizendo que ficava enjoado na parte de trás, onde eles tinham de mijar no ventilador, pois Stu, "um sádico", segundo Keith, só parava quando queria. Pensando naquela noite e em como todos tiveram de cantar porque era o que os Hollies faziam, Keith disse: "Brian caiu imediatamente no comercialismo. Ele ficou perturbado".

Os Stones tocavam quase todos os dias, às vezes duas vezes por dia, e quando não estavam tocando ou gravando, ensaiavam para sua primeira turnê na Inglaterra, com os Everly Brothers e Bo Diddley. Em 19 de julho, foram contratados para tocar no baile de uma debutante, mas Brian ficou doente, os demais ficaram bêbados, então outra banda acabou tocando no lugar deles. Na noite seguinte, já com Brian, os Stones fizeram seu primeiro show num salão de baile de um lugar chamado Corn Exchange, em Wisbech. "Come On" estava no número 30, lutando para subir no Top 50. Os Stones eram uma sensação e cobravam em média menos de cinco libras por ingresso para cada show. Em 10 de agosto, fizeram duas apresentações perto de

Birmingham, e no dia seguinte, depois de tocar no Studio 51 Club à tarde, estiveram no terceiro Festival Nacional de Jazz, em Richmond. Stu havia deixado seu emprego na companhia química porque não tinha tempo para mais nada, além de montar equipamentos, desmontá-los e dirigir.

No dia 17 de agosto, os Stones tocaram em Northwich, perto de Liverpool, em uma apresentação com Lee Curtis, que, segundo Keith, "fez uma cena incrível para roubar o show durante 'Only Make Believe', de Conway Twitty, desmaiando no palco. Os caras vinham e o carregavam, e ele lutava contra eles e voltava, cantando 'Only Make Believe'. Então o levavam embora de novo". A loucura fazia parte daquele período, a loucura *beat* que dominou milhares de artistas por um tempo. Voltando para casa na mesma noite, Bill escreveu em seu diário que eles conheceram Billy J. Kramer e sua banda, The Dakotas, em um café na M-1. "Não parece interessante agora, mas, na época, Billy J. Kramer era tão grande quanto os Beatles", disse Bill. E os Beatles estavam a caminho de ser, como John Lennon afirmou mais tarde, mais populares do que Jesus. Naquela semana, os Rolling Stones tocaram em seis datas, mais ensaios e sessões de fotos, e cada um recebeu vinte e cinco libras. O ritmo era mortal, mas todos conseguiam mantê-lo, exceto Brian. Em 27 de agosto, os Stones foram contratados para tocar em Windsor em uma sala sobre o pub Star and Garter. Brian, doente de novo, não estava lá, e pela primeira vez a banda que tinha sido "ideia de Brian em primeiro lugar" tocou sem ele.

11

Sim, foram alguns ambientes terríveis pelos quais passei naqueles dias, habitados por alguns caras bem durões. Claro, onde houver dinheiro, há muita gente dura, não há como contornar isso, mas também muita gente boa.

Falando de gente boa, posso mencionar Buddy Bolden, o trompetista mais poderoso que já ouvi ou que era conhecido e favorito absoluto de todos os frequentadores do Garden District.

Alan Lomax: *Mister Jelly Roll*

FIQUEI EM MEMPHIS ATÉ A SEXTA-FEIRA SEGUINTE, 31 de outubro. Todos os dias, eu ficava em casa esperando o contrato de publicação que não chegava. Não foi legal, mas fiquei, talvez porque essa odisseia só poderia ter começado no Halloween.

Acordei tarde e corri para o aeroporto para pegar o voo até Los Angeles. Beijei Christopher duas vezes, ela foi para o trabalho, então corri para pegar o avião.

Você pode se acostumar com qualquer coisa. Nos anos de redação de revistas, me acostumei a passar o tempo nas entranhas de plástico pastel carregadas por jatos gigantes que soltavam fogo, me embebedando. Nesse avião, joguei no chão minha mala preta e fui beber champanhe, não o melhor champanhe, mas não era ruim, e ler sobre a World Series na *The New Yorker,* desenvolvendo um forte apego ao New York Mets que, naquele ano, tinha subido do último lugar até se tornar campeão mundial, e à comissária de bordo, que continuou enchendo meu copo. Conversei com Jo no dia anterior, ela disse que alguém iria me encontrar no aeroporto. Quando cheguei, no entanto, olhei em volta, não encontrei ninguém e então liguei para a casa de Oriole.

Sandison me contou que tinham enviado uma motorista chamada Mimi e que ele estava voltando à Inglaterra, "ignominiosamente chamado de volta". Eu já tinha ouvido Keith e Mick falarem sobre Sandison e não fiquei surpreso por ele estar indo embora. Sentei-me para esperar por Mimi. Tinha me esquecido de perguntar como eu a reconheceria, mas não foi preciso, ela nunca apareceu. Depois de quase uma hora, peguei um táxi.

Em Oriole, a porta dos fundos estava destrancada. A primeira pessoa que vi foi a glamourosa Shirley Watts, que estava na cozinha passando uma blusa. "Encantado em vê-la passando roupa", brinquei, seguindo para a sala de estar, onde David Sandison e Glyn Johns, o engenheiro de som (cabelo escuro, barbudo, usando um chapéu verde-limão), estavam sentados num sofá, enquanto o outro era ocupado por uma repórter da revista *Time*, vestindo um terno de tweed vermelho. Glyn dizia: "Ele pode ser muito legal e te deixar à vontade, ou pode te deixar muito tensa. Ele tem uma notável, humm...".

Coloquei minhas malas no quarto de Oz. No caminho de volta pelo corredor, vi Charlie arrastando os pés como se estivesse meditando enquanto mastigava as cutículas. Ele foi para a sala, ficou ouvindo a jornalista da *Time* e então disse – fechando a porta do terraço, pois estava escurecendo e o ar ficando frio – que acharia difícil fazer o trabalho dela e acreditava que o rock and roll tinha sido inflacionado acima de seu valor. "Um baixista de jazz morreu recentemente", mencionou Charlie, falando sobre Paul Chambers, "e, comparado aos músicos de rock, ele não ganhou muito dinheiro, então não consigo justificar isso".

A repórter da *Time* falou que lá tudo era inflacionado, era uma questão de diferença entre os países. A publicidade nos Estados Unidos era muito exagerada em comparação com a da Grã-Bretanha; tudo na Grã-Bretanha tendia a ser subestimado.

"Sim", respondeu Charlie, "mas como você sabe de tudo isso se você é uma criança", gesticulando para Los Angeles que estava do lado de fora da janela.

"Se você vem daqui, sabe disso", disse ela. Aí Charlie emendou: "Sim, mas...".

Irritado por ter sido mandado para casa, Sandison me alertou que não importava o que eu escrevesse, Mick diria que nunca me viu. "Um dos agentes de publicidade com quem conversou essa semana perguntou a Mick sobre uma entrevista com ele na *Playboy* que acabou de sair, e ele afirmou que nunca tinha falado com ninguém da revista."

Charlie estava indo para a casa de Laurel Canyon a fim de ensaiar, e fui com ele em uma caminhonete dirigida por Phil Kaufman. Descemos Doheny até Sunset, subimos Laurel Canyon Drive até Shady Oak e paramos diante de um amplo portão de metal. Um grande jovem negro veio em direção ao carro. "Este é Tony", disse Kaufman. Com óculos matizados e camiseta roxa tingida, Tony parecia o sonho hollywoodiano de um Pantera Negra, bem torneado e descolado, um pouco menos colossal que King Kong.

Tony olhou para nós e falou: "Agentes secretos vinte e sete, trinta e nove e quarenta e cinco", e abriu o portão. Enquanto passávamos, acrescentou: "Cara, está uma baita bagunça lá em cima".

"O quê?", perguntou Phil. "Por quê?"

"Esqueceram de abrir a chaminé, e a fumaça tomou conta da casa."

"Ah, é?"

"É, e alguns malucos entraram."

"O que aconteceu? Você os mandou embora?"

"Não, quando cheguei lá, todos estavam dando uma festa."

A maioria das pessoas na casa estava do lado de fora, pois na parte interna a grande lareira ainda enchia o ar com fumaça. Na cozinha, a namorada de Phil Kaufman, Janet, estava servindo pratos de espaguete com o que pareciam ser casulos flutuando neles. As refeições na casa de Oriole não eram muito festivas, mas essa parecia tão animada quanto uma cremação, embora não tão quente.

"Vamos nos livrar da fumaça?", Jagger pediu a Phil, de pé diante da lareira.

"Vamos", respondeu Phil. "Estamos nos mudando para Topanga Canyon."

"Vamos resolver isso, certo?", disse Mick, sem sorrir.

"Claro", afirmou Phil, que, junto a Sam Cutler, observava a chaminé, tentando parecer competente.

Jagger entrou na sala de ensaio nos fundos da casa e começou a tocar violão. Charlie se sentou à bateria, Bill pegou um baixo e Mick Taylor, uma guitarra. Jagger pediu a Janet que avisasse Keith que tinham começado. Ela o encontrou fumando languidamente em uma cadeira de vime suspensa à beira da piscina. “Keith”, o chamou, “eles começaram”.

“Ah, sim”, respondeu ele, sem se mover. “Diga-lhes que estão soando muito bem.”

Em poucos minutos, no entanto, Keith entrou pela porta dos fundos da pequena sala de ensaio e logo o caos se tornou afinação, se tornou um acorde, um padrão, um *riff*, um blues de doze compassos que desmoronou após alguns minutos. Jagger largou o violão e olhou uma lista de músicas.

“Quantas são?”, perguntou Mick Taylor.

“Dezoito”, respondeu Jagger. “‘Carol’, ‘Jumpin’ Jack Flash’, ‘Bad Boy’...”

“‘Bad Boy’... essa faz muitos anos”, comentou Wyman.

“Vamos tocar”, disparou Keith. E eles tocaram, um blues para inflamar todas as meninas que ouvissem “I’m a bad boy, come to your town...”[33]

Em seguida, vieram com “Street Fighting Man”. Dos grandes alto-falantes Altec, o som agitava aquela sala em forma de caixão, construída para aguentar abusos: forrada no topo com tapetes de fibra de vidro, as paredes cobertas com carpete e um tapete oriental.

Quando a canção terminou, Keith disse: “Devemos acender a luz negra na sequência...”.

“E a polícia vem com cassetetes, batendo uns nos outros”, emendou Jagger. “Seguida pelas chuvas de pétalas.”

Jagger tinha dito que os Stones abririam seus shows com “Jumpin’ Jack Flash”, a música que eles lançaram na semana da última prisão de Brian, mas agora, naquele momento, a tocaram com dificuldade e acabaram desistindo. Keith falou para Mick Taylor: “Nessa você vai querer usar a Flying Arrow...”.

“Mentiroso Farrow”, brincou Jagger.

33 “Sou um cara mau, vim para sua cidade.” (N.T.)

"Mia Farrow", continuou Keith.

Mick Taylor deu a última palavra naquele joguinho: "Bem, podemos simplesmente levar todas as guitarras para o palco e ver qual queremos...".

Jagger riu: "Que bobagem!".

Então Wyman teve uma ideia para uma invenção: um instrumento que pudesse ser acoplado a uma guitarra e acenderia quando uma corda estivesse afinada. Jagger e Keith insistiram ser impossível. Já Charlie e eu defendemos que era possível. Keith não gostou da ideia. "Use seus ouvidos", disse ele.

"É", concordou Jagger. "É para isso que você tem seu talento dado por Deus."

"Na verdade, eu estava pensando nisso para você, cara", Bill disse a Keith. "Não tenho nenhum problema em ficar afinado, você, sim."

Quando começaram a tocar "Monkey Man", Phil Kaufman me chamou ao telefone. Pete Callaway estava na linha, um amigo da Geórgia. Pete e eu moramos juntos em Nova Orleans, onde ele estudava e eu tinha abandonado a Universidade de Tulane. Ele agora estava casado e fazia um doutorado em Filosofia na Columbia enquanto às vezes tinha a cabeça quebrada pela polícia em manifestações estudantis.

Atendi a ligação na cozinha. Tivemos uma versão curta da mesma conversa telefônica que tínhamos a cada poucos meses durante anos, um ritual de piadas internas para que soubéssemos que ainda éramos nós mesmos, nada havia mudado. A irmã mais nova de Pete, Nicole, estava com ele. Ela me cumprimentou e me pediu para ir vê-la quando estivesse na cidade com os Stones. Estava com vinte e dois anos, acabara de sair da pós-graduação sem se formar e morava em Greenwich Village. A última vez que a vi, ela tinha dezessete anos. Por causa do jeito que ela soava, uma certa peculiaridade em sua voz, escrevi o número dela no meu fatal bloquinho amarelo.

A sala de ensaio estava carregada de som. Jagger era o centro – quando ele estava navegando, gritando ou gemendo, não podia fazer nada pela metade, os Stones navegavam; quando ele parava, a música se desintegrava.

"Em 'Sympathy for the Devil', precisaremos de outro tambor e umas congas", disse Jagger. "Talvez possamos conseguir que uma pessoa negra nos ajude nisso."

Ele estava tentando decidir se "Sympathy" deveria ser "bem curta ou muito longa", sua voz parecia trêmula, insegura. Tive a sensação de que poderia ter a ver comigo, observando-os nessa pequena sala. A voz de Mick se arrastou até que, um por um, eles pararam de tocar. Nenhum deles olhou para os outros. Então Mick Taylor tocou algumas notas, Keith tocou um acorde, outro acorde, um padrão brilhante de notas até que todos estavam tocando, Mick cantando no final da sala, de costas para mim. Eles soavam como Louis Armstrong and the Hot Five, exceto que Mick Taylor estava fazendo sons horríveis de Bo Diddley, enquanto Keith tocava um solo com um grito perdido nele. Finalmente Mick se sentou no banco do piano, Keith parou, todos pararam. "Ainda cai no final", disse Mick.

Esperando para ir a uma suposta festa chata em Bel Air, ficamos matando o tempo pela casa. Jagger e eu estávamos sentados com Wyman no sofá de couro preto, olhando pela grande janela para as sombrias colinas do Halloween. Wyman disse que era um feriado mais voltado para crianças, e Jagger discordou: "Eles são reais, esses espíritos, e as pessoas que vierem depois de nós saberão sobre eles".

"Se o mundo sobreviver", falei.

"Vamos explodi-lo em algum momento", Mick respondeu. "Isso é inevitável."

David Sandison me acordou no meio da manhã, tirando suas malas do quarto de Oz para voltar, de cabeça erguida, à Inglaterra. Eu disse adeus, tomei banho e me vesti. Na mesa de centro da sala havia uma revista com uma foto de Jagger na capa e uma matéria que terminava assim: "Os Rolling Stones estão na cidade e todo mundo parece estar esperando que algo aconteça". A reportagem principal era sobre os problemas financeiros dos Beatles com Allen Klein.

Um jovem da *Newsweek* estava sentado no terraço dos fundos com um caderno e um telegrama de perguntas de seus chefes em Nova York. Charlie e eu nos juntamos a ele, Bill e Astrid apareceram, e, enfim, os outros três Stones chegaram, tropeçando no gramado dos fundos. Keith estava usando botas e um cinto vermelho, ambos de pele de cobra, e uma camisa rosa, rasgada, como a maioria de suas camisas, acima dos rins para manter a ponta fora do caminho de sua guitarra. O repórter seguiu obedientemente o telegrama: "Como vocês se sentem fazendo uma nova turnê?", no que recebeu respostas mínimas. Ao questionar o que teria acontecido com Brian, Keith respondeu: "Não conseguimos descobrir. Ele estava entrando em contato com músicos, tentando formar uma banda...".

A *Newsweek* não insistiu em nenhum ponto, nenhum entrevistador fazia isso com os Stones, eles se afastavam dos lugares sombrios do passado deles. A banda havia aprendido que nada de interessante deveria acontecer na presença de entrevistadores e conseguiu ignorá-los com sucesso quase perfeito.

Quando a conversa com a *Newsweek* terminou e o repórter foi embora, decidimos almoçar juntos na Strip. Charlie e eu entramos por um minuto e voltamos a tempo de ver os outros Stones indo embora em um Continental turquesa. "Realmente, eles são as pessoas mais rudes", desabafou Charlie.

Mais tarde, em Shady Oak, enquanto os Stones ensaiavam, Gram Parsons e eu nos afastamos, encostados em sua moto Harley-Davidson azul-cintilante, as colinas escuras atrás dele enquanto falava, pelo jeito contra sua vontade, sobre a região de Okefenokee. Gram nasceu na Flórida, mas cresceu em Waycross, caçando e pescando no pântano com seu pai. Depois que sua mãe se casou de novo, ele conheceu outros lugares, frequentou Harvard por um tempo. "Pode-se dizer que tive sorte", falou. "Tenho os dois lados."

Eu não disse nada. Qualquer um que já ouviu Gram cantar "Do You Know How It Feels to Be Lonesome" tinha uma ideia de como ele era sortudo.

Gram ia tocar com os Burritos naquela noite, e eu queria ouvi-lo. Ele desejou que eu pudesse ir, mas precisava carregar muitos instrumentos, equipamentos, o seu *roadie*, tudo em seu carro. Como Sam Cutler queria ir também, e ninguém dizia não a Sam Cutler, nós requisitamos a caminhonete. Depois que o *roadie* a carregou, fui nomeado motorista, pois os outros não podiam acreditar que eu dirigia tão mal quanto eles. Esperando alguns minutos na caminhonete por Sam e Gram, que estavam lá dentro, o *roadie* reclamava sobre como era chato trabalhar para Gram, que não era confiável, nem pontual, que o padrasto rico dava uma tremenda mesada para ele...

Os resmungos do empregado recuaram quando Gram e Sam saíram, então seguimos nosso curso para o sul na estrada até um clube chamado Golden

Bear, em Huntington Beach. Ao longo do caminho, o *roadie* me disse que se eu fosse dirigir tão devagar deveria passar para outra pista. Concordei, mas estava achando aquela direção meio esquisita: por quilômetros, a traseira esquerda balançava cada vez mais até que conseguimos parar em um posto de gasolina. O que tinha acontecido, me contaram depois, é que a namorada de Phil Kaufman, Janet, certa vez teve um pneu furado, ela mesma o trocou, a roda nunca mais foi apertada e as porcas quase tinham sido consumidas. O atendente do posto não tinha nenhuma porca, então apertamos as usadas e cruzamos os dedos por Huntington Beach até o Golden Bear.

Enquanto Gram e os Burritos estavam se preparando para tocar, o proprietário, George Nikos, um senhor cortês, convidou Sam, o *roadie* de Gram e eu para ir ao escritório, onde nos deu taças de vinho tinto. Lá, Sam ligou para a Hertz a fim de falar da caminhonete. Ele chegou a me pedir para fazer a ligação, mas falei que os norte-americanos fariam qualquer coisa por uma pessoa com sotaque inglês. “Não como o meu”, disse Sam. Aí expliquei que, na Califórnia, eles não sabiam a diferença. Ele terminou a ligação e se sentou como um lorde em sua biblioteca depois do jantar, o fogo na lareira, e discorreu sobre suas experiências com bandas como se fossem campanhas militares. “Mas os Stones são os melhores”, afirmou. “São os melhores porque são os mais assustados: são a banda mais preocupada que eu já vi.”

Passei a noite bebendo vinho e vendo Gram cantar. Seu padrasto estava lá, amável e certinho, em meio a uma grande mesa de convidados. Todo mundo ficou bêbado – durante o último *set*, parecia que Gram, com seu cabelo brilhante como gelo, sairia dos holofotes. Mas ele brilhou. Estava radiante. Coberto de estrelas resplandecentes, como Elvis Presley em seu terno branco em *The Jackie Gleason Stage Show* em 1956.

I started out younger
At most everything
All the pleasures and dangers
What else could life bring?[34]

---

34 Comecei jovem/ Tinha quase tudo/ Todos os prazeres e perigos/ O que mais a vida poderia trazer? “Hickory Wind”, The Byrds. (N.T.)

"Vocês realmente vão ser um sucesso", eu disse após o primeiro *set*.

"Acho que já somos", respondeu Gram.

Nós saímos para fumar um baseado num lugar nada seguro. Conforme Gram, eles adoravam prender você por drogas ali. "Há uma garagem neste beco, eu vou primeiro, aí você me segue em um minuto."

A garagem estava aberta e vazia, com piso de terra e cinzas. Fumei enquanto Gram fazia xixi no beco, depois ele fumou enquanto eu fazia xixi, e, por fim, nós dois fumamos juntos. Embora tentássemos muito ser cosmopolitas, Gram, cuja adrenalina pulsava por ter saído do palco, estava declamando à maneira de Eugene Talmadge. "Sei de uma coisa, eu amo os Rolling Stones e Keith Richards", declarou. Nós dois estávamos cambaleando bastante, mas eu prestei muita atenção.

No final, Gram disse: "Tudo se resume a um homem e uma mulher. Tenho uma menininha, linda, está com a mãe". Então passei-lhe a ponta do baseado, e ele completou: "O que precisamos ter neste mundo é mais amor ou que nos deixem em paz".

No final da tarde seguinte, os Stones ensaiaram no conglomerado de filmagem da Warner Brothers, estúdio quatro, acompanhados por Al Steckler, que balançava na cara da gravadora Warner o contrato de gravação dos Stones prestes a expirar. Passando os portões, descendo o caminho central (de concreto, forrado de pinheiros e palmeiras), as salas de som pareciam abandonadas, seus exteriores rachados, cor de malva desbotada. Dentro do estúdio, quatro dos Stones, menos Wyman (que não vinha: "Ninguém me disse a que horas"), estavam ensaiando em um *set* parcialmente desmontado, uma maratona de salão de dança em um píer, feito para o filme de Horace McCoy, *A Noite dos Desesperados*, uma reprodução de um lugar onde as pessoas dançavam até a morte.

A atmosfera era a de um Carnaval deserto, vigas em arco sustentadas por estacas alaranjadas e vermelhas com figuras femininas de estuque dourado no alto, envoltas em vestidos gregos antigos decotados, carregando cestas douradas de frutas e tocando trombetas douradas. Em uma extremidade do conjunto do salão de baile havia arquibancadas, com esta placa acima delas:

? Quanto tempo vão durar ?
Dias casais horas dias
Restantes Decorridos

Na frente de uma fileira de amplificadores – vinte e cinco deles, cortesia da empresa Ampeg, vinte e um em operação –, Mick Taylor e Keith estavam afinando as guitarras, e no centro do salão de baile, sob uma enorme esfera espelhada, Mick Jagger cantava "Carol", de Chuck Berry:

I'm gonna learn to dance
If it takes me all night and day[35]

Charlie tocava duro e firme, todo sério. Mick Taylor conhecia a música, mas estava tendo algum tipo de problema, fazendo sua parte aos trancos e barrancos, balançando a cabeça. Depois de "Carol", tocaram as músicas de Jagger/Richards "Sympathy for the Devil", "Midnight Rambler" e "I'm Free", Jagger cantando com os braços cruzados, depois, nos intervalos instrumentais, caminhando para o outro lado do salão de baile a fim de ouvir. Eles tocaram cada música três ou quatro vezes, e, finalmente, em "Stray Cat Blues", Jagger começou a mostrar um pouco de entusiasmo, fazendo brincadeiras com o microfone, girando o suporte como um bastão, jogando-o para o alto e agarrando. Nenhum dos outros parecia estar se divertindo, exceto Keith, que tocava cada vez mais alto. Eles continuaram parando para mexer nos amplificadores. Stu, que tinha uma nova caminhonete azul carregada com equipamentos estacionada à direita do palco, conversou com Mick Taylor em voz baixa. Quando começaram de novo, Keith aumentou o volume do amplificador e, de pé sobre os confetes que sobraram do *set* de filmagem, fez barulhos horríveis em uma guitarra de plástico transparente. Em um mundo com guitarras feitas de todos os tipos de madeiras, guitarras de aço inoxidável, guitarras de casco de tartaruga, guitarras incrustadas com

35 Vou aprender a dançar/ Mesmo se demorar toda a noite e dia. (N.T.)

ouro e marfim, Keith escolheu tocar uma que parecia ser feita de gelatina endurecida sem sabor.

Em seguida, os Stones tocaram "Little Queenie", de Chuck Berry, e mais músicas de Jagger/Richards: "Satisfaction", "Honky Tonk Women" e "Street Fighting Man", a canção banida no ano anterior em Chicago durante os tumultos na convenção nacional democrata. Keith, uma figura côncava, olhos quase fechados, curvado sobre sua guitarra feia, fazia um barulho ensurdecedor e louco. Lembrei-me de ver, na casa de Oriole, uma entrevista em uma edição antiga de uma revista de música com Jim Morrison perguntando ao entrevistador: "Você estava em Chicago, como foi?", e o entrevistador dizendo: "Foi como um show dos Rolling Stones".

Quando os Stones fizeram uma pausa, Charlie veio e me perguntou: "O que você gosta nesta banda?".

"Essa é uma pergunta muito difícil de responder", eu disse.

"Nós parecemos... uma daquelas bandas no Whisky? Quero dizer, Mick é algo mais do que isso, e Keith é... mas o resto de nós... parecemos... uma daquelas bandas no Whisky?"

"Não."

Os Stones haviam ensaiado todas as músicas do show, exceto três velhos blues que Mick e Keith fariam sem guitarras elétricas. Eles começaram uma, sentados, Keith tocando uma guitarra National com corpo de aço, até que disse: "Não podemos fazer isso". E Mick respondeu: "É uma punheta".

"Certo, Mick", Keith falou, levantando-se. "É uma punheta, pessoal" – ele então vestiu sua jaqueta de couro com franjas e óculos escuros roxos, e todos foram embora, exceto eu, Charlie e Stu, que nos daria uma carona para casa assim que terminasse de arrumar as guitarras. "Realmente", comentou Stu, colocando as guitarras em seus estojos forrados de veludo na caminhonete, "nunca ouvi algo parecido. Um músico veio me falar que seu amplificador estava *muito alto.* Eu simplesmente disse a ele que Keith Richards é um guitarrista muito forte, e se você não tocar tão alto quanto ele, vai só ficar marcando o ritmo".

"Estou ficando tão farto", Stu murmurou para si mesmo quando entramos na caminhonete e saímos. "Você compra novos amplificadores, novas guitarras, tudo novo, e ainda sai tudo errado, então o que você faz?

"Mick perguntou o que eu usaria no palco, e sugeri que me vestisse assim mesmo (camisa de golfe, jeans azul e Hush Puppies), aí ele achou que era piada, não era sério." Stu ficou quieto por um momento, como se nem ele pudesse acreditar no que viria a seguir: "Parece que vou usar um *smoking* branco". Então, depois de outro instante de profundo silêncio, disse com naturalidade: "Vai lhes custar uma fortuna me obrigar a tocar com eles (Stu, que não conhecia nenhum acorde pelo nome e estava relutante em perguntar a Keith, já que ele também não sabia os nomes e logo faria as pessoas pensarem que ele sabia)... e ainda mais se eu tiver de usar um *smoking*. Vai custar todas as noites mil dólares, dois mil com o *smoking*".

Em Oriole, não havia nada em casa para comer, então Charlie e eu fomos levados ao Aware Inn, um restaurante na Sunset, por Mimi, a garota que não apareceu para me receber quando cheguei ao aeroporto. Seu desempenho era então típico, pois ela fazia praticamente o que queria mesmo quando decidia aparecer. Era alta, magra, descalça, com cara de rato, igualzinha a um rato, um rosto achatado dos dois lados dividido por um nariz pontudo, geralmente aborrecido, descontente só de estar ali. Nesta turnê, teríamos muitos motoristas idiossincráticos, inclusive eu, mas nenhuma tão entediada, tão durona ou tão beligerante quanto Mimi. Se aparecia quando não era necessária, não escondia que poderia estar se divertindo mais em outro lugar. Já se fosse necessária, sua atitude era a mesma. Enquanto a maioria dos motoristas, se você tivesse sorte, te levaria ao seu destino e esperaria ou voltaria para buscá-lo, Mimi, se quisesse – e ela sempre queria –, iria acompanhá-lo aonde quer que você fosse, então ela se sentou para comer no Aware Inn com Charlie e comigo, ambos atordoados pela violência chique do lugar. Éramos, estava claro, pouco dignos de ser aceitos como clientes – na verdade, o garçom japonês derramou vinho em mim para me colocar no meu lugar – enquanto Mimi, nem um pouco impressionada, diria até feliz, de alguma forma conseguiu mascar chiclete e chacoalhar as chaves do carro durante todo o jantar. Charlie e eu comemos algo rápido e fomos embora, mas a gerência, arrogante, demorou muito para pegar nosso dinheiro. E ficamos desapontados quando, ao sairmos, vimos nosso carro, deixado por Mimi no meio-fio, sendo rebocado por um guincho do Departamento de Polícia do Condado de L.A.

"Aquele não é o nosso carro?", perguntou Charlie.

"É", disse Mimi, empenhada em mascar o chiclete e chacoalhar as chaves do veículo com a mesma assiduidade de um místico hindu na tintinabulação de seu pequeno sino de oração.

"Bem, diga a eles para pararem", falou Charlie.

"Ei, parem", disse Mimi, enquanto o carro era puxado para o tráfego em movimento rápido e desaparecer na noite. Um Jaguar branco parou no meio-fio diante de nós e nos afastamos para deixar algumas pessoas conscientes entrarem no restaurante. Era domingo tarde da noite na Strip, a calçada cheia de jovens que pareciam tão estranhos que a polícia, passando em duplas, olhava fixamente para o nada tentando ignorá-los. "Talvez seja melhor você fazer algo", Charlie disse a Mimi.

"Certo", respondeu ela, que voltou para o restaurante e sumiu. Charlie e eu passamos o que pareceu um longo tempo, primeiro do lado de fora do Inn, depois do lado de fora de um lugar onde vendiam miçangas e apetrechos para drogas e, finalmente, do lado de fora de uma butique fechada enquanto procurávamos abrigo da escuridão crescente dos jovens que se aproximavam, seus olhos estranhamente pacíficos distantes da loucura urbana, doidões pelas drogas, dizendo: "Uau, você é Charlie Watts, que demais".

Charlie os escutava com uma espécie de consternação. Uma garota relatava que São Francisco era muito melhor do que Los Angeles, pois na Haight Street você podia conseguir todo o *speed* que quisesse, se sentar na calçada, enrolar baseados e ninguém te prenderia. Também poderia ir ao Family Dog à noite e beber um ótimo ponche, que geralmente estava cheio de ácido, é ótimo, você sabe, é um ótimo lugar. "Quantos anos você tem?", Charlie perguntou. E ela disse: dezessete.

Quando voltamos para Oriole, o telefone estava tocando. Jo falava com Jagger em outra linha, então atendi e me peguei de papo com o crítico de música popular da revista *Esquire*. O cara me contou que ele e a crítica pop da *The New Yorker*, uma garota com quem ele morava havia algum tempo, vinham entrevistar Jagger. "Na verdade, não estamos mais juntos", admitiu ele. "Não sei se você já ficou sabendo disso."

"Na verdade, não", falei. Jo estava se despedindo de Mick.

"Vamos fazer uma entrevista conjunta com Jagger na qual tentaremos consertar as coisas entre nós. Jo Bergman está aí?"

"Está", respondi. "Fale com Jo. Por favor"

No dia seguinte, sentei-me ao sol com Charlie, Shirley e a pequena Serafina Watts. Serafina estendeu os braços com prazer para Charlie e para mim. "*Dois* papais", disse ela. Assim que veio para a Califórnia, Serafina começou a andar. E ela agora atravessava o gramado exuberante em nossa direção, as perninhas roliças se movimentando até que, com o traseiro pesado, se sentava num rompante.

Shirley estava escrevendo uma carta para um amigo na Inglaterra. "Estou dizendo que vou conhecer Mae West amanhã."

"Você vai?", perguntou Charlie.

"Vão me levar para o set de *Homem e Mulher até Certo Ponto,* e mesmo que eu não conheça Mae West, direi que conheci."

Para variar, entrei sorrindo nessa casa sem alma até que vi Ronnie Schneider chegando com malas, sua esposa Jane e o bebê. Parei de sorrir.

No ensaio, com o primeiro show, o Retorno dos Stones, a apenas quatro dias e tendo só mais duas preparações pela frente, o clima dominante era de depressão geral. Jagger, o barômetro emocional do grupo, estava com pequenos problemas físicos, dor de dente, dor de garganta. Ele cochilava triste em uma cadeira, depois ficava prostrado, encostado nos amplificadores espalhados na frente das arquibancadas. Finalmente, veio se arrastando. "Tudo bem agora, não muito alto, vamos fazer a coisa toda, vou gritar os títulos", disse. De repente, a banda estava tocando "Jumpin' Jack Flash" de forma ensurdecedora, Mick grasnando, batendo palmas para Keith tocar. A música seguinte, "Carol", começou em um nível de decibéis bem acima do limiar da dor humana. "Um pouco alto", reclamou Keith, baixando os amplificadores de leve. Ele estava tocando *riffs* nítidos de Chuck Berry em sua guitarra de plástico, Mick com dois dedos no ar, "gonna learn to dance..."[36]

36 Vai aprender a dançar. (N.T.)

Então Charlie se levantou de seu banco para falar com Stu, e eles trocaram um prato. “Vamos, estamos tentando fazer essa porra de show juntos”, disse Mick. Com o novo prato no lugar, eles tocaram “Sympathy for the Devil” e depois “Stray Cat Blues”, Jagger diminuindo a idade da garota na música de quinze para treze. Charlie tocava o mais forte que podia com o lado errado das baquetas.

Uma cópia do *Los Angeles Times* estava caída em uma cadeira dobrável, mostrando o resumo de primeira página do noticiário nacional: “Assassinato: Um relatório da Comissão Nacional de Violência afirmou que a ameaça de assassinato parece estar crescendo e pediu proteção para todos os funcionários públicos que possam estar em perigo. Visão do aborto: A maioria dos médicos americanos questionados em uma pesquisa alega que uma mulher deve ter o direito de fazer um aborto se ela solicitar. A maioria também relatou que atos homossexuais discretos entre adultos devem ser permitidos sem restrição legal, mas os médicos rejeitaram esmagadoramente a ideia de maconha legalizada”.

“Midnight Rambler” estava terminando, Mick dançava na frente do bumbo, cantando para Charlie “Maisrápidomaisrápido...”. Em seguida, ele se sentou para cantar “Love in Vain”, um blues que Keith tinha encontrado em um álbum pirata de Robert Johnson, e então, ainda sentado, cantou “I’m Free”, parecendo cansado e triste de novo. Levantou-se para começar “Let It Bleed”, mas soou mal, aí disse, parodiando o sotaque do norte da Inglaterra: “Não, não, não, rapazes, tudo fora do tom”, levando Keith e ele a discutir se deveriam tocar a música. “Ou está desafinado ou não está rolando mesmo”, disse Mick, mas eles tentaram de novo e funcionou. Ele deu pequenos chutes, saltos e arranhadas. Enquanto cantava “Satisfaction”, pulou e girou, esquecendo que estava ruim da garganta. A banda repassou as próximas duas músicas, “Honky Tonk Women” e “Street Fighting Man”. Então Mick e Keith chutaram Bill, sujando o traseiro de sua calça branca. Bill retaliou chutando Jagger assim que ele virou as costas, mas as calças de Mick já eram pretas, e ele disse: “Vá em frente, querido, você pode meter o pé aqui a qualquer momento”. Bill, parecendo incerto de como responder, se afastou alguns passos, afinando seu baixo.

Keith, usando um inalador Sinex, respondeu à pergunta de Mick sobre o que fariam com "Under My Thumb".

"'Under My Thumb'", Jagger meditou. "Algumas pessoas gostam muito."

"Muito poucas", retrucou Keith.

"Deve estar brincando", comentou Mick Taylor.

"Não importa o que decidirmos fazer", disse Jagger, "quando entramos no palco, todos os planos vão por água abaixo de qualquer maneira".

Depois do jantar em Oriole nos sentamos, um pequeno bando de estranhos, ao redor da mesa de centro na sala. Jane Schneider, uma garota bonita de olhos escuros e cabelos ruivos, estava me contando sobre um Rolls-Royce antigo que ela e Ronnie tinham comprado havia pouco tempo: "Vai ser um carro divertido. Está em um show em Boston neste fim de semana, e se levar o primeiro prêmio, teremos nossos nomes no livro, espero que sim".

Sua mãe, tagarelou Jane, tinha a maior coleção de sapatos de porcelana do mundo; e sua amiga, que havia comercializado uma prateleira especial para guardar fichas de receitas, agora estava vendendo sua última ideia, um chaveiro com a foto de seu ente querido. "Eu tinha outro amigo", disse ela com orgulho, "que fez uma pilha de quebra-cabeças com sua própria foto".

Quando ela voltou ao livro que estava lendo, notei que era o best-seller pornográfico *Naked Came the Stranger,* feito como uma brincadeira por um grupo de escritores, cada um narrando um capítulo sem consultar os outros. Ela me viu olhando para o livro e disse, encolhendo os ombros: "Não importa o que você lê hoje em dia, é tudo lixo".

Quando acordei de manhã, a primeira pessoa que vi foi um jovem alto com um grande tufo de cabelo preto encaracolado que tinha vindo para entrevistar Jagger para a rádio ABC. Com ele, estava um engenheiro que me contou que em geral trabalhava em eventos como jogos de basquete, mas as emissoras da ABC estavam programando "uma espécie de amor ao rock e queriam entrevistar Mick, inserindo trechos da entrevista em sua programação. É realmente muito eficaz".

O entrevistador estava nervoso: "Tenho hora de fechamento, não posso ficar esperando. Tenho de responder à ABC em Nova York. O que há com Mick, onde ele está, devo fazer as malas e ir para casa ou o quê?".

"Faremos as entrevistas amanhã", disse Ronnie Schneider, de pé no corredor, falando com Jagger no telefone do escritório. "Aqui está o contrato do filme: eles pagam por todo o filme e equipamento, mas você tem os direitos, se eles filmarem e você assistir e não gostar, é isso. Além disso (sobre o fotógrafo), ele quer que paguemos todas as despesas, que devem ser em torno de mil por semana, isso é muito caro. Você gosta tanto dele que quer que ele faça todas as fotos?... É. Certo. Compreendo. Bem, provavelmente podemos recuperar as despesas com os contratos que ele fechar com revistas e coisas assim. Se você disser que vai doar toda a renda para a caridade, Pete Bennett garante que Nixon vai endossar o show gratuito", Ronnie então soltou uma gargalhada. "Sim, bem, você não pode doar para a Associação de Produtores de Maconha."

Organizar as entrevistas foi complicado devido à amidalite ou "amidalite particular" de Mick. Charlie disse que era uma queixa nervosa que Mick tinha quando precisava cantar. "Como Maria Callas, esse tipo de coisa. Eu tenho também. Antes de tocarmos, meus pés ficam afetados, no começo acho que eles não vão funcionar direito. Com ele, é a garganta."

Mais tarde, dirigi até o ensaio dos Stones com Jo, primeiro parando em um estabelecimento de *tie-dye*[37], onde ela ia pegar algumas roupas de Wyman, Taylor e as próprias. Do lado de fora de um chalé perto da barraca de tintura, pulando em um trampolim de lona marrom, estava Ken Kesey. Uma garota ao lado do trampolim conversava com um menino que segurava uma bola de futebol. Enquanto Kesey saltava, a expressão do garoto era a de um sério trabalhador gorducho de três anos de idade, com cabelo encaracolado e loiro.

Jo e eu descemos até a loja de *tie-dye*, onde as coisas fumegavam em baldes galvanizados. Não gostei, saí e lá veio a bola de futebol, passando

37 Técnica para tingir tecidos muito ligada à cultura hippie. (N.T.)

pela casa e pelas árvores para acabar no riacho. Desci e, das rochas no leito do riacho, joguei a bola de volta. Ela passou por entre as árvores, eu não conseguia ver ninguém, então Kesey pulou no ar e a pegou. Ele colocou a bola debaixo do braço, nos encontramos na varanda *tie-dye*, e eu disse "Olá". Pensei em Kerouac e seu amigo em comum Neal Cassady, que morreu no ano anterior, mas o que havia para dizer?

Quando Jo pegou suas roupas, fomos ao ensaio dos Stones. Eram 17h. Keith entrou no salão andando numa bicicleta com os dizeres *Departamento de Propriedade* e carregando uma placa na qual se lia *Estacionamento reservado para Kirk Douglas*. Ele a colocou na frente do microfone de Jagger e deu umas voltas com a bicicleta.

A banda estava afinando os instrumentos, fazendo seus barulhos horríveis de sempre, enquanto Mick conversava com Jo no fundo do estúdio, batendo os dois primeiros dedos da mão direita na palma esquerda, olhando diretamente nos olhos dela, hipnotizando-a. Ela balançava a cabeça, assentindo. Jo o deixou e caminhou em minha direção. Senti a aproximação do destino, como se o chão estivesse caindo atrás dos passos de seus pés pequenos e calçados com firmeza.

"Mick diz que você tem de resolver tudo até sexta-feira", disparou ela.

"O que isso *significa?*", berrei, sobre a música densa. Ao passar por mim, Mick me ouviu, como eu pretendia que ele ouvisse. Colocou a mão em concha em volta da minha orelha e gritou: "Precisamos resolver tudo".

"Resolver *o quê*?", perguntei.

"Conseguir um *contrato*", gritou.

"Eu *estou conseguindo* um contrato", disse em um tom como quem pergunta "O que você tem a ver com isso?".

"Até *sexta-feira*", Mick falou e foi até o microfone. Sentei-me, suando um pouco, embora não estivesse quente. Em seu caminho pelo salão, Mick passou por Astrid e a acariciou suavemente no traseiro de sua calça de camurça preta.

De repente, os Stones estavam tocando "Jack Flash", as amígdalas de Mick pulando, seus quadris rebolando. As coisas estavam se movendo mais rápido, a ordem das músicas foi definida, e eles tocaram cada uma apenas uma vez. Haveria somente mais um ensaio.

No meio de "Satisfaction", Jagger pulou e jogou no ar a garrafa de Löwenbräu que estava segurando. Ela bateu sem quebrar no chão de cimento. A música estava crescendo. Eles terminaram com "Honky Tonk Women" e "Street Fighting Man", e então Mick e Keith ao piano tocaram uma improvisada "Tallahassee Lassie". Eu estava atrás da bateria, ouvindo. Charlie, enxugando o rosto suado na ponta da camisa, disse: "Isto é ridículo".

"O quê?", perguntei.

"Tudo isto", respondeu ele. "É ridículo pra caralho."

Charlie e eu precisávamos de carona, mas Stu não podia ajudar porque tinha de ir a uma loja de música. Charlie então falou: "Vamos pegar uma carona com Bill" – percebemos que todos tinham ido embora, exceto Bill, que estava entrando em seu Continental com Astrid. "Você falou com ele?", Charlie me perguntou.

"Não, você falou?"

Embora estivesse fora do seu caminho, eles nos levariam. Um grupo caloroso. Enquanto andávamos, Bill falava sobre Jagger: "Ele fica se virando e me olhando assim, como se eu estivesse tocando notas erradas ou desafinado, e eu não...".

Bill sentia saudade de seu filho de sete anos, Stephen, que estava no internato. "Um lugar excelente, cem meninos, uma casa antiga com um telescópio muito bom e oitenta e dois acres de campos para esportes. A maioria dos garotos é mais velha; Stephen é um dos mais jovens. Os mais velhos ensinam os outros a jogar críquete e coisas assim. É muito bom, eles têm pequenos dormitórios com cerca de seis camas, colchas floridas e cortinas combinando. É lindo, na verdade eu queria estudar lá..."

Em Oriole, Charlie e eu nos encontramos sozinhos no sofá, fumando.

"Eu toquei com Benny Goodman uma vez", disse ele. "Quer que te conte?"

"Por favor."

"Quando eu estava com Alexis Korner, tocamos em uma festa em Park Lane. Se você conhece Londres, essa é a parte rica. Foi na casa de um amigo do príncipe Philip – ele estava lá –, e Benny Goodman entrou e tocou um pouco conosco. Estávamos terríveis atrás dele, mas ele tocou quatro ou oito compassos incríveis..."

Abaixo de nós estavam as luzes de Los Angeles. Pensei sobre o que Mick tinha dito. Não tinha ouvido nada do meu agente e não esperava ter nada resolvido até sexta-feira.

Um pouco mais tarde, Shirley se juntou a nós. Discutíamos as maquinações de negócios frenéticas daqueles que ela chamava de “as pessoas compradas”, e Shirley comentou: “E é apenas uma turnê, afinal, só um grupo de pessoas subindo nos palcos e tocando música para os jovens dançarem”.

“Se você não colocar isso em seu livro, eu vou te matar”, disse Charlie.

12

Toda canção folclórica é religiosa no sentido de que se preocupa com as origens, os fins e as manifestações mais profundas da vida, conhecidas por alguma comunidade mais ou menos unificada. Tende a sondar, em geral sem encontrar respostas definitivas, os enigmas da vida em suas raízes. A verdadeira questão, por exemplo, na lenda da canção de Jesse James não é que um "pequeno covarde sujo" tenha atirado em Jesse quando ele estava indefeso; é perguntar por que é permitido que uma coisa dessas possa acontecer, em especial a um homem com uma esposa amorosa e três filhos corajosos. O fato de Jesse ter matado pessoas indefesas enquanto roubava bancos e trens não faz parte do sistema ético da lenda da música, embora tais fatos sejam revistos. Em essência, o único ponto a ser estabelecido nessa conjuntura específica é: que tipo de mundo permitirá a grande injustiça da morte de Jesse por pessoas que são obviamente covardes? No fundo, é uma questão religiosa.

John Lovell Jr.: *Black Song*

BRIAN AINDA ESTAVA DOENTE NA NOITE SEGUINTE com um ataque de asma. "Ele costumava desmaiar", disse Keith, e os Stones tocaram sua noite regular de quarta-feira no clube Eel Pie Island com Stu ao piano. Às 7h da manhã seguinte, Brian saiu na van com os outros, indo fazer um programa de televisão em Manchester. Naquela noite, Bill escreveu em seu diário sobre ser "atacado" por fãs no estúdio de televisão e depois em uma boate. "Atacado", disse Bill, significava que tinha perdido um pouco de cabelo ou parte de sua roupa.

Os Stones se apresentaram em um clube em Manchester na sexta-feira e em um salão de baile em Prestatyn no sábado. No domingo, quando voltaram a Londres para tocar primeiro no Studio 51 Club e depois no Crawdaddy, Brian, que controlava o dinheiro da banda, adiantou três libras para cada um deles, porque estavam todos duros. Na quarta-feira à noite, Brian estava doente mais uma vez, reagindo a algum remédio que havia sido prescrito para ele, coberto de manchas, "decompondo-se diante de nossos olhos", segundo Keith. Brian deixou o clube Eel Pie Island no intervalo e a banda terminou o show sem ele de novo.

Por volta dessa época, setembro, os Stones deixaram Edith Grove. Mick e Keith foram morar em um apartamento com Andrew, enquanto Brian se mudou para uma casa em Windsor com Linda Lawrence, uma garota que tinha conhecido no Ricky Tick Club, e os pais dela. Todos viveram juntos por anos. Brian e Linda em um quarto, os pais dela em outro. Brian tinha o conforto de um lar e nunca pagou aluguel.

Ele ficou doente pelos três dias seguintes, enquanto a banda tocava em salões de baile em Deal, Lowestoft e Aberystwyth. No caminho para Aberystwyth, Bill estava com uma garota na parte de trás da van e não ficou enjoado, então os outros sacaram e, depois disso, passaram a se revezar na parte da frente com Stu. Em Aberystwyth, houve uma discussão nos bastidores com um homem do sindicato de músicos local porque os Stones não eram membros. Eles prometeram se afiliar, fizeram o show e dirigiram a noite toda para Birmingham, onde fariam sua segunda aparição no programa de música popular *Thank Your Lucky Stars*. Quando chegaram ao estúdio de televisão, o vigia noturno, a única pessoa presente àquela hora, disse que não podiam entrar, pois só abriam às nove horas. Finalmente ele cedeu, e os Stones dormiram um pouco na sala de exibição. Depois, acompanhados por Brian, que tinha vindo de Londres de trem, tocaram "Come On", que não gostaram e passaram a se recusar a incluí-la nos *sets*, o que fez Andrew ter pressão alta. Os Stones dividiram aquele programa com artistas como The Searchers, Brian Poole and the Tremeloes e Craig Douglas, que tinha um programa de TV semanal em que tocava os próprios discos, alguns dos quais se tornaram sucessos. Douglas, que antes de entrar no show business tinha sido leiteiro, foi muito rude com os Stones, recusando-se a falar com "aquela escória". Eles então deixaram do lado de fora da porta do camarim dele uma garrafa de leite com um bilhete dizendo "Duas canecas, por favor".

Na sequência, voltaram para Londres. Stu em geral levava Bill para casa por último e, às vezes, acordava depois sozinho na beira da estrada em alguma parte totalmente irrelevante da cidade. Passados alguns dias, Andrew Oldham, caminhando pela rua Jermyn a caminho do Studio 51 Club, onde os Stones estavam ensaiando, foi abordado por John Lennon e Paul McCartney, vindos de táxi de Dorchester após um almoço em homenagem aos Beatles oferecido pelo Variety Club of Great Britain. Ao mencionar que os Stones estavam tendo dificuldades para gravar um segundo disco, Andrew foi acompanhado até o estúdio por Lennon e McCartney. "Na época, eles já gostavam muito de canções agitadas. E todo mundo andava tocando músicas dos Beatles, que estavam indo direto para as paradas", lembrou Keith. McCartney tocou no piano parte de uma canção que ele e Lennon estavam escrevendo. Os Stones gostaram, então Lennon se juntou a McCartney ao piano e, em poucos minutos, adicionaram os oito compassos do meio, finalizando "I Wanna Be Your Man".

Nessa mesma noite, os Stones tocaram no salão de baile do Hotel Thames. Bill, sem dinheiro novamente, recebeu dez libras de Brian. Na noite seguinte, tocaram em Eel Pie Island, e, na próxima, num lugar que nunca tinham frequentado, o Cellar Club, em Kingston, onde o público foi simpático, mas logo que o show acabou e as pessoas foram embora, o promotor disse aos Stones: "Vocês têm cinco minutos para sair". Pensaram que ele estava brincando e não deram bola, mas ele entrou em seu escritório e voltou usando uma luva de boxe, furioso: "Eu falei: Saiam daqui!", e enquanto eles se afastavam, o homem saiu brandindo uma espingarda.

Foi uma despedida auspiciosa para um fim de semana agitado. Na sexta--feira, 13 de setembro, os Stones tocaram para uma multidão no California Ballroom, em Dunstable. No sábado, sua segunda aparição no *Thank Your Lucky Stars* foi ao ar, e eles fizeram shows à tarde e à noite em dois salões de baile em Birmingham. No domingo, algo chamado Pop Prom aconteceu no Albert Hall, com os Stones abrindo o show e os Beatles fechando. A apresentação trouxe mais prestígio para os Stones do que qualquer outra nos quatorze meses desde que eles começaram sua carreira profissional substituindo Alexis Korner no Marquee Club. Um dos jornais de música publicou fotos dos Stones e de Susan Maugham, a cantora mais popular do ano na Grã-Bretanha, que tinha tocado na mesma noite: Susan com seu cabelo em permanente e seu vestido de noite de cetim, Brian tocando uma gaita apertada contra um microfone com as mãos em concha, Mick uivando, balançando maracas nas têmporas, todos os Stones usando coletes de couro preto, parecendo pervertidos de um faroeste espanhol do futuro, sorrindo numa orgia de ritmo.

Uma parte de suas vidas estava terminando; nenhum deles sabia ao certo para onde estavam indo, mas podiam se sentir decolando. Uma tarde no final de setembro, após pagar vinte libras a cada um pela semana passada, Brian foi às compras com Bill e voltou com quinze camisas azuis para os Stones usarem em sua primeira turnê nacional, em menos de duas semanas, com o Everly Brothers e Bo Diddley.

Ao longo de uma semana, os Stones fizeram o último de seus shows regulares em Windsor, Eel Pie Island, Studio 51 e Crawdaddy. À medida que a turnê se aproximava, o ritmo acelerado de suas vidas deu um salto. Eles tocaram em um salão de baile em Morecambe, o lugar mais frio que já estiveram, retornaram a Londres por volta das 13h do dia seguinte, após dirigirem a madrugada toda, e naquela noite ainda tocariam no que Stu lembrava ter sido quase "uma rebelião" em Walthamstow Town Hall. No dia seguinte, ensaiaram e fizeram dois shows na data de abertura da turnê Everly Brothers–Bo Diddley do Rank Cinema Circuit.

"Lembro que foi no New Victoria, pois era onde os Black and White Minstrels estavam se apresentando", afirmou Shirley Arnold. "Minha amiga Paula e eu tínhamos ingressos a cerca de seis fileiras da frente para a apresentação das 20h, mas chegamos por volta das 8h apenas para ficar na beira do palco e dar uma olhada nos meninos. Por volta das 14h, eles começaram a chegar. Nunca tive coragem de subir e falar com eles. Você vê garotas correndo e agarrando Mick, mas eu nunca poderia fazer isso, ficaria muito envergonhada. Os meninos entravam e saíam o dia todo. E então Stu chegou.

Eu já o tinha visto antes e sabia que ele era o *roadie* e seria o melhor para conversar. Então contei que estava criando o fã-clube, e ele nos deu ingressos para o primeiro show e nos disse para irmos aos bastidores depois."

A turnê, uma tentativa de lucrar com o atual e mal definido delírio da "música *beat*" na Inglaterra, começou com um grupo vocal chamado Flintstones, seguido por Mickie Most, que cantou três músicas de Chuck Berry, depois uma cantora chamada Julie Grant e, por fim, os Rolling Stones. Foi uma grande ocasião para eles; mães, pais, tios e tias – de Bill e Charlie, pelo menos – vieram ver seus meninos tocarem no palco gigante do New Victoria.

"Quando os rapazes entraram, estávamos tão animadas", disse Shirley Arnold. "Então eles tocaram 'Route 66'. Foi demais. As pessoas estavam gritando. Paula e eu corremos para a frente do palco e ficamos 'Aaah...'. Os Stones ficaram surpresos. Se você pudesse ter visto suas expressões, pois ninguém tinha feito isso antes. Os homens ficavam nos puxando de volta até que finalmente voltamos aos nossos lugares."

Embora os Stones tocassem regularmente e seus nomes aparecessem com frequência nos jornais, eles estavam longe de ser uma atração famosa. O mesmo acontecia com Bo Diddley, que fechou a primeira metade do show. Ele tinha aparecido no programa de televisão de Ed Sullivan, mas nem mesmo nos Estados Unidos era um artista conhecido. Trabalhava com um tocador de maracas de nome Jerome Green e a própria irmã, que usava vestidos justos e era chamada de Duquesa. Geralmente viajavam em um Cadillac, com varas de pescar.

Após o intervalo, a abertura ficou com os Rattles, "a resposta da Alemanha aos Beatles", seguidos pelos Everly Brothers, que também não eram exatamente populares na Inglaterra, tendo tido apenas alguns sucessos discretos por lá. Mas eram conhecidos por terem influenciado os Beatles e fecharam o show.

"Então fomos aos bastidores", contou Shirley Arnold. "Todos vieram, e eu estava nervosa, mas eles foram tão legais. Mick disse: 'Vocês foram as garotas que vieram para a frente do palco', e Keith e Brian estavam falando sobre isso. Quando contei para eles que estava criando o fã-clube, Mick me avisou: 'Se você vai fazer isso, tem de fazer direito, blá-blá-blá', mas eu já tinha sido integrante do fã-clube de Tommy Steele e sabia como eram as coisas. Então comecei a criar de casa.

"Todo mundo estava dizendo que eles eram feios na época. Eu trabalhava em um armazém onde todas as pessoas eram mais velhas, e eu tinha uma fotografia, uma das primeiras, de *Mirabelle*. Eu era uma fã escandalosa. Não sinto vergonha por isso porque hoje não sou mais, nunca faço escândalo agora. Então eu dizia: 'Olhe para os rostos deles, não são fantásticos?'. Sempre os amei."

Quando a turnê foi anunciada à imprensa, o "porta-voz Brian Jones" tinha dito que "não será o caso de alunos competindo com o mestre... estamos tirando do nosso *set* todas as músicas de Bo Diddley que cantamos". Tocar no mesmo show que Bo Diddley poderia ter paralisado os Stones, já que ele era, segundo Brian, uma das maiores influências da banda. Porém, eles estavam muito ocupados em meio a tantas coisas acontecendo ao seu redor quando a turnê começou. No Southend Odeon, Keith deixou um saco de frango frito no camarim após o primeiro show e voltou de onde estava "com uma *groupie* famosa", conforme ele, para descobrir que o saco de frango era agora apenas um saco de ossos. "Quem comeu meu frango?", Keith perguntou, como era esperado. "Brian comeu", entregou Bill, dizendo a verdade. "E bem naquele momento", Keith recordou, "o gerente de palco enfiou a cabeça na porta e gritou: 'É a vez de vocês!'. Então pegamos as guitarras e seguimos para o palco. Enquanto descemos as escadas, Brian passou por mim e eu disse: 'Seu cretino, você comeu meu frango!' e dei um tapa no olho dele. Entramos no palco, e, ao longo do show, o olho de Brian começou a inchar e a mudar de cor. Nos dias seguintes, passou por todas as cores do arco-íris, vermelho, roxo, azul, verde, amarelo...".

Antes do show do dia seguinte, no Guildford Odeon, Brian, apenas um pouco assustado, se juntou aos outros Stones, Bo Diddley e o grupo de apoio dos Everly Brothers para tocar um pouco nos bastidores. "Eu nunca vou esquecer o rosto de Bo quando Brian tocou algumas coisas de Elmore James", disse Stu. Se os Stones ficaram surpresos ao tocar com Bo Diddley, como Bo Diddley (nascido Ellas McDaniel perto de Magnolia, Mississippi) deve ter se sentido ao ver um querubim inglês loiro com um olho machucado e inchado, tocando guitarra como Elmore James, que tinha aprendido com Robert Johnson, que aprendera na encruzilhada com o próprio Diabo.

Todos os dias surgiam novas maravilhas. No sábado, Little Richard se juntou à turnê. Richard Penniman, de Macon, Geórgia, o Georgia Peach[38], que passou de lavador de pratos na rodoviária em Macon ao trono da fama e da fortuna – em seu auge, ele literalmente carregava um trono e se sentava nele aonde quer que fosse – cantando músicas superpoderosas como "Tutti Frutti", "Long Tall Sally" e "Slippin' and Slidin'". No início dos anos 1950, ele era, como Chuck Berry e Bo Diddley, um dos fundadores do rock and roll, vestido com seus ternos espalhafatosos que lançavam pequenos arco-íris de luz por toda a casa, tocando piano com as duas mãos e um pé de chinelo branco. Então, em 1957, quando estava em uma turnê pela Austrália com Eddie Cochran e Gene Vincent, os russos colocaram em órbita o primeiro satélite feito pelo homem, o Sputnik, e Little Richard disse: "Eu tive um sonho e vi algumas coisas terríveis nele". Foi quando jogou fora suas roupas extravagantes e joias. Ao retornar aos Estados Unidos, começou a pregar e a cantar canções gospel nas igrejas. Agora, na Inglaterra, estava saindo da aposentadoria, de volta ao show business, e todos estavam ansiosos para vê-lo, pois tinham ouvido dizer que, durante suas apresentações, ele rasgava suas roupas e as jogava para a plateia. Jo Bergman estava lá naquela noite. E ela se lembra de ouvir Little Richard dizer ao gerente do Watford Gaumont que queria o lugar, o teatro inteiro, perfumado com lavanda para que ficasse cheiroso quando entrasse no palco. Ele ainda usava as roupas de igreja, apresentando-se em um pequeno terno mohair, diferente do Little Richard que costumava aparecer nos bailes de Beaux-Arts, em Macon, vestido com uma tanga de couro e um cocar gigante de penas. Mas ainda era Little Richard, e a plateia gritou por sua gravata, sua camisa, qualquer coisa.

"Foi nosso primeiro contato com os caras cujas músicas tocávamos", disse Keith. "Ver Little Richard, Bo Diddley e os Everly Brothers todas as

38 Pêssego da Geórgia, apelido de Little Richard e título de um disco de 1991. (N.T.)

noites foi a maneira como fomos atraídos para a coisa toda do pop. Antes havia essa divisão entre as pessoas que tocavam em clubes e as que tocavam no circuito de salões. Nunca tivemos de nos apresentar no palco antes, apenas íamos lá e tocávamos onde as pessoas dançavam. Mas agora estávamos tocando para um público sentado. Foi quando Mick realmente começou a se destacar. Não sentíamos que estávamos nos vendendo, porque estávamos aprendendo muito ao entrar nesse lado da cena."

No dia seguinte ao ingresso de Little Richard, a turnê foi para Cardiff. Os Stones seguiram para lá numa nova van Volkswagen, com assentos e janelas na parte de trás, fornecida por Eric Easton para substituir a de Stu, em ruínas e sem conforto. "O que eu achei muito bom da parte dele", ressaltou Keith, "considerando que estava ganhando uma fortuna com a gente". Em uma curva em S em Salisbury, a van perdeu o controle, caiu de uma ponte, mas permaneceu em pé. "Quase morremos", disse Stu, que estava dirigindo. "Deveríamos estar todos mortos."

Na noite seguinte, folga da turnê, os Stones foram aos estúdios Kingsway em Londres e gravaram seu segundo compacto. Easton produziu, segundo Stu, "porque não confiava em Andrew", que estava no sul da França, fazendo beicinho. "Poison Ivy" e "Fortune Teller", planejadas como o próximo single, foram canceladas quatro dias antes da data de lançamento programada, e os Stones as substituíram por uma instrumental chamada "Stoned", com Stu no piano, e a música dos Beatles "I Wanna Be Your Man", que é inesquecível apenas porque Brian Jones toca um solo de oito compassos como nunca antes um inglês havia tocado em um disco. "Gosto bastante desse solo com *steel*", destacou Keith anos depois. "Acho que Brian fez aquele disco, realmente... com aquela *slide guitar*."

No dia seguinte, antes de fazer uma turnê em Cheltenham, os Stones foram ao escritório de Easton, onde uma nova forma de pagamento foi adotada. Eles agora deveriam ser pagos toda quinta-feira, com o dinheiro vindo do escritório, e não mais de Brian. À medida que outubro se alongava, a vida dos Stones consistia em dois shows por dia em um cinema Odeon ou Gaumont em outra cidade britânica. Amavam Bo Diddley e, em especial, Jerome Green, seu tocador de maracas, e passavam o máximo de tempo que podiam com eles. Na noite de Halloween, George Harrison, guitarrista dos Beatles, veio ver os Stones no Lewisham Odeon. O diário de Bill desses dias está cheio de anotações como "infestado de fãs", "muitas fãs de novo", e Keith lembrou dessa vez como "o início de um cerco que durou anos".

Com o lançamento em 1º de novembro de seu segundo disco, que naturalmente demorou dias para chegar às lojas, surgiram resenhas e matérias sobre os Stones na *New Musical Express, Melody Maker, Pop Weekly, Beat Monthly, Teenbeat,* além de jornais nacionais e locais. Giorgio Gomelsky, por cujos dedos escorregaram, publicou uma entrevista com eles gravada alguns meses antes, na qual "Brian Jones, o líder" responde à pergunta "Como você começou a tocar R&B?", dizendo: "É realmente um assunto para um sociólogo, um psiquiatra ou algo assim... Se você perguntar a algumas pessoas por que elas preferem R&B, obterá respostas pretensiosas. Dizem que no R&B encontram 'uma honestidade de expressão, uma sinceridade de sentimento', e assim por diante. Para mim, é apenas o som... Quer dizer, eu gosto de todos os tipos de sons, como sinos de igreja, por exemplo, sempre paro e escuto sinos de igreja. Não expressam nada para mim realmente... mas gosto do som...".

A turnê terminou em 3 de novembro no Hammersmith. "Lá estávamos nós novamente, gritando para a janela do camarim", contou Shirley Arnold. "Eles estavam cerca de quatro andares acima, e gritávamos enquanto olhavam pela janela. Eu falava para Keith: 'Eu faço o fã-clube! Eu faço o fã-clube!' tão animada, pois ele estava falando comigo pela janela. Ele disse: 'Ah, sim, eu me lembro'. Finalmente eles saíram, vimos o show, demos nossos gritos e perseguimos a van deles pela estrada."

Não havia tempo para os Stones descansarem. Na noite seguinte ao último show da turnê, eles tocaram, ainda com seus coletes de couro preto, no Top Rank Ballroom, em Preston, onde o palco girava; na noite seguinte, se apresentaram no Cavern, clube localizado em um porão de Liverpool onde os Beatles costumavam tocar. "Era como tocar em um banho turco, todo de pedra, tinha um som terrível", apontou Keith. "Você não pode imaginar que mito foi construído sobre aquele lugar." Então, após tocar em um salão de baile em Leeds na noite seguinte, os Rolling Stones tiveram um dia de folga, o primeiro em dez dias – e o próximo, só em mais dez dias.

No dia de folga, os Stones dirigiram de Londres a Newcastle, onde nas duas noites seguintes fizeram shows nos clubes Whisky a Go Go e Whitley Bay, ambos administrados pelas mesmas pessoas, que tinham o que Keith chamou de "devoção inacreditável" pela banda. Bill acrescentou: "Eles protegiam as meninas e cuidavam bem da gente. Quando um cara gritou para nós 'Cortem o cabelo', cerca de oito seguranças o tiraram e deram uma surra nele".

Os Stones tocavam quase todas as noites, com decibéis de gritos cada vez mais altos. Em 13 de novembro, três mil pessoas apareceram no Sheffield City Hall, e os Stones jogaram fora seus coletes pretos. Na noite seguinte, passaram no Kingsway Studios, onde, com a "produção" de Eric Easton, gravaram seu primeiro disco de extended play (EP), um trampolim para o long play (LP). Todas as músicas eram versões *cover* de hits norte-americanos de rhythm & blues ou rock and roll. Um jornal citou Mick dizendo: "Você pode imaginar um R&B composto por britânicos? – simplesmente não daria certo". Mas Andrew, com planos de lançar músicas de Jagger/Richards, estava, conforme Keith, "muito interessado que Mick e eu escrevêssemos canções, o que nunca teríamos pensado em fazer. Brian compôs uma música uma vez...".

No dia seguinte, os Stones fizeram dois shows numa sessão vespertina no Nuneaton Co-op, lotado de crianças jogando pãezinhos de creme, uma surpresa a cada minuto. Os outros foram capazes de se movimentar e se esquivar um pouco, mas Charlie, enraizado em seu banco de bateria, ao final da apresentação estava "coberto de bolos de creme", disse Keith. "Muito puto." Para mostrar como o mito Liverpool–Beatles tinha ido além dos limites da razão, dividindo o show com os Stones em Nuneaton estavam quatro garotas de Liverpool chamadas Liverbirds, que executavam todas as músicas dos Beatles. "Verdadeiras piranhas", alfinetou Keith.

Em Birmingham, eles gravaram mais uma aparição televisiva no *Thank Your Lucky Stars* com, entre outros, Cliff Richard e sua banda The Shadows, e o cantor norte-americano Gene Pitney, que estava sendo agenciado por Andrew Oldham. Depois de um dia de folga, os Stones tocaram no State Cinema, em Kilburn. No dia seguinte, a primeira página do jornal local estampava uma fotografia da multidão de garotas impedidas de subir ao palco por seguranças musculosos de braços cruzados, virados de costas para a paixão delas. "Quando finalmente os holofotes foram desligados", a matéria dizia, "houve uma perseguição ao camarim. Quem ganharia: o grupo ou as meninas? Quatro integrantes conseguiram escapar, mas o baterista foi jogado no chão, perdendo a camisa e metade do colete. As fãs caíram em cima dele... No final, os seguranças contratados para protegê-los o libertaram, levando-o às pressas para o camarim, onde a própria namorada cuidou dele". A própria namorada era Shirley Ann Shepherd, professora de arte, sua futura esposa. Mas Charlie estava inconsolável no momento, andando por aí segurando alguns pedaços de pano, murmurando: "Elas rasgaram minha camisa".

Em seguida, passaram um dia no estúdio gravando fitas demos de músicas para Andrew, que havia retornado da França. Naquela noite, tocaram mais uma vez no Richmond Athletic Club depois de muito tempo. Um dia depois, eles foram para Swindon, onde Andrew tirou fotos de si mesmo como fisiculturista em uma das três máquinas de meia coroa. Na sequência, 22 de novembro de 1963, os Stones gravaram uma aparição no programa de TV *Ready, Steady, Go!*, em Manchester. Por causa da diferença de fuso horário, estavam terminando sua apresentação na hora em que entrei no refeitório dos alunos de pós-graduação da Tulane University, em Nova Orleans. A garota canadense que trabalhava lá saiu de seu escritório e perguntou: "Você já soube?".

"'Papa gone buy me a mocking bird'?", respondi, fazendo a conversa se adequar à letra da música "Bo Diddley".[39]

"O presidente Kennedy foi baleado."

"Não, ele não foi", eu disse, pois naqueles dias essas coisas não aconteciam. Então, do rádio do escritório, ouvi a voz de Walter Cronkite, e ele

39 A sacada que Stanley Booth faz com a letra de "Bo Diddley", na verdade, não tem muito sentido, uma vez que, na música, após a frase "have you heard" (o "você soube" que teria desencadeado sua lembrança), o trecho seguinte diz "my pretty baby says she wants a bird". A frase mencionada "papa gone buy me a mocking bird" não existe na canção. Ou Booth a cantava errado ou se tratava de uma piada interna. (N.T.)

não estava brincando. Os Stones estavam no andar de cima do estúdio de televisão tomando uma bebida quando ouviram a notícia no rádio. Naquela noite, em Manchester, eles tocaram no mesmo palco que o grupo de cantoras negras norte-americanas chamado Shirelles. “Lembro-me de como elas choravam no palco”, falou Keith.

Os Stones continuaram fazendo apresentações quase todas as noites, às vezes em sessão dupla. Em dezembro, abriram para Gerry and the Pacemakers em quatro datas. O terceiro dos shows foi no Fairfield Hall, em Croydon. De acordo com o plano, os Stones fechariam a primeira metade do show. Mas a plateia ficou batendo os pés por quinze minutos até que eles tiveram de fazer um bis de duas músicas. Quase dois mil e quinhentos dos três mil presentes saíram sem ver Gerry and the Pacemakers, que devem ter ficado satisfeitos por terminar sua parceria com os Stones na noite seguinte.

A vida na estrada, disse Keith, “deixa você completamente louco”, mas tinha suas compensações. A entrada do diário de Bill para 12 de dezembro diz: “Liverpool, salão de dança Locarno, hotel Exchange à noite, primeiras garotas negras”.

Em 14 de dezembro, os Stones visitaram o Hospital Carshalton, onde havia muitas crianças com doenças fatais. “Foi bom visitá-los”, relembrou Stu. “Acho que Bill voltou mais tarde sozinho. A maioria deles parecia perfeitamente normal. Seus rostos brilhavam de um jeito incrível.” Keith e Brian deram risadinhas.

Em Guildford, os Stones fizeram um show de rhythm & blues com o Graham Bond Quartet, o cantor Georgie Fame e uma banda chamada Yardbirds, que, antes de serem um grupo, vinham ao Richmond Crawdaddy Club toda vez que os Stones tocavam. Cada um dos futuros Yardbirds observaria o Stone que tocava seu instrumento, faria perguntas e, quando os Stones pararam de tocar em Richmond, os Yardbirds já conheciam todo o show. Giorgio Gomelsky era o empresário deles.

Na noite da véspera de Natal, os Stones tocaram na prefeitura em Leek. Nevava. Mick e Andrew estavam duas horas atrasados, levando os Stones a fazer um único *set* de uma hora em vez de dois mais curtos. Às 4h da madrugada, Brian ligou para Windsor e pediu ao pai de Linda Lawrence para vir buscá-lo. Depois pediu a Stu que o levasse para casa. Às 7h da manhã de Natal, o pai de Linda ainda estava em Londres procurando por Brian.

Eles tocaram todas as noites, exceto no dia 26 de dezembro, até o final do ano. Na véspera de Ano-Novo, fizeram um show num salão de baile em Lincoln. Mais tarde, enquanto os outros Stones estavam no Trust House Hotel (lugar do qual todos foram banidos mais tarde, Brian mais uma vez, e que seria incendiado anos depois) –, Charlie dormindo profundamente após uma conversa por horas ao telefone com Shirley; Bill na cama, mas não dormindo e sem pensar na esposa; e Mick e Keith escrevendo músicas – Brian, Stu e mais alguém (quem é o terceiro que caminha ao seu lado?) foram na calada da noite visitar a Catedral de Lincoln. Sozinhos na escuridão do lado de fora da igreja trancada e deserta, ouviram o órgão tocando, um lamento longo e sustentado. "Apenas uma nota – muito assustador", disse Stu. "Só um truque do vento, imagino, mas muito apavorante. Pelo menos assustou a mim e ao outro cara que estava conosco, eu me lembro. Mas não pareceu incomodar Brian."

13

> De qualquer forma, ele nos chama para sair; Dionísio nos chama ao ar livre. Levante-se, meu amor, minha bela, e venha. Pois, eis que o inverno passou, a chuva acabou e se foi; as flores aparecem na terra; é chegado o tempo do canto dos pássaros, e a voz da tartaruga se ouve em nossa terra. Fora do templo feito com as mãos; da arca do livro; fora da caverna da lei; fora do ventre da carta. O primeiro tabernáculo em Jerusalém; o segundo tabernáculo, a Igreja universal; o terceiro tabernáculo a céu aberto. "Somente quando um céu claro passar através de tetos quebrados, meu coração se voltará novamente para os lugares de Deus."
>
> Norman O. Brown: *Love's Body*

O MUNDO, ALÉM DA CERCA VIVA DO LADO DE FORA da janela do banheiro, estava mais uma vez invisível, envolto por gases densos e sujos. Depois de me esfregar e me raspar como se pudesse lavar os venenos que nos cercavam, percorri toda a extensão da casa até a cozinha. O escritório e a sala estavam cheios de pessoas que eu tentava não ver, mas, na cozinha, eu tinha de olhar em volta para encontrar comida, e lá no balcão com tampo de fórmica estava Jane Schneider, segurando uma grande romã vermelho-amarelada, virando-a repetidamente, procurando o zíper. Ela perguntou se eu sabia abrir essas coisas, e claro que eu sabia, sendo do Sul e tudo mais. Então fui descascar a romã com uma faca e logo meus punhos ficaram salpicados com o suco cor-de-rosa dos grãos vermelhos-claros dentro, cada um com sua pequena semente branca. "Não acho que isso vai sair", disse Jane, alegre. Pete Bennett, também na cozinha e parecendo, como sempre,

Murder, Incorporated[40], estava falando sobre a atração misteriosa que ele exercia sobre pessoas famosas e fotógrafos. “Eu estava em uma festa na Casa Branca”, contava ele, “e de alguma forma não sabia, não me disseram, que todo mundo estaria em trajes de jantar, e eu estava usando um normal” – urânio anodizado – “terno de negócios. Foi terrível, como um pesadelo, e aí um fotógrafo me pediu para tirar uma foto com o presidente Nixon e Neil Armstrong. Coisas assim ficam acontecendo comigo. Você viu a minha foto com Elvis Presley em *Cashbox?* Eu estava em Vegas, veja, e Presley está em Vegas, e ele nunca vê ninguém...”

“Eu sei”, falei.

“...e nunca tira foto com ninguém. O gerente do clube perguntou se sua esposa e filha poderiam tirar uma foto com Elvis, e o Coronel Parker respondeu que ele ficaria feliz em fazer isso por cinco mil dólares. Então peço para ver Elvis nos bastidores, e o gerente do clube avisa: ‘Ele não vai deixar você entrar, está com essa máfia de Memphis, você vai passar vergonha’. Eu digo: ‘Sou a máfia italiana, diga a ele que estou aqui’. Presley me convida para seu camarim por cerca de três horas, e eu tiro uma foto com ele que mais tarde sai em *Cashbox*”.

De pé na porta da cozinha, comendo torradas e olhando para o zoológico na sala de estar, eu me perguntava se a correspondência tinha chegado e, em caso afirmativo, quem a teria? Não tinha nada a fazer a não ser tomar notas e esperar pelo contrato. Era quarta-feira. Na sexta-feira, meu prazo, a turnê começaria.

O lugar estava fervilhando, porque Jagger havia escolhido, de modo que os Stones pudessem se concentrar nos ensaios, agendar todas as entrevistas pré-turnê para hoje e amanhã. Todos eles, exceto Wyman, estavam na sala de estar, dando atenção ao pessoal do rádio (depois que o entrevistador cabeludo amante de rock da ABC saiu, Jagger falou: “Não dá mais para saber só olhando, né?”), à imprensa de jornais e aos escritores de livros. Keith, numa conversa com um entrevistador faminto de um jornal “*underground*”,

40 Associação do crime organizado ativa entre 1929 e 1941, principalmente em Nova York. (N.T.)

disse, enquanto eu passava em direção ao sofá, que os contratos dos Stones determinavam que nenhum policial uniformizado seria permitido dentro das arenas onde eles tocariam. “Uniformes são definitivamente um lance ruim.”

Sentei-me ao lado de Kathy e Mary, duas louras locais que dirigiam os carros dos Stones nos últimos dias. “A Dupla Dinâmica”, elas se chamavam. “Nós dirigimos os Stones por aí e os satisfazemos nos intervalos.” Levantaram-se para ir à cozinha enquanto Sam Cutler se sentava, apontando para Kathy: “Eu comi aquela garota dez vezes hoje”, anunciou ele.

Finalmente aquele pessoal partiu, e nós também, um pouco mais cedo do que o habitual, para o último ensaio. Gram Parsons apareceu, usando um imenso chapéu peludo marrom de castor. Estávamos no topo de uma arquibancada de madeira de frente para o salão daquela maratona. A música era tão alta que não conseguíamos falar, então fumamos a maconha de Gram e sentimos o chão tremendo sob os pés.

Talkin’ ‘bout the Midnight Rambler[41]

Alguns dias antes, em Memphis, um jovem chamado George Howard Putt foi preso pelos “assassinatos sexuais” de cinco mulheres. Ainda foragidos estavam o assassino do Zodíaco, do norte da Califórnia, e o assassino (ou assassinos) que, no verão anterior, aterrorizou a área de Los Angeles com massacres sangrentos como o da casa da atriz Sharon Tate. O assassinato parecia estar no ar naqueles dias, como o perfume das flores na primavera.

Os Stones, sob a bola brilhante de lascas de espelho e as luzes vermelhas penduradas com franjas douradas, pareciam uma banda fantasma tocando em um salão de baile deserto. Lembrei-me da frase que dizem quando você se perde no Carnaval: “Pelo menos você tem de ouvir a banda tocar”.

Depois do ensaio, Charlie e eu fomos com Stu até Oriole, onde um repórter de cabelos compridos e jeans do *The New York Times*, Michael Lydon, estava ouvindo o ajudante Bill Belmont descrever como seria o palco: “Duas

41 Estou falando do Vagabundo da Meia-noite. (N.T.)

torres... três suportes... supertrabalhosas... Chip Monck dirige toda a ambientação. Nenhuma porcaria psicodélica. Nada de 'luz azul nas músicas lentas, luz vermelha nas músicas rápidas'".

Lydon assentia sobriamente. Então ele ouviu Jane Schneider me dizendo: "A terceira turnê dos Stones, quando eu tinha dezoito anos, abriu meus olhos para... tudo".

Eu odeio fazer perguntas, mas "tudo?".

"Homens com homens, garotas com garotas, entrei numa sala e todas as pessoas estavam trepando, a céu aberto. Eu não conhecia nada disso e fui nocauteada. Estava corada, então Ronnie me disse: 'Você quer ir embora?'". Lydon saiu na ponta dos pés para pegar algo para escrever. Eu mesmo anotei uma coisa que ouvi Ronnie dizer ao telefone esta tarde: "Ele fez a pior coisa que se pode fazer com alguém. Claro que sabe o que é. Ele o entregou à Receita Federal".

Keith garantiu que eu não precisava da aprovação de Klein ou Schneider para escrever um livro. Aí Mick veio com a história de que eu tinha de arranjar um acordo até sexta. Todos os dias Schneider dizia que não conseguia entrar em contato com meu agente e me perguntava sobre o contrato. A cada dia eu gostava menos desse lugar.

A manhã estava ruim, ondas quebrando do outro lado da cerca viva. Eu cambaleei por mais uma multidão do saguão à cozinha. Um copo de suco de laranja me deu forças para caminhar até a lareira e me sentar de frente para o fogo, de costas para a sala. Michael Lydon, aparecendo ao meu lado, queria que eu conhecesse um homem vestido com calças de veludo cotelê marrom amarrotadas, uma camisa azul com gola abotoada, uma gravata de seda enrugada e óculos com armação de tartaruga. Ele parecia uma paródia de um estudante universitário de 1957, e era, me disseram, o correspondente da *Esquire*. Voltei ao meu suco de laranja e ao fogo, as devoradoras chamas azuis. Depois de um tempo, notei que o cara da *Esquire* ainda estava ao meu lado.

"Como você está?", perguntei a ele, só para fazer barulho.

Ele balançou a cabeça como um ator demonstrando desespero. "Terminou."

"Oh?", disse eu, imaginando o que poderia ter acabado tão cedo.

"Sem chance", continuou ele, olhando para o sofá onde uma garota que se parecia com uma Emily Dickinson doente observava o espaço enfumaçado. *The New Yorker.* "Sinto muito por isso", disse ao *Esquire*.

Em que os leitores devem confiar quando os jornalistas de periódicos considerados padrões de sofisticação acreditavam que Mick Jagger purificava tanto o ar ao seu redor que, em sua presença, eles receberiam a absolvição por suas vidas passadas? Isso foi demais para mim, não bastasse aquele dia nublado, então fui ao quarto de Oz pedir ajuda. Voltei para encontrar Jagger, em um terno de veludo branco, reclinado em um sofá, discursando. "Estive no palco fazendo música desde meus cinco anos", dizia com um acentuado sotaque *cockney*[42], "e senti falta disso nos últimos tempos. Então encorajei a mim mesmo: 'Volte aos palcos aos quais pertencemos...'".

Alguém perguntou se a música dos Stones não passava de uma imitação do blues negro. Eu estava acendendo o baseado que peguei no quarto de Oz. "Nós somos uma imitação, certamente", Mick admitiu, "mas o blues negro também é – de *alguma* coisa –, mas por ser derivado, resulta em uma nova música". Ele poderia se safar falando assim, pois no palco e nos discos parecia ser o Príncipe das Trevas. Passei o baseado para ele. Entre chiados, Mick disse: "Quando começamos, íamos a clubes, e diziam: 'Vocês não tocam blues, tocam rock and roll'. Nós respondíamos: 'Sim, foda-se, tocamos rock and roll'. Nunca pensamos que seríamos grandes. Pensamos que íamos tocar blues para fanáticos. Quando ouvimos 'Love Me Do'...". Sorrindo agora, ele passou o baseado para a *The New Yorker*, que o pegou como se fosse uma tocha. "'Love Me Do', certo, pensamos que poderíamos fazer sucesso com rock and roll, porque obviamente isso estava mudando."

"Posso fazer uma pergunta?", falei.

"Se for boa", rebateu Michael Lydon.

"Ele sempre faz perguntas boas", disse Mick. Eu estava quase – embora nunca esteja – surpreso demais para falar. "Você já pensou no efeito do que

42 Termo que designa, de modo geral, o sotaque e o dialeto, além de um conjunto de costumes, das classes trabalhadora e média londrinas. (N.T.)

está fazendo nos jovens – quero dizer, o efeito das coisas horríveis que você faz nas crianças?"

"Não consigo pensar nisso", respondeu Mick, rindo.

"Não o culpo", falei para ele. O baseado tinha voltado para mim. A conferência de imprensa se tornou uma conversa. Alguém perguntou sobre os dias de unidade musical induzida por drogas.

"A era de tocar nos discos um do outro foi uma piada", comentou Mick. "Podemos ser todos um, mas não somos todos iguais."

Isso inspirou a *The New Yorker,* que estava sentada bem longe do *Esquire,* a perguntar sobre a política dos Stones.

"Eu estava muito mais envolvido com política antes de entrar na música", divagou Mick. "Na London School of Sei Lá O Quê, estava sempre discutindo, batendo nas mesas – que é o que você faz na faculdade."

"Mas quando escreveu 'Street Fighting Man'", disse a *The New Yorker,* "deve ter se envolvido na política que estava acontecendo na época".

"Você está sempre envolvido com o que está acontecendo ao seu redor", respondeu Mick, começando a murmurar. "Há um certo conteúdo político, suponho, nessa música..."

"Mas é apenas uma música", eu interferi.

"Certo", disse Mick, e conhecendo uma linha de saída quando ouvia uma, ele escapou.

Depois que os redatores das revistas foram embora, fui, a pedido de Jo Bergman, aos escritórios da Sunset Boulevard da Solters and Sabinson, o pessoal de relações públicas, para pegar cópias do itinerário da turnê. Lá eu conheci David Horowitz, que poderia ter sido o "Under Assistant West Coast Promotion Man" da música de Jagger/Richards, exceto que não estava vestindo um terno de algodão. Mas tinha óculos de aro de tartaruga e um terno que parecia ter ficado brilhante por estar deitado nos divãs de psiquiatras com estofados caros. Jagger contratou Solters and Sabinson após sondar várias empresas, mentindo para todas de modo a testar o nível de estupidez delas. Por quinhentos dólares por semana, Horowitz me contou, a Solters and Sabinson iria lidar com as coletivas de imprensa dos Stones, tomando o cuidado de incluir os veículos *underground.* "Estamos cientes de que os

Stones sabem que a imprensa *underground* é sua aliada. Nosso trabalho, nesse caso, não é criar notícia, os Stones são notícia, uma turnê como essa é a grande notícia. Vemos nosso trabalho como o de facilitadores da divulgação dessas notícias o mais amplamente possível."

Mas quando a secretária de Horowitz me deu os itinerários e eu agradeci, comentando: "Tenho de enviar um desses para minha esposa, para que ela saiba que não estou perdido", Horowitz começou a suar e se recusou a me deixar ter os itinerários até que tivesse a aprovação dos Stones, tão alarmado estava com a perspectiva de toda essa grande notícia estar nas mãos da esposa de alguém. Ele telefonou para Jo, que lhe disse para liberar o papel, então ele entregou.

De volta a Oriole, nada estava acontecendo. Havia sinais das mudanças dos tempos, anúncios na *Variety* dizendo "Nada de grupos, por favor" e roteiros ("veículos estelares") enviados para Jagger ler, como *As Aventuras de Augie March* e outro chamado *Crianças no Portão,* cuja primeira cena começava com "Theresa, dezesseis anos, voltando a vestir sua calcinha de algodão, dizia para seu irmão nu de dezenove anos: 'Que droga, Angelo! Quantas vezes tenho de lhe dizer para não pendurar sua maldita gravata na maldita cruz?'". Roteiros que nunca terminamos de ler.

Ao anoitecer, Jagger apareceu novamente para checar alguns detalhes de último minuto com Jo, que lhe disse que, para o grande show de abertura de Los Angeles, no Forum, eles precisavam de mais ingressos grátis do que haviam sido reservados para a imprensa e os amigos. "Eles serão gratuitos para a imprensa ou gratuitos para seus amigos, essa é a escolha."

"Por que é *essa* a escolha?", perguntou Mick, e ele mesmo arcou com as entradas dos amigos.

O jantar com os Watts, os Schneider, Jo e algumas outras pessoas foi agradável, embora o dia seguinte fosse sexta-feira – e as perspectivas não eram favoráveis. Mais tarde, com as portas trancadas contra o ar frio e o "vagabundo da meia-noite", Charlie e eu estávamos sentados num sofá na sala de estar, ouvindo uma coleção de compactos da Columbia dos anos 1920 ("Varsity Drag", "Black and Blue"), quando Schneider se aproximou, empunhando um baralho de cartas, pedindo-nos para pegar uma, qualquer uma. Charlie disse, do seu jeito mortalmente honesto: "Quando comecei a tocar, me apresentava em casamentos e nesse tipo de coisa, onde sempre havia alguém interrompendo com truques de cartas, assim mesmo".

Olhando pelas amplas janelas do President's Club[43] da Continental Airlines no Aeroporto Internacional de Los Angeles, sob um oceano de névoa, parecia ser, ainda que não fosse, bem cedo de manhã. O President's Club tinha mesas baixas, sofás discretos, poltronas únicas, como uma sala de espera em um necrotério não religioso.

Keith, usando óculos escuros com lentes gigantes roxas e um sobretudo militar de couro verde-mofo, ouvia Sam Cutler: "Temos todos os tipos de maquiagem e dois secadores de cabelo muito legais...".

"Bom menino, Sam", disse Keith.

Em um canto, onde um homem de terno escuro observava com os olhos arregalados, Mary estava sentada no colo de Kathy, acariciando-a suavemente.

Keith, que havia ido assistir a Bo Diddley na noite anterior e dormido às 6h da manhã, pediu: "Sam, traga-me uma vodca".

"Mas você disse que não queria nada até entrar no avião", respondeu Sam.

Como se estivesse falando para si mesmo, Keith retrucou: "Precisa se acostumar com a minha imprevisibilidade".

Vários homens vestindo ternos escuros entraram juntos e assinaram a lista de convidados. Aproximei-me e fiz uma pequena leitura. Administração Nacional de Aeronáutica e Espaço (NASA), Centro de Naves Espaciais Tripuladas, Houston, Texas. Voltei e me sentei em um sofá com Keith e Mick, sem tempo para me preocupar com contratos hoje. Keith, tendo terminado sua vodca, estava adicionando colheres de chá com açúcar a uma xícara de café, uma, duas, três, quatro, cinco. Jagger e eu lemos os anúncios de bonecas de festa infláveis na contracapa do *Cavalier.* Keith se levantou para dar uma volta, arrastando o casaco.

43 Área reservada para membros-sócios da Continental Airlines, algo como uma sala VIP. (N.E.)

Bill e Astrid, sentados perto de nós, foram acompanhados por um dos homens de terno escuro, que estava sentado em uma mesa ao lado de Astrid. Bastante bronzeado e, agora eu noto, muito bêbado, ele empurrou uma caneta esferográfica e um pedaço de papel para Astrid e disse: "Mocinha, poderia assinar?".

Astrid olhou para Bill como se o mínimo que ele pudesse fazer fosse desafiar aquele louco para um duelo. Bill sorriu e não disse nada. Aquele cara havia estado em Blackpool na noite em que o público destruiu todo o auditório. Dois outros em ternos escuros se aproximaram e disseram, referindo-se ao bêbado: "Vocês *precisam* deste cara. Ele é um gaitista indiano puro-sangue. Deveriam ouvi-lo". Perguntei se eles realmente trabalhavam para a NASA. Confirmaram. "O que estão fazendo, indo para Marte?"

"É para lá que estamos indo", disse um deles. "Só esperando Nixon nos ativar."

Olhei para a neblina e murmurei: "Acho que ele não vai me ativar", e os homens da NASA pararam de sorrir.

Do outro lado da sala, uma mulher de meia-idade que estava lendo *Palm Springs Today* levantou a cabeça e perguntou a Kathy e Mary, que seguiam Keith: "Há garotas no grupo?". As meninas sorriram como as irmãs de Drácula, e a mulher insistiu: "Qual deles teve os dois bebês com duas mulheres diferentes que saiu na *Cosmopolitan* deste mês?".

Girando para encarar a mulher, Keith disse, soando como Bea Lillie: "Você está falando dos meus bebês?".

"Você é o da revista?", perguntou a mulher.

"Você lê muitas revistas ruins", rebateu Keith na mesma voz alta.

"Sei que não é *ele*", disse a mulher. E ela estava certa, Keith não era ele, o artigo da revista só poderia ser sobre Brian. Ainda assim, Keith rosnou: "Me experimenta algum dia, baby".

"Por que eles são tão hostis, droga?", a mulher perguntou ao marido, que dava uma olhada no *Los Angeles Times*, fingindo estar sozinho em uma ilha tropical. "Eu não sou hostil, sou, Chuck?"

Então, sem aviso prévio, ao meio-dia, com apenas quarenta minutos de atraso, nosso avião estava pronto. Embarcamos no que o diretor de Serviço de Passageiros louro e gorducho chamou pelo interfone de "O Pássaro Orgulhoso de Denver e Kansas City" e decolamos, rumo à estreia fora da cidade, nosso primeiro contato com o que estava por vir. Jagger, do outro lado do corredor, entregava de volta a Schneider um contrato de filme. "Não consigo ler", assumiu Mick.

"Está na linguagem de leigos", defendeu Schneider.

"Posso ler latim legal com mais facilidade", encerrou Mick, pondo um par de fones de ouvido. Coloquei um também no mesmo canal, para ouvir Otis Redding. "Legal", eu disse, mas Mick replicou: "Carma ruim para uma viagem de avião".

Estávamos voando a 1,3 mil quilômetros sobre o rio Colorado, o lago Mojave, atravessando a divisória continental em direção ao coração da América. Sobre o Grand Canyon, ouvimos Count Basie; já Stan Getz nos acompanhou no céu azul acima das nuvens que roçavam as Montanhas Rochosas cobertas de neve. De repente, ali estava Denver, ensolarada e, segundo o serviço meteorológico, com 19ºC. A última vez que estive em Denver, eu tinha dezenove anos, roubei poemas da biblioteca e uma Bíblia da ACM, conheci garotas em parques e vagabundos em bares. Quando pousamos, John Lee Hooker cantava: "...loosin' you, to my best friend"[44].

No aeroporto de Denver havia um Mercury Cyclone GT em um pedestal. Ao redor, personagens com botas e chapéus de caubói. Lá fora, o tempo estava, com certeza, claro e fresco. Duas limusines estavam estacionadas no meio-fio para os Stones, além de carros alugados para o resto do grupo. Selecionei o mais rápido, um Dodge Charger, ansioso para entrar no outono seco e marrom.

Depois da urbanidade, da velocidade, do estilo barato de L.A., era incrível aquela ruralidade que nos cercava: campos de milho secos, celeiros, árvores sem folhas, terrenos arados para o inverno. Estávamos dirigindo a 160 km/h pelos 100 km que nos separavam de Fort Collins, onde os Stones tocariam na Colorado State University. No rádio, um homem – ou menino

---

44 "...te perdendo, para meu melhor amigo" (N.T.)

ainda – de dezenove anos estava sendo condenado por vender anfetaminas. Ao longo da estrada, passando por picapes e caminhonetes, vimos gado Black Angus amontoado em torno de silos, um motel com preços de duas horas, trailers, um ferro-velho, uma pista de corrida de cães, palheiros e muitas placas: Green River Wyoming, Foaming Gorge Creek, Floresta Nacional... Procurando?... Fort Collins tem... fazenda de porcos Bacon Hill, pequenas cabanas Quonset à beira da estrada...

Na saída (Fort Collins I-25, Prospect I-14), uma garota de jeans, acenando do telhado de um celeiro, nos recebeu na cidade. Ao entrarmos, vimos os mágicos nomes norte-americanos: Rexall, Coca-Cola, Gulf, 7-Eleven, Safeway. Ao longe, podíamos ver as Montanhas Rochosas, bem quando estávamos passando por uma escola primária, bicicletas do lado de fora, uma garotinha rechonchuda passando em uma e entregando jornais, a cidade inteira como uma pintura de Norman Rockwell.

Longe do centro da cidade, entre prédios modernos e monolíticos, paramos em um estacionamento nos fundos do campus. Um guarda mostrou a nós, forasteiros, o pessoal do show, onde estacionar. O sol era uma bola vermelha começando a cair sob a borda das montanhas roxas.

Estudantes de jeans e suéteres nos observaram, o bando extravagante, entrar por uma porta de metal com uma placa dizendo *proibida a entrada, somente pessoal em atividade de futebol.* Caminhamos pelos corredores de blocos de concreto até o lugar no qual os Stones iriam se apresentar, o ginásio de basquete, cheio de fileiras de cadeiras dobráveis de metal cinza, quase como tocar em uma prisão. Pendurada atrás do palco havia uma grande bandeira norte-americana. No centro do ginásio, um placar elétrico verde estava suspenso no teto:

Final de Jogo *Final de Jogo*

Visitantes *Locais*

Falta *Falta*

Os Stones e Stu estavam no palco entre guitarras, *cases*, amplificadores, fios, microfones. Alguns hippies de aparência esquisita estavam por ali, usando lenços amarelos para distingui-los como seguranças, então um deles falou comigo – uma garota com cabelos cor de palha e olhos azuis-claros, pupilas grandes e pretas pelo LSD. Ela perguntou se eu gostaria de algo, me dizendo, como se pudesse haver alguma dúvida, que estava totalmente chapada. Eu disse obrigado, mas não, preciso da minha paranoia intacta.

Na porta dos fundos estavam alguns atletas com bonés de beisebol amarelos e jaquetas verdes do Colorado State. Encostados na frente do palco havia dois guardas hippies. Todos observavam Mick e Keith descansando no palco em seu pervertido esparrame público. A polícia uniformizada do campus do Colorado também estava de olho, lambendo os lábios.

Charlie começou a tocar, e os outros começaram a afinar, Mick tocando gaita, Keith aumentando o volume do amplificador. O cabo de sua guitarra estava enroscado com o de Bill, e eles pararam de tocar para separá-los. Um homem careca em um terno de seda, segurando um monte de programas debaixo do braço, acenava com a mão livre para Jagger. "Ei!", ele gritou. "Harrisburg, PA." Mick abanou, rindo.

"Você conhece esses caras?", perguntei ao homem.

"Eu estava com eles na turnê de 1964, a primeira vez que fizeram nos Estados Unidos. Meu nome é Irving", disse ele, pronunciando Oiving. "Prazer em conhecê-lo. Eles se lembram de Harrisburg, PA. Havia cerca de trezentos ali em um salão maior que este. Eu vendi doze programas."

Os Stones estavam repassando as músicas que tocariam. Enquanto isso, Schneider andava pelo corredor, colocando a mão esquerda em cada fileira à medida que dava um passo à frente, contando a casa.

Lá fora, as luzes estavam acesas e uma multidão de jovens se reunia. Quando os Stones pararam de ensaiar, descemos por um corredor, passando por troféus de atletismo em grandes vitrines envidraçadas e uma bilheteria com vidros de proteção de banco, até uma grande sala atrás de uma porta com uma placa dizendo *apenas esportistas em atividade*. Era uma sala onde os esportistas ativos tinham o que quisessem, como outras pessoas tinham festas, com sofás e mesas baixas cheias de cópias de *Sports Illustrated*,

American Rifleman, a *Colorado State Alumnus* com o general da Marinha Lew Walt na capa. Os Stones saíram imediatamente, indo para o Holiday Inn, sem tocar no grande bufê, com todos os tipos de vinhos, licores, carnes, queijos e Alka-Seltzer, conforme exigido pelo contrato. Eles iam se preparar para o show, e isso tinha pouco a ver com tomar um bom chá. Servi uma taça de vinho e acendi um baseado.

Uma vez lubrificado, voltei para o ginásio. Oiv estava vendendo programas.

"Depois que eu fiz a primeira turnê dos Stones", contou, "eles terminaram com Oldham e Easton, e Klein não queria – qual é a palavra? – o contrato. Honrá-lo, sabe. Porque ele recebia uma garantia de vinte mil dólares de um outro cara do programa. Então contratei um advogado, e ele conseguiu uma liminar: o outro cara não podia vender os programas, e se vendesse algum, deveria me dar o dinheiro. Não podiam vender nada em lugar nenhum. Então o cara me ligou: 'O que está fazendo comigo?'.

"'O que você fez comigo?', perguntei.

"'Olha', ele disse, 'eu tenho impressoras, tudo...'.

"'Não é minha culpa', expliquei para ele.

"Então continuou: 'Que tal virarmos sócios?'.

"E eu disse: 'Tudo bem, seremos sócios, mas não vou te pagar'. Então acabou que viramos sócios depois de tudo. Aí, no ano seguinte, Klein fez seu próprio programa de merda...".

O salão estava se enchendo, e eu comecei a me perguntar se encontraria um lugar para me sentar, quando Michael Lydon apareceu com dois ingressos na frente, à esquerda do palco. Encontramos nossos assentos entre a imprensa jovem, alguns usando suéteres justinhos e alguns cabeludos esquisitos da montanha, todos parecendo gentis. A música de Bob Dylan no sistema de alto-falantes terminou e uma voz típica de membro de fraternidade universitária gritou "Bem-vindos!" e apresentou o primeiro show, Terry Reid, uma semana antes de seu vigésimo primeiro aniversário, que parecia mais afável do que qualquer outro. Embora ele nunca tenha conseguido, Terry e seu trio tinham sido no ano anterior a promessa de sucesso no blues inglês. Seu show, porém, parecia não comover essa multidão, que pode não saber que as bandas de blues inglesas deveriam tocar e gritar o mais alto possível. Com os joelhos pressionados nas minhas costas, uma garota com um blazer de irmandade estava acomodada ao lado de um garoto com cabelo curto e arrumado e uma jaqueta esporte bege. Eu estava sentado no corredor; à minha direita havia três garotas bonitas em três tamanhos, todas com cabelos e olhos escuros.

Enquanto Terry gritava "I Got a Woman", as meninas, de sangue espanhol, me diziam que eram irmãs: uma de quatorze, uma de vinte, e – à medida que Terry, com uma luz azul nele e em sua guitarra de ponta chata, apresentava uma música chamada "Bunch Up, Little Dogies" – a terceira irmã, fofa demais para ter mais de dezessete anos, uma pequena guerrilheira na batalha para ver quem vai usar a coroa, veio para o meu lado, e comecei a ver como seria a turnê. Quando somos jovens, inocentes e ignorantes, e parecemos e cheiramos bem, tudo o que é necessário é um pouco de ritmo – o que poderia ser mais revolucionário, mais problemático, do que trazer ritmo ao aroma da sala de aula? Olhamos um para o outro, nossas cabeças, nossos cabelos se tocando na multidão, e demos as mãos, sua pele macia como se poderia esperar, quase qualquer jovem de dezessete anos é suave, mas nem todas são sérias e quietas.

Terry Reid foi seguido pelo cantor e guitarrista de blues B. B. King, acompanhado por sua seção rítmica habitual e uma seção de sopros com aparência entediada. Então a multidão, agora sob uma névoa de fumaça de maconha, ouviu a voz de Sam Cutler no escuro dizendo: "Certo, Fort Collins, conseguimos, estamos aqui e agora quero que deem as típicas boas-vindas do Oeste para os Rolling Stones!". Keith, em calças de camurça preta com conchas prateadas nas pernas e uma camisa vermelha deslumbrante com *strass*, tocou as notas de abertura de "Jumpin' Jack Flash". Mick, todo de branco, saltou no ar, e a multidão se levantou.

O show foi bom, tudo funcionou, exceto – com meu braço em volta da minha pequena guerrilheira, tive aquela sensação de dois estranhos de repente juntos, assim como senti quando Jagger cantou "I'm Free", dizendo "You know we all free[45]", que ela, sem bater palmas nesse solitário giná-

---

45 "Você sabe que todos nós somos livres." (N.T.)

sio de basquete ocidental, não era livre e sabia disso. A canção, escrita por Mick como uma declaração de independência sexual, agora parecia falar de muitos tipos de liberdade. Quando os Stones começaram sua última música, toda a multidão de pé, pulando nas cadeiras, eu a segurei contra mim para que pudesse ver o palco, enquanto olhava em seu rosto feliz e sem esperança – agora apenas uma lembrança, de sentir seu cabelo, ver seu sorriso tímido virado para outro lado –, e toquei seus ombros, seu cabelo e sussurrei para ela, que disse: "O quê?". No barulho, na gritaria, na música, não importa o quanto eu te ame, não posso ficar, um beijinho e vou embora, de volta à estrada, Holiday Inns e aeroportos, triste, cansado, entediado, mecânicas de transporte horríveis – para Los Angeles de madrugada, com as luzes da cidade abaixo de nós, sob a fumaça e o nevoeiro, apagando-se como os últimos pequenos incêndios, um por um.

CEMITÉRIO DE ELEFANTES

Eles trancam o portão atrás de nós. Estamos dentro, mas onde estamos? Um platô de barro vermelho empoeirado. A estrada desce novamente, longe da sede do Altamont Speedway, enquanto seguimos alguns membros da equipe de produção de Chip Monck. Uma caminhonete nos encontra na estrada e Sam Cutler desce, fosforescente de speed e cocaína. Ele abraça Keith, é evitado por Mick, troca cumprimentos com Ronnie e comigo, e olha para Tony. Cautelosamente. Não esqueceu o que Tony lhe disse em Miami.

Todos nós entramos na caminhonete e dirigimos para outra área onde há mais carros e trailers, andaimes subindo e uma grande fogueira laranja. As pessoas ao redor da fogueira abrem espaço para nós quando nos reconhecem saindo da caminhonete, indo na direção delas. O vento chicoteia o fogo alto, grandes rajadas em direção aos nossos rostos, as pessoas de uma forma silenciosa dizendo "olá". Alguém entrega uma jarra de vinho tinto da Califórnia, e Mick bebe, depois Keith, segurando a jarra com as duas mãos, inclinando-se para trás. Também bebo um longo gole segurando-a como se fosse uma daquelas garrafas de alambique com o polegar no anel no pescoço, a jarra apoiada no antebraço, e penso em todos aqueles que vêm descansar em torno de carvões incandescentes nestas colinas e em todos os cachorros-quentes e marshmallows assados que serão consumidos antes do amanhecer. E se há tantos aqui agora, quantos estarão aqui amanhã à tarde? Consigo sentir o sabor dos marshmallows assados. Os irmãos Maysles nos seguiram em outro carro e mais uma vez anunciam sua presença com as brilhantes luzes de quartzo, circulando pelo meio da multidão para que elas estejam sempre brilhando diretamente no rosto de alguém.

"Apague as luzes", pede Mick. "Sem luzes." Eles novamente o ignoram, e Mick se vira para Ronnie. "Diga-lhes para não acender as luzes", insiste.

"Mick diz nada de luzes", Ronnie grita no ouvido de Albert. Al, espiando pela lente da câmera, fala "Sincronize" para David, que bate no microfone com seu caderno, e, então, o filme para. Al, o cinegrafista, irmão mais velho, deixa os negócios, a trapaça, para David, trinta e sete anos,

que ficou muito chateado quando o New York Times *afirmou que ele tinha quarenta e três anos. Agora, no entanto, Al está olhando para David sobre seus óculos de meia-lua Ben Franklin, dizendo eloquente, sem palavras: "Que diabos! Aqui estamos em uma colina esquecida por Deus com essas pessoas estranhas, esse Jagger por quem você tem uma quedinha, gastando nosso próprio dinheiro para fazer um filme sobre eles, confiando que vão cuidar de nossos interesses, essas pessoas que simplesmente não pagaram a conta do hotel em Miami, e agora seu amigo veado torto Jagger está nos dizendo para parar? Isso é uma loucura!". Al diz tudo isso em um rápido olhar perplexo com as palmas para o alto por cima dos óculos, a câmera perfeitamente equilibrada em seu ombro feito sob medida, o cabelo caindo na testa enrugada e irritada de menino. Então David responde, acendendo um cigarro e jogando o fósforo sobre o ombro direito em seu movimento favorito que é quase, mas não tão rápido, para ser charmoso, "Doido", uma expressão que anda conosco agora, o californianismo pronunciado com o sotaque de Boston de Maysles, porque se encaixa em muitas situações. Usamos com tanta frequência que se tornou uma piada, todos falamos, Jagger passou a dizer isso sobre tudo. A essa altura, estamos tão loucos que, como num exército de combate, a linguagem se tornou código, pois todos pensamos e sentimos as mesmas coisas, podemos ler a mente uns dos outros. Já os irmãos Maysles, que estiveram juntos toda a vida, refinaram seu código de conversação para que David possa dizer "Doido" significar "Não podemos nos preocupar com isso agora", e qualquer um que consiga lhe dizer algo desse jeito está tão indiscutivelmente certo que você só pode dar de ombros, como faz Al, e seguir o fluxo: uma garota traz um baseado, a ponta minúscula de um baseado, pequeno demais para fumar, e essa garota simples o segura entre as pontas dos dedos, diz a Mick para abrir a boca e sopra a fumaça nos lábios grossos e franzidos dele, todos observando o ritual. Então ela faz o mesmo com Keith, enquanto Mick se afasta, em direção ao palco que se eleva na encosta.*

Longe do fogo, está ventando e escuro. Chip Monck está no palco, o andaime para o sistema de PA está subindo. Chip diz que estará pronto ao amanhecer, o que, vemos pelo seu relógio, não está longe. Caminhamos atrás do palco até o trailer que será o camarim e abrigo dos Stones na rajada tempestuosa do dia que está por vir. E lá naquele compartimento, menor mas menos gasto que o de Miami, estão alguns dos melhores confortos, de erva e cocaína a uma garota que nos oferece biscoitos de chocolate e está aquecendo café em um forno elétrico. Sam olha para o relógio: "São 4h50min", diz ele, revirando os olhos como um louco. O faz-tudo do Grateful Dead, Rock Scully, está aqui, sujo, dizendo: "Bem, temos muito trabalho a fazer", soando como alguém que continuaria repetindo isso para sempre.

"Um banho frio e algumas voltas ao redor do pátio, rapazes", Keith sugere. Mick, parado na porta com fumaça, nas luzes do cinema fervendo ao seu redor, está conversando com um repórter de rádio: "Acho que o show é apenas um pretexto. É só para todos virem e se divertirem. O show não é como o palco de um teatro, é apenas uma desculpa para se reunir e conversar um com o outro, dormir um com o outro, se divertir, ficar realmente chapado e passar uma boa noite fora e um bom dia, não é como subir lá e ver o Grateful Airplane e o Rolling Dead...".

14

> Para conhecer a realidade da política temos que acreditar no mito, acreditar no que nos disseram quando crianças. A história romana é a história dos irmãos Rômulo e Remo, filhos da loba; líderes de gangues de delinquentes juvenis (*collecta juvenum manu hostilem in modum praedas agere; crescente in dies grege juvenum seria ac jocos celebrare*); quem realizou o estupro das mulheres sabinas; e cuja festa é a Lupercalia; na qual jovens nus, exceto por cintos feitos de peles das vítimas, corriam soltos pela cidade, atacando aqueles que encontravam, especialmente mulheres, com tiras de pele de cabra; uma temporada digna de matar reis, *Júlio César*, Ato I.
>
> Norman O. Brown: *Love's Body*

ACORDEI BEM A TEMPO DE VISLUMBRAR a primeira luz do sol que via em dias, muito nervoso porque era sábado, e Mick me falou que eu tinha de ter um contrato até o dia anterior. Quando chegamos na noite passada, alguns de nós encontraram ajudantes de palco em nossas camas. Eu acabei ficando no chão, enquanto Stu dormia completamente vestido, enrolado em posição fetal, no assento circular coberto de vinil da mesa da cozinha, onde eu estava sentado agora, comendo um sanduíche de presunto e escrevendo em meu caderno sobre a pequena guerrilheira. Meus medos eram como caixas de quebra-cabeça chinesas, uma abrindo a outra: Jagger poderia simplesmente ter certeza de que, se eles estavam carregando um homem extra, um livro de verdade iria ser publicado, mas também poderia querer o que Schneider queria, censurar meu manuscrito e pegar meu dinheiro. Ao cair da noite, sentei-me na cozinha com as luzes apagadas e preocupado.

Al Steckler tinha vindo de Nova York para o primeiro grande show, e eu fui ao Forum com ele, Michael Lydon e uma jovem que também trabalhava no escritório de Klein em Nova York. Ela disse que odiava Klein e que estava caindo fora. Eu não tinha o luxo dessa opção.

A conversa sobre Klein durou desde que saímos de Oriole, e nos perdemos, até chegarmos ao Forum, um gigantesco edifício de concreto, erguendo-se como um cogumelo monstruoso de um deserto de asfalto. Estacionamos e descemos uma rampa inclinada até a área dos bastidores, passando no portão por um policial de capacete sorridente. Logo atrás dele, uma garota de jaqueta preta e um garoto de terno marrom estavam envolvidos em um beijo profundo e voraz.

Nesta tarde, o Forum tinha sido utilizado para um jogo de hóquei no gelo, e o primeiro show estava sendo adiado enquanto eles cobriam o gelo. Parei no vestiário onde B. B. King se vestia para dizer "olá". No ano anterior, eu havia escrito um perfil de revista sobre ele, que tinha um escritório em Memphis, e passei a admirar sua honestidade e humildade, como havia muito admirava seu grande talento. Conversamos um pouco, B. B. me mostrou uma nova guitarra feita para ele pela empresa Gibson – madeira bem torneada marrom polida com ferragens douradas –, e então pediu licença para ir à "reunião de oração", abrindo a porta do banheiro para revelar a mesa, os músicos, as cartas.

Entrei no corredor e vi os Stones chegando. Jagger com uma garota negra alta no braço direito, Allen Klein, no esquerdo. Com eles, estava um homem alto, de pescoço grosso com um olhar vago, e Pete Bennett, que tinha o pescoço mais grosso que eu já tinha visto. Todos foram para o camarim dos Stones, e eu os deixei ir.

Na frente, Terry Reid estava abrindo o show. O Forum era apenas um ginásio de basquete, cuja vista lá em cima era a mesma da noite anterior, com vigas irradiando como espinhas em formato de cogumelo em um espaço enfumaçado. Mas ontem à noite o clima estava suave – agora, com gelo sob os pés e policiais por todos os lados, não dava para ficar ali, você não podia fazer isso, não podia fazer aquilo. Eu me retirei para os bastidores, onde Klein, Steckler e Bennett estavam tendo uma reunião com um funcionário do Forum, que disse: "Estou mais preocupado com o controle da multidão do que qualquer outra coisa".

"Eu não estou", Klein retrucou. Atrás deles, quatro tipos diferentes de policiais uniformizados estavam ao redor de oito grandes baús rotulados como Capacetes de Choque, Bombas de Gás e Máscaras. Nada da cena me atraiu, então saí pela frente, onde B. B. estava tendo problemas para iniciar o *set* porque seu microfone de voz não estava funcionando. Um jovem negro que trabalhava para B. B. saiu dos bastidores e nos cumprimentamos. Tínhamos ficado meio amigos, e ele falou: "Venha aqui um minuto". Cruzamos como pequenos cavalheiros enrubescidos pelos policiais e equipamentos de guerra até o camarim de B. B., sem ninguém, e entramos no banheiro, também vazio, onde ele desdobrou cuidadosamente um pedaço de papel alumínio. "Ei, cara", disse, "esta merda *aqui* é *heroína*, você não toma, não é?".

Após quatro cheiradas castanho-claras em uma lâmina de faca brilhante, saímos do banheiro, bem quando uma senhora negra gorducha de vestido vermelho estava entrando. Mais bem isolado pela polícia, escutei o discurso que B. B. havia criado para a multidão de hippies: "Damas e cavalheiros, se tivéssemos mais amor, não teríamos guerras". (Aplausos.) "Obrigado... E se tivéssemos mais amor, não teríamos... prisões." (Palmas, palmas, palmas.) "E sabem"... e assim por diante. A sabedoria simples de um mestre da música nesse ar frenético e pesado me animou. Olhei em volta e vi Schneider e Klein parados ali perto. Meus olhos encontraram os de Schneider, os meus sorridentes, os dele, não.

Então B. B. parou de falar, ficou quieto por um instante, tocou oito compassos de blues e cantou: "When I read your letter this morning, that was in your place in bed[46]". A multidão, gente branca da cidade, assobiou e gritou, e naquele momento até os policiais pareceram parar de perseguir os transeuntes. Ficando na ponta dos pés, B. B. levantou o braço da guitarra nas notas ascendentes. Com seu terno azul brilhando sob os holofotes, tão

46 "Quando li sua carta essa manhã, aquele era seu lugar na cama." (N.T.)

concentrado no que estava fazendo, B. B. era, para todos os seus oito filhos de seis mulheres diferentes, um santo do blues.

Após o show de B. B., os Kings of Rhythm abriram para Ike and Tina Turner Revue. As Ikettes (uma delas era a garota negra que estava com Mick mais cedo) se apresentavam quando eu voltei para o camarim de B. B. e notei os seguranças dos bastidores conversando com um homem gordo vestido numa das minitogas laranja usadas pelos porteiros do Forum, o que fazia com que parecessem uma equipe de corrida afeminada. Klein estava dizendo que não devia haver pessoas uniformizadas perto do palco enquanto os Stones tocassem. O gordo assentiu incrédulo e perguntou: "O que acontece quando vinte mil jovens sobem ao palco?".

"Atravessaremos essa ponte quando chegarmos lá", afirmou Klein, e o homem de toga apenas respondeu: "Ah, entendo. Ótimo".

A atenção de todos foi desviada quando Tina veio pelo corredor, usando um vestido de franjas douradas e prateadas, muito curto. Com ela, estava um jovem negro grande com um sobretudo branco. Ao lado dele, ela parecia uma boneca pequena e sexy, de pele vermelha, cabelos ruivos, enchendo o ar com um perfume tão doce, tão almiscarado, que rebatia o fedor da maldade que seu marido Ike emanava.

Em seu camarim, B. B. conversava com suas três irmãs e sua filha Gloria sobre o pai dele, um homem de estatura média, dizendo ao avantajado irmão de B. B. o que ele podia e não podia fazer, balançando o dedo para cima na cara do menino. Aí me lembrei do perfume de Tina e de seu visual e tive de ir vê-la. Ela estava dizendo para as garotas na plateia: "Seu homem pode não estar cuidando de você porque ele tem três ou quatro outras mulheres ao mesmo tempo, colocando seu amor na *rua*. Você só tem que dizer: 'Dê *para* mim...'". Em meio a um longo e crescente gemido, Tina segurou o microfone entre as palmas de suas mãos numa carícia rolante, aproximando os seus lábios franzidos dele, aquecendo e umedecendo a cabeça do microfone. Ela e as Ikettes então começaram a dançar à sua maneira quase egípcia. Com meu corpo sensibilizado pela heroína, chamou toda a minha atenção suas contorções sexuais hieroglíficas, braços cruzados sobre os seios, corcoveando, fazendo pequenos movimentos de agarrar as coxas com as saias subindo, cada vez mais alto, quase o suficiente para revelar a boceta preta molhada coberta por uma celestial calcinha de vison. As luzes se apagaram, um estroboscópio começou a piscar, Tina e as Ikettes se contorciam e se esticavam em suas poses de mulheres negras em fúria, a virilha piscando, bomba de fumaça...

Em seguida, os Rolling Stones. Os corredores foram liberados, enquanto nós, os "Eleitos", nos reuníamos em um bando atrás do palco. Na opinião de Shirley Watts, havia muita confusão com o que poderia ter valido a pena – e até mesmo ser divertido – se fosse mais simples. Mas era tarde demais para isso; estávamos em uma arena gigantesca com muitos tipos diferentes de seguranças, policiais de aluguel, policiais regulares do subúrbio de Inglenook de Los Angeles, guardas do Forum em togas laranja e, encostada na parede dos fundos, uma policial vestindo sob a camisa branca do uniforme um sutiã preto largo como um cinto de motocicleta.

Na frente, as luzes novamente apagadas. A multidão de pé, batendo os pés, os altos arcos de metal soando. Na porta dos bastidores, Jagger estava pronto, vestindo calças pretas com botões prateados nas pernas, camisa preta de gola alta com a figura de um Leão branco no peito, cinto preto largo cravejado de metal, cachecol longo vermelho esvoaçante. Na cabeça, um chapéu do Tio Sam, os olhos arregalados e escuros, parecendo um toureiro parado ao sol na porta da arena, com outros toureiros e bandarilheiros ao redor, vendo nada além do caminho que irá percorrer para seu destino.

I was born in a crossfire hurricane
And I howled at my ma in the driving rain
But it's all right now...[47]

É possível que, para conhecer a essência deste momento, você tenha de fazer parte da época mais ameaçadora já vista na terra ("This could be the

47 Eu nasci em um furacão de fogos cruzados/ E uivava para minha mãe no meio da chuva/ Mas está tudo bem agora... (N.T.)

last time[48]", diz um dos primeiros discos dos Stones) de modo a ter chegado a essa música na inocência da juventude por causa de sua humanidade (Alexis Korner chamou o blues de "a música mais *humana*" que ele já tinha ouvido), tê-la seguido com firmeza através de todos os tipos de problemas e ter se encontrado em um enorme cogumelo escuro fazendo isso de novo, tocando pela sobrevivência, pela sua vida. Você tinha de estar lá. Vinte mil pessoas dançando juntas. Os grandes amplificadores Ampeg explodindo, luzes (vermelhas, esse era um número rápido) cortando a escuridão, Mick rodopiando em um raio de sol branco no centro de um tapete roxo.

No final da primeira música, "Jumpin' Jack Flash", a multidão se acomodou. Embora houvesse mais policiais do que nunca rondando o local, Pete Bennett os tornava supérfluos enquanto andava de um lado para o outro na frente do palco fumando um charuto – ninguém se atreveria a se aproximar por medo da imagem mental instantânea de mergulhar debaixo d'água usando sapatos de cimento. Jagger perguntou: "Faz mesmo três anos?".

"Nãooo", a multidão gritou, e a banda então começou "Carol". Mick dançava, pulando alto no ar como Miss Twinkletoes de 1969, sem se desequilibrar à medida que latia para o microfone com gestos súbitos ao estilo James Brown, pavoneando-se, o Príncipe Negro, cachecol esvoaçante que rodopiava, mocassins indianos de contas azuis discretos no tapete macio. Keith usava o mesmo figurino da noite passada, dente pendurado na orelha sob o refletor, o Rei dos Ciganos Desalinhados. Quando os Stones começaram "Sympathy for the Devil", notei Klein ao lado do palco, acendendo um cachimbo.

Assim que a música terminou, Stu, que estava escondido pelo piano, surgiu no palco carregando dois bancos altos, vestindo um fraque amarelo-claro. Ele os colocou ao redor de um microfone, Jagger sentou-se em um, Keith no outro, e os dois tocaram "Prodigal Son", do reverendo Robert Wilkins, e "You Got to Move", de Fred McDowell. Keith debruçou-se sobre seu violão de aço National, acordes rígidos subindo dele, o strass em seus

48 Esta poderia ser a última vez. (N.T.)

ombros caídos brilhando nas luzes azuis. Charlie se juntou a eles para "Love in Vain", de Robert Johnson. Shirley o observava pisando em seus pedais, amor e orgulho em seus olhos verdes.

A multidão, quieta durante as canções lentas, gritou por "Midnight Rambler". Eles estavam de pé para a próxima música, "Under My Thumb", e a seguinte, "I'm Free", que ainda não soava verdadeira. Ao longo das outras duas que vieram na sequência, a multidão avançou bastante. Eu estava pressionado contra a parede do corredor direito com Shirley, os policiais e Schneider, que os ajudava a empurrar os jovens para trás.

"Eu gostaria de poder ver vocês", disse Mick. "Vocês provavelmente são mais bonitos do que eu. Chip, você poderia acender as luzes?" Mick olhava para a plateia, mão sobre os olhos, como um indígena. As luzes se acenderam, a multidão, brilhante de cores, avançou, e eu vi que estava prestes a ficar preso entre os numerosos policiais e o amontoado de corpos. Eu poderia estar em apenas um dos três lugares: na frente do palco com os policiais, nos bastidores com os policiais ou no palco. Enfiei meu caderno na frente das minhas calças e subi no palco como se estivesse balançando pela janela do banheiro, o piano de Stu tocando em meus ouvidos, Jagger pulando, genitais visíveis, quase palpáveis. Ele aterrissou na parte de trás do outro Mick, o bonito, mãos atrás da cabeça, quadris se movendo, praticamente trepando com o solo de guitarra de Mick Taylor. Quando a música terminou, as luzes se apagaram por alguns segundos e se acenderam mais uma vez, a multidão balançando as cabeças contra o palco. Olhando da direita para a esquerda, vi Jagger e os Stones incitando o público ao orgasmo, e Klein, ao lado do palco, agarrando as pessoas pelos ombros, jogando-as pelo corredor que levava aos bastidores, gritando "Fora! Fora!".

"Street Fighting Man" foi a última música. "I'll kill the king and rail at all his servants"[49], Mick cantou. Ele e Keith encarando Charlie, que descia a lenha na batida do *boogaloo*[50], o lugar todo vibrando, Mick

49 "Vou matar o rei e importunar todos seus súditos." (N.T.)

50 O chamado *boogaloo beat* é uma espécie de levada dançante na bateria com influências de rhythm & blues e latin jazz. (N.R.)

correndo pelo palco jogando pétalas de uma cesta de rosas. Enquanto isso, no corredor abaixo de mim, Klein encarava a multidão com uma vara comprida, do tipo que cabe numa vassoura pesada. Um homenzinho gordo, segurando uma vara no meio, batendo com ela nas pessoas que tentavam dançar.

No corredor dos bastidores (onde eu tinha permissão para ficar devido a dois crachás de metal, um como uma placa de "Pare" europeia, o outro uma reprodução de uma placa de trânsito de Massachusetts dizendo "Rolling Stones" – mas eu os tinha dado a um fotógrafo suíço que parecia precisar deles mais do que eu), andava sem credenciais, pensando em Alfonso Bedoya, o chefe dos bandidos em *O Tesouro da Sierra Madre,* dizendo a Bogart: "Distintivos? Não temos distintivos. Não precisamos de distintivos. Eu não tenho que mostrar a você nenhum maldito distintivo".

Al Steckler estava parado, mais ou menos sozinho, do lado de fora do camarim dos Stones. Perguntei por que não entrou, e ele falou: "Pergunte a ele", apontando para Tony, que parecia um mastodonte diante da porta. "Não, obrigado", eu disse.

O segundo show atrasou uma hora e meia para começar. Nos bastidores, a atmosfera era terrível; parecia que todo mundo estava usando um colete de camurça com franjas roxas. Eu conversava com Steckler e Jo Bergman quando uma loira alta apareceu e disse que tinha perdido Gram Parsons, que deveria encontrá-la ali. Fui ao camarim dos Stones para fazer com que Phil Kaufman encontrasse Gram. A garota nos levou até a porta no andar superior onde ela havia deixado Gram, e ele ainda estava lá, o guarda não o deixou entrar.

Embora Phil não tenha conseguido intimidá-lo – "Quem é seu chefe?" –, o guarda inflexível finalmente disse a Gram: "Vá lá para baixo, e eu vou deixar você entrar". Foi então que vi quem estava atrás de Gram: o cantor de blues de Memphis, Bukka White, que eu tinha encontrado pela última vez alguns meses antes na casa de Furry Lewis. Cheguei a ver um folheto anunciando Bukka and the Burritos no Ash Grove naquela noite em que o cara falou sobre se divertir com os negros, mas havia esquecido, e agora aqui estava Bukka, e eu me senti como Huckleberry Finn[51]. Nós nos abraçamos, dei as boas-vindas a Bukka no Forum, e o guarda de pescoço duro não disse uma palavra. Nenhum dos guardas falou nada. Velho gorducho de aparência alegre e dentes de ouro no sorriso, primo mais velho de B. B., condenado liberto da Fazenda Parchman porque cantava blues, Bukka White. No camarim dos Stones, Tony abriu a porta. Apresentei Keith e Mick a Bukka. Ele e Gram estavam bêbados. Bukka lembrou-me de avisá-lo a hora que B. B., que começava seu show quando entramos, saísse do palco. "O que você está fazendo aqui?", me perguntou.

"Estou com esses caras", respondi, acenando para Mick e Keith. "Eles tocam um pouco de blues. Não são ruins. Para meninos brancos." Mostrei a ele a guitarra National de Keith, e Bukka, que também tocava uma National, uma guitarra incomum, ficou surpreso, mas não o bastante para não tocá-la. Ele a pegou, remexeu algumas notas e disse: "Deixei minhas palhetas no carro", pois o menino branco tem que tocar primeiro, é assim que funciona. Bukka entregou a guitarra para Keith, que começou a tocar "Dust My Broom". Mick se juntou a ele, cantando alguns refrãos; então eles fizeram "Key to the Highway". Bukka ouviu, com a cabeça inclinada para o lado, e disse: "Isto é bom. Esses meninos são *bons*. Já gravaram algum disco?".

"Já", respondeu Keith, parecendo espantado.

"Eu sabia que tinham. Este aqui é uma estrela", Bukka anunciou para a sala, segurando a mão aberta sobre a cabeça de Keith. "É uma estrela de Hollywood. Se estou mentindo, posso morrer."

Chegando para perguntar algo, B. B. encontrou Bukka, e tivemos Memphis Old Home Reunion. "Minha esposa quer tanto ver você que está tomando remédios", disse Bukka a B. B., que morava com o primo quando pegou carona para Memphis, vindo do Mississippi.

Mick Taylor, depois Charlie e Shirley, vieram até mim e pediram para serem apresentados a B. B. "Eles são adoráveis, não?", Charlie comentou, querendo dizer homens como Bukka White.

---

51 Melhor amigo de Tom Sawyer, ambos personagens de obras do escritor norte-americano Mark Twain. (N.T.)

"Este aqui é um viajante do mundo", declarou Bukka a B. B., falando de mim. "É um giramundo."

B. B. foi embora com uma garrafa de tequila, Bukka partiu com a garota de Gram, Mick estava de cueca, trocando de roupa para o show, e eu saí do camarim. No meio do corredor, Pete Bennett pegou minha caneta emprestada para escrever o nome e o endereço de uma jovem que ele havia conhecido lá. "Eu quero o rosto dela para um álbum. Ela tem um rosto de álbum."

Encostei-me nos bastidores contra um baú de equipamentos e escrevi, centenas de pessoas circulando, todas usando crachás e credenciais adesivas que quase nenhuma delas tinha o direito de usar. As pessoas falavam comigo, mas eu continuei escrevendo, ninguém conseguia me atrapalhar no meu suor criativo drogado tipo Poe. O lugar estava tão cheio de gente falsa que as pessoas que deveriam realmente estar lá foram reunidas em um bando, e por cima do meu ombro ouvi que os crachás não significariam mais, teríamos um sinal, e o sinal – eu não estou inventando isso – seria a saudação de três dedos dos escoteiros. Continuei escrevendo, esperando ser deixado em paz, o que os jornalistas passam a vida desejando, mas nunca acontece. O guarda gordo de toga laranja me viu escrevendo e perguntou: "Tudo bem com ele?", recebendo uma resposta de todo o grupo: "Não!". Fiz a saudação de escoteiro sobre minha cabeça e continuei escrevendo.

Ike e Tina Turner saíram do palco, o público rugindo. Shirley Watts, tendo sido empurrada por um policial, estava encostada na parede dos fundos, furiosa. Schneider falava sobre cabeças e costelas quebradas dos fãs, cortesia dos policiais – e Klein, eu me pergunto – durante o primeiro show.

Perto das 5h da manhã, as luzes se apagaram. "Aqui vamos nós", disse Mick. Quando os Stones começaram a tocar, a multidão avançou. Todo o nosso cansaço parecia passar, como se estivéssemos sonhando e não nos sujeitando aos limites físicos comuns. Não vi policiais uniformizados, nem Klein, só muitos guardas e Schneider afastando as pessoas. A música cruzou o ar esfumaçado, e Mick ordenou: "Acordem, vocês esperaram tanto, e agora vamos ficar aqui por muito tempo".

Segurando uma maleta, Schneider estava agora na escada que levava ao palco. Os fãs estavam subindo no palco e sendo carregados por Tony.

Algumas pessoas na multidão estavam vesgas por falta de sono, outras seguiam bem acordadas, com os olhos brilhantes. Reinava o pandemônio. No fundo da minha mente havia uma paranoia de prisão, que dizia "Eu conheço o sinal!" a guardas incompreensíveis que me esmagariam quando eu fizesse a saudação dos escoteiros.

As luzes se acenderam para o final delirante, revelando uma placa enorme na plateia, JESUS AMOR E PAZ. Escuridão de novo, e então os holofotes inundaram o palco e a multidão, e todos avançaram como se a luz os tivesse liberado da mesma forma que a Lua libera os segredos trancados da mente, deixando os demônios saírem. Eles chegaram ao palco, passando pela fila de guardas que estavam lá para mantê-los afastados. Sam Cutler empurrou Schneider para o lado a fim de salvar um menino que estava sendo arrastado para os bastidores por guardas.

Mick, silhueta acima de corpos se contorcendo e gritando, dançava na beirada do palco, servindo champanhe rosa em uma taça, levantando-a bem alto, um brinde, um brinde, mãos acenando como flores submarinas diante dele. Um menino, sendo maltratado por guardas ao lado do palco, fechou os olhos e juntou as mãos em um gesto de oração. O prédio inteiro sacudia; achei que poderia desmoronar como uma ponte atravessada por soldados marchando. "We'll kill the king", Mick cantou novamente, mas quando o show terminou, Sam me contou que estava nos bastidores resgatando jovens de policiais que batiam nos pés deles com porretes.

"SERÁ QUE ALGUM DE NÓS ESTAVA PRONTO PARA VIVER NO MUNDO REAL, UM MUNDO QUE A CADA ANO SE TORNARIA MAIS COMO ALTAMONT?"

"Todo mundo – colegas de trabalho, meus amigos, meus pais, minha esposa – me aconselhou a manter meu emprego e sair dos Stones. Mais tarde, quando viramos um sucesso, aí disseram: 'Veja, eu sabia que você conseguiria'."

"Sentei-me de frente, tentando ler a biografia de Hemingway que William Burroughs havia recomendado durante uma de nossas conversas sobre Brian Jones (foto), no início da primavera, quando minha vida, assim como a de Brian, estava começando a desmoronar."

"Ian Stewart, um Rolling Stone original, excluído por causa de sua aparência, se tornou roadie da banda e pianista nos bastidores."

“Uau, você é Charlie Watts, que demais.”

"Confiava em Keith, pelo menos para dizer a verdade; um homem com gengivas azuis não tem motivos para mentir."

"Ao lado dele estava Keith Richards, que era ainda mais magro e não parecia um modelo, mas um anúncio insano de uma morte perigosa e incauta."

"Tenho uma pergunta para Mick Taylor (foto), alguém disse. 'Como é substituir um membro do grupo que era amado por tantos? Estou falando de Brian Jones.'"

"São as estrelas da época, e nesse período nenhuma figura pública era tão amada e odiada quanto Mick Jagger, que nome..."

"QUASE TODAS AS MESMAS PESSOAS NOS SEGUIAM AONDE QUER QUE FÔSSEMOS, ERAM OS PRIMEIROS FÃS DOS STONES."

"Parecia que o que estava acontecendo na turnê não era a expressão transcendente de nossos sentimentos, mas nossa tentativa de nos divertir, extravasar as energias de nossa juventude, apesar da desvantagem do terreno."

G-AOHR
BEA

“A maioria dos fãs dos Stones nos Estados Unidos naquela época eram garotas bem jovens que achavam que qualquer coisa inglesa era exótica e adorável. Um jornalista na coletiva de imprensa do Hilton, entretanto, comentou que os Stones pareciam ‘cinco canivetes desdobrados’”.

“O show dos Stones não era um show, mas um ritual; suas canções, comparadas em conteúdo ou modo de execução com o material de outros músicos populares, eram atos de violência, breves e incandescentes.”

"No final da apresentação, o lugar estava agitando, ressoando com aquele som."

"Os Stones tocavam quase todas as noites, com decibéis de gritos cada vez mais altos."

15

O blues é muito parecido com a igreja. Quando um pregador está lá em cima pregando a Bíblia, ele é honesto com Deus tentando fazer você entender essas coisas. Bem, cantar o blues é o mesmo.

Lightnin' Hopkins

NA PRIMEIRA SEMANA DE JANEIRO DE 1964, os Stones abriram uma turnê pela Inglaterra para um trio de cantoras negras americanas chamadas Ronettes, que logo perceberam que se apresentar após os Rolling Stones no palco era cometer suicídio profissional. Depois disso, eles sempre tocaram por último e ficaram no topo.

As coisas estavam indo bem para todos, exceto Brian, que andava ladeira abaixo. Para seu desespero, Linda Lawrence tinha engravidado de seu terceiro filho. Nesse ritmo, ele poderia gerar cinquenta bastardos: olhe para ele, o ídolo adolescente, passeando pelas calçadas de Windsor de braço dado com sua namorada grávida, seu maldito bode de estimação, Billy G., seguindo-o como um cachorrinho.

Brian também estava perdendo apresentações, justificando as ausências com desculpas, como, por exemplo: ele e seu motorista terem ficado "perdidos em uma neblina". No dia seguinte, os Stones tocariam em Shrewsbury, um lugar sombrio. No caminho, Brian começou a reclamar de que precisava de algo para dor de garganta. Stu, que os levava, virou em direção a uma farmácia numa rua de mão única. Brian saltou do carro e correu para a farmácia, enquanto Stu e os outros perceberam que estavam na contramão, o tráfego vindo na direção deles. Além disso, foram reconhecidos, os fãs estavam fervilhando. "Deixe-o", disse Keith. Quando conseguiu chegar ao Teatro Granada, Brian havia perdido bastante cabelo e roupas.

Nesse mesmo dia, duas alunas de quatorze anos – após terem escrito para o gerente do teatro em Aylesbury, no qual os Stones haviam tocado na noite anterior, pedindo permissão para ver o camarim que usaram, ou, se isso não fosse possível, poderem apenas tocar a maçaneta da porta – foram fotografadas para um jornal local. Uma delas olhava com reverência para a porta; a outra, ajoelhada, olhos fechados em êxtase, acariciava a maçaneta. O ritmo dos Stones transmitia tremores sexuais no chão e nos assentos estofados chegando às calcinhas de algodão branco, ao orvalho e à umidade, liberando a maturidade que pressiona em direção à pele uma selvageria interior, a velha, devota e perversa sabedoria da carne, e com os olhos fechados, ela se ajoelha enquanto suas bochechas quentes apertam e acariciam a maçaneta fria.

Outros fãs andavam agora arrombando as janelas do camarim dos Stones, arrancando luzes, espelhos e até os suportes de borracha das janelas da van; a popularidade havia se tornado histeria. Stu disse: "Não foi agradável observar o que a música fazia com as pessoas". O que você não gostava de ver era a mudança dos olhares em seus rostos. Eram expressões tensas e gritos de jovens garotas inglesas, que suavam e guinchavam como porcos, não soltas e felizes como no delírio conjunto no Crawdaddy. Aquilo tinha se transformado na busca de algo fora de si mesmas, não a música, mas os músicos. Parecia que tocá-los, rasgá-los em pedaços era a chave para descobrir que tipo de seres mágicos liberavam essa loucura.

Mas enquanto os Stones faziam shows quase todas as noites e apareciam em pelo menos um programa de televisão nacional a cada semana, seus três discos não foram sucessos nas paradas. Na semana que a turnê com as Ronettes se encerrou, o primeiro EP dos Stones foi o número dois nas paradas populares do gênero, já "I Wanna Be Your Man" foi o single número nove. Não avançaria mais, porém ainda era um sucesso, um disco no Top 10. Agora eles tinham que fazer tudo de novo.

No dia seguinte ao fim da turnê, os Stones estavam agendados para gravar, mas Andrew Oldham cancelou a sessão. Todos foram então a uma recepção para Phil Spector, produtor dos discos das Ronettes, o menino gênio dos Estados Unidos. Jovem, talentoso e rico, ele era tudo o que Oldham queria ser. Os Stones haviam tentado várias vezes gravar "Not Fade Away", a música inspirada em Bo Diddley feita por Buddy Holly. Quando fizeram mais uma tentativa alguns dias depois, Oldham convidou Spector para a sessão. Mas ela não correu bem, e Oldham ligou para Gene Pitney, que estava em Londres a caminho dos Estados Unidos após uma aparição na Itália. Pitney tinha escrito "He's a Rebel", primeiro disco de sucesso do selo Philles de Spector, e sabia muito sobre o negócio fonográfico. "Andrew me falou: 'Olha, temos que gravar uma continuação, e todos se odeiam, eu não sei o que fazer'", disse Pitney.

"'Vou terminar em um minuto', eu respondi, 'vou resolver isso'. Então peguei uma grande garrafa de conhaque Martell, cheguei lá e falei para eles que era meu aniversário e, segundo um costume na minha família, todos deveriam beber um copo de conhaque para comemorar a data. Foi a sessão mais feliz que você já viu na vida. Spector acabou tocando uma garrafa de conhaque vazia com meio dólar."

Foi uma sessão tão produtiva que os Stones gravaram uma música para o lado B de seu próximo single e outras duas para o álbum. Pitney, porém, viu "um certo impasse. Mick e Keith estavam sempre juntos, enquanto Brian era meio – deixado de lado. Deus o abençoe, mas acho que ele sempre teve problemas com a sociedade em geral. Era muito paranoico até mesmo com os outros caras do grupo, não só com pessoas de fora. Quando você tem isso, há problemas gigantes para lidar". E os Stones não tinham tempo para problemas. Quase todos os dias estavam entrando em novos reinos de riqueza e fama. Um tempo depois da sessão de gravação, eles ganharam mais dinheiro do que jamais tinham ganhado, gravando em apenas um dia um comercial de televisão para Rice Krispies, um cereal matinal que falava sozinho em um vocabulário de três palavras: *snap, crackle, pop* (estalar, crepitar, estourar).

Enquanto isso, os Beatles deixavam a Inglaterra para suas primeiras apresentações nos Estados Unidos, no programa de televisão de Ed Sullivan e dois shows no Carnegie Hall. Um contingente de cinquenta mil pessoas solicitou os 728 assentos do programa de Sullivan, e os shows do Carnegie Hall esgotaram em questão de horas.

Dois dos discos dos Beatles tinham sido lançados nos Estados Unidos um ano antes com pouca resposta. Mas a publicidade na imprensa britânica havia sido captada pelos escritórios londrinos da mídia norte-americana; *Time*, *Newsweek* e *New York Times*, assim como os canais de televisão NBC e CBS, fizeram matérias sobre os Beatles. A Capitol Records, que distribuiu os discos do quarteto na América, gastou cinquenta mil dólares no que chamavam de "programa de publicidade estrondoso". Eles colaram cinco milhões de adesivos OS BEATLES ESTÃO CHEGANDO em postes telefônicos, paredes de banheiros e outros lugares apropriados em todo o país. Tentaram mandar uma cópia do single atual dos Beatles, "I Want to Hold Your Hand", para todos os DJs do país. Produziram um jornal de quatro páginas sobre a banda e enviaram um milhão de cópias. Fotografaram seus principais executivos usando perucas dos Beatles, além de oferecer de forma gratuita os cortes de cabelo típicos a todas as suas funcionárias, persuadindo até a atriz Janet Leigh a fazer um. Chegaram a tentar, sem sucesso, subornar uma líder de torcida da Universidade de Washington para segurar um cartaz que dizia "Os Beatles estão chegando" diante das câmeras de televisão no jogo de futebol do Rose Bowl. "Houve", relatou um vice-presidente do Capitol, "muito *hype*".

A aparição dos Beatles no show de Sullivan foi vista por 73 milhões de pessoas, sendo responsável pela melhora da conduta dos adolescentes dos Estados Unidos enquanto durou, uma vez que, ao longo daquela hora, nenhum grande crime foi cometido por um jovem em todo o país.

Já os Rolling Stones, em turnê com alguns artistas ingleses peculiares, não pareciam estar fazendo muito para deter o crime. Pelo contrário. Fãs os atacavam, separados ou juntos, além de quebrar o para-brisa da sua van. "Algumas dessas multidões eram exageradas", lembrou Stu. "Eles começaram a se acostumar com a ideia de que os Stones largavam suas guitarras no último número e saíam correndo. E então a multidão do primeiro show ficaria até o segundo terminar, só nos esperando. Tornou-se um problema sério. Eis algo pelo qual eles nunca receberam crédito: mesmo nessa fase inicial, estavam causando tumultos maiores do que os Beatles já causaram neste país. Sabe, ninguém gostava deles. As instituições os odiavam, então eles nunca tiveram uma boa publicidade."

Os Stones fizeram sua parte para alienar as pessoas. Nessa turnê, depois de tocar no Stockton Odeon, se hospedaram num dos hotéis ingleses mais agradáveis, chamado Scotch Corner. "Aquele era um hotel clássico", disse Stu. "Lugar adorável, sempre quis ficar lá, mas eles não gostaram nem um pouco de Brian. Ele andava pelos corredores de cueca, fazendo barulho, um idiota incivilizado. Na maioria desses hotéis britânicos, as pessoas vão para a cama às 22h. Mas eles se esforçaram. Diziam: 'Sim, tudo bem, vamos preparar uma boa refeição fria e haverá garçons aqui quando vocês voltarem'. Retornamos de Stockton à meia-noite e havia dois garçons lá, uma grande mesa, salada de frutas frescas, melão e carnes frias. Aí Brian teve de começar a jogar pãezinhos pela sala e exigir todo tipo de coisa que eles não tinham, ficando irritado quando diziam que não tinham. E em vez de alguém mandar que ele se sentasse... Bem, às vezes eles *gostariam* de pedir que parasse e não o seguiam, mas em outros momentos, quando ele começava, os outros começavam também, e ah, eu ficava tão envergonhado."

Em 21 de fevereiro, o EP dos Stones foi o número um nas paradas do gênero. "Not Fade Away" foi lançado e entrou no Top 10. Eles seguiam em turnê, causando tumultos de frenesi sexual a cada noite. No Sophia Garden, em Cardiff, um homem entrou no camarim, tentou vender haxixe, e eles o expulsaram. O frenesi sexual era aceitável, mas o haxixe era ilegal. Algumas noites depois, no Wolverhampton Gaumont, Jagger encontrou entre as cartas de fãs deixadas no camarim dos Stones um bilhete endereçado a ele, contendo um chiclete e o pedido: "Por favor, mastigue um pouco e mande de volta!". De perverso e ilegal tinha passado para o insalubre.

No mesmo dia e local, um repórter da *Melody Maker* entrevistou os Stones, e a história resultante teve provavelmente a manchete mais citada do início da carreira deles, a que fazia a icônica pergunta "VOCÊ DEIXARIA SUA FILHA SAIR COM UM ROLLING STONE?". Conscientemente ou não, a manchete ecoava o racismo dirigido contra afrodescendentes nos Estados Unidos. Também se encaixava na imagem dos Stones mantida por muitas pessoas – um Rolling Stone em um abraço lascivo com uma jovem de pele clara. Verdade ou não (e eram as duas coisas), a imagem era forte demais para ser esquecida, sobretudo pelos redatores de jornais. Semanas depois, outra manchete perguntava "VOCÊ CASARIA SUA FILHA COM UM STONE?". O artigo mencionava que Brian estava se mudando para um apartamento em Belgravia. Ele havia deixado Linda Lawrence. "Acho que Brian ficou com medo", comentou Shirley Arnold. "Era a ideia de outro bebê. Eles se separaram, e então acho que Brian ficou com medo de novo porque ela estava tendo o bebê, aí decidiu ficar com ela."

Durante esse tempo, além de tocar para multidões frenéticas duas, às vezes quatro vezes por dia, os Stones gravaram seu LP de estreia, receberam roteiros para seu primeiro filme e assinaram um contrato para uma turnê pelos Estados Unidos. Mick e Keith também se tornaram mais habilidosos como compositores, "embora não gostássemos de nada do que escrevíamos", disse Keith, "e não conseguíamos que ninguém da banda tocasse". Mas Gene Pitney fez sucesso na Inglaterra com uma das músicas deles, "That Girl Belongs to Yesterday", e Oldham produziu um hit com outra composição de Jagger/Richards, "As Tears Go By", gravada por Marianne Faithfull, uma garota que eles tinham conhecido recentemente em uma festa. Ela mal sabia cantar, mas era muito pálida e loira e tinha um charme pseudovirginal sadomasoquista que não era desperdiçado pelo olhar filosófico de Jagger.

The Rolling Stones, o primeiro álbum sem título (ideia de Oldham), foi lançado e seguiu direto para o topo das paradas de discos de música popular, posição ocupada pelos Beatles por quase todo o ano anterior. "Not Fade Away", o primeiro lançamento deles nos Estados Unidos, entrou no Hot 100 da revista *Cashbox*. Ficou no número 98, mas estava lá.

E todos os dias, em todos os sentidos, as multidões continuavam vindo. Em algumas cidades, os Stones encontravam os lugares nos quais iriam tocar cercados e não conseguiam entrar. Em outros locais, onde havia palcos baixos, eles começavam, as garotinhas corriam por cima dos seguranças na frente do palco, e então precisavam largar suas guitarras e correr. Certa noite, Oldham descobriu, entre um show e outro, que os assentos estavam pingando com fluídos deixados por fãs do sexo feminino. Dezenas de garotas desmaiavam em cada apresentação; nos lugares onde os ingressos eram falsificados, ou os promotores vendiam mais bilhetes do que a capacidade da casa, as coisas eram ainda piores.

"A primeira vez que Chuck Berry veio para a Inglaterra", disse Stu, "nós deveríamos estar fazendo dois shows no Savoy Room, em Catford, sendo o primeiro por volta das 21h, e o seguinte às 22h30min. Berry estava em Finsbury Park, e nunca o tínhamos visto ao vivo. Catford fica ao sul de Londres, enquanto o Finsbury Park fica ao norte. Então estávamos todos olhando um para o outro e dizendo: 'Bem, o que vai ser?'. Claro que fomos ver Chuck Berry. E tudo atrasou um pouco, pois quando Berry terminou já era bem depois das 21h. E ele era muito estranho, não falava conosco, não dizia droga nenhuma". Os Stones então foram para Catford.

"Você não conseguia ver o maldito salão de baile por causa das ambulâncias", contou Stu. "Estavam levando as meninas uma após a outra. O promotor havia deixado muito mais pessoas entrarem no salão do que ele comportaria. E elas começaram a desmaiar. A banda teve de entrar pelo jardim de alguém, subir uma escada, por uma janela. Acho que originalmente era um cinema, então tinha uma escada enorme e larga em um lado do prédio e, quando saímos, estava coberta de corpos. Caídos. Desmaiados. Eles carregaram centenas naquela noite. Foi terrível. Tudo culpa de Chuck Berry."

Na noite seguinte, os Stones tocaram em Bristol, e Brian, vindo de Londres sozinho, perdeu o primeiro show. "Isso causou uma briga infernal", lembrou Stu. A retribuição de Brian foi tão rápida que parecia compulsiva. Três dias depois, os Stones se apresentaram no Saint George's Hall, em Bradford, do outro lado da rua do Victoria Hotel, onde ficaram hospedados. Stu relembrou: "Eles não queriam ficar sentados no camarim até o segundo show. Não havia nenhum policial por perto. Então disseram: 'Vamos atravessar correndo até o hotel?' Todos conseguiram, exceto Brian, que se acovardou antes de chegar à entrada porque havia pessoas correndo atrás dele. Ele enfim se virou e decidiu correr para o outro lado. Então, todas essas pessoas passaram a perseguir Brian pelas ruas de Bradford, arrancando as roupas dele. A polícia finalmente o trouxe de volta sem paletó e sem camisa, e ele havia perdido ainda um sapato e punhados de cabelo. Todos atravessaram facilmente, ele não."

Dois dias antes, os Stones tinham tomado vacinas contra a varíola para sua viagem aos Estados Unidos, prevista para três semanas depois. Nesse meio-tempo, fizeram mais aparições na TV e shows frenéticos na Escócia e na Inglaterra. Uma crítica de jornal disse: "Nunca antes houve um som que rivalizasse com isso – exceto, talvez, nas selvas da África mais escura!". Seu sucesso crescente levou os repórteres a fazer artigos sobre os Stones individualmente. Wyman, que havia meses escrevia "preso na neblina" em seu diário como código para "passar a noite com uma garota", reclamou em uma matéria que a agenda lotada da banda o mantinha longe da família: "Tivemos um cachorro uma vez, mas não pudemos ficar com ele. Eu nunca estava em casa, e aí ele costumava me morder quando eu aparecia. Isso é meio triste, não?".

Em outra reportagem, Brian respondeu aos críticos sobre o efeito dos Stones em seu público. "Os Rolling Stones não incitam a violência", declarou ele. "Eu nego isso categoricamente."

Em 1º de junho, eles partiram para os Estados Unidos, onde não eram desconhecidos, mas não exatamente populares. O LP havia sido lançado, e a London Records, a filial norte-americana da Decca inglesa, tinha distribuído recortes de notícias, fotos do grupo e camisetas com THE ROLLING STONES na frente. A London contratou ainda Murray "the K" Kaufman – um DJ de Manhattan, chamado de "O Quinto Beatle" devido à sua admiração e à ajuda que dava aos Fab Four – para também admirar e ajudar os Stones. Kaufman encontrou o grupo no Aeroporto Kennedy, onde organizou uma coletiva de imprensa para eles e, depois, os levou ao seu programa na rádio WINS, no qual passaram a maior parte da noite. Ele também deu a eles um disco que achou que poderiam gostar, chamado "It's All Over Now". Além de turnês e televisão, os Stones planejaram algumas gravações enquanto estivessem nos Estados Unidos. Eles ficariam duas semanas e meia, muito mais do que a primeira visita dos Beatles, com planejamento e promoção muito inferiores e, como disse Keith, "com resultados quase desastrosos".

Os Stones passaram sua primeira noite nos EUA presos no Astor Hotel por causa de garotas gritando do lado de fora, que eles acreditavam terem sido contratadas. No dia seguinte, foram retirados de lá e expostos a jornalistas e fotógrafos. Conheceram David Bailey, o fotógrafo da moda de Londres, e Jerry Schatzberg, o fotógrafo da moda de Nova York, além de Baby

Jane Holzer, uma seguidora de Warhol loira e elegante dos pés à cabeça. "As primeiras pessoas a nos notar em Nova York pensaram que éramos apenas lin-do-sss", mencionou Keith.

Um dia depois, eles voaram para Los Angeles. Havia uma multidão de garotas, provavelmente algumas centenas ao todo, esperando por eles no aeroporto, como acontecera em Nova York. Os Stones apareceram naquela noite na gravação de um programa de televisão chamado *The Hollywood Palace*, cujo anfitrião convidado, Dean Martin, um músico de uma escola bem diferente, ridicularizou a performance, a aparência, a ascendência deles... você escolhe. Em parte por causa disso e em parte porque foram anunciados entre um trampolinista, um grande número de King Sisters, um espetáculo de elefantes, vaqueiras e assim por diante, os Stones aventaram desistir do show. Mas o ensaio geral já havia sido gravado e poderia ser mostrado, então eles acharam melhor continuar.

A banda teve a nítida sensação de que não estava decolando nos Estados Unidos como um foguete, mas depois de um dia nadando em Malibu e uma noite de relaxamento, fez um show em San Bernardino bem tumultuado, tal como na Inglaterra, com a diferença de que os policiais usavam capacetes brancos de motociclista e carregavam armas. San Bernardino levantou o ânimo dos Stones para voltar a cair na noite seguinte, no Texas Teen Fair, em San Antonio, com George Jones, Bobby Vee, atos de circo e rodeio. Ninguém veio. Estava tão quente em San Antonio, não muito longe da fronteira mexicana, que Wyman pediu que Keith cortasse o cabelo dele. A turnê estava assumindo uma aura profunda de melancolia, e eles começaram a pensar em reduzi-la. Em Chicago, Andrew Oldham estava histriônico, à beira da histeria. No hotel, após uma cena com um revólver, Mick e Keith lhe disseram para se ajeitar e ir para a cama. Ele seguiu implorando por "só uma bala".

No dia seguinte, Andrew já havia recobrado a compostura para acompanhar os Stones às entrevistas matinais na televisão e ao Chess Recording Studio, onde, com a ajuda de Ron Malo, engenheiro especialista do Chess, eles gravaram quatro músicas, incluindo seu próximo compacto, "It's All Over Now", uma boa 14ª tomada espontânea. O grupo encerrou o dia com mais entrevistas no rádio e na televisão. O problema era que os Stones não estavam gerando impacto nacional. Andrew então decidiu apelar para uma das técnicas mais antigas que um trapaceiro pode usar quando sua atitude é muito inexpressiva para causar: ele foi preso.

Na manhã seguinte, Andrew ligou para a mídia e os convidou para uma entrevista coletiva que os Stones planejavam dar em um canteiro no meio da Michigan Avenue, o que de fato o fizeram até a chegada da polícia. Passou no noticiário da televisão nacional naquela noite, o que era a ideia.

Após serem liberados pelos policiais, os Stones voltaram para o Chess e gravaram mais doze músicas. Muddy Waters estava lá e os ajudou a carregar seus equipamentos. A graciosidade de Muddy, de cuja música "Rollin' Stone" Brian tirou o nome do grupo, foi tocante. Os Stones estavam gravando "Around and Around", de Chuck Berry, quando o próprio entrou. Uma semana antes de deixarem a Inglaterra, Mick e Charlie tinham se deparado com Berry após a esnobada nos bastidores de Finsbury Park. Estavam em um elevador de hotel: ao parar em um andar, a porta se abriu, e lá estava Berry, que entrou, olhou para Mick e Charlie, virou as costas e, quando a porta se abriu novamente, saiu sem falar nada. Dessa vez, porém, foi pego. "Continuem com o swing, cavalheiros, vocês estão soando muito bem, se assim posso dizer", comentou ele, parecendo um Duke Ellington lubrificado ao máximo.

Um dia depois, os Stones, de volta à turnê, tocaram para quatrocentos jovens em uma feira em Mineápolis, e no dia seguinte para seiscentos em um auditório de Omaha. Eram os tempos do uísque e da Coca-Cola, de modo que sempre havia uma garrafa de uísque no camarim, mas o auditório em Omaha era de propriedade pública, onde as bebidas alcoólicas eram proibidas por lei. Um policial que examinava o camarim viu a garrafa de uísque e obrigou-os a jogar fora, fazendo alguns dos Stones, incluindo Keith, terem de virar suas bebidas. "A questão é que", falou Keith, "na verdade, eu não estava bebendo uísque, os outros dois estavam bebendo uísque com Coca-Cola, mas eu estava bebendo só Coca-Cola. Ele mandou que jogassem fora o conteúdo do copo, e eu me recusei dizendo: 'Por que diabos um policial americano está me pedindo para derramar a bebida nacional na pia?', então ele apontou uma arma para mim. A cena foi muito bizarra, um policial me ordenando, sob a mira de uma arma, a jogar uma Coca-Cola na privada".

Então, com o uísque e o policial fora, os Stones assistiram com certa tristeza em uma televisão no camarim à transmissão de sua visita ao *The Hollywood Palace*, cortada para quase quarenta e cinco segundos entre os elefantes.

"Isso foi o fim para Eric Easton", disse Stu.

"Easton, de repente percebemos", relembrou Keith, "não era poderoso o suficiente para lidar com qualquer coisa fora da Inglaterra". No dia seguinte, Keith comprou um revólver .38 para o caso de querer beber uma Coca-Cola nos bastidores em algum momento.

Quando as coisas pareciam estar indo mal, elas pioraram. O hotel em Chicago os expulsou, supostamente por causa de garotas em alguns dos quartos, e chamou a polícia, que descobriu que os Stones planejavam ir ao Canadá para uma aparição na TV e que Keith tinha perdido seu passaporte. A polícia garantiu que, se saíssem do país, não voltariam. Então, em vez do Canadá, foram ver B. B. King no Twenty Grand, no sul de Chicago, e, nas noites seguintes, tocaram para pequenos grupos de pessoas em salões gigantescos em cidades como Pittsburgh, Cleveland e Hershey, onde quase ninguém sabia quem ou o que eram os Rolling Stones. Eles, por sua vez, não entendiam o que eram Hershey Bars, então ligaram para Phil Spector em Los Angeles para perguntar por que a cidade estava pintada de marrom e havia bandejas de chocolates por toda parte.

Na noite seguinte, tocaram para trezentas pessoas em Harrisburg, Pensilvânia, onde Irv, o cara do programa, vendeu doze edições. Vindos de Harrisburg em um ônibus, os Stones viram uma casa ser atingida por um raio. Então, tão rápido que poderia dar tontura, estavam de volta a Manhattan para tocar no Carnegie Hall, "gritando com os jovens", disse Keith. "Quase esquecemos como era, estávamos acostumados com isso todas as noites, toda vez que tocávamos, e, de repente, ficamos mal, todo mundo dizendo 'Que merda, estragamos tudo'. Os Estados Unidos ainda curtiam Frankie Avalon. Não havia muitos jovens de cabelos compridos, aí éramos apenas loucos do entretenimento, com nossos cabelões, como um show de circo.

Chegamos a Nova York e, então, percebemos que talvez nós... que tudo estava apenas começando."

Em Nova York, Brian contou a um jornalista sobre uma visão que tivera ao sair de um clube na madrugada de Londres. "Era", dizia o texto, "como se os céus o tivessem chamado para olhar para cima e ver o rosto de uma anja deusa dizendo-lhe para trabalhar pelo bem humano".

16

MANIFESTO

SAUDAÇÕES E BOAS-VINDAS AOS ROLLING STONES, nossos companheiros na batalha desesperada contra os maníacos que detêm o poder. A juventude revolucionária do mundo ouve sua música e se inspira para cometer atos ainda mais mortais. Lutamos em bandos guerrilheiros contra os imperialistas invasores na Ásia e na América do Sul, fazemos tumultos nos shows de rock 'n' roll em todos os lugares. Queimamos e saqueamos em Los Angeles, e os policiais sabem que nossos atiradores voltarão.

Eles nos chamam de desistentes, delinquentes, forasteiros, punks, drogados e empilham toneladas de merda em nossas cabeças. No Vietnã, atiram bombas em nós e, nos EUA, tentam nos jogar contra nossos próprios camaradas, mas os bastardos nos ouvem tocando a sua música em nossos pequenos rádios transistores e sabem que eles não escaparão do sangue e do fogo da revolução anarquista.

Vamos tocar a sua música nas bandas marciais de rock 'n' roll enquanto derrubamos prisões e libertamos os prisioneiros, enquanto derrubamos escolas públicas e libertamos os estudantes, enquanto derrubamos bases militares e armamos os pobres, enquanto tatuamos QUEIMA, QUERIDO, QUEIMA! nas barrigas dos guardas e generais, criando uma nova sociedade das cinzas de nossos incêndios.

Camaradas, vocês voltarão a este país quando ele estiver livre da tirania do Estado e tocarão sua esplêndida música nas fábricas dirigidas por trabalhadores, nas cúpulas das prefeituras esvaziadas, nos escombros das delegacias, sob os cadáveres enforcados dos padres, sob um milhão de bandeiras vermelhas acenando sobre um milhão de comunidades anarquistas. Nas palavras de Breton, OS ROLLING STONES SÃO O QUE DEVEM SER! LYNDON JOHNSON – A JUVENTUDE DA CALIFÓRNIA SE DEDICA À SUA DESTRUIÇÃO! ROLLING STONES – A JUVENTUDE DA CALIFÓRNIA OUVE SUA MENSAGEM! LONGA VIDA À REVOLUÇÃO!

Panfleto distribuído nos shows dos Rolling Stones em Oakland

Folhas batendo na janela me acordaram, e olhei para fora para ver pássaros voando ao vento. As consequências da heroína tornaram tudo tão lento quanto um sonho angustiante. Era domingo. Tomei banho, me vesti e liguei para meu pai a fim de perguntar se o contrato havia sido enviado para Memphis, mas não tinha. Eu não sabia o que faria com o contrato assim que o recebesse, exceto tentar protegê-lo. Disse à agência para enviá-lo em uma embalagem simples. Não sabia mais o que fazer.

Voei para Oakland com Jo Bergman, David Horowitz, Michael Lydon e o fotógrafo Ethan Russell. Ao sairmos do avião, fotógrafos na pista tiraram nossas fotos, até notarem que não éramos os Rolling Stones. No aeroporto, passando por outro carro em um pedestal, vimos uma senhora negra de chapéu de palha de domingo e vestido marrom até a canela andando de bengala, carregando um livrinho de cânticos. Na época, achei que era um bom sinal, mas não parei para pensar que ela, na verdade, estava se afastando de nós.

Em alguns carros alugados, fomos até o Edgewater Inn, descendo a rodovia do aeroporto, passando pelo Oakland Coliseum, onde os Stones tocariam em algumas horas. O hotel era pequeno, só um andar atrás de uma fachada que parecia dois, como um lava-jato atrás da fachada de uma igreja. Jo pegou um punhado de chaves na mesa enquanto Horowitz falava com o pessoal da imprensa que o abordou quando entrávamos. Ele voltou, viu Jo e disse: "Como você conseguiu as chaves?".

"Eu tenho esse tipo de rosto", respondeu ela.

Uma passarela de tábuas se estendia da porta dos fundos do saguão até a piscina e um anexo traseiro do hotel. Ao lado da piscina havia uma pá a vapor e uma placa avisando PERIGO: PISCINA CHEIA DE CLORO. Na porta de vidro duplo na parte de trás do hotel, placas menores diziam PERIGO de trás para frente duas vezes. A senhora negra já era.

Os quartos (cinco mais uma suíte – não passaríamos a noite) eram decorados *ao estilo* Holiday Inn, paredes de tijolos pintados de bege. Jo pediu cerveja e garrafas de uísque no serviço de quarto, e, depois de um drinque, tentamos ir de carro até o Coliseum, mas um fluxo constante de veículos saindo do estádio de futebol ao lado impediu que virássemos à esquerda, então Jo, Michael e eu saímos do carro e atravessamos a rua até o estacionamento do estádio. Procurávamos um lugar para cruzar o fosso profundo que nos separava do estacionamento do Coliseum. Dois homens e duas mulheres estavam entrando em um automóvel quando passamos, e Michael perguntou como poderíamos chegar lá. “Você pode atravessar lá em cima”, sugeriu um dos homens, apontando para mais adiante na rua. Caminhei até o local e vi um grande trecho de água suja correndo na vala. Voltei e disse: “Obrigado pela ajuda, campeão”. “Você consegue”, falou ele, “atravessar a nado”. “Vá se foder”, rebati. “Ah, vamos lá”, disse Jo, e andamos pela beira da rodovia até chegarmos ao Coliseum.

Horas antes do show, os jovens já se aglomeravam do lado de fora. Stu estava no palco verificando o equipamento. Bill Graham, o promotor do espetáculo, nascido Wolfgang Grajonca, em Berlim, caminhou até a França para fugir dos nazistas, veio para os EUA, envolveu-se com teatro na Califórnia, agora tinha dois escritórios de concertos de rock, um em cada costa, e estava no momento andando pelo Oakland Coliseum, matando tempo. Ele queria promover toda a turnê dos Stones e, em Nova York, discutindo o assunto com Schneider, citou uma longa lista de atrações que havia apresentado, às quais Schneider apontou: “Sim, Bill, mas o que você fez que era grande?”. Ficamos ali por um tempo, então deixamos Graham para voltar ao hotel. O sol poente era dourado sobre as distantes colinas verde-acinzentadas.

No restaurante do hotel, com uma decoração em vermelho e preto, couro sintético e veludo, encontramos David Horowitz ao lado de um jovem gordo que dizia se chamar Jon Jaymes. Tinha estado no Forum na noite anterior. Eu não sabia para quem ele trabalhava, mas tinha uma espécie de autoridade.

Sentado no linho vermelho, ele falava em um telefone branco, preparando o aeroporto de Oakland para a chegada dos Rolling Stones. "Avisei a polícia", disse. "As pessoas devem ficar em seus assentos e deixar os Stones livres" – sua voz subindo – "ou haverá *caos* no *aeroporto*... Agora, o que eu quero fazer é notificar o avião assim que estiver em terra para deixar um de nossos funcionários agilizar a retirada dos Stones com nosso pessoal de segurança".

O parceiro mais jovem de Jaymes, Gary Stark (os dois passaram a noite anterior nos sofás da sala de estar em Oriole, não sei por quê), juntou-se a nós quando Jon desligou o telefone. "Quantos jovens estão no aeroporto?", Stark perguntou, animado.

"Setecentos garotos vieram do Harlem", respondeu Jaymes, sorrindo. "O que você quer de mim?"

Quando começamos a sair para o aeroporto, falei para Jaymes: "Uau, você é um *verdadeiro* vigarista, isto é fantástico".

"Uma palavra como essa e eu cancelo todo o negócio", rosnou ele, "cancelamento de todos os carros, todo o transporte...". Ele estava trabalhando para a Chrysler, dizia, e quando saímos, esclareci que o tinha chamado de vigarista como um elogio. Ele não sabia muito bem como lidar com isso, mas ficou satisfeito ao entender que eu não era seu inimigo.

Fui ao aeroporto com Jaymes, que dirigia de maneira insana enquanto explicava que era chefe do Comitê Presidencial para Reduzir a Idade de Voto para dezoito anos. Antes disso, havia sido líder de dois outros comitês presidenciais, "um ex-agente de narcóticos do FBI, e tenho uma obrigação – para uma empresa chamada Chrysler – de garantir que esta turnê seja limpa". Ah, chega dessa besteira antidrogas, pensei, mas Jaymes logo disse: "Isso significa que, por influência política, se necessário, caso sejam presos, posso tirar todo mundo".

Jaymes falou ainda que a Chrysler não queria nada dos Stones em termos de endossos ou fotografias promocionais. O objetivo era apenas que o grupo usasse os equipamentos da Chrysler para que, no final da turnê, a empresa pudesse dizer que tinha transportado os Stones e toneladas de equipamentos ao redor dos Estados Unidos. Se tudo corresse bem e sem escândalos, haveria uma ligação feliz com o mercado jovem. Estávamos passando pelo sinal vermelho, Jaymes tocando a buzina, pisando no acelerador e no freio ao mesmo tempo, quando comentou sobre Jagger (que tinha mudado de planos abruptamente, decidindo pegar um voo para Oakland mais tarde em relação ao que havia sido agendado): “Com todo o respeito, e acredito que ele merece, mas acho que ele tem a ideia de que é Mick Jagger, Rolling Stone, e pode fazer o que quiser, está cercado de pessoas que dizem que pode quando não pode. E em algum lugar da turnê, isso vai se voltar contra ele”.

Paramos no meio-fio e corremos pelo aeroporto, acompanhados por um policial que segurava sua arma debaixo do casaco no coldre de ombro, até o portão número um, onde os Stones deveriam estar, mas não estavam. No portão, Horowitz dizia: “Deveria haver imprensa aqui, onde eles estão?”. Uma velhinha parecida com um pássaro ficou olhando para ele como se fosse algo estranho e maravilhoso. Gary Stark correu e avisou: “Portão três”, levantando quatro dedos.

De uma janela, vi o avião pousando. Quase imediatamente os Stones vinham em nossa direção, andando pelo corredor, não muito rápido, esvoaçantes, pessoas parando para assistir – o ritmo aumentando enquanto passávamos pelo saguão da frente até chegar ao lado de fora, onde havia quatro carros, alugados por Jaymes nos poucos minutos que ficamos no aeroporto. A porta lateral do passageiro de um carro estava aberta, e eu deslizei para o banco do motorista. Keith estava bem atrás de mim, seguido por Mick Taylor, Jagger, Wyman e Watts. E lá fomos. Eu não esperava que a banda mais quente do show business de repente se empilhasse no carro comigo, então, embora quase desse para ver o hotel do aeroporto, saí pelo caminho errado, seguido por alguns carros.

Era como ser cigano. Lembrei-me do menino cigano enterrado à beira da estrada a caminho da casa de Wyman, vindo de Londres. Foi enforcado por um crime que os ciganos dizem que ele não cometeu. E todos os anos, na data do enforcamento, aparecem flores frescas de manhã na sepultura, que já tem mais de duzentos anos – mas a memória dos ciganos é mais velha que a noite. Éramos como garotos ciganos, pensei. Apesar do falso vigarista e do verdadeiro vigarista, era emocionante estar com os Stones, milhões de dólares em talento e notoriedade, rodando pela escuridão, procurando o hotel REGNAD REGNAD. Eu virei em uma rua lateral escura, puxei para a direita, pisei no freio e joguei a frente para a esquerda, nos colocando diretamente na estrada. Os carros vinham de ambas as direções. Jagger gemia: “O que você está fazendo?”. Mas conseguimos, viramos, voltamos para a estrada principal e, em um minuto, estávamos no hotel.

Sam Cutler veio nos cumprimentar. “Levante a porta levadiça, deixe os cavaleiros entrarem no castelo.”

Entramos, alguns de nós bebemos, e então na suíte dos Stones houve uma coletiva de imprensa: mais garotos de cabelos compridos com câmeras e gravadores. Um perguntou: “Por que não fizeram nenhuma declaração sobre os movimentos juvenis dos EUA, marchas e batalhas campais com a polícia?”.

“Nós damos como certo que as pessoas sabem que estamos com vocês”, respondeu Keith.

“Admiramos o seu envolvimento”, Jagger disse, “mas somos principalmente, hum, músicos, e ontem à noite, por exemplo, a multidão precisava rel... não estava pronta para *relaxar.* Queriam ser legais e inteligentes, mas levaram muito tempo para chegar ao estado de espírito da diversão. Só queremos que se levantem e dancem”.

A imprensa, sentada no chão, parecia que nunca seria capaz de se levantar e dançar. Alguém perguntou se os Stones tiveram algum problema para entrar nos Estados Unidos, e Jagger falou: “Não, porque nenhum de nós tem nenhuma condenação”. A conferência terminou com, mais uma vez, pouco sendo dito.

Quando partimos para o Coliseum, perguntei a Horowitz se ele estava recebendo uma boa publicidade. “As duas estações cobriram o show do Forum”, disse. Então acrescentou: “Claro, com os Stones, você não precisa criar notícias”.

Dirigimos até o Coliseum e seguimos pela entrada dos fundos. Dentro do camarim dos Stones, acima da mesa coberta de queijos, carnes, cervejas, vinhos, champanhe havia um grande pôster de Bill Graham sorrindo amplamente, segurando o dedo médio erguido para a câmera. Os Stones entraram e se espalharam pela sala, olhando para a comida como se fosse uma exibição de flores artificiais.

Ike Turner enfiou sua cabeça preta e gordurosa na porta, e Jagger perguntou: "Como você está?".

"Estou bem, trabalhando duro, morrendo de fome", disse Ike, fechando a porta.

O Oakland Coliseum era menor que o Forum, com luzes de teto âmbar. Ike e Tina já haviam tocado, e a multidão estava batendo os pés pedindo pelos Stones. No microfone, Sam dizia: "Desculpe o atraso, não havia carros para nos encontrar no aeroporto, estaremos aqui em dois minutos literalmente".

Andei pelos corredores olhando para os jovens cabeludos e selvagens, mas ao mesmo tempo saudáveis e puros, cheirando a ervas aromáticas e incenso, batendo os pés pelo atraso, como na tarde de sábado, quando o projetor quebrou antes que a cavalaria chegasse. Então – não foram mais do que cinco minutos – ela chegou, com assobios e gritos de prazer, como no sábado à tarde.

Keith tocou os acordes de abertura de "Jumpin' Jack Flash", Mick Taylor entrou depois, Charlie descendo a mão na bateria, o baixo leve e pequeno de Wyman (um Fender Mustang) criando um som montanhoso com ótimos tons de reverberação. Como ele fazia isso era um mistério. Que Wyman fosse um Rolling Stone era um mistério, mas lá estava ele, um velhinho, e apenas ouça-o tocar. Nunca dançava, nem se mexia. "De vez em quando, eu suo um pouco debaixo dos braços", disse ele. Jagger andava pelo palco, acenando "olá" com seus braços finos e elegantes. Uma novidade estava presente nessa noite, e caminhei até o fundo do palco para vê-la: uma tela gigante de circuito fechado de televisão acima do palco, um grande Jagger preto e branco acima do real.

Estava tudo rolando, mas no meio da segunda música, os amplificadores de Keith morreram, e a banda parou. "Parece que a eletricidade falhou", declarou Jagger, "então vamos fazer alguns números acústicos". Keith tentava fazer um amplificador funcionar, Stu arrastava dois bancos para o palco. Mick se sentou, Keith pegou seu National, e eles cantaram "Prodigal Son".

Po' boy took his father's bread,
started down the road
Took all he had and
started down the road
Goin' where God only knows[52]

Quando as músicas acústicas acabaram, os bancos foram removidos. O pessoal do equipamento seguia trabalhando nos amplificadores, mas ainda não tinha terminado.

"Assim que todos estivermos prontos", Jagger disse. Então Keith tocou o primeiro acorde de "Carol", e os amplificadores explodiram mais uma vez. Com raiva e frustração, Keith quebrou sua guitarra, uma Les Paul Custom. A banda continuou tocando, Keith pegou outra guitarra, a música seguiu. "Desculpem pelos problemas do amplificador", afirmou Jagger. "Vocês vão ter que ouvir isso em suas cabeças." No final de "Little Queenie", de Chuck Berry, com as luzes da casa acesas, os Stones começaram "Satisfaction". Os jovens correram para a frente, carregando os guardas com eles, cercando os cinegrafistas diante do palco. Bill Graham, lá de cima, correu para proteger as câmeras enquanto os cinegrafistas subiam no palco, passando suas câmeras por um agitado mar de carne. Sam Cutler, observando Graham, achou que ele era muito duro com os jovens, tentou impedi-lo, e Graham tentou jogar Sam para fora do palco. Após "Honky Tonk Women" e "Street Fighting Man", os Stones chegaram ao camarim, Keith chutando a mesa quando entrou. "Que *boceta*", rosnou.

Na sala de imprensa ao lado, Jon Jaymes estava ao telefone tentando alinhar alguns aviões para que pudéssemos voltar para Los Angeles, pois chegaríamos muito atrasados se os Stones fizessem um segundo show, o que era duvidoso. Eu estava bebendo bourbon e ofereci uma dose a Jaymes. No meio de um discurso sobre como as câmeras de Graham custavam 2,5 mil dólares cada, e ele tinha todo o direito de protegê-las, parou para dizer:

52 O garoto pobre pegou o dinheiro do pai/ E caiu na estrada/ Pegou tudo que ele tinha/ E caiu na estrada/ Indo para Deus sabe onde. (N.T.)

"Nunca me deixe bêbado". Apenas um gordinho fanfarrão. Os Stones, no final, decidiram fazer outro show, mas demoraria um pouco.

Lá no começo, eles conseguiam lidar com tumultos todas as noites, uma após a outra, e perseveraram sem tomar nenhum tipo de droga. "Ninguém conseguiria", revelou Keith. "Não poderia continuar se fizesse isso, nem mesmo bebida, nenhuma pílula, nada." Mas, em 1969, as coisas tinham mudado. Seria impossível suportar um mundo que te faz trabalhar e sofrer, impossível suportar a história se não fossem os momentos fugazes de êxtase. À medida que você envelhece, é mais difícil conseguir energia, mesmo que sua vida seja composta de praias distantes, pele feminina macia, passeios de avião, arenas de concreto frio, policiais, fadiga, cocaína, heroína, morfina, maconha, amplificadores quebrados, tumultos. Você tem que conseguir de algum lugar, e é por isso que Jagger disse: "Tudo bem, São Francisco, levantem-se e balancem suas bundas".

No entanto, Jagger agora estava sentado triste, os famosos lábios fazendo beicinho, no chão do camarim. Fui ao banheiro, onde encontrei a família de Bill Belmont, esposa, primos. Belmont é de São Francisco, e sua família vem vê-lo iluminar um show quando está na cidade, suponho, mas por que o banheiro?

Quando voltei ao camarim dos Stones, Jagger tinha saído. Bill, Charlie e Keith estavam conversando com Rock Scully. Ele era, eu ouvi, uma espécie de empresário do Grateful Dead, a banda de São Francisco que havia frequentado com Ken Kesey os Acid Tests[53] e que tinha levado seu equipamento para substituir os Ampegs estourados dos Stones.

Scully vestia Levi's e uma camisa xadrez de caubói e, com sua barba e seus olhos brilhantes, parecia um simpático e charmoso cara do Oeste. Ele falava sobre a maneira correta de dar um show gratuito, como poderia ser feito e com a ajuda de quem. O Dead tinha feito esse tipo de coisa muitas vezes, e Scully poderia realmente saber como dar um show gratuito em, digamos, Golden Gate Park. O Be-In, uma reunião em massa, tinha ocorrido

53 Festas organizadas por Ken Kesey para consumo e divulgação do LSD entre 1965 e 1966. (N.T.)

no parque sem nenhum aborrecimento. Os Hell's Angels, que participaram do Be-In, atuaram como seguranças em alguns shows do Grateful Dead, e era natural (para não dizer orgânico) que os Angels ajudassem a fazer suas coisas – ou ao menos era o que Rock Scully achava. Ele afirmava, sentado em um sofá naquela sala alongada onde nossos destinos estavam sendo escritos, embora estivéssemos muito cansados para dar a mínima: "Os Angels são realmente caras justos. Eles se portam com honra e dignidade". Ele falava tão abertamente sobre isso, com os olhos arregalados, que parecia de fato convincente. Ninguém estava prestando muita atenção, mas notei a forma como ele usou as palavras *honra* e *dignidade*, palavras exaltadas aqui, mas *você* sabe o que quero dizer.

O mais importante na mente das pessoas no camarim era Bill Graham e como ele era babaca. Keith estava furioso, e quando ele ficava furioso, era melhor que todo mundo o apoiasse ao menos com indignação. Scully criticava Graham por ser um porco capitalista, e Keith dizia que Ralph Gleason era obviamente "o lambe-botas de Graham. Por que ele não continua escrevendo sobre Art Blakey e Monk e pessoas assim, é apenas um oportunista que pegou carona na onda do rock". O pôster de Graham em cima da mesa do banquete estava salpicado de molho de queijo.

Jagger entrou, ainda em seu traje preto de show, abriu uma garrafa de champanhe e se sentou no chão. "Estava vendo a Tina", ele comentou, "e ela é tão boa, ela é fantástica do jeito que é no palco. Quero dizer, ela é tão *arrogante*. Eu costumava ser arrogante, mas não sou mais".

Ike e Tina entraram, e Mick se levantou para cumprimentá-los. "Tina, você foi fantástica." Eles conversaram brevemente, Ike e Tina foram embora, mas antes ela olhou de volta para dizer a Mick: "Cuidado com as Ikettes. Da última vez, estávamos prontos para ir, e nada de Ikettes".

"O que você quer que eu faça?"

"Faça o que quiser, mas seja legal."

"Ainda não fiz nada", defendeu-se Mick, soando como um garotinho.

B. B. King havia perdido o primeiro show e estava atrasado para o segundo, atrapalhando a ordem de entrada. Ike e Tina foram os primeiros, seguidos por Terry Reid, B. B. em seguida. Os shows, que deveriam iniciar às 18h30min e 22h30min, começaram às 18h50min e 1h15min. Era quase 2h30min da manhã quando os Stones subiram ao palco. Em 1966, a última vez que eles tocaram em São Francisco, o público tinha doze anos de idade, chutando cadeiras e molhando as calcinhas. Essa noite, do outro lado da baía, havia anarquistas distribuindo um manifesto. E os Stones só queriam que as pessoas dançassem.

Mas depois dos primeiros números rápidos e do interlúdio acústico de blues, quando a banda tocava "Little Queenie", enquanto Mick dizia: "Vamos, São Francisco, vamos nos levantar e *dançar,* vamos agitar nossas *bundas*", Bill Graham, agachado diante do palco, apontava para os jovens que dançavam, gritando: "Sentem-se! Sentem-se!". Finalmente, ele pegou suas câmeras e saiu, enquanto a multidão se aproximava do palco. Não havia sentimento de violência, apenas o desejo de chegar mais perto e dançar. "Street Fighting Man" terminou às 3h45min. O Oakland Coliseum ecoava o mesmo som que eu tinha ouvido nas duas últimas noites. Não era a banda, nem a multidão; era um terceiro som. Não sabia o que era, mas gostava daquilo.

Os dias começavam a ter uma estranheza uniforme; todos eles aconteciam no escuro, vivíamos do escuro ao amanhecer. A cada noite íamos a um lugar novo e estranho, embora similar ao anterior, para ouvir os mesmos homens tocando as mesmas músicas para jovens que pareciam todos iguais, e, ainda assim, cada noite era diferente, cada noite nos dizia mais. Em três dias, os Stones tocaram para quase oitenta mil pessoas. Nenhum dos shows foi livre de problemas, e, apesar disso, os gritos foram gritados; o suor, suado; os shows, feitos. Esse pode ser o ponto, a única vitória pode estar na simples sobrevivência. Ou assim poderia parecer se Mick não ficasse debruçado sobre o palco todas as noites, cantando, como se fosse uma música da Escola Dominical: "I'm free... to do what I like, justa any old time... and I ain't gonna give you no bullshit... ain't gonna give you no lies... we're free... you know we all free"[54]. Aquilo nunca pareceu verdade. Se fosse verdade, verdade apenas uma vez, se em algum momento você tivesse a sensação de que

54 "Sou livre... para fazer o que quero, a qualquer hora... e não vou falar besteira... não vou mentir... somos livres... vocês sabem que somos todos livres." (N.T.)

poderia se soltar, pular, cantar "Honky Tonk Women", dançar, fazer o que quisesse sem medo do cassetete de um policial ou do cabo de esfregão de Klein contra seu crânio – isso seria uma vitória. Enquanto Mick continuasse dizendo "nós todos somos livres", isso era o que ele tinha de alcançar. Se não dissesse isso, se se contentasse com menos, então talvez a vitória fosse mais fácil; talvez houvesse uma vitória mais simples e fácil. Talvez.

Esta noite íamos para San Diego, uma grande cidade onde queimavam a droga apreendida na fronteira mexicana. Era segunda-feira, e meu contrato não havia chegado. Eu sabia que levava algum tempo para preparar um contrato, mas não sabia quanto tempo me restava.

Quando fui dormir naquela manhã, Jon Jaymes estava na sala ao telefone com Nova York, fazendo um escândalo. Eu não conseguia entender todos os detalhes, mas parecia claro que Jaymes, o presidente de algo chamado Young American Enterprises, estava sendo chamado de volta para casa por sua mãe, de volta para Nova York, e ele estava ficando todo vermelho e irritado, como uma criança que não quer sair da festa enquanto ainda tem sorvete e bolo. Quando partimos para o aeroporto de Burbank, Jaymes ainda estava conosco e, além de Gary Stark, ele agora estava acompanhado por um homem mais velho e uma mulher de cabelos pretos com permanente e laquê, lábios e unhas brilhantes como sangue fresco. Ela parecia ter a mesma idade de Jon, algo entre vinte e tantos e cinquenta anos, e ele a apresentou a mim como Grace. Só fui sacar, após Jo me perguntar se eu não sabia, que ela era a mãe de Jon, que, sem dúvida, tinha vindo aqui para dar uma olhada no sorvete e no bolo.

Os Stones se encontraram no serviço de voo fretado Golden West. Jagger estava acompanhado de uma garota que se parecia com Jean Harlow. Kathy e Mary estavam lá também, Kathy zangada porque Sam tinha batido nela mais cedo. Enquanto saíamos no ar frio para embarcar no pequeno jato dourado e branco, ela me contava: "Eles vão ter que arranjar outra garota para dirigir. Tudo isso é divertido e tudo mais, mas acredite em mim, a novidade acabou na primeira semana".

Nós nos organizamos, cerca de uma dúzia de pessoas, entre os vinte assentos do avião. Fiquei sentado atrás de Mick e Harlow, que tinha tirado a escova da bolsa e agora penteava o cabelo de Mick, para óbvio desagrado dele. Seu cabelo estava todo oleoso e repartido; lavava só quando precisava, nunca antes, e às vezes um ou dois dias depois.

Logo estávamos a 1,4 mil metros acima de L.A., segundo informações do piloto em seu sotaque do Oeste. Podíamos ver uns oitenta quilômetros ao redor, todos eles vivos com as luzes do tráfego. Estávamos sobre Anaheim, disse o piloto, e "em dois minutos, vocês poderão ver a Disneylândia", o que gerou aplausos de alguns dos passageiros. Encorajado pelo entusiasmo, o piloto nos deu um pouco mais de cor local: "Estamos voando fora da área restrita de seis quilômetros ao redor da Casa Branca da Costa Oeste. Vocês poderão ver as luzes azuis em um aglomerado à esquerda do avião". Nosso silêncio ao receber a notícia o fez acrescentar, provavelmente lembrando que eram ingleses: "Esta é a residência de Nixon na Costa Oeste". Depois disso, mais silêncio.

Levou apenas cerca de meia hora para chegarmos a San Diego. A porta do avião se abriu, e ali na pista estavam quatro limusines pretas. "Parece um funeral", disse Kathy. Todos nos empilhamos e fomos para a San Diego International Sports Arena, onde uma grande placa dizia ROLLING STONES ESTA NOITE, como um menu anunciando o *plat du jour*. Era uma casa menor do que as duas últimas, com capacidade para cerca de dez mil, e não estava lotada, embora estivesse prevista apenas uma rodada de shows. B. B. King estava tocando quando chegamos. A arena parecia fria, o público distante. O lugar cheirava a um casaco velho.

Quando os Stones tocaram, eu fiquei atrás do palco. As pessoas gritaram e aplaudiram, mas permaneceram em seus lugares. Olhei em volta e vi ao meu lado uma mulher usando uma blusa branca e uma saia de sarja azul. Seu boné dizia "Tipton Patrol", e ela carregava um taco lubrificado com mais de sessenta centímetros de comprimento. Saí pela frente, encontrei um lugar e me sentei.

Era uma noite triste em San Diego, mas não duraria muito, Jagger já havia cantado "Under My Thumb" e estava começando "I'm Free". Nessa atmosfera, parecia menos verdade do que nunca aquele homem dizendo que não dava a mínima, tentando convencer as pessoas de que elas eram livres.

Mas sendo majoritariamente jovens, elas adoraram aquilo e podem até ter acreditado. Mick cantou "Live with Me", cujo trecho "Don't you think there's a place for you – in between the sheets?"[55] incentivou uma corrida para a frente, todos os jovens dançando. "Little Queenie" foi a próxima, depois "Satisfaction". Uma garota que havia desmaiado foi erguida para o palco – ela, porém, estava acordada, uma menina mexicana, olhando ao redor descontroladamente, rolando a cabeça, e foi aí que percebi que era cega. Ela foi levantada para o palco e levada embora.

Quando "Street Fighting Man" começou, Mick disse, talvez sentindo o militarismo da cidade: "Algum dia, talvez, tenhamos que nos encostar na parede". Ele fazia um sinal de V com cada mão enquanto Keith rasgava os acordes de abertura: "Everywhere I hear the sound of marchin' chargin' feet, boys"[56]. Eu tinha saído do meu lugar e estava no palco, um policial de capacete ao meu lado colocava os dedos sobre as orelhas, com uma careta. No rugido, no lamento, quando a música terminou, Mick dançou na borda do palco fora do alcance das mãos apertadas, pulando como Little Bo Peep[57], jogando pétalas de rosa de uma cesta de vime. Quando elas acabaram, jogou a cesta, que fez um arco alto sobre a multidão, então saímos logo da arena, pulamos nas limusines, corremos de volta para o avião.

Não foi um show muito bom, mas foi breve e acabou. Estávamos indo para casa. Uma espécie de camaradagem havia começado a crescer entre aquele grupo que se sentava por um longo período em tantas casas ao redor de Los Angeles, aguentando todo o *hype* sobre nós. Nas primeiras turnês dos Stones, um pequeno contingente lutava contra o mundo. Agora, que estávamos passando a ser uma pequena banda contra o mundo dos policiais e promotores, lutando para fazer os ginásios dos Estados Unidos florescerem com uma paixão selvagem e jovem, estávamos começando a gostar da companhia um do outro. Quando nos sentamos, Keith ergueu um quinto de Old

55 "Você não acha que há um lugar para você – entre os lençóis?" (N.T.)

56 "Em todo lugar, ouço o som de pés marchando, cara." (N.T.)

57 Referência a "Little Bo Peep" (ou "Little Bo Peep Has Lost Her Sheep"), uma popular canção infantil inglesa. (N.T.)

Charter e disse: "Coquetéis, alguém?". Jagger tomou um longo gole e se inclinou sobre o encosto de Shirley para declarar: "Shirley Ann Shepherd, fã fiel dos Stones, segue seus heróis de Halland a San Diego".

Cerca de setecentos anos atrás, Halland era o pavilhão de caça do Arcebispo da Cantuária. Hoje era onde Charlie e Shirley viviam sua vida pastoral, com Merlin e Belle, os cavalos; Louise e Blackface, os gatos; e Jess, Tru, Jake e Sadie, os collies galeses. De Halland a San Diego era um longo caminho a percorrer em uma vida.

Enquanto taxiávamos, Ronnie Schneider, com lapelas e costeletas amassadas, inclinou-se sobre as costas dos assentos onde Mick e Keith estavam sentados e perguntou: "Vocês querem fazer outro show em Detroit?".

"Queremos", disse Keith sem hesitar.

"Com que rapidez eles se esgotaram?", perguntou Mick.

"Cerca de uma semana."

"Não, não se levarem uma semana", falou Mick.

"Mas esgotou sem promoção", disse Schneider. "O cara garante casa cheia."

"É o primeiro show da segunda metade", insistiu Keith. "Precisamos dos dois shows para esquentar."

"O cara está garantindo casa cheia..."

Mick ainda parecia duvidar. "Se houver um assento vazio, não continuaremos", avisou Keith.

Com o sinal de "Apertar os Cintos" e "Proibido Fumar" acesos, começamos a subir. "Senhoras e senhores", disse a bela voz do piloto, "agora estamos saindo do aeroporto de San Diego...", e a maioria das pessoas no avião pediu silêncio. Poderíamos tolerar esse tipo de coisa na descida, mas agora não dava para aturar a vida no nível do intercomunicador. Jaymes, sentado na frente, inclinou-se para dentro da porta aberta da cabine e perguntou: "Podemos dispensar isso, por favor?". Tudo ficou tão quieto que até Jagger teve pena: "Coitado, já tinha aquele discurso pensado. Diga a ele que o amamos. Nós te amamos!". Estávamos chegando ao topo de nossa subida para a altitude de voo, e Keith gritou: "É legal fumar?". A luz de "Proibido Fumar" se apagou e imediatamente meia dúzia de baseados começaram a circular na minúscula cabine, onde o espaço aéreo era tão limitado que logo todos deviam estar chapados, inclusive os pilotos. Mick falava sobre a garota cega que foi levantada no palco. “Todos aqueles caras estavam tão *doidões*”, ele disse. Era verdade, os Stones estavam pela primeira vez tocando para garotos sob efeito de drogas, quase todos doidões todas as noites.

Mick me entregou um baseado que logo passei para Charlie, alcançando-o no assento da janela ao redor de Shirley, que não fumava, mas respirava como todo mundo, de modo que ela virou seus lindos olhos vidrados para mim e perguntou: “Vai dedicar seu livro a mim?”.

Jo tinha me contado que Keith e Mick estavam pensando em ir para o Sul por alguns dias entre as metades da turnê. Ela sugeriu que eu poderia “dar uma ajuda”, então conversei com Mick sobre o assunto. Ele falou que se eles tivessem apenas alguns dias de folga, pois deveriam voltar a Los Angeles para gravar, então só iriam querer descansar, “cara, você entende o que quero dizer?”. Eu sugeri Mountain View ou Eureka Springs, Arkansas.

“De que tipo de música eles gostam?”

“Velhos violinos de montanha, saltérios de madeira de cerejeira feitos à mão. Em Mountain View, eles têm canções comunitárias todas as sextas à noite.”

“Seria legal? Haveria algum problema?”

“Não, nunca tive nenhum problema, é legal.”

“Quero dizer violência física”, Mick revelou, se aproximando. “Esse é o tipo de problema que nos metemos.”

Comecei a perguntar por quê, então olhei além de Mick para ver, sentado ao lado dele, cabeça pendurada no peito, garrafa embalada na virilha, baseado pendurado na boca, o neto de Gus Dupree. “Oh. É. Keith.”

“Entende o que quero dizer?”, Mick acenou, rindo. “Então, ele sempre viaja com uma arma, sabe?”

Keith, que parecia estar dormindo, levantou-se e começou a se agarrar ao encosto do banco com Charlie, que estava sentado na frente dele, tentando proteger seu peito. “O beliscador de mamilos está de volta!”, Keith gritou.

“Depois de três anos”, disse Charlie, esquivando-se.

Shirley dizia: “Você pode colocar em seu livro que a sra. Watts foi mais uma vez brutalmente maltratada por um segurança”. Ela estava sentada com Astrid, e quando as duas se dirigiam para os bastidores, assim que os corredores começaram a se encher, um guarda não só a derrubou no chão como ainda foi chamar um policial de capacete para jogá-la para fora. O policial a reconheceu, e o guarda se desculpou, dizendo: “Eu não sabia quem você era”.

“Isso não é maneira de tratar nenhuma garota”, Shirley o repreendeu. Eu fiquei indignado com o abuso contra Shirley, mas não pude deixar de pensar que qualquer policial de sangue vermelho poderia cometer tal erro. Shirley adorava rock and roll e ficava animada e, quando isso acontecia, poderia ser confundida com qualquer adolescente bonita, o que era o suficiente para fazer um policial querer bater nela, eliminar seu lindo prazer que não tinha nada a ver com ele ou algo próximo a ele.

Então o sinal de “Apertar os Cintos” voltou a se acender, indicando nossa chegada a L.A. Voltei para casa com Charlie, Shirley, Bill e Astrid. Bill divagava sobre o problema de equilíbrio de som que afligia o pobre Mick Taylor, que não aumentava o volume de seus amplificadores. “Para obter um pouco mais de reação de quem gosta, Keith aumenta tanto no final que você não consegue ouvir as notas. Quando Brian estava lá, tocava mais alto do que Keith e equilibrava, mas agora Mick Taylor acha que é muito alto, e Keith até concorda: ‘É’, olhando para mim. Então o que você faz é fingir que abaixa, aí Keith abaixa e fica legal.”

Shirley, olhando para Bill como se estivesse pensando em outra coisa, comentou: “Li algo que dizia que tudo o que resta para os Stones agora é morrer antes dos trinta anos, e achei terrível, fiquei muito chateada. E então me lembrei de que o Bill já tem trinta anos, então tudo bem”.

Às 6h, liguei para casa e acordei Christopher. “Até agora, tudo bem”, contei.

“Posso comprar um vestido novo?”, ela perguntou.

Então fui dormir. Quando acordei, o problema estava esperando.

17

De old bee make de honeycomb
De young bee make de honey
De Good Lord make all de pretty gals
An' Sears Roebuck make de money[58]

Furry Lewis

"EU ME INSTALEI NO MEU ESCRITÓRIO, e eles estavam fora, provavelmente nos Estados Unidos, e eu pensando: 'Ah, quantos dias faltam para eu poder vê-los'", disse Shirley Arnold. "A essa altura, a correspondência dos fãs era ridícula, pilhas – você sabe, um saco de correios, tínhamos cerca de oito deles no escritório sem resposta. Costumávamos ligar para os Correios, e eles vinham em uma van para levar as cartas de volta. Acho que tínhamos em torno de dezesseis mil membros no fã-clube em cerca de três meses, então quando enviamos o boletim, tivemos de contar com pessoas para ajudar a endereçar os envelopes. Os fãs estavam chegando ao escritório, e eu ficava toda animada, porque estava lá trabalhando para os Stones. Então eles voltaram, entraram no escritório e disseram: 'Olá, como vai?'. Eles se sentaram e conversaram comigo, e eu pensei: 'Esta sou eu, dezesseis anos, trabalhando para quem eu quero, quem realmente amo, em torno de todos os fãs que me procuram com seus problemas e me escrevem cartas, então meio que mudei. No início, estava mais interessada em trabalhar para os Stones do que em qualquer outra coisa, então percebi que

58 A abelha velha faz favo de mel/ A abelha jovem faz mel/ O bom Deus faz todas as garotas bonitas / E a Sears Roebuck faz o dinheiro.

estava trabalhando para os fãs. Eu gostava dos fãs e estava genuinamente interessada neles, o que era uma coisa boa. Eles costumavam perguntar: 'Quem é o seu favorito?'. E eu dizia que não tinha um favorito, e acho que é por isso que eles gostavam de mim, porque se um fã do Mick entrasse, e eu dissesse que o Mick é o meu favorito, teria me odiado, porque eu estava lá dentro, trabalhando para eles. Meu salário era muito bom, e havia fãs que não tinham dinheiro, e eu costumava dar dinheiro a eles, levá-los para almoçar, comprar café para eles. Eu de fato os amava, não fazia isso para alguém agradecer, mas era legal, porque eu era fã, e acho que isso foi a melhor coisa, pois eu era das que gritava, por isso entendia os fãs."

Voltando dos Estados Unidos, os Stones foram do aeroporto de Heathrow a Oxford para um show na universidade, construída havia um ano, "e não pense que não tentaram cancelar", revelou Stu. Eles dormiram só no dia seguinte e se encontraram no próximo com um advogado para discutir a formação de uma empresa limitada e a mudança legal do nome do baixista de Perks para Wyman. Dois dias depois, fizeram um show de boas-vindas a noite inteira com pelo menos cinquenta outros artistas, não muito divertido, e "It's All Over Now", a versão da música que Murray Kaufman havia dado a eles, foi lançada. Então tiraram duas semanas de folga, e antes que o feriado acabasse, a *Melody Maker* noticiou que o disco era o single mais vendido na Inglaterra, o primeiro single número um dos Stones.

Na segunda noite depois que voltaram ao trabalho, eles tocaram no Queen's Hall, em Leeds, um lugar que já tinha sido uma garagem de bonde, mas agora era uma sala de concertos com um palco giratório. "Ele ficava no centro do salão, e eles precisavam correr para chegar ou sair de lá", disse Stu. "E novamente foi Brian quem marcou bobeira, pois eles tinham tudo planejado, uma gangue de seguranças em volta, só tinham que correr. Quatro deles se embolaram no meio dos seguranças. Mas Brian seguiu no palco, dormindo, fazendo qualquer coisa. Então os seguranças tiraram os quatro do palco enquanto todas as jovens iam atrás deles. Brian ainda lá em cima com sua guitarra e eu, que pegava os instrumentos e dava um 'foda-se' para aquilo. Aí Brian percebeu 'Ah, eles se foram', e entrou em pânico: '*Faça* alguma coisa'. E é claro que, em questão de segundos, as jovens perceberam que ele ainda estava lá e bum. Brian destruído novamente."

Brian já era pai de novo – Linda lhe dera outro filho chamado Julian – e às vezes ele parecia gostar disso. "Houve uma época que Brian e Linda iam se casar", lembrou Shirley Arnold. "Na verdade, eles disseram às pessoas que iam se casar. Isso foi depois do bebê – eles ainda moravam em Windsor. Sempre que vinham à cidade, eu cuidava do cachorro, um poodle branco chamado Pip. Um dia, eles vieram ao escritório e contaram que iam se casar, e Brian estava todo animado. Talvez ele quisesse se casar, talvez quisesse se estabelecer e saber a que lugar pertencia. Mas nunca conseguiu. Eu era amiga de Linda, e eles estavam ajeitando as coisas, Brian dizendo: 'Você vai ser a dama de honra principal'. Linda e eu saímos naquela tarde; ela estava procurando vestidos de noiva, e eu procurando vestidos de damas de honra – e não lembro o que aconteceu depois disso. Eles simplesmente terminaram. Ela decidiu ficar em casa com sua mãe, e eles se separaram novamente."

Tudo isso aconteceu com um coro quase noturno de gritos e ataques de intensidade variável. Uma noite em Londres, enquanto os Stones gravavam, Stu e eu conversamos sobre a vez que eles tocaram em Blackpool: "24 de julho de 1964, que quase foi a data da minha lápide", disse Stu.

"Eles saíram, e você teve que ficar lá, certo?"

"Sim, mas eles tinham acabado de sair, acredite em mim. Vou lhe dizer mais ou menos, o que acontece é que esta cidade na Escócia chamada Glasgow é a cidade mais tosca do mundo..."

"Do *mundo*?"

"É. Eu garanto. Eles batem em qualquer um, essas pessoas enfrentam os fuzileiros navais dos EUA, qualquer um, expulsam sem nenhuma dificuldade, porque vivem apenas para brigar. Eles não são covardes quanto a isso, não precisam andar em gangues, um cara pega três a qualquer hora que quiser. Em Glasgow, todas as fábricas e todas as empresas de construção fecham na mesma quinzena do ano. É a chamada Feira de Glasgow. Nessa quinzena, eles se mudam da cidade. Glasgow fecha, literalmente, e o resto do país treme.

"Um dos lugares favoritos deles é Blackpool. Muitos ficam sem dinheiro no final da quinzena, mas os que têm grana gastam tudo na última noite em bebida. Eles ficam bem bêbados – uísque, cerveja, uísque, cerveja, assim – e se alguém não tem dinheiro, bebe de quem tem. Quando estão fora de Glasgow, todos ficam juntos – e se alguém insultar um cara de Glasgow, todos pulam nele. Aí, desavisados, topamos fazer esse show no Empress Ballroom, que comporta cerca de seis mil pessoas."

"Vocês não sabiam disso na época?"

"Sabíamos como eles eram, mas não conectamos o final da Feira de Glasgow com Blackpool. Entramos na cidade, e ela estava absolutamente cheia desses doidos de Glasgow, e eu pensei: 'Ah, isso vai ser divertido'. Era a última noite, e assim todos eles, ou tantos quanto possível, dos que ainda estavam sóbrios às 20h até os que já estavam bêbados, se aglomeraram no Empress Ballroom. Houve algum tipo de acordo esquisito no qual policiais uniformizados não podiam entrar no salão de baile, algum tipo de acerto entre a polícia e as pessoas que operavam o local. A polícia ficou fora de vista nos bastidores, e eles estavam tremendo.

"A única coisa que nos salvou foi o palco ter cerca de um metro e oitenta de altura, e essas pessoas de Glasgow serem bem pequenas. Eles raramente têm muito mais de um metro e sessenta ou um metro e setenta. Na Alemanha, são chamados de anões venenosos, porque são tão pequenos e fazem tanto estrago. Todos esses regimentos de Glasgow, como o Black Watch, na Coreia e na última guerra, lhes deram todos os trabalhos mais mortais, porque nada é demais para eles, nunca fogem, simplesmente vão direto, eles adoram."

"Eu me pergunto por que eles são assim."

"Eu acho que é apenas uma maneira horrível de privação – é apenas Glasgow. Glasgow é um grande erro. Eles construíram esses conjuntos habitacionais fantásticos nos quais todos vivem. Mas, ao contrário da maioria desses prédios... quero dizer, um conjunto habitacional em Baltimore geralmente está inclinado e pronto para cair, os de lá não estavam. Foram construídos com granito durante a revolução industrial e ainda estão de pé. Eles teriam um trabalho infernal para derrubá-los. Sem água quente. Na verdade, não há água corrente nas acomodações, apenas nos corredores. Um banheiro para talvez três apartamentos. Com salários muito baixos. Muito suscetível ao declínio econômico, pois Glasgow cresceu em torno da construção naval e da indústria pesada e, em uma recessão econômica, isso simplesmente desaparece. É assim que essas pessoas são criadas. Você vai a Glasgow e vê uma fila de homens saindo de uma fábrica, todos têm cicatrizes, todos foram cortados, todos tiveram narizes quebrados. Lugar horrível.

"Nessa noite havia uma coisa contrária aos Stones rolando, não sei bem o que era, e eles estavam todos muito bêbados, de modo que o clima estava ficando cada vez mais desagradável, dava para sentir. Estavam realmente procurando incomodar e, eventualmente, alguns deles..."

"Qual era a distribuição da multidão? Havia algumas menininhas?"

"Não. Esses caras tinham suas garotas com eles, mas não eram as fãs de olhos grandes e cabelos compridos de Londres. Eram do tipo que carregavam facas. Os Stones tocaram uma música, e houve muitos aplausos e palmas e coisas assim, e um pouco de gritos, mas também muitos aplausos irônicos. Sem policiais, sem seguranças. No palco, estavam os Stones e somente um par de velhos seguranças uniformizados em cada canto. Outra coisa sobre esses caras em Glasgow: normalmente não vão até um cara e batem nele. Eles precisam de uma faísca – você tem que detoná-los. Acho que isso os manteve fora do palco, porque poderiam ter subido a qualquer momento. Alguns dos caras na multidão estavam vaiando – e Keith não suporta ser vaiado, nem um pouco, então ficou dizendo 'Ah, vão se foder' para eles, e eles podiam ouvi-lo. Então começaram a cuspir, e, no final, Keith estava literalmente coberto pelos cuspes desses cascas-grossas na frente dele.

"Eu conseguia ver tudo isso acontecendo. Estava de pé no lado do palco mais próximo de Keith quando ele começou a trocar insultos com esses caras. Eu pensei: 'Certo, eles tocam mais uma música e vão sair se tiverem sorte'. Havia um cara bem na frente, um pouco mais alto que o restante, e ele cuspiu em Keith, que simplesmente chutou sua cabeça. Certo, é isso. Boa noite. O salão inteiro explodiu. Um dos caras deles foi chutado, e essa foi a faísca. As reações deles são bem rápidas, então ele provavelmente desviou a tempo. Fiquei surpreso que não tenham agarrado a perna de Keith e o puxado do palco. Ele não estaria aqui agora, se tivessem. Keith ainda pensava que era Deus e que poderia chutar um desses caras e se safar, mas eu estava ao lado dele – enquanto os outros já tinham se virado, percebendo que teriam que correr do palco – eu apenas o empurrei e disse: 'Pelo amor de Deus, saia daqui enquanto ainda está vivo', e saí também.

"Os policiais cuidaram deles, e, felizmente, entre a área dos bastidores e o resto do salão havia algumas portas bastante pesadas. Podíamos ouvir os pratos voando, baques enquanto todos os amplificadores eram quebrados, e então houve o estrondo mais glorioso de todos os tempos – havia um piano de cauda no palco. Os policiais seguraram o suficiente até que foi necessário pedir reforços. Enquanto isso, não chegavam nem perto, não queriam nem olhar para esses caras. Só depois que havia cerca de cinquenta deles, aí entraram com cassetetes. A essa altura, muito daquela fúria havia esmaecido. Charlie não estava usando sua bateria, tinha pego emprestado um kit de um cara que estava sentado lá, chorando, seu lindo kit Ludwig – nunca mais o vimos, só sobrou um prato. Eles não roubaram, apenas destruíram tudo. Dos amplificadores, só restaram pedaços de madeira, e acho que conseguimos um chassi de alto-falante. Sem nenhum cone nele, e isso era tudo. Todo o resto foi totalmente mutilado. Eles levaram cerca de uma dúzia de pessoas para o hospital. Como não conseguiram pegar os Stones, começaram a brigar entre si.

"Tínhamos reservado um hotel em Preston, que fica a cerca de trinta quilômetros pela estrada. Dirigimos até a delegacia, os meninos tinham seus próprios carros lá. Os policiais andaram em volta do hotel a noite toda."

Em uma entrevista após Blackpool, os Stones a chamaram de "a noite mais repugnante de suas vidas". Mas que diferença faz se alguém é dilacerado por seus inimigos ou amigos? Uma semana depois de Blackpool, eles foram para a Irlanda do Norte. "A primeira vez que fomos à Irlanda", relembrou Stu. "Tocamos em Belfast, e toda a cidade apareceu, de forma que os rapazes não conseguiam chegar perto do Ulster Hall para entrar. E quando entraram, não havia como se proteger no palco, que se estendia por toda a largura do salão. Os jovens se espalharam por todos os lugares. Muitos deles se feriram. Foi horrível. O show durou doze minutos. Os policiais não queriam que continuasse. Havia espaço para se sentar atrás do palco, e estavam subindo até lá, de ambos os lados, por trás dos Stones, os deixando cercados. Que noite. Nunca esteve tão perto. Deveríamos ter sido mutilados naquela noite."

Em 7 de agosto de 1964, os Stones foram à TV House, Kingsway, Londres, para participar de *Ready, Steady, Go!*. Um grupo de vinte policiais e outros mais em motocicletas tentaram controlar a multidão que esperava do lado de fora, mas as garotas romperam as linhas policiais após o show enquanto a banda corria para sua limusine. Um policial saiu de sua motocicleta e subiu no Austin Princess dos Stones para impedir que os fãs entrassem. Quando o motorista foi embora com o grupo, uma das portas do carro se abriu, derrubou um policial, atingiu um poste de luz, e os fãs a arrancaram de suas dobradiças.

Os Stones voaram para a Holanda para um show em Haia. Embora houvesse policiais no palco, depois de três músicas, os fãs atacaram, e era hora de terminar, senhores. De volta à Inglaterra, no Tower Ballroom, em New Brighton, tocaram num salão de baile no topo de uma torre, "o palco era tão alto que tiveram que usar um bloco e um guincho para colocar o equipamento lá", disse Stu. "Os jovens estavam pressionando a frente, ficando embaixo do palco onde não viam nada, e o problema começou." Uns duzentos desmaiaram e outros cinquenta foram expulsos por brigar. Uma garota puxou um canivete para dois guardas que tentavam dominar seus dois amigos, e quatro guardas foram obrigados a desarmá-la e carregá-la para fora do salão.

No próximo lugar que os Stones tocaram, o Palace Ballroom, em Douglas, na Ilha de Man, o único cão policial da ilha estava no palco para protegê-los de sete mil adolescentes. O animal, porém, se empolgou com a música e os gritos e foi retirado, rosnando para a multidão e os Stones. "Achei que ele ia me morder", disse Mick.

No ABC Theatre, em Hull, duas dúzias de jogadores de rúgbi formaram uma fila em frente ao fosso da orquestra. No entanto, quando Mick foi caminhar pela beira do fosso sacudindo suas maracas, uma garota o agarrou, abraçando suas pernas, e ele caiu lá. Rastejou de volta ao palco ileso.

Parte do charme dos Stones era que eles viviam em uma atmosfera de perigo, e se alguém se aproximasse deles também não estava a salvo. Perto do final dessa turnê, no Gaumont Theatre, em Ipswich, Stu testemunhou quando "a barreira na frente do palco desabou, e uma garota teve uma fratura nas costas. Eu a vi cair e a ouvi quebrar as costelas. Mas vários desses casos você nem ouvia falar. Apareciam nos jornais locais no dia seguinte, e isso era tudo".

Charlie Watts e Shirley Ann Shepherd mal tiveram tempo de se casar (secretamente, por um juiz de Bradford) antes de os Stones partirem para aparições na televisão belga e francesa e fazer seu primeiro show no Olympia Theatre, em Paris. "Ainda nessa época", Stu contou, "Brian estava pensando em si mesmo como líder, porque ele queria um amplificador maior que o de Keith. Um dia antes de irmos para a Bélgica, eu me lembro de dirigir especialmente para comprar para ele um amplificador do mesmo tamanho que os Beatles usavam, apenas para manter sua pequena mente galesa feliz".

Com um show de sucesso em Paris no currículo – um porta-voz do Olympia disse que o teatro sofreu danos no valor de 1,4 mil libras –, os Stones voltaram para casa e tiveram um dia para fazer as malas antes de partir para seu segundo ataque aos Estados Unidos. Nesse período, eles tinham quatro discos nas paradas britânicas, incluindo um novo EP, "Five by Five", gravado no Chess. Onde quer que houvesse paradas de discos populares, os Stones estavam nelas.

Tentando compensar os erros da primeira turnê nos Estados Unidos, o grupo começou aquela temporada aparecendo, após ensaiar por dois dias, no *The Ed Sullivan Show.* "Colocamos na cabeça que Ed Sullivan era a coisa certa a se fazer", recordou Stu. "A única coisa que valia a pena fazer." *The Ed Sullivan Show,* no início chamado *The Toast of the Town*, exibido todo domingo à noite por vinte anos, foi a fênix do *vaudeville*, trazendo para a televisão norte-americana a mais variada coleção de apresentações que se poderia imaginar, os melhores dançarinos de balé e cantores de ópera fazendo dois minutos e meio, comediantes, malabaristas, atos de animais... todas as estrelas que chegaram ao topo, porque, em seu tempo e lugar, o show de Sullivan era o topo.

Quando os ensaiados Stones se apresentaram no programa, a recepção dos fãs dentro e fora do teatro foi tão entusiasmada que Sullivan disse que nunca mais os chamaria. Os Stones ficaram satisfeitos, sabendo que isso provavelmente significava que seriam convidados a voltar. No dia seguinte, eles voaram para Los Angeles. Tocaram em Sacramento, depois tiraram um dia de folga, notando que nos cinco meses que estiveram fora, os homens haviam deixado o cabelo crescer.

Depois de ensaiar por dois dias no Santa Monica Civic Auditorium, os Stones apareceram no Teen Awards Music International (T.A.M.I.), gravado diante de uma plateia por um novo processo chamado Electronovision. A banda fechou o show após performances de, entre outros, Beach Boys, que não falaram com eles; Marvin Gaye; The Supremes; The Miracles; Chuck Berry, que até foi agradável, conversando com eles e dando a Wyman um par de abotoaduras; e, finalmente, James Brown, que declarou que faria os Stones desejarem nunca terem saído da Inglaterra. Eles nunca tinham visto James Brown. “Os jovens estavam comendo na mão dele”, disse Stu. “Mick e os outros tremiam, tendo que tocar depois daquilo. Mas tocaram, foram com tudo e tocaram.” Foi uma de suas apresentações mais animadas; até Wyman se moveu um pouco.

Nos dias seguintes, os Stones fizeram shows em algumas cidades do sul da Califórnia, gravaram seis músicas no RCA Studios em L.A. com Jack Nitzsche, que havia trabalhado com Spector e conduziu a orquestra de palco no show do T.A.M.I., e depois partiram para Cleveland. Lá, foram precedidos por um discurso do prefeito na rádio da cidade, informando aos cidadãos que os Rolling Stones faziam apresentações imorais e que nenhum adolescente deveria ter permissão para vê-los. Apesar disso, o show teve pouco público, talvez porque nessa noite Lyndon Johnson foi eleito presidente dos Estados Unidos pela maior porcentagem de votos populares da história do país até então. Em seguida, Nova York, o Astor, depois Providence e um cinema onde nunca havia ocorrido um show ao vivo. A gerência cobriu o fosso da orquestra com compensado fino e, quando os Stones começaram a tocar, as garotas correram pelos corredores, pularam no compensado e desapareceram no fosso.

Os Stones voltaram de trem para Manhattan naquela noite, descendo na Grand Central Station, onde os carregadores negros gritaram: "Vocês são os Beatles?", e os Stones devolveram: "Vocês são os Harlem Globetrotters?".

Eles ficaram em Nova York pelos próximos dois dias, mas não fizeram mais shows. Com um novo single, "Time Is On My Side", de um novo álbum, *12x5*, nas paradas norte-americanas, fizeram uma simpática visita à London Records. Naquela noite, Brian e Bill foram a um clube de jazz em Greenwich Village onde conheceram Julian Adderley, chamado "Cannonball" por causa de sua corpulência, um sujeito de enorme apetite, considerado por alguns músicos o maior saxofonista alto desde Charlie Parker e o homem que inspirou o nome de todos os filhos de Brian.

À meia-noite do dia seguinte, os Stones voaram para Chicago, onde passariam a maior parte da próxima semana – Brian, na íntegra. No primeiro dia, eles voltaram ao Chess Studios e gravaram cinco faixas. Entre as que concluíram, Stu disse: "havia uma coisa chamada 'Stewed', que Brian não tocava. Ele estava chateado. Mas eu acho que isso nunca foi lançado, era apenas um instrumental. E acho que a grande e misteriosa 'Key to the Highway' – nós sabemos que gravamos, mas não conseguimos encontrar. Eu a ouço na minha cabeça. Mas ninguém tem uma cópia, nunca foi lançada, e a Decca diz que não tem. Lembro-me de tocar nela".

Nos quatro dias seguintes, dedicados principalmente a entrevistas, os Stones estiveram em Chicago, dando uma rápida escapada a Milwaukee para uma recepção com a imprensa para a promoção das suas apresentações na cidade. Brian não participou do par de shows em Milwaukee, nem do feito na noite seguinte em Fort Wayne, Indiana, com as Shangri-Las e uma banda de cabelo verde. Também ficou de fora do próximo, em Dayton, Ohio. Brian havia permanecido todo esse tempo em Chicago, no Hospital Pasavant, com 40 ºC de febre, delirando, segundo os médicos, por causa de uma bronquite e de exaustão extrema.

"Ele estava bastante doente, sim", disse Stu, "mas não fez nada para se ajudar, piorando ao tomar coisas em excesso, além de geralmente se comportar de forma muito estúpida. Digo uma coisa, quase foi expulso ali mesmo. Ele realmente não havia contribuído com nada naquelas datas de gravação. Estava chapado ou chateado ou apenas doente, e eles se cansaram dele".

Sem Brian, os Stones continuaram viajando quase 650 quilômetros de Dayton a Louisville, Kentucky, de ônibus. Fizeram dois shows no Memorial Auditorium, enviaram seu equipamento de volta a Chicago, dormiram em Louisville e seguiram o equipamento na manhã seguinte. Eles agendaram dois shows no Aire Crown Theatre, em McCormick Place. "O Aire Crown Theatre tem um desses palcos que se erguem do poço", mencionou Stu, "então Brian decidiu que estava bem e que ia sair do hospital. Aí pensamos que seria legal se não fizéssemos qualquer anúncio, simplesmente iríamos sair do poço com Brian tocando, e os fãs ficaram doidos."

Os Stones voaram no dia seguinte para Nova York, onde tiraram uma foto para a capa da *Cashbox* e foram levados para almoçar, conhecer boates e também viram uma versão bruta do show do T.A.M.I. Na sequência, de volta à Inglaterra, um novo single foi lançado, "Little Red Rooster", música feita anteriormente pelo mestre do blues Howlin' Wolf. Embora não fossem novas, começaram a surgir as notícias do casamento dos Watts, às quais Charlie negava. Era uma pequena mentira; afinal, os Stones mal tinham tempo para ficar em casa. Havia muitas garotas se você quisesse, mas pouquíssima vida doméstica.

"Brian terminou com Linda", disse Shirley Arnold, "mas ele não acabou, ponto final. Eles costumavam voltar, mas quando terminavam, havia muitas garotas".

Brian raramente tinha notícias de Pat, a garota que o deixou após Jagger ter ficado com ela, e seu filho. "Brian tinha umas cartas", falou Shirley, "o que significava que eu tinha acesso a algumas, pois todas as cartas que eram enviadas a eles passavam por mim, e eu respondia. Acho que ele estava pagando algum dinheiro para ela toda semana. Certa vez, ela enviou uma carta com uma fotografia do bebê – bem, ele estava crescendo na época –, era igual ao Brian. Não era uma carta muito legal. Era Natal, e ela dizia: 'Esta é uma fotografia do seu filho. Você enviaria a ele uma máquina de escrever... uma máquina de escrever para crianças?'. Falei a Brian sobre isso, e ele respondeu: 'Tudo bem, você pode mandar, mas diga que abriu a carta e que a enviou'. Então fizemos isso".

Em 6 de janeiro de 1965, os Stones voaram para a Irlanda, deram entrevistas, participaram de um programa de televisão e fizeram dois shows em Dublin. "Outra dessas ocasiões que Brian se separou de todos os outros quando tentavam sair do teatro e se perdeu na multidão", disse Stu.

"Ele gostava muito de ser assediado", ressaltou Keith. "Sentia muito medo, mas também costumava curtir bastante. Ele exigia ser cercado por seguranças fortões, aí tirava a jaqueta e 'Agora. Agora. Agora. Agora!'"

De Dublin, os Stones foram de carro para Cork, duzentos e cinquenta quilômetros, passando por pessoas com burros, como se voltassem centenas de anos. O número de séculos foi revelado quando pararam numa "velha loja de roupa, espécie de excedente do exército, numa pequena aldeia na estrada para Cork. Entramos", lembrou Keith, "e um velho irlandês agarrou as bolas de Brian e o arrastou para fora, apontou para a torre da igreja, havia uns buracos enormes nela, e ele disse: 'As bolas de Cromwell fizeram isso, agora deixe-me ver o que vou fazer com as suas'. Então Brian tirou o pau para fora e mijou em cima dos casacos velhos e todo o resto. Saímos correndo da loja e pulamos no carro, e – era muito velho, aquele cara –, de repente, ele saltou do outro lado da rua, subiu no capô do carro e passou a chutar o para-brisa com suas botas enormes". Andrew rasgou o chapéu do homem, e corremos para os shows em Cork.

Nos dois dias seguintes, já de volta à Inglaterra, os Stones tocaram no Hammersmith Commodore em um show com Marianne Faithfull. Fizeram dois programas de televisão e então partiram para uma turnê pela Austrália e Extremo Oriente, parando em Los Angeles para gravar "The Last Time", tirada por Mick e Keith de uma velha canção gospel.

Eles deixaram Los Angeles de manhã cedo para uma viagem de dezoito horas até o aeroporto de Sydney, onde centenas de fãs, a maioria meninas bronzeadas em shorts justos, estavam passando por cima das barricadas da polícia para ver os Stones. Em Sydney, Mick conheceu parentes que mal sabia que existiam, pessoas com nomes como Shopp e Pitts. Sua tia, cujo sobrenome era Scutts e que ele havia conhecido no ano anterior, quando ela visitou a Inglaterra, recebeu uma carta da mãe de Mick dizendo: "Eu sugiro que use protetores para os ouvidos porque no último show que fui, meu médico precisou tratar meus tímpanos perfurados".

Os Stones ocuparam um andar inteiro no Chevron Hilton, com uma excelente vista do porto de Sydney e das fãs do lado de fora. "É onde você fica em um hotel Hilton e a equipe manda as garotas até você em vez de tentar mantê-las fora", disse Stu.

"Um número incrível de garotas lá", comentou Keith. "Em Melbourne também, naquele hotel esquisito, todo de vidro. Bill combinava com o porteiro ao telefone: 'Envie-me aquela de rosa'. Ele ficou com nove em um dia, sem brincadeira, passou o dia todo sentado em seu quarto olhando pela janela e falando com o porteiro do corredor: 'Não, aquela não, aquela com o cabelo loiro, não aquele horror'. Costumava repreendê-lo por enviar as feias. Foi em Melbourne ainda que continuamos ligando para aquele DJ cego e pedindo músicas como 'I'm Beginning to See the Light'."

Depois dos bem-sucedidos primeiros shows australianos dos Stones, eles partiram para a Nova Zelândia. Chegaram a Christchurch abaixo de um aguaceiro, fizeram uma coletiva de imprensa e foram para o melhor hotel da cidade, que era terrível. "Nosso hotel tem poucos banheiros", disse Mick à plateia no dia seguinte no Theatre Royal, "então não podem nos culpar se cheirarmos mal". Eles contrataram três guarda-costas para a Nova Zelândia. Perderam o primeiro em Christchurch quando um cão policial o mordeu; perderam o segundo quando seu braço ficou preso em uma porta; e o terceiro, não podendo cuidar de todos eles sozinho, foi embora.

Às 7h30min, os Stones voaram para "Invercargill, o cu do mundo", falou Keith. "A cidade mais ao sul do mundo."

"Daria para colocar sua cama no meio da rua às 17h e nada o incomodaria", apontou Stu. O público do Civic Theatre estava tão morto quanto a cidade, e os Stones interromperam a apresentação.

Eles ficaram dez dias na Nova Zelândia, com um clima de quase 38 ºC, sendo impedidos de entrar em hotéis, observados em silêncio de pedra pela multidão em Dunedin, bombardeados com ovos pelos fãs exuberantes em Auckland – e com Brian e Bill realizando uma competição entre as pernas bronzeadas.

"Eles eram os únicos que tinham o hábito de sair procurando ativamente", revelou Stu. "Bill costumava ser o primeiro a encontrar algo, e então Brian vinha atrás."

"Bill tinha uma compulsão absoluta", disse Keith. "Ele tinha de ter uma garota, senão não dormia, ficava com saudades de casa, começava a tremer, desmoronava completamente se não tivesse algo na cama com ele, não importa o que fosse."

Os Stones retornaram à Austrália para mais shows em Melbourne, Adelaide e Perth. Em uma festa depois de uma das apresentações de Adelaide, Bill pegou uma garota, e, novamente, Brian a roubou. Ela estivera no quarto de Bill no Akabar Motel, mas foi embora com Brian, deixando o casaco e o suéter. Quando voltou para pegá-los na manhã seguinte, Bill disse a ela para olhar pela varanda. Suas roupas estavam na piscina do andar térreo.

No dia seguinte, em Perth, no fim daquela primeira turnê na Austrália, Bill, cuja suíte era contígua à de Brian, entrou pelas portas de ligação no quarto do guitarrista, onde Brian já estava deitado, prestes a ficar com uma garota, sentada ao lado da sua cama de sutiã e calcinha. Bill os cumprimentou alegremente, sentou-se ao lado dela no quarto escuro, sussurrou em seu ouvido, e eles foram embora juntos. Aquelas garotas não conseguiam se entregar rápido o suficiente, mas tirar uma de sua cama era engraçado, e as pessoas faziam com que Brian soubesse como era engraçado.

Após terem passado por Cingapura e Hong Kong, onde fizeram shows, os Stones retornaram a Los Angeles. Charlie reencontrou-se com Shirley, que estava esperando por ele; Mick regravou a voz de "The Last Time"; Wyman voou de volta para casa, e logo todos seguiram seus vários caminhos. Um dia antes de "The Last Time" ser lançada na Inglaterra, o grupo reuniu-se lá para fazer uma transmissão ao vivo da música na televisão. Milhões de telespectadores viram Mick arrastado por fãs da tribuna, torcendo o tornozelo, sendo esfaqueado por saltos agulha.

Os Stones tiraram quase uma semana de folga antes de iniciar uma nova turnê, a quinta na Inglaterra, com "The Last Time" e *The Rolling Stones nº 2* no alto das paradas. A turnê terminou em um de seus melhores momentos, a Fraqueza de Wyman *versus* um certo posto de gasolina nas proximidades de

Stratford. "Não teria dado em nada", lembrou Stu, "se não fosse por algum líder de clube juvenil idiota e superzeloso que, por acaso, enchia a bunda de seu Morris 3 com seis litros de querosene".

Passada mais uma semana de folga, eles iniciaram uma curta turnê escandinava, voando para Copenhague, onde ocuparam todo o décimo nono andar do Grand Hotel. "Temo", disse Stu, "que o Grand Hotel, que ainda é o melhor de Copenhague, desde aquela semana nunca mais aceitará ninguém com cabelo comprido. Dezenove andares acima, eles jogavam garrafas vazias pela janela. Para os fãs lá embaixo".

Durante o ensaio em Odense, Mick recebeu um choque elétrico enquanto segurava dois microfones e caiu sobre Brian, que caiu sobre Bill, que ficou inconsciente. Todos se recuperaram, e o show continuou. Depois de mais apresentações, mais aparições na televisão, mais garotas e do despejo de um hotel de Gotemburgo, os Stones voltaram para a Inglaterra. Desfrutaram alguns dias sem trabalhar, fizeram um programa de televisão e fecharam o Show dos Vencedores da Votação da *New Musical Express* no Estádio de Wembley. No dia 16 de abril, voaram para Paris a fim de tocar no Olympia Theatre – além de já terem tocado lá antes, a cidade não era especialmente empolgante. Diane Wyman e Stephen foram junto com Bill. Já Brian estava acompanhado de uma modelo francesa chamada Zouzou. Depois de um dos shows, uma garota apareceu nos bastidores. Ela disse, com um sotaque do norte da Itália que soava alemão, que seu nome era Anita. Era modelo e tinha atuado em filmes italianos. Alguns anos antes, quando tinha dezessete anos, havia ido para os Estados Unidos e morado em uma casa em Greenwich Village, onde também viveram os poetas Frank O'Hara e Allen Ginsberg; na época, ela estava morrendo de medo. Agora não tinha mais dezessete anos e não estava mais morrendo de medo. Brian não sabia nada sobre aquela garota, sequer que morreria apaixonado por ela.

18

Quase todos que escreveram sobre Bolden continuaram... dizendo que era barbeiro e, além disso, editou um jornal de escândalos chamado *The Cricket*. Esses fatos infundados tornaram-se parte da lenda... A viúva de Buddy, Nora, disse que "...ele não publicava escândalos e não era barbeiro, embora bebesse muito e frequentasse barbearias".

Donald M. Marquis: *In Search of Buddy Bolden*

ENTRANDO NO ESCRITÓRIO PARA SABER quando sairíamos para o show daquela noite, colidi com Schneider, que perguntou, num tom mais abrasivo do que o habitual, se eu tinha falado com meu agente. "Se você não conseguir algo até amanhã, não vai mais seguir com a turnê."

"Espero que Mick tenha algo a dizer sobre isso", rebati, olhando para o pescoço dele, lembrando a mim mesmo que estrangulá-lo provavelmente causaria problemas.

"Quando você falou com Mick?"

"Todo dia."

"Bem, está ficando caro carregar todo mundo."

"Ficarei feliz em pagar minha conta."

"Não, mas há várias pessoas falando sobre contratos, e eles não aparecem."

"Eu não sou uma dessas pessoas."

"Então por que não resolve isso?"

Eu argumentei que essas coisas levam tempo e fui para a sala fervendo de raiva. Meses depois, quando ele estava bêbado na atmosfera subaquática de um restaurante moderno no porão de Londres chamado Barracuda (iluminado por tanques de água verde contendo peixes assassinos preguiçosos e de olhos frios), Ronnie explicaria que sua técnica de negócios derivava de movimentos sexuais clássicos do Ensino Médio: fora do sutiã, dentro do sutiã, e assim por diante. Eu o vi pisando forte, só esperando para arrancar pedaços do meu livro.

Em um canto da sala, um aparelho de televisão dava as notícias, inundando o ambiente com os horrores das guerras orientais, assassinos do zodíaco. Charlie, num dos sofás, estava assistindo, com seu sorriso agradável e espantado.

Ronnie entrou na sala vindo do escritório, onde estivera gritando ao telefone, e sentou-se na cadeira ao lado da minha. “Por que não consigo falar com seu agente no telefone?”, ele perguntou. “Ele não retorna minhas ligações.”

Na última vez que Ronnie me falou isso, eu disse: “Ele também nunca retorna as minhas”. Mas agora, reagindo, perguntei: “O que você faz pelos Stones, Ronnie? Ou é para Klein? Para quem você trabalha?”.

“Eu não faço nada para Klein”, Ronnie rosnou. “Trabalho para os Stones.”

“E o que faz para eles?”, questionei, soando como um promotor.

“Eu sou uma *groupie*”, Ronnie disse, levantando-se e falando por cima do ombro enquanto saía da sala. “Sou doido pelos corpos deles.”

Quando ele saiu, Charlie perguntou: “Você não gosta do Ronnie?”.

“Você gosta dele?”

“Ele não é tão ruim, na verdade.”

Ele era bastante ruim para mim.

No aeroporto de Burbank, tivemos que esperar porque o avião (emprestado para nós pelo formidável Jon Jaymes) não estava pronto. Todos, exceto eu, se juntaram aos Stones no restaurante. Eu não queria estar com Jagger onde ele pudesse ser influenciado por Schneider.

Na sala de espera, um homem de terno, carregando uma pasta, disse a outro, vestido da mesma forma, enquanto apontava para um jovem alto e loiro parado à frente deles em uma fila para o balcão de passagens: “É Jagger, o cantor dos Stones”.

"Ah, é?", falou o segundo terno. "The Gallstones?"

Enquanto escrevia esse diálogo em meu caderno, Jo Bergman apareceu ao meu lado. "Pensei que você não tivesse chegado", disse ela.

"Não, aqui estou eu."

"Você... o que está acontecendo entre você e Ronnie?"

"Nada", respondi. "Ronnie não entende e não se importa com o que estou tentando fazer, e não vou discutir isso com ele."

"Ele pode surpreendê-lo", lançou Jo.

"Em um beco escuro", retruquei.

"Vamos falar sobre isso amanhã."

O avião estava pronto. Era gigante para o nosso grupo (embora o contingente dessa noite incluísse amigos, cozinheiros, *groupies* e a Ikette de Mick), um Boeing 707 da Air California, com 115 lugares e três comissárias de bordo com xales laranja, todo nosso até as seis da manhã. Depois do show em Phoenix, íamos a Las Vegas para alguma ação noturna.

Jagger e Keith se amontoaram com Sam Cutler na parte de trás do avião, depois Mick se juntou à Ikette alguns assentos atrás de mim e ofereceu a ela um pouco de cocaína na parte de trás de uma revista. "Experimente, você vai gostar", disse ele, cheirando numa nota de vinte enrolada.

Schneider se adiantou, conversou com Mick por alguns minutos, então veio até mim e descansou uma mão no braço da minha cadeira. "Mick diz que você tem que resolver a coisa", ele começou. Derrubei meu caderno e agarrei suas lapelas, olhando profundamente em seus olhos, pensando o quanto eu gostaria de jogá-lo para fora do avião. "Ronnie", eu disse, "me deixe em paz".

Eu o soltei e fui falar com Mick.

"Não se preocupe, cara, não dê ouvidos a ele. De uma forma engraçada, ele quer resolver tudo para você. Quero dizer, ele quer que isso aconteça."

"Nós também", eu respondi, esperando estar certo, "mas queremos fazer direito. Não quero que você pense que estou te ferrando..."

"Sei que não está me ferrando."

Ao descermos os degraus do avião em Phoenix, o ar frio da noite trouxe consigo o forte odor de esterco de vaca fresco. A Arena de Esportes tinha um clima de rodeio, com terra, não gelo, sob as tábuas do piso, e eu estava começando a relaxar. Passei por cima de uma corda esticada na porta dos vestiários, então Ronnie me parou. "O que Mick disse?", perguntou.

"Ouça, Ronnie, isso é um assunto pequeno para você, mas para mim..."

"Não, não é pequeno, mas seu agente não é bom, ele não resolve nada."

Comecei a responder, mas ele continuou: "Conheço alguém entre seus editores, então saberei que tipo de contrato você conseguiu".

Não havia como saber quando ele estava blefando, mas, para mim, ele era um blefe total. Estava tentando me impedir de fazer o meu trabalho, e eu tive que me segurar mais uma vez para não enforcar o bastardo. Ele então deve ter visto algo em meus olhos, porque disse: "Você não deve levar nada do que digo para o lado pessoal". Era verdade, eu não deveria, não mais do que uma líder de torcida no Ensino Médio deveria ter levado para o lado pessoal quando ele agarrou seus peitos. Eu me afastei. Ronnie não tinha nada, e eu tinha tudo a perder.

Chegamos tarde e perdemos os shows de abertura, Terry Reid e Ike e Tina Turner. Agora as luzes estavam apagadas, e Sam apresentou: "Da Inglaterra... os Rolling Stones". Mick deu uma volta pelo palco, acenando com o chapéu do Tio Sam, depois colocou-o na cabeça e começou a cantar "Jumpin' Jack Flash".

O show – apenas um essa noite – foi rápido. Eu tinha comentado com Jo sobre a maldade de "I'm Free", e, no caminho para o aeroporto, Glyn Johns, presente na turnê para planejar um álbum ao vivo, reclamava disso: "Mick recentemente se deparou com a palavra *messiânico* e está bastante fascinado com isso. Está nessa nova música, 'Monkey Man', sabe. Ele pode ser tão messiânico quanto quiser, mas no que me diz respeito, quando ele diz que somos todos livres, está falando merda".

No avião para Phoenix, Jo disse a Mick, e Glyn a Keith, que os shows andavam arrastados, sugerindo cortar "I'm Free". A reação de Keith foi negativa – "Besteira", desdenhou –, mas eles deixaram a música de fora, e isso pareceu ajudar. O ritmo do show foi forte, embora a multidão parecesse quieta, quase dócil. Quando eles se levantaram, e os guardas, de uniforme azul e musculosos, começaram a sentá-los fazendo gestos de bater na cabeça com lanternas, Mick disse: "Por que eles não podem se levantar? Está tudo bem, vocês podem se levantar se quiserem". Então, nas últimas músicas, a multidão pulava e dançava, as garotas nos ombros de seus namorados, as pessoas estavam gritando e agitando, foi um *revival* do rock and roll. Mick parabenizou a multidão na frente. "Vocês *fizeram* isso", celebrou ele.

Por uma fresta na cortina dos fundos, um vaqueiro de chapéu de palha enfiava a cabeça queimada de sol, olhando para a multidão com admiração, como se estivesse sentado no campanário de uma igreja observando uma debandada de gado. O show acabou com as pétalas caindo enquanto corríamos para os fundos. Jon Jaymes, balançando os braços, nos direcionou para a coleção de carros alugados de Phoenix, e disparamos com adolescentes e policiais de moto até o aeroporto.

Em minutos estávamos no ar em direção a Las Vegas. Sentei-me para o voo. Mick estava parado no corredor ao meu lado com uma mala aberta, tentando tirar as calças. "É muito difícil agitar um público lento como esse", disse ele. "Você sente como se estivesse movendo um grande peso." Ele vestiu um terno xadrez preto e branco e um boné de tweed cinza, uma combinação que o fazia parecer uma paródia de um artista daqueles shows de variedades. "Não podemos tocar as coisas antigas. As pessoas no Forum querem as coisas mais modernas, do novo álbum, mas é difícil agitar audiências mais remotas. Eles querem ouvir os hits, mas tivemos problemas para organizar isso." Ele fechou a mala.

Quando entramos no Aeroporto Internacional de Las Vegas, vimos ao lado do portão uma fileira de máquinas caça-níqueis sendo alimentadas por um piloto e dois bêbados de terno que berravam e assobiavam para nós enquanto passávamos. Quatro táxis nos levaram para a Strip, entre os hotéis, clubes noturnos e cassinos com seus deslumbrantes letreiros neon que apagavam as estrelas, atraindo o norte-americano médio gerado pela Depressão com a promessa de que ele poderia melhorar tudo da noite para o dia. Os táxis pararam, e Jon Jaymes nos levou ao Circus Circus. Do lado de fora, as fontes jorravam e estalavam; dentro, espelhos divertidos esperavam para distorcer sua imagem. Enquanto nos reuníamos, incluindo as aeromoças, no saguão repleto de fotos de celebridades olhando para flashes, James abriu caminho, perguntando a um anfitrião do Circus Circus se eles gostariam de ter os Stones como convidados. “Certamente”, disse o homem. “Vamos colocar a foto deles na parede.”

Uma escada em espiral levava a uma sala circular gigante, decorada em vermelho, com números de circo acontecendo por toda parte. No meio da espiral, vimos em um palco abaixo de nós um equilibrista de espadas vestindo meia-calça preta e uma blusa branca. Keith o observou, com seus strass brilhantes, cabelo oleoso, e sorriu; uma luz, pequena mas intensa, brilhou nos olhos de Keith. Os olhos do espadachim brilharam de volta. “Oi! Eu te conheço!”, ele disse. “Vi você num filme, não?”

“Sim”, disse Keith.

Inclinando-se para trás, fechando os olhos, gesticulando as duas mãos com as palmas para cima, o equilibrista de espadas falou: “Cara, você é demais”.

“Você também, cara”, retribuiu Keith, virando-se.

“Fique... fique e veja meu show.”

Mas Keith, descendo as escadas, não olhou para trás. No fundo, havia caça-níqueis e vários tipos de mesas, os crupiês, todos de camisas listradas de vermelho e branco, olhavam para nós. Atacamos as mesas e as máquinas. Acima de nós, começou o show do equilibrista, duas espadas seguradas pelas pontas nos dentes do homem, ninguém olhando. Em uma mesa acima dos caça-níqueis, quatro mulheres que pareciam avós estavam dormindo. Mick e Keith jogaram blackjack. Subindo alguns degraus, cortinas pretas escondiam uma alcova sob uma placa que dizia: Jogo de Bola da Bela Adormecida Somente para Adultos. Não aguentei o suspense e passei pelas cortinas para encontrar um jovem atrás de um balcão onde bolas de beisebol estavam empilhadas em prateleiras. Cerca de cinco metros atrás dele havia um disco de metal verde com alguns centímetros de largura. Mais adiante, exposta em um sofá sob uma luz rosada, atrás de uma cortina de gaze, estava uma garota vestindo uma minúscula calcinha cor-de-rosa e um xale de chiffon.

“O que acontece?”

“Tente e veja”, ela disse. Comprei três bolas por um dólar e acertei o disco com a segunda. A música começou, e ela se levantou, uma garota grande e forte que, em tempos mais calmos, poderia ter ido para a cama ao pôr do sol e se levantado na manhã fria para tirar leite quente de vacas, mas que estava em Las Vegas retorcendo a pélvis para um estranho que acertou um alvo com uma bola de beisebol.

“Há quanto tempo você faz isso?”

“Muito tempo”, respondeu ela, rebolando.

No sistema de alto-falantes, uma voz feminina sensual disse: “Reúnam-se ao redor da Dingaling Room, onde muita diversão está começando a acontecer com Kay King and the Yum Yum Reunion”. A voz quebrou o feitiço. O bando dos Stones se reagrupou e saiu do Circus Circus, seguido por um homem de *smoking*, carregando uma câmera, perguntando: “Stones? Fotografia? Quais são...”.

Lá fora, sem táxis, alguém sugeriu que fôssemos ao International, uma grande e gigantesca pirâmide mais adiante. Então caminhamos, debilitados como na festa de casamento em *Madame Bovary* após aquele brilho desumano. Uma vez lá, homens em ternos de mohair e mulheres em casacos de pele ficaram nos encarando. Mais jogos de azar, alguns ganhando, não muito, mas ninguém perdeu demais. De volta a L.A. antes das 5h, dormimos antes do amanhecer.

Estivemos em Fort Collins, Los Angeles, Oakland, San Diego e Phoenix. Depois da decolagem daquele dia, ainda partiríamos para Dallas; Auburn University, no Alabama; University of Illinois, em Champaign; e Cow Palace, em Chicago, então de volta a L.A. Ficaríamos quatro dias na estrada. Liguei para Christopher, que havia combinado de ir ao show em Auburn com os Dickinson, mas que, segundo ela, tinha desistido porque estava doente. Falei para ela que pularia o show em Champaign e iria de Auburn para Memphis com os Dickinson. Christopher ainda estava trabalhando, e meu contrato de livro ainda não tinha chegado.

Mick apareceu à tarde para conversar com Jo e Ronnie sobre o show gratuito. Rock Scully estava vindo de São Francisco em breve para ajudar a fazer os planos para tal. Mick mencionou que ele e Keith iriam ver Little Richard em um clube naquela noite, e eu disse que poderia encontrá-los lá. Mas Jo foi jantar comigo, e, depois que voltamos, fiquei conversando com Stu, então não estava no clube quando Little Richard, enxugando-se no camarim após o show, fez para Mick e Keith o que parecia uma feliz profecia: “Os anjos estarão cuidando de vocês”.

19

Segunda-feira, 2 de agosto de 1965

Prezado Keith,

Vimos você na TV outra noite, e a primeira coisa que chamou nossa atenção foi seu adorável Hampton Wick[59]. Depois disso, pouco fizemos além de estudá-lo. Não estamos brincando; você tem uma ferramenta muito boa, como diz uma amiga nossa. Pela maneira como suas calças se projetam no zíper, descobrimos que você tem um belo equipamento. Às vezes esperávamos que você o sacasse ou algo assim, mas eles não têm câmeras de TV que possam focalizar algo tão grande, não é? Ei, diga a Mick que ele também não precisa se preocupar com o tamanho do dele; já notamos isso (bem, quem poderia evitar?). Nossos nomes favoritos para vocês são Keith, a Carne Gigante e Hampton Mick.

Keith, estamos falando sério; nós julgamos os meninos sobretudo por seus Hamptons, pois são excitantes de olhar e contribuem muito para um relacionamento saudável. Mal podemos aguardar até que você venha para a cidade em novembro, talvez então possamos descobrir mais sobre o que está dentro de suas calças.

Esperamos que você não ache que devemos receber tratamento mental ou ser afastadas antes de atacarmos homens ou algo assim. Nossa expectativa é que você simpatize conosco e concorde que o sexo deve ser apreciado abertamente, assim como todas as outras obras de beleza e engenhosidade. Gostamos de expor o que pensamos, enquanto outras pessoas ficam senta-

59 Hampton Wick é uma região suburbana de Londres. A rima de Wick com dick (pênis) acabou criando uma gíria para o órgão sexual masculino. Usualmente a expressão é reduzida para apenas "Hampton" para o mesmo significado. (N.R.)

das ali, encolhidas e inibidas por dentro, com medo de ofender alguém se disserem algo elogioso sobre seu Hampton ou, como no seu caso, sobre seus cabelos compridos.

Você gostaria de nos escrever de volta e confirmar nossas crenças sobre o seu Hampton Wick? Você diria, além de toda humildade, que é tão espetacular quanto suas calças nos levaram a acreditar? Sempre usa seu mastro do lado direito porque você é destro ou não faz diferença? Qual é a primeira coisa que VOCÊ procura em uma GAROTA?

Se estiver interessado, apareça, por que não, quando estiver em Chicago ou nos ligue. Nós duas temos dezoito anos e gostamos de usar suéteres justos. Achamos que uma menina deve usar coisas apertadas em cima para agradar um menino, e que um menino deve fazer o mesmo em baixo para nos agradar.

Então, por favor, não se esqueça de nos responder. E continue nos agradando vestindo essas calças bem apertadas.

Entre em contato conosco em:

Cinthia Plastercaster

Chicago, Illinois.

DEPOIS DE PARIS, OS STONES TIVERAM três dias em Londres para dormir um pouco e fazer as malas mais uma vez antes de voar para Montreal, deixando um rastro de gritos na pista de Heathrow enquanto seguiam para sua terceira turnê pela América do Norte. Em Montreal, tocaram para seis mil fãs, alguns dos quais atacaram o palco, acrescentando um familiar, mas sempre sedutor, elemento de perigo. No Auditório "Y", em Ottawa, a próxima cidade da turnê, trinta policiais no palco foram incapazes de conter o público de quatro mil, então puxaram os cabos do amplificador e disseram aos Stones para nunca mais voltarem.

A força de controle da multidão em Toronto não era tão paranoica, e os Stones se apresentaram para quatorze mil pessoas no Maple Leaf Gardens. No dia seguinte, dirigiram três horas até o Treasure Island Gardens, em London, Ontário, onde a polícia, alarmada com o espetáculo de três mil pessoas se divertindo, interrompeu o show durante a quinta música, inspirando o público, muitos dos quais tinham vindo de Detroit, a começar um motim.

Um dia depois, os Stones foram para Nova York, onde ficaram uma semana e meia. Compareceram a festas, viram Wilson Pickett no Apollo Theatre e tocaram em Worcester, Massachusetts, com as luzes da casa acesas e a polícia rondando o tempo todo. À tarde, eles fizeram um show na Academy of Music. À noite, seguiram no Convention Hall, na Filadélfia, fechando um espetáculo que incluiu Bobby Vee, Little Anthony and the Imperials e Freddy "Boom-Boom" Cannon, que havia dito, após a gravação que o grupo fez de "Tallahassee Lassie" ter vendido mais de um milhão de cópias, que ele nunca tinha estado em Tallahassee, mas agora achava que gostaria de ir. Os Stones gravaram sua segunda aparição no *The Ed Sullivan Show*, tiraram folga no dia seguinte, jantaram no Playboy Club, viram Dizzy Gillespie no Village Gate e visitaram um programa de rádio. Em 4 de maio, voaram para Atlanta, enfrentando um problema com o avião, cujos freios falharam ao pousar em meio a grandes nuvens de fumaça e fogo. O avião foi rebocado, e eles pegaram outro para Savannah, tendo de dirigir sob pinheiros e carvalhos com longos anéis cinzentos da planta barbas-de-velho até o Georgia Southern College Auditorium, em Statesboro, onde o sistema de som estava péssimo, o que não surpreendeu. Passaram a noite em um motel de Savannah (Charlie foi a Fort Pulaski pela manhã para ver as relíquias da Guerra Civil), voaram para Tampa e dirigiram para Clearwater, Flórida.

Charlie estava perdido sem Shirley e teve que ser instruído a trocar de roupa e lavar o cabelo. Bill e Brian tinham suas garotas (seu único outro interesse mútuo era a ficção científica), e Keith e Mick, quando não estavam se apresentando ou dormindo, compunham canções. Na Inglaterra, os Stones tinham dois LPs, dois EPs e seis singles em lançamento. Depois do primeiro, cada single continha uma música – o último tinha duas – compostas pelos Stones. *The Rolling Stones, Now!* e "The Last Time", os mais recentes álbum e single deles nos Estados Unidos, ficaram em quinto e nono lugar em suas respectivas paradas. Ainda assim, Keith e Mick não estavam conseguindo escrever uma música de sucesso que tivesse realmente uma característica deles, embora "Play with Fire", lançada como lado B – o lado do qual não se esperava sucesso – de "The Last Time", fosse tão inglesa quanto um disco de Muddy Waters e, ao mesmo tempo, sexualmente ameaçadora de uma maneira nada inglesa. Em Clearwater, os Stones tocaram em um tablado construído acima da segunda base do estádio de beisebol, terminando quatro músicas antes que os fãs invadissem o palco passando por três círculos de policiais.

De volta ao hotel, não havia nada para fazer em Clearwater a não ser se sentar à beira da piscina. Charlie queria estar em casa com Shirley. Bill e Brian estavam com duas garotas que tinham levado para o Sul como garimpeiros carregando cantis extras para o deserto. Mick e Keith trabalhavam em uma música que se desenvolveu a partir de um fracasso deles, na última vez que estiveram no Chess Studios, na gravação de "Dancing in the Streets" de Martha and the Vandellas. Keith não gostou da nova música porque a figura da guitarra era simplória, mas a canção expressava sentimentos reais em termos fortes e diretos. Enquanto Mick e Keith escreviam "Satisfaction", Brian estava batendo em sua namorada, uma aeromoça, e um dos gerentes da turnê deu um soco nele, quebrando uma de suas costelas.

Recuperado, Brian seguiu com os Stones na manhã seguinte para tocar em um estádio em Birmingham, depois voaram para Jacksonville, chegando ao Thunderbird Motel às 5h30min. Naquela noite eles tocaram no Jacksonville Coliseum, no dia seguinte voaram para Chicago e para uma coletiva de imprensa agendada no Sheraton Hotel. Porém, durante uma hora e meia, foram impedidos pelos fãs de entrar. Os Stones ficavam ligando para o hotel de um bar a alguns quarteirões de distância, tentando descobrir se já podiam entrar lá, aí então voltavam para o bar.

Naquela noite, eles tocaram no Aire Crown Theatre. No dia seguinte, passaram onze horas no Chess gravando quatro faixas: "Have Mercy", "That's How Strong My Love Is", "Try Me" e uma música de Nanker Phelge baseada nas mudanças de acordes de "Fannie Mae", de Buster Brown, chamada "The Under-Assistant West Coast Promo Man". Inspirada em um publicitário da London Records, a música falava sobre "o talento necessário por trás de cada banda de rock and roll", sendo lembrada anos depois por David Horowitz.

Nessa ocasião, os Stones tentaram, mas não conseguiram gravar "Satisfaction". Voaram para Los Angeles no dia seguinte e, no próximo, foram ao RCA Studios, onde começaram a trabalhar às 10h. Por volta das 2h15min, mais de dezesseis horas depois, tinham gravado seis novas músicas, incluindo "Satisfaction". Voltaram para o hotel, dormiram algumas horas, e então Andrew e o engenheiro da RCA, Dave Hassinger, retornaram ao estúdio e começaram a mixar as faixas. Eram 13h quando os Stones apareceram para regravar certas partes. Bill, Charlie e Brian foram embora às 21h, enquanto Mick e Keith permaneceram no estúdio adicionando os vocais até as 9h da manhã seguinte. Além de um novo álbum, eles tinham um single que seria o mais popular que já haviam feito.

Passaram o resto de maio de 1965 nos Estados Unidos. Tocaram em São Francisco, San Bernardino, San Diego; fizeram um programa de televisão chamado *Shindig,* trazendo Howlin' Wolf como convidado. Eu assisti ao show e pensei: "Não sei quem são esses caras, mas se estão com o Wolf, têm minha atenção". Tocaram ainda em Fresno, San Jose e Sacramento, onde ocorreram as habituais brigas, mas nada comparado ao confronto que houve em Long Beach, um dos mais sérios de suas vidas. "O mais assustado que já fiquei", revelou Keith. Com oito mil na Long Beach Arena, o show estava razoavelmente louco. Duas garotas caíram seis metros da galeria até o palco. Os Stones tocaram cinco músicas – aproximando-se do auge do período de "pegar o dinheiro e correr" – e dispararam pelos fundos em direção à limusine, Mick e Brian no banco da frente, os outros no banco de trás. Antes que pudessem sair, o carro estava coberto de corpos, o teto desmoronando, os Stones segurando-o enquanto o motorista tentava avançar o grande carro pela multidão. Finalmente policiais com cassetetes subiram no veículo, espancando os jovens para tirá-los dali, ferindo muitos deles. Depois de passar pela aglomeração, os Stones correram para um helicóptero que os aguardava. Como gafanhotos, os fãs cobriram o carro novamente, e a banda o viu ser despedaçado enquanto o helicóptero subia.

"Satisfaction" entrou na parada de Hot 100 Singles da *Billboard* no número 60 em 4 de junho. Nas duas semanas seguintes, os Stones, de volta à Grã-Bretanha, fizeram dois programas de televisão e uma turnê escocesa de quatro dias, de 15 a 18 de junho, em Glasgow, Edimburgo, Dundee e Aberdeen. Quando tocaram em Aberdeen, "Satisfaction" estava no quarto lugar na parada de singles da *Billboard*.

26 Alnwickhill Road
Edinburgh 9

Queridos fantásticos "Stones",

Achei que deveria parabenizá-los pelo seu fabuloso desempenho em Usher Hall, Edimburgo, na quarta-feira, 16, foi ótimo, na verdade, não consigo encontrar palavras para descrevê-lo.

Diga ao BRIAN que ele foi estupendo quando tocou o pandeiro, isso me deixou em um turbilhão.

Todo meu amor,
Jane

A Hard Day's Night e *Help!*, os dois filmes estrelados pelos Beatles, e *Don't Look Back*, o documentário sobre Bob Dylan, tinham sido lançados. Esperando que Andrew os ajudasse a se livrar de Easton e o estrelato do cinema os atingisse como um raio, os Stones estavam fazendo apenas turnês curtas. Em 23 de junho, viajaram pela primeira vez à Noruega. Os fãs que vieram ao aeroporto de Oslo para recebê-los foram surpreendidos por caminhões de bombeiros que os derrubaram com mangueiras de água de alta pressão. Os Stones tocaram para três mil no Messehallen, enquanto a polícia com cassetetes batia naqueles que não ficavam em seus assentos. Uma garota subiu ao palco, abraçou Charlie e desmaiou.

Eles tocaram também em Pori, Copenhague e Malmo antes de voar de volta para Londres. O filme dos Stones foi adiado novamente, e, exceto por uma turnê inglesa de três dias no meio do mês, eles não fizeram quase nada em julho. No dia 1º de agosto, estrelaram um show reservado no London Palladium. O *New Musical Express* relatou que a polícia e os porteiros usaram "métodos semelhantes à Gestapo" contra as meninas que tentavam se aproximar do palco, enquanto do lado de fora Mick chutou uma garota que atacou sua namorada.

O último EP britânico deles, intitulado "got LIVE if you want it", gravado em apresentações em Manchester, Liverpool e Londres, estava vendendo bem. Ele foi lançado na Grã-Bretanha só em 20 de agosto, após "Satisfaction" ter se mantido no número um na parada de singles da *Billboard* por três semanas. Os Stones fizeram algumas aparições na televisão e deram entrevistas de rádio para promover o disco, o que levou a *Newsweek* a descrevê-los como "sem gosto" e "lascivos".

Os Stones tinham, inacreditavelmente, agendado outro show em Blackpool. Mas, a pedido da polícia local e do comitê de segurança pública, ele foi cancelado, e os Stones foram então tocar em Scarborough.

Alguns dias depois, os jornais de Londres publicaram a notícia de que a Decca gastaria nos próximos três anos pelo menos 1,7 milhão de libras para financiar cinco filmes estrelados pelos Rolling Stones. Foi anunciado ainda que um norte-americano, o ex-contador Allen Klein, trinta e um anos, havia assumido a administração dos negócios da banda, substituindo Eric Easton, que recebeu "um aperto de mão de ouro".

"Ele serviu ao seu propósito – nós fizemos o máximo que pudemos na Inglaterra", disse Keith. "Podíamos ganhar mil dólares por noite, e isso era o máximo que se podia ganhar naquela época. Você pensa: 'Para que diabos precisamos dele...', porque era assim que as coisas eram. Seguir em frente."

O empresário dos Stones, Andrew Oldham, segundo os jornais, trabalharia com Klein como "gerente criativo". As publicações, porém, não mencionaram que Klein tinha sido uma descoberta de Andrew; ele viveu em um orfanato e na pobreza com seus avós, esteve no Exército, tornou-se um contador público certificado com uma bolsa para ex-soldados. Fez auditorias de gravadoras para alguns artistas, recebendo metade do valor de cada pagamento insuficiente que encontrava, e encontrou bastante. Fez uma auditoria na RCA Victor para Sam Cooke e tornou-se o empresário dele – mas Cooke foi baleado e morto em uma briga de motel com uma prostituta em Los Angeles. Primeiramente fazendo sucesso com o grupo gospel Soul

Stirrers, Cooke era um símbolo popular para os afro-americanos, e era tão natural para os Stones assinarem com o ex-empresário dele quanto gravarem no Chess, ou no RCA Studios, em Los Angeles, onde Cooke gravou. Uma das músicas do último álbum dos Stones lançado nos Estados Unidos, *Out of Our Heads,* foi "Good Times", de Cooke. Os jornais ingleses comentaram que o motivo dos Stones para contratar Klein era "para aumentar o sucesso financeiro do grupo".

Andrew informou a repórteres que o primeiro dos filmes dos Stones financiados pela Decca seria feito nos próximos seis meses, mas que era "muito cedo para dizer" como eles seriam. Mick rosnou para um jornalista: "Nós não vamos fazer filmes como os dos Beatles. Não somos comediantes".

Os Stones voltaram ao trabalho, fazendo três aparições na televisão em quatro dias e tocando em Dublin e Belfast no fim de semana. O concerto em Dublin foi interrompido quando parte do público do segundo show, no Teatro Adelphi, saltou sobre o fosso da orquestra para o palco. Mick foi arrastado para o chão; três garotos davam socos em Brian, enquanto outros dois tentavam beijá-lo. Wyman foi esmagado contra um piano em um lado do palco. Keith conseguiu fugir, e Charlie continuou tocando bateria, com seu rosto inexpressivo. Em Belfast, o público rasgou os assentos e os jogou no palco. Enquanto os Stones tentavam sair, fãs cobriram o carro deles, mas os rapazes conseguiram escapar com outro teto desabado.

Na manhã seguinte, voaram para Los Angeles por alguns dias a fim de gravar no RCA seu novo single, "Get Off of My Cloud". A música de Jagger/Richards, que não era sobre amor ou mesmo amor/ódio, mas sobre as frustrações do mundo moderno, estava na mesma linha de "Satisfaction", embora não tão memorável. A questão é que "Satisfaction" era a música mais popular do mundo, e seria preciso um acidente de avião para deter os Stones agora.

Ao retornarem para a Inglaterra, eles fizeram um show na Ilha de Man e foram os anfitriões de uma edição especial do programa de televisão *Ready, Steady, Go!*. Em 11 de setembro, a banda iniciou uma turnê por cinco cidades alemãs. Fãs romperam um cordão policial no aeroporto de Düsseldorf assim que o avião dos Stones pousou. Cerca de duzentos adolescentes abriram caminho, quebrando janelas, arrancando telefones das paredes, destruindo portas e arrasando até uma sala de espera do aeroporto na qual os Stones dariam uma entrevista coletiva. A polícia cancelou a conferência, e o grupo foi para Münster. Os jornais locais descreveram o show como "um inferno à solta" e "um caldeirão de bruxas".

Um dia depois, tocaram no Gruga Halle, em Essen, e no seguinte, no Ernst Merck Halle, em Hamburgo. Enquanto seis mil fãs quebraram tudo dentro do Gruga Halle, outros dois mil depredaram tudo do lado de fora. Quem estava dentro tinha a vantagem de não ser atropelado pela polícia montada. Em Hamburgo, também havia policiais a cavalo com cassetetes e mangueiras impedindo garotos que tentavam entrar no show. Carros foram virados, e jovens foram pisoteados por cavalos.

Em 14 de setembro, com "Satisfaction" em primeiro lugar pela segunda semana na parada da *Melody Maker*, os Stones fizeram uma apresentação em Munique. Anita Pallenberg, a garota que os Stones conheceram nos bastidores do Olympia Theatre, em Paris, estava lá. Ela tinha alguns *poppers*[60] de nitrito de amila, e Brian foi o único dos Stones que usou com ela. Ele foi para casa com Anita, mas Mick e Keith haviam dito algo que o fez chorar a noite toda.

Os Stones foram para Berlim Ocidental no dia seguinte e tocaram para 23 mil no Waldbühne, onde Hitler costumava aparecer a céu aberto. Na sequência, partiram para Viena e, depois, de volta a Londres. Enquanto tiravam seis dias de folga, a versão britânica de *Out of Our Heads* era lançada, dando largada para uma turnê inglesa de quatro semanas no Astoria Theatre, em Finsbury Park. Em um canto do camarim, Brian estava sentado sozinho, tocando "In the Midnight Hour", de Wilson Pickett, em sua guitarra Gibson. Keith e Charlie conversavam com amigos; Bill estava ao lado do palco assistindo ao Spencer Davis Group; e Mick falava com repórteres. Os Stones apresentaram uma nova sequência de músicas, com Brian tocando órgão em "That's How Strong My Love Is", dividindo o palco com pessoas que o humilharam e o reduziram às lágrimas. Mas, enquanto ouvia os gritos de

60 Frascos específicos (geralmente contendo nitrito de amila ou nitrito de butila) usados ilicitamente como afrodisíaco inalatório. (N.R.)

êxtase da plateia no escuro, ele jogou a cabeça para trás no centro das atenções, rindo.

Em Liverpool, treze meninas ficaram feridas ao tentar escalar o fosso da orquestra coberto de lona até o palco. Funcionários do teatro baixaram a cortina, e os Stones os acusaram de entrar em pânico. Em Manchester, Keith ficou inconsciente por algo que alguém jogou. Ele foi carregado para fora do palco, acordou e voltou para terminar o show. Mick foi cortado por alguma coisa, provavelmente uma moeda, e teve que usar um curativo sob o olho esquerdo durante a maior parte da turnê. Brian foi atingido no nariz por uma moeda de meia coroa.

A turnê terminou em 17 de outubro; "Get Off of My Cloud" foi lançada na Grã-Bretanha em 22 de outubro; e, em 27 de outubro, os Stones deixaram o aeroporto de Heathrow em direção a Nova York. No dia seguinte, deram uma coletiva de imprensa na cobertura do Hilton. Para proteger a banda dos fãs ao redor do hotel, a limusine deles foi trazida até o elevador de carga, que os levou até o topo do prédio. A maioria dos fãs dos Stones nos Estados Unidos naquela época eram garotas bem jovens que achavam que qualquer coisa inglesa era exótica e adorável. Um jornalista na coletiva de imprensa do Hilton, entretanto, comentou que os Stones pareciam "cinco canivetes desdobrados", acrescentando: "Saí com a terrível sensação de que, se Kropotkin estivesse vivo na década de 1960, quase certamente teria um assessor de imprensa".

Em 29 de outubro, os Stones voaram para Montreal, entregando os passaportes em um pacote para que os funcionários da alfândega não percebessem que o de Keith estava faltando. Dos oito mil na plateia do Forum naquela noite, trinta terminaram feridos. Os Stones pegaram um voo de volta a Syracuse, Nova York, tocando na tarde seguinte para seis mil alunos do Ithaca College, e, à noite, para oito mil em um auditório em Syracuse. No Halloween, o grupo fez uma apresentação para treze mil no Maple Leaf Gardens, em Toronto, lutando contra rajadas de ventos de cinquenta nós para chegar lá e levando Keith meio escondido de um lado para o outro. Em Rochester, uma noite depois, trinta policiais e trinta seguranças não conseguiram controlar a multidão de 3,5 mil pessoas no Community War

Memorial Auditorium. Os Stones tocaram seis músicas, durante as quais a cortina desceu quatro vezes. Finalmente Keith, furioso com o tratamento que a multidão estava recebendo da polícia, gritou: "Esta é uma cidade caipira. Eles foram duas vezes mais doidos em Montreal. Não vão se machucar. Vocês estão sendo muito duros com eles". O chefe de polícia parou o show. Independentemente disso, "Get Off of My Cloud" era o disco mais popular nos Estados Unidos e no Reino Unido.

Os Stones tocaram em Providence, em New Haven, no Boston Garden. Num mesmo dia, fizeram dois shows na Academy of Music, em Nova York, à tarde, e no Convention Hall, na Filadélfia, à noite. Também passaram pelo Mosque Theatre, em Newark, e pelo Reynolds Coliseum, em Raleigh. Gravaram uma aparição no programa de televisão *Hullabaloo* e seguiram fazendo concertos em Greensboro, Knoxville, Charlotte e, em 17 de novembro, enfim no Memphis Mid-South Coliseum.

Sendo um adolescente na década de 1950 – eu tinha doze anos em 1954, ano que Elvis Presley fez sua primeira gravação –, o rock and roll me deu um novo sentido de vida, um sentido que foi diminuindo à medida que a qualidade da música foi diminuindo também. Agora músicos da minha idade, como os Stones, estavam retomando a música. Christopher e eu fomos vê-los.

A plateia consistia quase inteiramente de garotas púberes, algumas com mamãe e papai, todas brancas, gritando ao máximo com suas vozinhas finas. O show dos Stones não era um show, mas um ritual; suas canções, comparadas em conteúdo ou modo de execução com o material de outros músicos populares, eram atos de violência, breves e incandescentes. Mick jogou um pandeiro na plateia, e centenas mergulharam por ele. Anos mais tarde, eu conseguiria os autógrafos dos Stones para a garota que pegou o pandeiro, seus címbalos afiados cortando tanto suas mãos que ela teve que ser levada para uma sala de emergência de hospital e costurada.

Quatro dos Stones partiram no dia seguinte para Miami, enquanto Wyman ficou em Memphis. Cindy Birdsong, de Patty LaBelle and the Blue Belles, uma das outras artistas da turnê, ficou lá também. Wyman foi ao Club Paradise e viu Big Ella and the Vel-Tones, mas não chegou a ser tão amigo de Cindy Birdsong como gostaria. Anita Pallenberg voou até Miami para visitar Brian. Anita e os Stones, hospedados no Fontainebleau, alugaram lanchas no hotel e flutuaram no oceano de Miami Beach até o final da tarde. Quando eles estavam voltando, não havia sinal de Brian. Então o viram, sob uma linha de gaivotas, um pontinho no pôr do sol, em direção ao mar. O hotel mandou um barco atrás dele, porque ele não teria combustível suficiente para retornar. "Eu estava perseguindo os pássaros", disse ele.

A turnê recomeçou: Shreveport, Dallas, Fort Worth, Tulsa, Pittsburgh, Milwaukee, Cincinnati, Dayton, Chicago, Denver e Phoenix, onde os Stones ficaram em Scottsdale e foram andar a cavalo no deserto. Essa foi a primeira turnê dos Stones com Allen Klein e Ronnie Schneider. O grupo se encontrava no quarto de Ronnie antes de um passeio. "Melhor ligar para Brian, ele vai acabar ficando para trás", Ronnie diria. "Não ligue para ele", rebatia Keith. "Nem Charlie gosta dele. Se Charlie não gosta dele, deve haver algo de errado com ele."

Anita se encontraria com Brian no final da turnê em Los Angeles, onde os Stones planejavam gravar um álbum. Na capa da *Disc Weekly* britânica na semana que a turnê terminou havia uma fotografia de Brian e Anita e a manchete: BRIAN JONES VAI SE CASAR? Brian, que recebeu um telefonema durante a turnê, afirmou que estava saindo com Anita havia cerca de três meses. "Anita", ele disse, "é a primeira garota com quem eu levo a coisa a sério".

20

Charles Bolden, um músico, da First Street 2302, bateu em sua sogra, sra. Ida Beach, em sua casa ontem à tarde. Parece que Bolden está confinado na cama desde sábado e foi violento. Ontem, ele acreditou que a sogra o estava drogando e, ao sair da cama, bateu na cabeça da mulher com uma jarra e cortou seu couro cabeludo. A ferida não foi grave. Bolden foi colocado sob vigilância, pois os médicos afirmaram que ele poderia machucar alguém em sua condição.

New Orleans Daily Picayune, 1906

NO FINAL DA NOITE ANTERIOR, Stu e eu saímos para um café. Comi omelete enquanto ele me dizia que gostaria de fazer um disco de "Silent Night" com Keith no baixo, Jeff Beck na guitarra, ele mesmo no órgão, Mick na gaita – mas não dava para juntá-los. Dormi, acordei, e, de repente, Shirley e Serafina Watts estavam partindo logo ao nascer do sol para a Inglaterra. Os Stones e a maioria de nós íamos naquela tarde para o Texas. Com caras tristes, Charlie, Shirley e eu nos despedimos.

Ontem à noite, Stu relembrou que eles costumavam vir para os Estados Unidos, ficar em hotéis e, entre uma turnê inglesa e norte-americana, visitavam vinte ou trinta cidades. "*Isso* é uma turnê", ressaltou ele. "Quando você começa a alugar casas e colocar pessoas como Jo Bergman nelas, você *vai* ter problemas, pois esse é o trabalho delas." Então chegamos depois do anoitecer no Hyatt House, em Dallas, para encontrar nossos quartos já reservados. Garantir as acomodações era tarefa de Bill Belmont, e, enquanto íamos para um Quality Court, Jagger disse a Schneider que Belmont deveria levar bronca. Ocorreu-me que estávamos viajando pelo país sem uma pessoa adulta.

Subi com minha mala e voltei para encontrar Belmont e Michael Lydon saindo em uma limusine para a Moody Field House, na Southern Methodist University (SMU). Schneider tinha claramente falado com Belmont, que desabafou: "Eu não tenho que aceitar essa merda! Eles são esnobes, não se importam. Não falo com Jagger há três dias e nem pretendo. Eles pensam que são uma porra de deuses. Começaram tudo isso, mas a equipe pode voltar para o Fillmore e aproveitar a vida. Se eu disser: 'Vamos nessa', todos vão embora".

Belmont era dramático, mas havia muito a ser feito no auditório, e a equipe ficou. Subi para o camarim dos Stones, as paredes decoradas com fotos de jogadores de futebol e basquete da SMU. Terry Reid estava lá, preparando-se para abrir a programação; ele fazia vinte e um anos naquele dia. Eu assisti ao seu show das galerias. O lugar estava lotado, pessoas sentadas nos corredores e no chão. Não vi nenhum policial, apenas seguranças do campus universitário. A multidão estava jogando Frisbees, pequenos pratos de plástico coloridos deslizando sobre suas cabeças do chão para as galerias e vice-versa. Eles aplaudiram os bons lances de Frisbee pelo menos tanto quanto as músicas de Terry.

Quando o show dele terminou, voltei ao camarim para esperar o próximo show: Chuck Berry. Esta seria sua primeira participação na turnê, substituindo Ike e Tina, bem como B. B. King. Mas um dos promotores, um homem de terno marrom, entrou no camarim e disse que Berry não iria continuar até receber três mil dólares em dinheiro. Avisei-o que ele teria que esperar por Schneider.

Ocupada com os Frisbees, a multidão não parecia se importar em esperar. Logo Schneider e os Stones apareceram, e Berry tocou. Ele estava usando sapatos brancos que pareciam jacarés albinos. Tinha a mesma banda branca ruim que o acompanhou no Whisky a Go Go, mas ele fazia seu andar de pato, tocava com a guitarra de cabeça para baixo e em várias posições fálicas, sendo ovacionado no final do show. Em um minuto, ele estava no camarim dos Stones, perguntando a Jagger: "Onde é amanhã?".

"Hum, Auburn", Mick falou.

"Universidade Auburn", disse Berry. "Quero ter certeza, porque não vou marcar bobeira, vou *direto* para esse show."

Quando Sam Cutler anunciou: "Senhoras e senhores, os Rolling Stones", a multidão se levantou e aplaudiu. Jagger inclinou o chapéu do Tio Sam. "Cheiros muito bons aqui embaixo", declarou ele, referindo-se ao aroma da maconha sendo fumada nos assentos da frente que subiam quase até o palco. O show foi rápido. Até mesmo a frase em "Sympathy for the Devil",

I shouted out, Who killed the Kennedys?[61]

passou sem burburinho, ninguém prestando atenção nas letras pesadas de Mick.

Uma garota, ajoelhada diante do palco, ficou gritando: "Tire isso!". Jagger a silenciou com "Midnight Rambler", balançando seu cinto acima da cabeça, batendo-o no palco. Houve gritos na escuridão enquanto Mick engatinhava de quatro, parecendo completamente louco sob uma luz vermelha.

Quando "Little Queenie" começou, Mick sugeriu: "Se puderem se mexer" – o lugar estava lotado – "por que não sacodem suas bundas?". No final da apresentação, o lugar estava agitando, ressoando com aquele som, como grandes acordes de órgão. Foi um bom público, um bom show, sem aborrecimentos, sem "I'm Free". Saímos correndo, amontoados em limusines. Schneider, que estava no carro que peguei, carregava dois rolos de filme.

"Onde você conseguiu isso?", Michael Lydon perguntou.

"Um garoto com uma câmera", explicou Schneider. "Vamos revelar, ver se tem algo bom e usá-lo em um documentário, se fizermos um."

"Você vai revelar isso?", Lydon perguntou.

"Não", disse Schneider. "Vou expô-lo e usá-lo no pescoço."

"Quer dizer que você acabou de *roubar* isto?"

"Diga a ele que você é um ladrão, Ronnie", eu interferi bravo, "assim ele vai entender".

No Quality Court, onde o serviço de quarto tinha terminado, ninguém queria sair de novo, mas eu estava com fome, então atravessei a rua para

61 Eu gritei, Quem matou os Kennedys? (N.T.)

um café e comi um hambúrguer. No caminho de volta para o meu quarto, parei para ver Jon Jaymes e perguntar a que horas sairíamos no dia seguinte. Ele estava nu até a cintura gorda e peluda. Com ele, duas garotas, uma morena quieta e uma loira grande barulhenta, que usava pulseiras de plástico vermelhas, azuis, douradas, amarelas e verdes, além de brincos em três grandes aros de ouro. Jon estava ao telefone com Schneider, que havia mandado as meninas ali e que tinha outro bando de garotas com ele agora. A loira tinha dito a Schneider ter meio quilo de manteiga em sua bolsa e que queria espalhar sobre o corpo de Jagger e lamber. Schneider tentou mandá-la para Sam.

"Eu o vi", ela disse, "ele me fodeu, é um porco". Com raiva, ela ficou falando sobre as meninas que estavam com Schneider: "Eu realmente odeio essas garotas. De verdade, especialmente aquela. Ela contou uma mentira sobre mim, e se eu for lá, provavelmente vou dar uma porrada nela". Pegando o telefone de Jaymes, ela falou: "Ronnie, você sabe que essas garotas são menores de idade? E quanto a Keith ou Charlie ou Bill? Você pode ficar com Mick Taylor", disse ela à companheira. "Não importa, não sou exigente, só quero o corpo de um deles, e quero agora. Não posso esperar para sempre, eu tenho que ir buscar meu garotinho."

Desisti, fui para a cama e dormi – para ser acordado às 9h30min por uma ligação de Jo, avisando para eu voltar a dormir, pois sairíamos só às 14h45min em um voo comercial para Montgomery, Alabama. Quase imediatamente Ethan Russell ligou com o recado de Jon Jaymes de que a imprensa deveria estar no saguão e pronta para sair em quinze minutos. Xingando, pulei da cama. Tomei banho rapidamente e estava me barbeando quando o telefone tocou de novo. Era Jaymes, que ordenou: "Você, o resto da imprensa e seu equipamento lá embaixo, agora". Agarrei o telefone, me engasgando, depois o joguei de volta no gancho. Terminei de me barbear, me vesti e desci com minhas malas para encontrar, como sempre, tempo suficiente para me inclinar e esperar antes de partirmos – Jo, Stu, Michael Lydon, Ethan Russell e eu. Os Stones ainda estavam dormindo e tomariam um avião posterior.

Fui para Atlanta com Jo sentada ao meu lado enquanto eu ficava bêbado com bourbon. Chip Monck, ela contou, tinha visto Brian no palco ontem à noite, tocando pandeiro por cerca de três minutos no final de "Under My Thumb". Continuei bebendo.

Em Atlanta, alugamos um carro, sem ninguém dar gorjeta ao empregado negro que carregou meia tonelada de bagagem no porta-malas, e fomos para Auburn. Eu dirigi o carro, um Dodge Charger azul, passando por bosques de pinheiros e pelos campos ondulantes da Geórgia. "Parece muito com a Escócia", reparou Stu. "Muito agradável." Mas à medida que nos aprofundávamos no interior, passando por placas – NÃO PERCA SUA ALMA PELA MARCA DA BESTA, JESUS VAI TE SALVAR –, postos de gasolina Mo-Jo e barracos de papelão, duas massas de nuvens cinza-escuras engoliram o sol, de modo que entramos no Alabama sob um sombrio pôr do sol azul-esverdeado. Stu disse: "Que lugar estúpido para um show de rock and roll".

"A Apollo Doze estará a uma distância de três horas e meia às 18h45min, horário de Auburn", informou o rádio. Os homens iriam andar na Lua pela segunda vez na história, e nenhum de nós se importava. Eu estava dirigindo a 140 quilômetros por hora pelo interior do Alabama, e o céu tinha ficado preto quando chegamos a Auburn, começando a nevar. Enquanto nos dirigíamos para o campus, o vento assobiava, a neve rodopiava na frente dos faróis. Estacionamos atrás do auditório e corremos para a porta dos fundos, que ficamos felizes em encontrar destrancada.

Lá dentro, fomos recebidos pelo chefe do Comitê de Eventos Especiais de Auburn, um assistente de pós-graduação que ensinava Matemática e cujo nome era Jett Campbell. Seu ajudante era Mike Balkan; ambos jovens brancos sóbrios com cortes de cabelo bem cuidados. Terry Reid já estava lá, mas o paradeiro dos Stones era desconhecido, e havia um boato, Jett nos disse, de que Chuck Berry não viria.

Tinham sido agendadas duas rodadas de shows, e Terry começou a maratona. O auditório não estava cheio, e ninguém nele era negro. Terry foi vaiado durante sua primeira música, e alguns membros da plateia gritaram pedidos de músicas country irrelevantes. Algumas pessoas se levantaram e aplaudiram quando Terry saiu, mas era uma multidão fria em uma noite fria, e ainda não havia Stones nem Chuck Berry.

Então a porta dos fundos se abriu, revelando Berry com uma garota branca e meus amigos Mary Lindsay e Jim Dickinson, que carregava a guitarra de Berry. Sua banda já tinha chegado, e, enquanto ele tocava e eu conversava com os Dickinson, a porta se abriu novamente. Eram os Stones, todos arrepiados após passarem três horas voando num DC3 não aquecido que vazava ar, "congelando nossas bundas sobre o Delta do Mississippi", disse Keith.

Jagger, encarando o clima como uma afronta pessoal, estava reconsiderando a ideia de visitar o Sul entre as metades da turnê. "Se o Sul vai ser assim, não quero visitá-lo, achei que faria calor no Sul."

Amigos meus da Geórgia tinham vindo ao show, e eu estava com pouca maconha, então perguntei a Keith se ele tinha alguma sobrando. Ele me pediu para avisá-lo se conseguisse algo porque a banda não tinha mais nada. Jagger, ao me ouvir mencionar que meus amigos tinham ido à apresentação, antecipou: "Não vai ser muito bom. O público não está bem, e eu não vou cantar muito, estou rouco pra caralho. E você tem que ter uma noite de folga em algum momento".

Eles pareciam querer apressar o show, que era o mais fraco até agora, não havia como cantar "I'm Free" nessas circunstâncias. O salão estava com lotação pela metade, e, embora os Stones tocassem forte, o lugar não se agitou.

Entre os espetáculos, troquei a bagagem do carro que eu estava dirigindo por outro, pois eu ficaria em Columbus esta noite, enquanto os demais iriam voar para Illinois. Os Dickinson e eu nos sentamos no carro e fumamos parte da minha maconha, que estava acabando. Eles tinham vindo com Chuck Berry porque, por acaso, estavam hospedados no mesmo motel que ele em Columbus. Mary Lindsay havia batido na porta de Berry para perguntar se ele sabia onde eu estava. Berry estava no chuveiro quando ela bateu, e sua namorada, Elizabeth, deixou Mary Lindsay entrar. Ele saiu do banheiro e conversou com Mary enquanto se deitava na cama de bruços com o nariz enterrado na virilha de Elizabeth. Mas concordou em levar os Dickinson ao show se eles o guiassem até lá. Tiveram de parar para perguntar apenas uma vez. "É melhor um de vocês, caucasianos, perguntar", disse Berry em um posto de gasolina no Alabama.

O primeiro show tinha demorado, de modo que o segundo já estava tão atrasado que Terry Reid foi cancelado. O pessoal da Auburn Special Events estava chateado, pois as alunas tinham que estar em seus dormitórios à meia-noite. As garotas aqui não eram *groupies* ou mesmo fãs, apenas alunas numa sexta-feira à noite, e a razão pela qual não havia mais delas era que muitos dos garotos estavam economizando dinheiro para levá-las ao grande jogo de futebol na noite seguinte.

Berry começou o segundo show com seu primeiro sucesso, "Maybellene", intercalando com "Mountain Dew" em uma extensão chata. Então alguém – um garoto de Memphis que eu conhecia um pouco e tinha dado um ingresso para o segundo show – pediu "Wee Wee Hours", o lado B de "Maybellene" e o primeiro blues de Chuck Berry. Parecendo surpreso, Berry perguntou: "Vocês querem ouvir *blues*?". Um pequeno grupo de entusiastas gritou: "Sim!".

"Vocês pediram", Berry disse e começou a tocar "Wee Wee Hours", sucedida por "Dust My Broom". A banda ruim foi esquecida, e, por cerca de dez minutos, a sala foi transformada. Berry então voltou para suas velhas canções de rock and roll, cantando letras obscenas para algumas delas e tocando outras como "My Ding-A-Ling", uma cantiga infantil suja. Ele continuava, enquanto os Stones esperavam. Stu estava ficando indignado, ameaçando desligar a eletricidade de Berry. Finalmente Jett Campbell subiu ao palco e agradeceu a Berry, que finalmente saiu.

Jett, que havia conversado ao telefone com alguma autoridade superior, fez o anúncio de que as alunas de Auburn tinham recebido o que ele chamou de "permissão para quando terminar", o que significava que elas poderiam ficar fora até que o show acabasse. "Enquanto os Rolling Stones estão se preparando para entrar, vamos dar um grande aplauso a Auburn", bradou Jett, liderando a multidão em um crescendo: "Warrr-EAGLE!"[62]

Fui aos bastidores, onde Stu estava distribuindo garrafinhas de uísque de avião. O álcool era proibido na universidade, mas Jett e Mike abriram

62 "Águias de Guerra". Grito de guerra da Universidade de Auburn. (N.T.)

uma exceção no nosso caso, porque éramos excepcionais. Jo estava ao telefone, tentando falar com o escritório dos Stones em Londres. Wyman, perfeitamente relaxado esperando para subir ao palco, me disse que problemas de transporte e hotel sempre acontecem, não importa o quanto você está preparado.

O segundo show dos Stones foi melhor que o primeiro; estavam mais soltos e mais calorosos, e o público, Águias de Guerra ou não, também estava mais animado. Alguém na frente jogou algo em Jagger, que disse: "Você errou aquele baseado".

"Amamos você", alguém gritou, e Jagger, jogando seu longo lenço vermelho por cima do ombro, respondeu: "Obrigado, senhor – um homem aqui diz que me ama".

Quando as luzes se acenderam para as últimas três músicas, eu desci no meio da multidão e dancei diante do palco. Wyman me viu e sorriu, fazendo uma de suas raras mudanças de expressão no palco.

"Pode acontecer", disse Mick, "mesmo nas ruas de Auburn..."

Everywhere I hear the sound of marchin',
Chargin' feet, boys

Os Stones vieram para cá em um frio congelante por 35 mil dólares, dos quais pagariam os outros shows e todas as próprias despesas. Eles poderiam ter ganhado muito mais dinheiro em outro lugar, mas escolheram tocar na Universidade de Auburn diante de um bando de pirralhos de fraternidade. Embora não houvesse nenhum segurança do campus à vista, a maioria da multidão não estava dançando, e o esforço corajoso dos Stones parecia fraco demais para fazer uma diferença real.

No final do show, no caminho de volta, eles iriam voar do Sul congelado para Champaign, Illinois, onde tocariam em outra universidade na noite seguinte. Fui com os Dickinson até o motel em Columbus, aluguei um quarto e fui para a cama, agendando um telefonema para às 9h da manhã. Seria uma longa viagem pelo Alabama e Mississippi até Memphis, e eu queria começar o mais cedo possível. Mas a chamada não aconteceu; acordei depois das 11h, liguei para os Dickinson, e já era de tarde quando saímos. Enquanto caminhávamos pelo saguão, um aparelho de televisão, sintonizado nos desenhos de sábado, disse: "Espere! Não é o bichano gigante!".

Estava ansioso para chegar em casa e ver Christopher, mas Dickinson dirigia devagar, porque era seu aniversário e ele era supersticioso. Minha impaciência não diminuiu quando, logo depois do Tallapoosa County Memorial Gardens, um cemitério onde várias vacas de Jersey pastavam, ficamos sem gasolina. Dickinson parou no acostamento no gramado e começou a escrever AJUDA em um pedaço de papel. A mensagem parecia um pouco vaga para os motoristas do Alabama, então ele fez outra placa dizendo GASOLINA. Eu a peguei e tentei parar os carros, mas eles aceleravam quando passavam. Até que um veículo da Patrulha Estadual do Alabama surgiu, parando uns dez metros atrás de nós. Caminhei para o grande Pontiac cinza com o estado delineado nas portas da frente e disse ao homem de camisa de sarja cinza e óculos escuros: "Acabamos de fazer a coisa mais idiota que se pode fazer".

"Você ficou sem gasolina", apostou ele.

Mary Lindsay se juntou a nós, e o policial perguntou: "É uma menina ou um menino dirigindo o carro?". O cabelo de Jim era bem comprido.

"É meu marido", Mary Lindsay disse em seu tom mais maduro. O policial explicou que não queria deixar duas mulheres sozinhas na estrada, mas que Mary Lindsay e Jim poderiam ficar, e ele me levaria para onde eu pudesse comprar gasolina suficiente para chegar a Birmingham.

Enquanto íamos, eu pensava que as coisas não estavam tão ruins quanto poderiam estar; poderíamos ter esperado muito tempo até que alguém parasse e nos ajudasse. Notei o nome do policial, Pilkington, na placa de plástico preta presa no bolso da camisa, e lembrei que estava carregando drogas que, mesmo em quantidade modesta, poderiam me prender para sempre no Alabama. Pilkington parecia sério, e eu olhei pela janela, sério também, quando o bichano gigante veio em meu auxílio. Lembrei-me dos desenhos animados e sabia que tinha de haver futebol numa tarde fria de sábado de novembro.

"Quem está ganhando o jogo?", perguntei.

Pilkington relaxou, sorriu e disse: "Ole Miss está detonando com eles".

Enquanto dirigíamos, centenas de milhares de pessoas marchavam em Washington, D.C., exigindo o fim da Guerra do Vietnã. Somente no verão de 1982, quando um número maior de manifestantes no Central Park de Nova York marcharia contra as armas nucleares, aconteceria um protesto desse tamanho. Mas as guerras continuariam, e as armas também.

Saindo da estrada por um caminho sinuoso de asfalto, em uma encruzilhada com uma agência de correios e um posto de gasolina, esperamos Junior voltar com o caminhão, porque a lata de gasolina estava nele. Então ele apareceu, e Pilkington me levou de volta ao carro, nos desejando boa sorte. Lamentei não poder ajudá-lo dizendo que eu seria uma boa prisão, mas estava com pressa.

Dickinson continuou dirigindo devagar, explicando várias coisas para mim, por isso eu o mantinha por perto. "Os Stones estão tentando fazer uma turnê sem uma grande agência cuidando dos shows, pois eles foram fodidos por agências", contou. "Não confiavam nos PAs das casas ou em agências de aluguel de equipamentos. Achavam que deveriam dar ao público um som com qualidade de disco, então adquiriram seu próprio PA e uma mesa de mixagem. Estão controlando a própria turnê. Não reservaram as típicas arenas – só algumas, o suficiente para ganhar dinheiro –, estão na revolução, tocando em lugares nos quais os Beatles não tocariam. Mas aí acabam contratando seus amigos, que são realmente incompetentes. Meu Deus, eles estavam atrasados. Somente atos de Deus desculpam os músicos." Eu fiz uma nota para perguntar sobre isso mais tarde.

No Mississippi, quando já estava escurecendo, perguntei em um posto de gasolina se poderia fazer uma ligação a cobrar para Memphis, e o homem disse: "Este é um telefone comercial". Eu me virei sem falar mais nada, e ele acrescentou: "Há um telefone público a cerca de quatrocentos metros daqui".

"Eu posso encontrar um telefone", retruquei. Na estrada, em um telefone público encostado em um esqueleto de vaca, liguei para Christopher. A situação era típica; durante anos estivemos juntos, felizes nas neves de Nova York e nas sombras do Caribe, mas com o passar do tempo fomos ficando cada vez mais com horários separados. Christopher chegava do trabalho e ia para a cama enquanto eu escrevia, como o bêbado do poema de Don Marquis, “caindo para cima durante a noite”.

“O que você disse a ela?”, perguntou Dickinson.

“Que eu estaria em casa por volta das 21h.”

“Estaremos lá o quanto antes, você não deveria ter dito isso a ela.”

Mas eram 21h quando cheguei em casa. Ainda não tinha me dado conta disso, e teria parecido loucura, sabendo o que estava fazendo, mas era possível suspeitar que um homem na estrada com os Rolling Stones estivesse se divertindo muito. E não sem justiça. Éramos muito próximos. Ela sabia que eu era culpado antes que eu mesmo soubesse.

21

No início do século 20, havia apenas seis preparações farmacêuticas confiáveis e eficazes, a saber, digitálicos (ainda útil em muitos tipos de doenças cardíacas), morfina e quinina (para malária), antitoxina diftérica, aspirina e éter. Dois outros meios bem-sucedidos de intervenção química também estavam disponíveis: imunização contra varíola e raiva. Essa farmacopeia permaneceu basicamente inalterada até a época da Segunda Guerra Mundial. Desde então, drogas e outras substâncias que podem, se empregadas com sabedoria, afetar de forma útil a química da vida, foram produzidas em números surpreendentes.

Sherman M. Mellinkoff:
"Chemical Intervention", *Scientific American*

EM 5 DE DEZEMBRO DE 1965, após quarenta e dois dias, os Stones encerraram sua quarta turnê pelos Estados Unidos na Los Angeles Sports Arena. Em um mês e meio, eles ganharam dois milhões de dólares. Ficaram em Los Angeles na semana seguinte, gravando nos estúdios RCA um single e *Aftermath,* o primeiro álbum composto inteiramente de canções de Jagger/Richards. Então a banda seguiu seus próprios caminhos, com todos eles voltando à Inglaterra para o Natal, exceto Brian, que estava nas Ilhas Virgens com Anita e um vírus tropical. Ele, no entanto, voltaria para tocar em *Ready, Steady, Go!* na véspera de Ano-Novo.

Eu tinha saído de Tulane e estava em Memphis, trabalhando para o Departamento de Bem-Estar Público do Tennessee, uma organização que confirmava todos os medos que eu já tive sobre o sistema social. Eu saía de uma casa que fedia com o cheiro de amônia da pobreza, ligava meu carro, sintonizava o rádio – havia uma música interessante no rádio do carro pela primeira vez desde 1957 –, ouvia os Beatles ou The Supremes e tinha que desligar o aparelho. A alegria da música popular era insuportável nessas horas, mas eu sempre conseguia ouvir os Stones. Sentia a forte verdade do blues subjacente à música deles.

O novo single, "19th Nervous Breakdown", continha o que pode ter sido a primeira referência em uma música popular às chamadas drogas psicodélicas, que alteram a mente. Mick e Keith, acompanhando os tempos, não estavam mais expulsando pessoas dos camarins por traficarem drogas. Maconha, heroína e cocaína eram associadas – pelo menos na lenda popular – a guetos negros, músicos de jazz e *beatniks*. Em meados da década de 1960, com o fardo do homem branco voltando a pesar, do Vietnã a Birmingham (Alabama) e Birmingham (Inglaterra), os adolescentes brancos passaram a demonstrar simpatia pelo que muitos deles viam como vítimas de cor dos homens brancos, e velhas guerras foram travadas novamente em salas de estar entre pais confusos e filhos pouco comunicativos usando cabelos compridos e bandanas indianas. A situação foi agravada pelo aumento do uso entre os jovens de certas substâncias, como o cacto peiote (princípio ativo: mescalina) e "cogumelos mágicos" (psilocibina), que eram de uso limitado entre os "curandeiros" tribais e místicos religiosos durante séculos. A fácil disponibilidade de substâncias como essas e seus análogos sintéticos (como LSD, DMT, STP) muito mais potentes do que qualquer coisa do tipo que existe na natureza alarmou os pais e outras figuras de autoridade. Tomar tais substâncias pode causar, por minutos ou dias, impressões sensoriais que dominam a mente. A geração que lutou na Segunda Guerra Mundial e criou o *Baby Boom* do pós-guerra considerou o uso de tais drogas perigoso e o tornou o mais ilegal possível. Eles sabiam por experiência que você não pode ser receptivo demais.

Do ponto de vista dos Stones, as coisas não eram tão simples:

On our first trip I tried so hard
to rearrange your mind
But after 'while I realized
you were disarranging mine[63]

63 Em nossa primeira viagem tentei muito/ reorganizar sua mente/ Mas depois percebi/ que você está desorganizando a minha. "19th Nervous Breakdown" (N.T.)

Em 4 de fevereiro, "19th Nervous Breakdown" foi lançada na Inglaterra. Exatamente uma semana depois, ela chegou à vice-liderança da parada de singles da *New Musical Express*. Nesse mesmo dia, os Stones voaram para Nova York para gravar uma aparição no *The Ed Sullivan Show,* após se recusarem a ser fotografados no aeroporto e quase brigarem com os fotógrafos. Na esperança de evitar fãs, ou ao menos espalhá-los, eles se separaram durante a estadia em Nova York. Mick e Keith ficaram no Essex House, no Central Park South, enquanto Brian, Bill e Charlie ficaram no Regency, na Park Avenue. Nenhum hotel decente em Nova York poderia acomodá-los juntos. Em 16 de fevereiro, voaram para Sydney, onde cerca de trezentos jovens esperavam na chuva para recebê-los no início de sua segunda passagem pela Austrália. A turnê estava esgotada em todas as capitais do estado havia dias, e matinês extras foram adicionadas para atender à demanda. Mick enviou um relato para a revista *Disc* com a data de Brisbane, 21 de fevereiro, dizendo que embora tivesse chovido todos os dias, os shows foram melhores do que na última turnê, pois eles se juntaram na ocasião com Roy Orbison e atraíram multidões mistas. Também mencionou que a comida era ruim e que as garotas eram todas bonitas e bronzeadas – e que Brian pediu para deixar claro que ele ainda estava apaixonado.

A turnê australiana se desenrolou ao longo de fevereiro. No dia 3 de março, os Stones chegaram a Los Angeles para uma estadia de quatro dias, tempo suficiente para gravar a música de Jagger/Richards, "Paint It, Black". Era para ser seu próximo single – a vírgula do título tinha sido ideia de Andrew. Em 13 de março, todos os Stones, exceto Brian, estavam de volta a Londres, onde tiveram duas semanas de folga antes de iniciar mais uma turnê europeia. Quando Brian chegou a Londres, revelou que seu atraso de quatro dias em relação aos outros deu-se porque os clubes de Nova York ficam abertos 24 horas por dia. Ele adentrou seu apartamento em Earl's Court Mews usando óculos cor-de-rosa e carregando um saltério.

Em uma manhã clara e fria de março de 1966, sentei-me em um sofá marrom Naugahyde no salão dos Trabalhadores do Bem-Estar, no sétimo andar do prédio da M&M em Memphis, na esquina das ruas Beale e Main, lendo o

New York Review of Books. Na semana anterior, após trabalhar oito meses para o Departamento de Bem-Estar do Estado do Tennessee, dei meu aviso prévio de duas semanas. Nesta manhã, mal entrei no escritório e logo saí para dar uma volta, me dando conta de que não aguentaria nem mais uma semana. Agora, esperando a hora do almoço, quando os supervisores saíam, e eu então desceria, limparia minha mesa e desapareceria, me deparei com um anúncio. No começo, achava que era para a Famous Writers' School, mas depois percebi que era para a *Playboy.* Com todas as letras, dizia algo como: "Estamos procurando por homens que comem e dormem escrevendo".

Anos depois, eu encontraria no meu velho caderno de assistente social os restos da carta que redigi para a *Playboy* naquela manhã. Sugeri aleatoriamente escrever para eles sobre carros, aviões e equipamentos de som (como eu era leitor da *Playboy*, tinha uma ideia do que eles gostariam que seus jornalistas íntegros levassem a sério), mas o único assunto específico que propus à revista, naquele ano de 1966, foi os Rolling Stones. Não à toa, eles não me contrataram.

Na rua Beale, a meio quarteirão do Departamento de Bem-Estar, ficava a Home of the Blues Record Shop, de Reuben Cherry, que mantinha uma cobra de borracha para assustar as pessoas na loja. Elvis Presley tinha o hábito de entrar lá, pegar a cobra e levar para a rua, alvoroçando as pessoas nos carros enquanto dirigiam pela Beale. "O menino é uma ameaça", Reuben dizia sobre Elvis, quando os dois estavam vivos, como Reuben estava no dia que me vendeu um álbum Folkways gravado em 1958 por um varredor de rua de Memphis chamado Furry Lewis.

Quando saí do Departamento de Bem-Estar, levei comigo esta nota do arquivo da repartição referente a Furry (que mostrava que ele havia sido recusado duas vezes): "O sr. Lewis tem um bilhete de penhor no valor de dezesseis dólares (US$ 16) da loja de penhores Nathan, rua Beale 194, que ele afirma ser de uma guitarra. Declara ter sido um tipo de artista, além de ter trabalhado para a cidade de Memphis".

Nos primeiros meses depois de deixar meu emprego, escrevi um romance sobre pessoas pobres e algumas matérias, uma das quais sobre Furry. Durante o apogeu da rua Beale, quando os grandes artistas negros de blues tocavam e cantavam nos blocos lotados e terríveis entre a Fourth e a Main, Furry, um protegido de W.C. Handy, era um dos músicos de blues mais respeitados. Também era um dos mais populares, não apenas nos salões e nas casas de apostas de Memphis, mas nos shows de Medicina e nos barcos fluviais ao longo do Mississippi. Em Chicago, nos antigos estúdios Vocalion, na avenida Wabash, ele fez a primeira de muitas gravações, tanto para a Vocalion quanto para o selo Bluebird da RCA Victor.

Mas, no final da década de 1920, Furry me contou: "A Beale realmente caiu. Você sabe, é como os velhos dizem, é uma longa estrada que não tem fim, e um vento ruim nunca muda. Mas um dia, quando Hoover era presidente, eu empurrava meu carrinho pela rua Beale e vi um rato sentado em cima de uma lata de lixo, comendo uma cebola, gritando". Desde 1923, Furry trabalhou algumas vezes para a cidade de Memphis, Departamento de Saneamento, e então seguiu varrendo as ruas.

Furry e eu nos adotamos. "Eu e ele, como irmãos", ele dizia às pessoas, apontando para mim. Vários anos depois de escrevê-la, "Furry's Blues" foi publicada na *Playboy* e ganhou um prêmio. Furry fez muitos álbuns, apareceu em um filme de Burt Reynolds, foi visitado por celebridades, de Joni Mitchell a Allen Ginsberg, recebeu uma homenagem dos Rolling Stones (que, em 1978, se recusaram a subir ao palco em Memphis até que Furry tocasse) e foi para o céu em 1981. Ele, porém, ainda está comigo, dizendo: "Ceda, mas não desista".

Encontrei Furry com a ajuda de meu amigo Charlie Brown, que administrava um café em Memphis chamado Bitter Lemon, onde, às vezes, apareciam velhos músicos de blues. Charlie me levou ao apartamento de Furry, na rua Fourth, a meio quarteirão da Beale – eu estava lá perto para visitar clientes da assistência social –, foi comigo ver Furry varrer as ruas e o contratou para tocar no Lemon a fim de que eu pudesse vê-lo trabalhar.

No ano anterior, Charlie Brown havia produzido a primeira erva que eu via desde 1961, quando consegui algo em North Beach e a trouxe – meio tablete – para Memphis. Charlie também tinha o primeiro LSD que tomei. Tomamos juntos. Eu já estava um pouco preparado para a experiência lendo Aldous Huxley, R.H. Blyth e os poetas de haicai, e até comi um grande número de sementes de ipomeia Azul Celestial, o que não me libertou exatamente da esfera temporal. Mas com o LSD vi Charlie Brown mudar, tornar-se todas as raças, todas as idades, senti que estava morrendo, me transformei em barro úmido, senti a respiração, o ar, voltar ao meu corpo, fui preenchido com um carinho terno – um novo senso de valor, a preciosidade da vida. Quando pudemos sair, dirigimos o Ford 1949 de CB, cor de rato como o de Hazel Motes, até um restaurante aberto a noite toda para uma refeição leve, maravilhando-nos com as luzes da cidade refletidas nas gotas de chuva no para-brisa. No café, havia um policial, de azul-escuro, couro preto e dispositivos ameaçadores. Ele estava sentado em uma mesa com uma xícara de café, conversando com alguém em um *walkie-talkie*. Houve um roubo em um armazém em um bairro negro. A assaltante era uma adolescente negra. O policial disse que estaria lá, num tom carregado de sexo e sadismo. A única maneira de ter intimidade com uma garota negra era puni-la. Depois que ele saiu, o lugar ainda fedia com sua luxúria, se você tivesse tomado ácido.

No final de março e ao longo de abril, os Stones fizeram uma turnê pela Europa, incluindo Amsterdã, Bruxelas e Paris – onde Brigitte Bardot veio ao hotel para conhecê-los, rendendo uma cena bastante embaraçosa, já que apenas Mick falava francês, e a beleza dela o deixou sem palavras. No dia seguinte, enquanto tocavam em Marselha, a testa de Mick foi cortada por uma cadeira jogada da plateia. "Eles fazem isso quando ficam animados", declarou ele a repórteres.

Em abril, *Aftermath* foi lançado no Reino Unido, e "Paint It, Black", nos Estados Unidos. Anos depois, Charlie se lembraria de como Brian "sentou-se durante horas para aprender a tocar cítara, a usou na gravação de 'Paint It, Black' e nunca mais a tocou". O novo single era incrível, uma explosão niilista que seria um disco popular chegando ao alto das paradas. Os Stones tocaram a música no *The Ed Sullivan Show,* e Mick, entrevistado pela Associated Press, comentou que os adolescentes nos Estados Unidos tinham mudado, estavam questionando mais as pessoas mais velhas, tornando-se mais independentes em seus pensamentos. "Quando chegamos aqui em 1964, os jovens queriam ser o que todos queriam que fossem... Todos estavam satisfeitos por convenção. Trocavam alianças. Nunca pensaram se politicamente alguma coisa estava certa ou errada."

Naquela época, Londres era a cidade mais elegante do planeta. Os Beatles, romances e filmes de James Bond, fotografias de David Bailey, roupas de Mary Quant, cortes de cabelo de Vidal Sassoon, tudo isso contribuiu para um período de grande popularidade internacional das coisas britânicas. As manchetes sobre os Stones estavam mudando. Mick e Keith foram fotografados por Cecil Beaton, que disse que o faziam lembrar Nijinsky, os anjos da Renascença. Durante anos, Keith manteve um recorte de jornal de uma das fotos de Beaton de si mesmo com a legenda: "Cabeça e Torso Maravilhosos".

A *Time* publicou uma reportagem de capa datada de 15 de abril de 1966, intitulada "Londres, a Cidade do Swing". A matéria dividiu espaço na revista com notícias sobre o aumento dos bombardeios dos EUA no Vietnã do Norte. A música dos Rolling Stones era a mais "In" agora, segundo a *Time*, tornando isso oficial.

Os planos para o filme dos Stones, que deveria ter começado em abril, mudaram novamente. O roteiro agora seria tirado de um romance chamado *Only Lovers Left Alive,* de Dave Wallis, sobre a Inglaterra tomada por jovens após um ataque nuclear. Mick disse à *Melody Maker*: "Não consigo ver, por exemplo, Ringo de arma em punho, sendo desagradável em um filme, indo matar alguém. Simplesmente não aconteceria. Mas eu não acharia estranho se visse Brian fazendo isso".

Na mesma entrevista, Mick expressou mais pensamentos sobre os Estados Unidos: "O Vietnã mudou a América. A guerra dividiu o país e fez as pessoas pensarem. Há muita oposição – muito mais do que você pensa, porque toda a oposição é ridicularizada nas revistas norte-americanas. É feito para parecer ridículo. Mas há uma oposição real. Antes, os norte-americanos aceitavam tudo, 'meu país, certo ou errado'. Mas agora muitos jovens estão dizendo que 'meu país deveria estar certo, não errado'".

Mick estava morando em um apartamento mobiliado na rua Baker, enquanto Keith, segundo os jornais, havia comprado Redlands. Wyman havia adquirido uma casa em Keston, perto de Bromley, Kent, três meses antes.

Por causa da agenda dos Stones, Keith só moraria em Redlands no outono. Em junho, *Aftermath* foi lançado nos Estados Unidos, fazendo-os voltar para sua quinta turnê. Um grupo de quatorze hotéis de Nova York, temendo os fãs, recusou-se a receber os Stones como hóspedes. Allen Klein ameaçou processar todos eles por cinco milhões de dólares, alegando que os Stones foram discriminados por causa de sua nacionalidade. Eles resolveram o problema imediato de abrigo alugando um iate na 79th Street Boat Basin.

A turnê começou no Manning Bowl, em Lynn, Massachusetts, com um tumulto debaixo da chuva. Um cerco de oitenta e cinco policiais reteve quinze mil pessoas até as notas de abertura da última música, "Satisfaction". Os fãs romperam o cordão, e os policiais jogaram gás lacrimogêneo, que o vento soprou para além da multidão e de volta para o palco. Os Stones fugiram em suas duas limusines, mas os fãs alcançaram os carros, que quase foram despedaçados. Quando os veículos partiram, uma garota, agarrada ao para-choque traseiro, perdeu dois dedos. "Brian, Brian", ela gritava, sem saber que sua vida – ou pelo menos sua mão – havia mudado para sempre.

Os shows dos Stones duravam pouco mais de meia hora e consistiam basicamente de seus sucessos, incluindo dez músicas: "Not Fade Away", "The Last Time", "Paint It, Black", "Stupid Girl", "Lady Jane", "Spider and the Fly", "Mother's Little Helper", "Get Off of My Cloud", "19th Nervous Breakdown" e "Satisfaction". Tocaram em Cleveland, Pittsburgh, Washington D.C., Baltimore, Hartford, Buffalo, Toronto, Montreal, Atlantic City. A lista também continha o estádio de tênis Forest Hills, no Queens, Nova York, Asbury Park, Virginia Beach e Syracuse, onde, no War Memorial Stadium, Brian tentou roubar uma bandeira norte-americana que havia sido estendida nos bastidores sobre uma cadeira para secar. Um ajudante de palco a pegou de volta, criando uma pequena cena e algumas manchetes. Não era hora de brincar com a bandeira norte-americana.

A atmosfera nessa turnê era mais amigável, não apenas porque Mick, Keith e Brian estavam agora, como muitos de sua geração, fumando maconha – um álbum de sucessos dos Stones tinha sido lançado nos Estados Unidos em março, chamado *Big Hits (High Tide and Green Grass)*. Charlie, um músico de *jass*, fumava maconha de vez em quando, e Wyman havia tentado, mas passou mal. Além dessa questão, os Beatles tinham vindo aos Estados Unidos para sua última turnê neste verão de 1966, e depois de conversar e de ouvi-los em coletiva de imprensa, tive a sensação de que estávamos todos na mesma luta, todos nós queríamos (o slogan já havia surgido) fazer amor, não guerra.

A turnê dos Stones prosseguiu, com pouca consideração pela geografia, por Detroit, Indianápolis, Chicago, Houston, St. Louis, Winnipeg e Omaha. Na parada seguinte, Vancouver, a polícia, alarmada com os jovens gritando no Pacific National Exhibition Forum, apesar de haver uma cerca antimotim entre o público e o palco, desligou o sistema de som. Os Stones, a polícia disse a repórteres, então "começaram a fazer gestos obscenos que incitaram ainda mais a multidão". Em Seattle, no dia seguinte, Mick negou: "O que é um gesto obsceno? Não conheço nenhum gesto obsceno norte-americano. Eles são diferentes em todo o mundo".

Depois de Seattle, eles seguiram para Portland, Oregon, onde se recusaram a falar com repórteres no Aeroporto Internacional de Portland. A United Press International relatou: "Mike Gruber, da agência de publicidade dos Stones em Nova York, afirmou que as entrevistas 'arruinariam a imagem deles'". Quando a banda começou a subir os degraus de seu avião fretado, um cinegrafista de televisão pediu ao agente dos Stones, Ron Schneider, que parasse de bloquear sua câmera. Schneider e Gruber ordenaram que o cinegrafista saísse dali. De dentro do avião, os Stones gritaram: "Dê um soco na boca dele, Mike".

O fim da turnê se aproximava, aumentando a loucura. Em Sacramento, os Stones ficaram jogando sobremesas em todo um quarto de hotel e uns nos outros. Schneider deu cem dólares a uma empregada e pediu que ela limpasse. Então, pingando chantilly, todos saíram e pularam na piscina. O gerente reclamou, furioso. "Envie-nos a conta", disseram-lhe. Na sequência, tocaram em Salt Lake City, Bakersfield e no Hollywood Bowl. Charles Champlin, o crítico do *Los Angeles Times*, analisou a performance deles como se fosse algum tipo de arte, chamando-os de "músicos talentosos e inventivos" e referindo-se a Brian como "guitarrista solo". Em 26 de julho, aniversário de vinte e três anos de Mick, se apresentaram em São Francisco, depois voaram para o Havaí, onde encerraram a turnê e passaram oito dias esperando o fim de uma greve de pilotos. Então voltaram a Los Angeles e gravaram "Have You Seen Your Mother, Baby, Standing in the Shadow", no RCA Studios com Dave Hassinger, como de costume. Também registraram a maioria das faixas para *Between the Buttons*, o álbum que sairia nos EUA e na Inglaterra em janeiro de 1967.

Depois que as sessões de gravação terminaram, os Stones saíram de férias. Mick e sua namorada Chrissie Shrimpton se envolveram em um acidente de carro na Great Titchfield Street, perto de Marylebone. Ambos ficaram abalados, mas sem danos reais. Em 2 de setembro, surgiu a história de que Brian Jones, "guitarrista principal do grupo pop Rolling Stones", havia quebrado a mão esquerda durante as férias em Tânger. Quando os Stones apareceram em *The Ed Sullivan Show* para tocar "Have You Seen Your Mother", a mão de Brian estava de fato enfaixada. Para a capa do novo single, os Stones foram fotografados vestidos com roupas femininas, parecendo cinco matronas da época: Keith, uma fofoqueira muito feia; Charlie, uma policial de pernas longas; Bill, uma soldada com deficiência em uma cadeira de rodas de madeira; Mick, uma dona de casa do Harlem com óculos de aro branco estilo gatinho; Brian, uma soldada loira parecida com Judy Holliday. Eles posaram em frente a uma janela com um adesivo de estrela dourada indicando uma morte na família na Segunda Guerra Mundial. Era uma imagem notável para aparecer em uma capa projetada para ser vendida a milhões de estudantes. Os jornais de música ingleses adicionaram outra manchete clássica à coleção do grupo: OS STONES FORAM LONGE DEMAIS? A resposta foi "ainda não".

Em 14 de setembro, os jornais anunciaram que os Stones haviam adicionado 231 mil libras ao lucro da Decca no último ano fiscal. Eles não tinham recebido Ordens do Império Britânico, como os Beatles, mas, enquanto pessoas que ganhavam tanto dinheiro em um pequeno país com uma situação ruim no balanço de pagamentos, teriam que percorrer um longo caminho antes que se pudesse dizer que tinham ido longe demais. Ainda assim, estavam indo para lá o mais rápido que podiam.

Brian e Anita moravam juntos em um grande apartamento em Courtfield Road, perto da estação de metrô de Gloucester Road. Acompanhados de seu círculo de amigos, estavam sempre no centro das atividades na "Swinging London". Logo Keith começou a viver com os dois, todos eles amigos, usando muitas drogas, indo para Redlands aos fins de semana, sem olhar para trás.

No final de setembro, os Stones fizeram uma turnê pela Inglaterra com os Yardbirds e Ike e Tina Turner. Eles ainda costumavam subir ao palco com qualquer coisa que estivessem vestindo. No dia da abertura da turnê, no Albert Hall, no entanto, Mick teve o cuidado de vestir uma camisa laranja, calça boca de sino branca e jaqueta preta de lantejoulas estilo chinês, enquanto Brian usava calças de veludo cinza-prata, uma jaqueta de veludo roxo, uma camisa de seda vermelha e uma gravata branca.

Em outubro, ao longo da turnê inglesa, a Decca anunciou que o filme dos Stones começaria a ser rodado em novembro, sendo o primeiro a ser financiado exclusivamente por uma gravadora. Os Stones ganhariam com isso, segundo os jornais, um milhão de dólares. Em 11 de outubro, "Have You Seen Your Mother" começou a descer nas paradas. Tinha atingido o número seis, subido para o quatro e, agora, no número cinco estava caindo e saindo da parada. Foi o primeiro single dos Stones depois de seis números um consecutivos a não chegar ao topo. Havia alguns lugares vazios na turnê, mas quando acabou, Keith e Brian declararam à *Melody Maker* que foi "um enorme sucesso". Eles pareciam pensar que isso se devia em parte ao fato de terem aprimorado o nível de seus seguidores. "Na era de 'It's All Over Now'", disse Keith, "corríamos o risco de nos tornarmos respeitáveis!".

Claro que o filme dos Stones não começou a ser rodado em novembro. No dia 14 daquele mês, os jornais de Londres publicaram fotos de Brian em um uniforme nazista com Anita ajoelhada na frente dele. "Estas são... imagens realistas", disse Brian como explicação. "O significado de tudo isso é que não há sentido nisso."

A frase *explodir as cabeças*, significando surpreender, estava em voga. Brian e Anita gostavam de explodir a cabeça das pessoas. Em entrevista à *Melody Maker* depois da última turnê inglesa, Brian afirmou: "Minha mão machucada está se recuperando bem. Isso me preocupou muito, mas agora posso tirar os curativos, apesar de ainda estar um pouco limitado no meu dedo mindinho".

Na época do acidente, os jornais diziam que Brian havia ferido a mão ao cair de uma encosta. Anos depois, porém, Anita me contou que ele havia quebrado a mão no rosto dela, durante uma briga. "Ele sempre se machucava", disse ela. "Era muito frágil e, quando tentava me machucar, sempre acabava se machucando."

22

A única maneira de evitar o assassinato é pelo assassinato ritual.

Norman O. Brown: *Love's Body*

DEPOIS DE OITO HORAS, acordei com tempo suficiente para refazer as malas e partir para Chicago, onde me juntaria aos Stones. Dirigi com Christopher até o aeroporto. Ela suspirou, olhando pelas janelas do Mustang.

Do aeroporto O'Hare, telefonei para Jo em um hotel que se chamava Ambassador East. Ela me disse para encontrá-los no International Amphitheatre, onde o Partido Democrata havia selecionado um candidato presidencial no ano anterior, ocasião que proporcionou muita demanda para a polícia. Um taxista, um velho de boné cinza, me contou sobre o lugar. "Perto dos currais. Construído para ser celeiro de vacas. Três quarteirões de extensão." O McCormick Place foi incendiado no ano anterior e, enquanto era reconstruído, o Amphitheatre estava sendo usado, disse o motorista, "para convenções e shows".

Cheguei preparado para uma batalha para conseguir entrar, mas não havia ninguém à vista, e a porta dos fundos estava aberta. Lá dentro, só a equipe de palco. Bill Belmont me mostrou o lugar. Ele sempre parecia igual, vestido de Levi's e uma camisa azul com gola abotoada, cabelos pretos, olhos escuros, e estava sempre pronto para mostrar o lugar a você. Belmont era do tipo que conversava com todo mundo. (Muito mais tarde, soube que ele havia sido indicado por Jon Jaymes ao empresário de Chip Monck e que tinha conhecido os Stones durante o transporte da banda ao aeroporto de Los Angeles após os shows de Fort Collins.) Ele não deixaria a turnê enquanto o palco não estivesse livre de cadáveres. Essa parte do Amphitheatre, onde os Stones tocariam, era a Arena. Na parede dos fundos, uma placa pintada dizia CASA DA EXPOSIÇÃO INTERNACIONAL DE PECUÁRIA. Nesse velho celeiro empoeirado cor de ferrugem, a bandeira obrigatória dos Estados Unidos era enorme, pendurada no centro da sala. Se caísse, filas de pessoas sufocariam.

Achei o ambiente um pouco opressivo e fui até os camarins, que, na verdade, não passavam de escritórios comerciais do Amphitheatre, com armários, escrivaninhas e mesas surradas. Nas paredes, algumas naturezas-mortas pouco originais, *Cake with Rose* e *Vegetable Plate*. Uma mesa estava iluminada por um buquê de flores azuis de plástico empoeiradas. Pregada em outra parede havia uma lista das atrações do Amphitheatre deste ano: uma convenção das Testemunhas de Jeová, enfrentamentos de luta livre, shows de gado, corridas de patins, a Feira de Diversões dos Escoteiros da América. Numa sala dos fundos, uma mesa acomodava alguns pacotes de queijo americano pré-cortado, bolachas salgadas cobertas com filme plástico e algumas maçãs. As Testemunhas de Jeová provavelmente não tinham recebido aquilo, um ponto (com quem estamos, afinal, lidando aqui) enfatizado quando Stu entrou e perguntei a ele – pois Dickinson me disse que os contratos dos artistas incluem multas por atraso – se os Stones haviam sido multados até agora na turnê.

"Nenhum promotor iria multar os Stones porque eles são muito grandes", respondeu ele. "Eles poderiam dizer a todos os grupos ingleses para não trabalharem com este ou aquele promotor, e ele não conseguiria mais nenhum show."

Os Stones não tinham chegado, e, mais uma vez, Chuck Berry, que deveria subir ao palco, recusou-se a começar seu show até receber três mil dólares em dinheiro. Stu foi ao camarim de Berry, voltou com um recibo assinado por ele e me deu para guardar. Dez minutos depois, com a multidão batendo os pés ansiosa, Berry entrou. No vestiário, ouvi a plateia o aplaudindo quando ele começou a tocar e decidi sair para vê-lo. Mas quando abri a porta, lá estavam os Stones, Jo, Schneider, Sam, Tony, David Horowitz, Michael Lydon e Jon Jaymes. Mick e Keith perguntaram como estava Memphis, e o que eu poderia contar a eles?

Schneider me pediu o recibo de Berry. Negócios, como sempre. No dia anterior, os Stones fizeram dois shows em Champaign-Urbana na University of Illinois Assembly Hall. Pelo menos o lugar não era outro ginásio de basquete. Atrás das cortinas do palco, um pequeno letreiro de neon dizia: SALA DO LOMBO AO LADO.

O antigo salão marrom, cheio de cadeiras dobráveis, tinha um teto baixo se comparado a algumas das cúpulas espaciais nas quais a banda havia tocado, e a atmosfera era mais antiquada e teatral. O primeiro *set* dos Stones parecia mais com os velhos tempos, com Mick girando o microfone e pisando forte. Não parecia haver policiais empurrando as pessoas; Stu tinha expulsado os ineficientes caras de chapéu azul do palco. Era como se, depois do que aconteceu aqui no ano anterior, ninguém em posição de autoridade se importasse com um pequeno e velho concerto de rock and roll. O público se levantou, dançou, cantou, gritou. O show acabou em pouco tempo, e saímos correndo pela porta dos fundos até as limusines, as mesmas que tinham trazido o grupo de rock de São Francisco, o Jefferson Airplane, agachado na entrada dos fundos do teatro com câmeras de cinema, filmando a partida dos Stones.

No hotel, Jo telefonou para a cozinha com nosso pedido, que seria consumido depois de uma coletiva de imprensa. Nesse meio-tempo, ela também fez uma ligação para o escritório inglês dos Stones, instruindo-os a encontrar dois lugares na capital britânica para eles tocarem antes do Natal e a enviar telegramas para cada um dos Beatles, pedindo que fechassem os shows. Os Beatles, que estavam se separando, nem responderam.

Na suíte de Keith, havia pessoas confusas com câmeras e gravadores, como era habitual nas entrevistas coletivas. Um deles perguntou: “Você percebe alguma diferença no público nesta turnê em comparação com as anteriores?”.

“Sim”, disse Keith. “O público costumava ser composto de noventa por cento de garotas de doze e treze anos. Meu primeiro pensamento nesta turnê foi: ‘Onde elas foram parar?’. O público é muito mais íntimo agora. Eles ouvem mais, podemos tocar muito melhor.”

“Conseguimos um cara que ouvimos falar que era bom para som e luzes”, afirmou Mick. “Se você vai tocar em estádios de hóquei no gelo e em grandes matadouros, realmente precisa fazer algo para torná-los melhor.”

Quando surgiram perguntas sobre o álbum ainda não lançado, Mick adiantou que eles esperavam alguns entraves para conseguir tocar no rádio. “Algumas pessoas acham certas letras pesadas. Algumas das letras são pesadas, na verdade.”

Mick estava sentado em um sofá, de pernas cruzadas e descalço, dando respostas educadas a perguntas estúpidas até que alguém questionou quanto tempo ele levou para aprender cítara, um instrumento que ele não toca.

Logo estávamos sentados no Pump Room, esperando o jantar. Era uma sala espaçosa com grandes candelabros de cristal, paredes azul-escuro, luminárias com três pontos de luz em cada mesa com toalhas brancas. Nós nos sentamos em uma longa mesa perto de uma pequena pista de dança e um quinteto – saxofone tenor, trompete, seção rítmica – tocando músicas como “Yesterdays” e “Willow Weep for Me”. Jon Jaymes – sentado com sua mãe, Mike Scotty (o homem mais velho que estivera em San Diego) e uma bela jovem loira à nossa direita – falava ao telefone como sempre. A banda era boa, o lugar não era ruim, mas a clientela tranquila nos considerava uma trupe de circo com nosso próprio representante da máfia. Não dava para culpá-los.

Pedir com antecedência não adiantou; nos sentamos e esperamos por nossa comida. Michael Lydon aproveitou a chance de fazer a Mick algumas perguntas que ele estava guardando sobre “Midnight Rambler”.

“Eu componho”, Mick disse a ele, “só para confundir pessoas como você”. E como o serviço era lento, ele ainda teve tempo de acrescentar: “Eu realmente não gosto de ‘Midnight Rambler’. Não gosto de cantar sobre matar pessoas. Taj me disse que ‘32-20’ de Robert Johnson não é legal”. Mas transformar amor e morte em canções era exatamente o negócio dos Stones.

Quando finalmente chegou, a comida era boa – patê, rijsttafel, caviar, canelone, vinhos, conhaque –, mas tivemos de comer rápido, porque o relógio corria. Logo voltamos ao celeiro, entrando pelos fundos, e, quando eu ia para o camarim, Stu me parou. Ele perguntou se eu conhecia alguém chamado Abbie Hoffman. Não pessoalmente, mas tinha amigos próximos. Muitos conheciam Abbie porque, depois que a convenção democrata terminou, as tropas foram embora e o gás lacrimogêneo dispersou, Abbie e os outros sete, “os Oito de Chicago”, foram acusados pelo governo dos EUA de conspirar para cruzar as fronteiras estaduais com o propósito de iniciar um motim. Abbie tinha vindo à convenção como um "não líder" de um partido "não político", os Yippies, que realizou um funeral por seu "não movimento" e indicou um porco chamado Pigasus para presidente. Por isso ele foi julgado.

Stu explicou que Mick queria ver Abbie, então fui procurá-lo e o encontrei, de cabelos espessos, jovial, intenso, sentado na frente com sua linda esposa de cabelos escuros, Anita. Fomos aos bastidores, onde Abbie disse a Mick: "Estamos no mesmo negócio. A sua coisa é sexo, a minha é violência".

"Sim, eu amo uma boa luta", rebateu Mick.

"Diga, você sabe onde está, o que aconteceu aqui, a Demo..."

"Claro, eu sei", assentiu Mick, escovando o cabelo.

"Quem é o homem da grana?", Abbie me perguntou, e eu apontei para Schneider, sentado à mesa com os Saltines fazendo a soma.

"Por que não nos dá uma grana?", Abbie sugeriu.

"Não", cortou Ronnie.

Abbie repetiu a pergunta para Mick, que riu e disse: "Para quê?".

"O julgamento", falou Abbie. "Os Oito de Chicago."

"Tenho que pagar pelos meus próprios julgamentos", disse Mick.

"Eu vou te devolver", prometeu Abbie, "quando o julgamento acabar".

"Por favor", Sam estava dizendo em seu jeito *cockney*, "todos, exceto os Stones, saiam do vestiário, eles têm apenas cerca de cinco minutos".

Abbie deu de ombros, e aí saímos. "Ele não disse sim, mas não disse não. Estou tentando falar com ele o dia todo. Até liguei para o Ambassador East e menti que era Elvis Presley. 'Só quero ver como o velho Mick está indo.'"

Eu assisti à primeira metade do show dos Stones no palco, atrás dos amplificadores de Keith. Depois de "Prodigal Son", fui para a plateia e me juntei a Abbie e Anita, sentando-me com eles e, quando as coisas ficaram mais agitadas, de pé com eles nas cadeiras. Abbie beijou Anita durante "Little Queenie" e cantou uma harmonia desafinada em "Honky Tonk Women". O conspirador era apenas mais um garoto louco por rock and roll. "Posso ir à Califórnia para o show gratuito", disse ele.

Após a apresentação, o grupo de viajantes dos Stones voltou ao hotel para pegar a bagagem. Charlie e eu gostaríamos de ficar em Chicago e ir a alguns clubes de jazz, mas tínhamos que retornar a Los Angeles. Os Stones iriam gravar uma participação no *The Ed Sullivan Show* lá depois de amanhã.

Keith e eu estávamos em sua suíte, conversando enquanto ele fazia as malas. Ele deixou cair um maço de cigarros, curvou-se para pegá-los e deixou-os cair novamente. "É aquela hora da noite em que você deixa cair as coisas e não consegue pegá-las", divagou.

Wyman, entrando, se queixou: "Estou com um zumbido nos ouvidos".

"Sempre fico assim depois de cada show por cerca de meia hora", respondeu Keith. "Um som agudo."

O motorista de uma das limusines que nos levou ao aeroporto era o homem que conduzia o juiz do julgamento dos Oito de Chicago ao tribunal todas as manhãs. "O que o juiz fala sobre Abbie?", perguntei.

"Ele o odeia. Diz que vai para a cadeia."

No avião, lembrei a Mick que, no festival de Woodstock, Abbie tentou se dirigir à multidão e foi atingido na cabeça com uma guitarra por Pete Townshend, do Who. "Eu não culpo Townshend, eu provavelmente teria feito a mesma coisa", disse Mick.

Conversamos sobre os shows da primeira metade da turnê e a questão de controlar as pessoas que tentam controlar as multidões. "Coletivas de imprensa são estranhas", eu disse. "É como se ninguém captasse o que vocês tem tentado fazer."

"Nós mesmos não sabemos o que estamos tentando fazer", devolveu Mick, indo jogar cartas.

Charlie se juntou a mim e perguntou: "É bom, aquele Abbie? É um cara bom?".

"Bem", eu disse, "depende...".

"Quero dizer, ele não se comporta como alguém que você respeitaria. É como um palhaço."

"Na política hoje em dia talvez palhaços sejam as pessoas mais respeitáveis."

"Triste, não é?", Charlie concluiu.

A casa de Stephen Stills havia sido devolvida a ele, então os Stones estavam se mudando para a casa de Oriole. O restante ia ficar no Continental Hyatt House, na Sunset Boulevard, mas fui até Oriole, pois queria ver se meu contrato estava lá. Eu tinha bebido muito no avião, mas consegui ser a primeira pessoa a entrar na casa, olhando na cozinha, na sala, no escritório, em todos os lugares em que a correspondência pudesse estar. Embora tivesse dito à agência para enviar o contrato em uma embalagem simples, lá estava ele sobre a mesa do escritório, o nome da agência no envelope como uma bandeira vermelha. Eu estava enfiando o envelope nas minhas calças quando Jo e Ronnie entraram no escritório. Saí rapidamente pela porta dos fundos e escondi o contrato em uma cerca baixa de buxo à luz amarelada das janelas da cozinha.

De volta para dentro, bebi um pouco de leite, o primeiro que tomei desde que partimos para Dallas, e esperei até a hora de ir para o hotel. Quando entrei no carro, aguardei que ligassem o motor e disse: "Esqueci uma coisa". Corri pelo canto da casa até a cerca viva, enfiei o envelope nas calças, voltei para o carro. No Hyatt House, coloquei o contrato numa gaveta, caí na cama e dormi.

Por volta das 15h, levantei-me, vesti-me, tomei um café, depois fui a uma farmácia, comprei uns selos e um envelope pardo para o meu contrato. Quando voltei ao meu quarto, o telefone estava tocando; era Jo, organizando o jantar para o contingente do Hyatt House. Fui com ela, Ethan Russell e algumas outras pessoas, mas Jo teve que parar na casa de Oriole primeiro. Gram estava lá. Eu, ele, Keith e Charlie começamos a ouvir discos, e o pessoal que ia jantar foi embora sem mim.

Ouvimos o primeiro EP dos Stones, depois seu segundo single, "I Wanna Be Your Man", com o solo notável de Brian. Charlie estava sentado no sofá de costas para a janela, as luzes de Los Angeles abaixo. Keith caiu ao lado dele. "O que aconteceu com Brian?", Charlie perguntou.

"Ele se matou", respondeu Keith. "Ele podia superar todos, fazer mais. Se todo mundo estivesse tomando mil microdoses de ácido, ele tomaria dois mil de STP. Ele se matou."

Charlie assentiu, triste. "É uma pena", murmurou. "Brian poderia fazer isso" – acenando para o toca-discos – "sem nem tentar".

Gram saiu rugindo em sua motocicleta, indo pegar um disco que queria tocar. Keith se juntou a Jagger em um dos quartos dos fundos, onde eles se sentaram curvados sobre guitarras. Keith resmungando enquanto tocava, Mick ouvindo. "É a coisa mais forte que eles têm juntos", Anita me diria mais tarde. "Keith não sabe o que está dizendo, mas Mick pode interpretar."

Charlie, Mick Taylor e eu ouvimos alguns discos de jazz e uns de Furry Lewis, Fred McDowell e Johnny Woods. Então Gram voltou com um disco de Lonnie Mack, e nós o ouvimos enquanto Charlie tocava uma bateria montada ao lado do piano.

No início dessa noite, Rock Scully e Emmett Grogan tinham ido conversar com Keith e Mick sobre fazer um show gratuito. Grogan foi o fundador de um grupo de São Francisco chamado Diggers, que fornecia comida, roupas e consciência política à comunidade. Agora Gram, que havia deixado um grande pedaço de haxixe na mesa de centro, não conseguia encontrá-lo. Procuramos em todos os lugares, embaixo das almofadas do sofá, embaixo do piano, na geladeira, em toda a cozinha, no escritório, no chão. Quando Keith saiu, também foi procurar nos mesmos lugares, finalmente chegando à conclusão de que Scully e Grogan tinham roubado.

"Merda", disse Gram. "Eu gastei todo o pagamento da minha última noite naquele haxixe."

Mas Keith espalhou um pouco de cocaína na capa de um disco de Buck Owens, e esquecemos o haxixe. Gram estava com dor de garganta – a mesma dor que Mick havia criado antes do primeiro show, todo mundo já teve pelo menos uma vez – e nos contou sobre o Plano de Saúde Parsons. "São as drogas, elas te mantêm sadio – é o que eu digo a todos os meus amigos pró-alimentação saudável."

Gram foi embora, e Keith e eu conversamos sobre o novo álbum ainda não lançado. "A masterização estragou tudo", revelou Keith. "Não aceitamos. Eles equalizaram e o deixaram limitado. E isso faz toda a diferença em um disco."

Keith voltou para tocar mais com Mick, e Charlie me perguntou: "Vale a pena sair para comer?". Ele estava desanimado desde que Shirley e Serafina tinham partido. "Não é ruim", disse ele, "não me importo de estar na estrada, só não gosto mais de estar na casa agora que elas não estão mais aqui".

Finalmente saímos até a Times Square Delicatessen, na Sunset e Doheny – bebemos Löwenbräu, comemos blintzes e sopa de bolas de matzoh. Charlie se animou um pouco, contou histórias engraçadas sobre músicos de jazz ingleses, mas a cerveja saiu da mesa às 2h, e nos despedimos.

Na manhã seguinte, no Hyatt House, acordei às 10h, liguei para o meu agente e perguntei o que fazer com o contrato. "Basta assiná-lo e enviá-lo de volta", orientou ele. Eu estava ansioso para fazer isso, mas primeiro nos encontramos – o grupo do Hyatt House e dos Stones – na casa de Oriole. De lá, iríamos para a CBS Television City, perto do Farmer's Market, onde os Stones gravariam duas músicas para o próximo show de Ed Sullivan. "Queríamos fazer algo mais doido", declarou Mick na coletiva de imprensa em Chicago, "mas não há nada mais doido. Não importa o que você faça, porque em um minuto você é uma máquina de lavar, no seguinte, outra coisa. É como um show de antiguidades".

No bairro das Bird Streets, cujos códigos de zoneamento eram rígidos, fazia um lindo dia de sol, flores balançando na brisa suave. Quando chegamos em casa, fiz uma torrada e bebi um pouco de leite. A cidade abaixo de nós mal era visível no nevoeiro branco. Furry Lewis estava cantando no toca-discos. Mick irrompeu na cozinha, comentando para o ambiente em geral: "Vou me mudar amanhã, isto é um hospício!", e voltou por onde veio. Eu o segui. Jo, no sofá falando ao telefone com Steckler em Nova York, perguntou: "Então, quando o disco será lançado?".

Keith, Charlie, Mick Taylor e eu ficamos na sala ouvindo blues enquanto o sol brilhava. Tentei pensar em anotações para fazer, mas nada estava acontecendo. Mary (de Kathy e Mary, a Dupla Dinâmica) tinha ido buscar Wyman. Finalmente, decidimos sair e deixá-lo nos encontrar na gravação. Estávamos partindo para os carros – acompanhados por Michael Lydon e sua namorada ruiva peituda – quando Mary chegou com Bill e Astrid. De pé ao lado do Continental roxo, disse "oi" para Bill, sentado no banco de trás perto o suficiente para tocá-lo, se ele não estivesse atrás de uma vidraça. Ele então revirou os olhos para o céu e pareceu desmaiar. Astrid, abaixando a janela, disse: "Bill está mal". Voltamos para dentro, Bill se esticou no sofá, e Jo chamou o médico. O episódio parecia ter animado Mick, ele estava sorrindo.

"Ele está tomando antibióticos", avisou Astrid, parecendo espantada com o homenzinho peculiar com quem ela vivia. "Ele fica com tanto medo e começa a imaginar coisas..."

Jo explicou a Mary para onde levar Bill, e eles partiram. Já Kathy foi dirigindo os Stones, e eu dirigindo Michael e sua namorada, cujo nome era Lilith Leonards, para a TV City, um grande prédio cinza no meio de um enorme estacionamento. Kathy foi até o portão, e eu parei ao lado dela. Um guarda nos disse que não havia espaço para estacionar lá dentro; deixe do lado de fora e entre. "Eu não vou andar para lugar nenhum. Entre", ordenou Mick. Kathy entrou, e eu a segui, mas não havia lugar para estacionar mesmo. Comecei a dar ré, quase atropelando Mick, que estava andando atrás do carro e bateu no porta-malas com a mão. Franzimos a testa um para o outro.

Dentro da TV City, passamos por uma mesa, descemos um corredor e entramos no estúdio, cruzando por homens com sapatos de sola de borracha que carregavam pequenos pinheiros. No estúdio de som 31 havia um pequeno público, quatro câmeras coloridas Norelco e técnicos à espreita. Um homenzinho usando sapatos pretos com cadarço, meias brancas, calça cinza, suéter azul e óculos de aro de tartaruga disse: "Mick, eu sou Bob, seu gerente de palco". Ele mostrou aos Stones o caminho para a maquiagem, e Michael, Lil e eu nos sentamos na plateia com Kathy, que nos contou mais sobre sua vida. Ela morava com Mary desde que deixou o irmão de Mary, seu marido, o pai da sua filhinha. As duas gostavam mesmo de bandas de rock and roll e conheciam muitas delas. Ela nos deu uma longa lista, incluindo os Beatles, Led Zeppelin e Terry Reid, mas por dois anos desejaram Mick Jagger. Ficavam com um cara e depois se cansavam, dizendo: "Ele era legal, mas não é Mick Jagger". Quando finalmente foram escolhidas pelos Stones e estavam na casa, Mick subiu para a cama, depois voltou jogando perfume Floris Sandalwood nas duas, perguntando a Kathy: "Quer subir?".

"Minha amiga tem que vir também", disse. (A Dupla Dinâmica jurou ficar unida.)

"Tudo bem", Mick respondeu.

"Ficamos realmente desapontadas", admitiu Kathy. "Ele era tão ruim. Quando está sendo ele mesmo, consegue. Mais ou menos. Mas estávamos apenas rindo dele. Ele tentou ser como Mick Jagger, todo sexy – quando é ele mesmo, até que não é ruim. Aí descemos do quarto de Mick e dissemos: 'Bem, ele foi legal, mas não é nenhum Mick Jagger'. Tivemos que conseguir o Mick para tirá-lo de nossas cabeças."

Com os Stones de volta da maquiagem, os ângulos das câmeras estavam sendo testados. O rosto magro de Keith encheu a tela do monitor. "Mas é o sr. Richards que eu realmente quero", disse Kathy. "Ele fala com Anita por cinco horas a cada dois dias – o bebê deles se parece com ele, e ele tem várias fotos do filho. Anita coloca o bebê no telefone, e Keith fala com ele e o ouve balbuciar por horas."

Enquanto Kathy falava, o cenário para os Stones havia sido montado: muitos retângulos cobertos de papel alumínio que pareciam – propositalmente fora de foco no monitor, com reflexos de luz prismáticos – cravejados de sonhadores arco-íris. Glyn Johns entrou e veio dizer "olá". Ele teve um grande aborrecimento na recepção tentando entrar. "Eu disse a eles: 'Tenho fitas de *backup* dos Stones, se não me deixarem entrar, eles não podem continuar...'."

Ele foi arrumar as fitas, e Kathy prosseguiu: "Mick é tão diferente do que eu pensei que ele seria... Às vezes, acorda e diz: 'Oh, Kathy, eu me sinto tão frágil esta manhã. Às vezes, me sinto viril e, às vezes, me sinto frágil, e esta manhã eu me sinto terrivelmente frágil'. E eu pensava: 'Uau, onde está o Mick Jagger com quem eu costumava sonhar?'. Mick se levanta, se barbeia, passa perfume, leva uma hora para ficar pronto e geralmente passa mais uma hora sem dizer nada. Keith se levanta, coça a cabeça e diz: 'Oi, Kathy', pulando de um lado para o outro...

"Mick diz que antes costumava fingir e mandar todo mundo se foder – 'E aí agora estou sendo eu mesmo, e todo mundo manda eu me foder'. Ele é ótimo, tão natural e doce quando estamos sozinhos. Ele me fala algo que vai dizer a Jo e me pergunta como soa, se faz sentido, e eu digo 'claro', sem ter ideia do que ele está falando. Quer dizer, ele está perguntando para mim, nem posso acreditar. Mas então uma outra pessoa pode entrar, e ele fica completamente diferente; você então não consegue se comunicar com ele de forma alguma".

No monitor, sob as luzes, atrás de Mick e Keith, ambos de camisa preta, o papel alumínio era glamoroso. "Mas Terry Reid é o melhor", revelou Kathy. "Ele é dez vezes melhor que Mick."

Os Stones se reuniram ao redor da bateria, esperando para ensaiar, nada acontecendo. Então o gerente de palco falou: "Aqui vamos nós, cavalheiros", e a faixa da banda para "Honky Tonk Women" começou. Mick pulou para o microfone, virou-se e começou a cantar. Os outros fingiram estar tocando, Keith fazendo todos os solos. A gravação terminou, Mick parou de cantar e disse: "Obrigado, sr. Sullivan, sim, faremos outro, sr. Sullivan", apertando a suposta mão de Sullivan, que ainda não estava lá. Mas então, como se fosse uma deixa, lá estava ele; quando começaram a desmontar o *set* e montar o outro para a segunda passagem, Ed Sullivan surgiu, um homem parecido com um hidrante, acendendo um Winston, cumprimentando o gerente de palco. Na época de Ed Sullivan, era raro um comediante na televisão que não imitasse suas estranhas inflexões, seu imprevisível ranger de consoantes, seus movimentos rígidos e espásticos. Indo de pessoa em pessoa, apertando as mãos, ele parecia ser impulsionado por um mecanismo silencioso que logo o sentou em uma – *cadeirrra*, para assistir à mudança do – *cenárrrio!* O papel alumínio estava sendo substituído por grandes pedaços de compensado em forma de chamas, pintados de branco. Mick, rindo, saltou no ar, correu até nós e disse: "Vocês viram este *cenário*?".

Sullivan, levantando-se da cadeira, perguntou: "Mick está aqui?".

Mick deu um passo para o lado de Sullivan – um passo –, eles apertaram as mãos e foram embora juntos, Sullivan falando.

Michael e Lil estavam indo ao Farmer's Market para comer alguma coisa e me convidaram para ir junto. Fiquei pensando se seria possível voltar ao estúdio depois, mas estava com fome, então atravessamos o estacionamento até o Market. Havia muitas barracas que vendiam todo tipo de legumes e flores e preparavam comidas de diferentes nacionalidades. Comemos um delicioso prato mexicano kosher e voltamos para a TV-Land. Na recepção, uma mulher nos perguntou se estávamos em uma lista. Explicamos que tínhamos vindo com os Stones e tínhamos acabado de sair para almoçar, então ela razoavelmente nos deixou passar. Entramos pelo corredor do mesmo jeito que saímos – mas o lugar era tão grande e havia tantas portas laranjas que esquecemos por qual deveríamos entrar. Dois guardas, um velho e alto, o outro mais jovem e atarracado, vinham pelo corredor. “Aonde vocês vão?”, o baixinho perguntou.

“Estávamos com os Rolling Stones e meio que os perdemos”, eu disse. “Saímos para almoçar e esquecemos o caminho de volta.”

Nenhum dos guardas disse nada, então me virei para o mais alto para ver se conseguia fazer contato com ele. “Você poderia nos mostrar o caminho para o estúdio 31?”, perguntei. De repente, como em um sonho, ele agarrou meu braço, dizendo com uma voz de velho frágil, seca e intensa: “Vou mostrar para onde você vai – vai voltar pelo mesmo caminho que veio”.

Assustado com aquele velho lunático que puxava minha manga, tentei desviar e comecei a me afastar dele, tudo isso acontecendo no silêncio subaquático que às vezes parece acompanhar a violência. Quando liberei meu braço, ele passou a me atacar com os punhos; estranhos golpes leves como folhas caindo, leves como sua voz, começaram a chover na minha cabeça. Eu estava tão envergonhado e humilhado por estar nessa situação, atacado por um velho louco indefeso numa roupa de guarda, que joguei minhas mãos sobre a cabeça e me encolhi contra uma parede. Uma baforada de fumaça teria derrubado o guarda, que estava se debatendo comigo, suas mãos tolas e velhas caindo ao redor da minha cabeça e dos meus ombros enquanto Lil gritava em tons penetrantes: “Pare com isso! Pare com isso!”.

Finalmente ele parou. “Se você não acredita em nós, venha para a recepção”, Michael disse para o outro guarda, que parecia um pouco envergonhado.

Eu estava tremendo com o desejo de estrangular o cara, mas ele era um maníaco velho e fraco, portanto, atacá-lo não seria uma boa ideia – e eu sabia que se o matasse provavelmente não conseguiria escrever a próxima cena. Então eu disse: “Você é um homem velho, deveria saber se comportar melhor do que isso”. E ele, perdido em sua louca fantasia de defesa, como o último soldado confederado delirante, respondeu: “Eu vi você me atacar. Vamos lá! Venha aqui! Veja o que você ganha! Venha me pegar!”.

O outro guarda pigarreou e disse: “Bem, se você é quem diz que é, o estúdio 31 está na segunda porta”.

“Bem, nós somos”, Michael afirmou com sinceridade.

“Vamos dar o fora daqui”, falei.

Passamos pela porta e nos sentamos ao lado de Kathy. Quase todos os assentos na plateia, talvez trezentos, estavam ocupados agora, sobretudo por jovens. Wyman tinha vindo do médico. Estava sorrindo, parecia bem, vestindo uma camisa vermelha, calça de camurça vermelha e um colete de camurça marrom do tipo que ele gostava. Astrid sentou-se ao nosso lado. “Ele ainda está pálido e trêmulo”, apontou ela. “O médico deu-lhe uma injeção de vitaminas, mas ele está tremendo muito. Vai falar com Stephen pela manhã. Isso vai ajudá-lo. Ele ficou da mesma forma quando Stephen estava na África do Sul com a mãe. Bill teve febre, estava todo trêmulo – as pessoas não conseguem entendê-lo.”

Entrando para se sentar na fila atrás de nós estava Little Richard (Wayne Penniman), o Georgia Peach. Usava veludo verde, colares de pérolas no peito, cabelo penteado (que lhe dava *o charme*, querida), bigode Sheaffer Thinline, maquiagem tom de cacau – ele se chamava de “O Belo”. Estava com dois amigos negros bonitos, um homem e uma garota. Eu disse “olá” para Richard, acrescentando que eu era de Macon, onde realmente me formei no Ensino Médio. “Querido, você está brincando! Você conheceu Otis Reddings?”

“Sim”, eu disse. “Pouco antes de ele morrer, nós...”

“Eu que o lancei! Eu lancei Otis Reddings! Eu era o ídolo dele! Eu dei... Você conhece Jimi Hendrix? Eu lancei Hendrix! Ele começou tocando guitarra comigo na minha banda! Eu dei aos Beatles sua primeira turnê! Eu dei aos Stones sua primeira turnê! Na Inglaterra! Mick gosta de mim, ele veio me ver... Mick! Venha aqui!”

Mick veio, apertaram as mãos. “E aí, Richard...”

“Por que você não diz ao homem para me colocar no show dele, querido? Diga a ele que recebeu Liberace[64], agora ele pode ter o Liberace de bronze...”

64 Pianista, cantor, ator e showman norte-americano, conhecido por seu estilo de vida excessivo e extravagante. (N.T.)

"Ohhh, Richard", Mick disse.

"Rolling Stones entrada, tomada um", uma voz chamou pelo alto-falante, e Mick falou: "Eu tenho que ir".

As luzes mudaram, e Ed Sullivan estava gritando para a câmera: "Vocês, jovens, sabem, e é claro que seus pais também, os Rolling Stones são a sensação do... do... do... do *mundo*, na realidade. O último encontro deles conosco foi em 16 de janeiro de 1967, com Pet Clark, Allan Sherman e os Muppets. Então vamos dar um grande aplauso para os Rolling Stones! Vamos ouvir!".

E os Stones fizeram mímica enquanto Mick cantava "Gimme Shelter" com *playback*. Quando a música terminou, Sullivan entrou no alcance da câmera e apertou a mão de Mick. "É maravilhoso ter você aqui, e o que você vai cantar agora?" Mick olhou para o céu como se tivesse avistado um pássaro azul e anunciou: "Vamos colocar nossas calcinhas e cantar 'Love in Vain' e 'Honky Tonk Women'".

A voz no alto-falante disse: "Shelter... tomada dois... aguardem". Mick ficou parado, mexendo na ponta dos polegares.

Na plateia, havia um garoto com um terno de duende vermelho e verde usando uma longa barba branca falsa e uma garota loira alta, bronzeada, de seios grandes, nua, exceto por alguns pedaços de camurça. Ela estava dançando e batendo palmas quando Mick começou a cantar novamente. Kathy me viu olhando para ela e alfinetou: "Mick a viu antes de você voltar e disse: 'Quem é aquela *vaca*?'".

No monitor, Keith fez uma careta, tocando sua guitarra, o brinco de dentes balançando. "Esse Keith Richards é um cara de aparência realmente esquisita, não é?", comentou Richard.

Quando a segunda tomada terminou, os Stones foram se trocar. Richard me perguntou se eu trabalhava para eles, e eu lhe contei que estava escrevendo um livro, viajando com a banda. Ele quis saber se minha esposa estava comigo, e eu falei: "Não, ela está em casa".

"E você aqui se comportando mal..."

"Não, estou me comportando direito", me defendi.

"Você deveria fazer os Stones promoverem seu livro! Levá-lo com eles para onde forem! Me escute! Eles podem te ajudar com isso! Ed Sullivants veio de Nova York só para gravar os Stones! Mick não queria ir para Nova York, ele e Keith queriam ficar aqui, escrever música e descansar, então Ed Sullivants teve de vir até aqui!"

Os Stones estavam de volta, vestindo roupas diferentes. Sullivan os cumprimentou. "Mick, é ótimo ter você aqui conosco. E o que você vai cantar?"

"Ah, nós vamos cantar 'Love in Vain'", Mick falou.

"Tudo bem", anunciou a voz do alto-falante. "Vamos gravar."

Uma câmera apareceu, e Sullivan disse a mesma coisa. Mick começou a se repetir também, mas era bobagem responder a mesma pergunta do mesmo jeito, e aí ele riu.

"Corta", ordenou o alto-falante.

"Ed Sullivants ofereceu a Mick cinquenta mil dólares para estar neste programa!", disse Richard. "Mick não se importa com o dinheiro, ele só quer entreter as pessoas!"

"Bem, vamos tentar...", Sullivan estava dizendo. "Não vou perguntar o que você vai cantar agora, vamos apenas apertar as mãos."

"Certo", concordou Mick, "vamos apenas apertar as mãos".

"Mick não se importa", Richard continuou. "Ele dirá a Ed Sullivants: 'pegue esses cinquenta mil e compre uns sapatos para você!'."

As câmeras filmaram novamente, e Sullivan perguntou: "O que você vai cantar agora?". Plateia, Stones, cinegrafistas, todos riram.

"Ele é um cara velho", disse Richard, "e o que pensa sobre rock and roll é realmente isso" – gesticulando com o polegar para baixo – "mas ele *precisa* dos Rolling Stones pelo seu *pres*-tígio".

Sullivan e Jagger finalmente conseguiram apertar as mãos, e os Stones começaram "Love in Vain". Mick em uma camisa de cetim laranja e preta com mangas compridas de morcego e uma gargantilha preta larga com pequenos medalhões de moedas de ouro, brilhando nas luzes no monitor. "Que linda", elogiou Richard, "aquela gargantilha". Ele ergueu seu cordão de contas e acrescentou: "Eu uso minhas pérolas todos os dias, querido. Eu digo, se você tem, use-as".

"Love in Vain" terminou, e Richard teve de sair. Ele abençoou a todos nós e me disse que esperava que eu vendesse "um bilhão". Era bonito demais para ficar lavando pratos na rodoviária de Macon.

Antes de "Honky Tonk Women" começar, Sam foi até Kathy e disse a ela que os Stones queriam algumas garotas. "Apenas escolha algumas boas e pergunte se gostariam de conhecer os Stones, você sabe..."

"Tudo bem", Kathy respondeu. A música começou, e havia uma jovem muito bonita, vestida de camisa e calça marrom, bem animada, aplaudindo de pé. "Este é o tipo de garota de que Mick gosta", avaliou Kathy. "Ele realmente curte aquelas jovens de aparência inocente – mas eu não acho que posso assumir os deveres de cafetão de Sam para ele."

"Honky Tonk Women" terminou, pondo fim à sessão de gravação. Kathy falou para Sam que achava melhor ele lidar com aquilo. Ele logo se afastou, indo para os camarins com a grande loira em camurça.

Michael, Lil e eu saímos, a garotinha bonita de roupa marrom à nossa frente, sorrindo, sortuda por ser deixada com seus sonhos, no crepúsculo roxo. Michael estava indo para sua casa em Elk, Califórnia, teria seis dias de descanso até a ida para Detroit, em 24 de novembro. Dirigimos até o apartamento de Lil, em uma rua lateral da Sunset, para pegar a mochila de lona verde de Michael. Ele a carregou pela calçada até o carro, Lil observando – nem um pouco triste, pensei, por vê-lo partir. Eu disse que ligaria para ela mais tarde para que pudesse me ajudar a enviar meu contrato (ela é uma garota local e conhece os correios) e levei Michael ao aeroporto no mesmo Dodge Charger verde que havia dirigido antes de sairmos da cidade.

Na estrada, Michael falava sobre mulheres, o quanto ele as amava e como tinha sido triste para ele e sua esposa se separarem, mas ela era uma escritora e tinha muito ciúme do talento dele, então não deu certo. Disse que amava sua filhinha, amava todas as mulheres. "Essa garota Lil é uma ótima garota... você não acha?"

"Sim, ela é legal", concordei. "Tento não me envolver com as pessoas, porque é muito triste, você já vai sofrer o suficiente sem sair por aí procurando problemas."

"Eu realmente tenho me divertido muito com as mulheres nesta turnê", admitiu Michael. "Estou apaixonado por todas elas, acho que amo todas as mulheres."

"Boa sorte", pensei. Eu o deixei no aeroporto. Já era noite, acendi as luzes e voltei para a cidade. Ao lado da rodovia, um *outdoor* exibia um grande livro, uma lata enorme de tinta e a mensagem: "Harold Robbins pinta com palavras em *Os Herdeiros* – A melhor palavra em tintas: Sinclair".

O carro estava quase sem gasolina, então parei em um posto. O atendente era indígena, com cabelo preto azulado, corte do interior, sem penas, macacão verde gorduroso. Eu me perguntei de que tribo ele era, mas não tive coragem de indagar: "Quem era seu povo, outrora orgulhoso Homem Vermelho?".

Paguei a gasolina, dirigi até o Hyatt House e liguei para Lil. Ela sugeriu que eu fosse até a casa dela. Levei o contrato para a recepção, e o gerente noturno me deixou usar a máquina de Xerox do hotel. Logo eu estava na porta de Lil. Ela abriu e disse: "Ah! Pensei que você fosse o vizinho, ele tem alguns discos que o carteiro deixou com ele porque eu não estava em casa". Entrei me sentindo a pessoa errada. O apartamento estava decorado ao máximo, como um cenário para Marlene Dietrich em um filme muito exuberante de Von Sternberg. A sala da frente era mobiliada com plumas de avestruz, leques, almofadas, cortinas de gaze preta. Lil estava muito perfumada e vestia uma blusa que mal continha o busto. Ela colocou discos de Frank Sinatra, conversamos sobre cantoras – Sylvia Syms, Anita O'Day – e fumamos um excelente haxixe. Eu não sabia exatamente o que Lil fazia, exceto que havia desenhado capas para álbuns de discos. Ela me mostrou colagens que havia feito com fotos dos rostos dos Stones e de papagaios, dançarinas, várias imagens que ela parecia querer que eu "entendesse" em toda a sua complexidade simbólica.

O incenso continuou queimando, e seguimos fumando. Lil tocou uma música peculiar e finalmente anunciou que estava faminta. Eu também estava, com tudo o que tinha acontecido no dia, Ed Sullivan, guardas apopléticos e todo o resto, então eu disse: "Deixe-me assinar meu contrato e enviá-lo pelo correio e aí vamos comer". Eu estava tão chapado que era torturante me mover, a parte de trás do meu pescoço parecia estar se dissolvendo em água quente. Peguei o contrato dobrado em sua embalagem azul-celeste e mais uma vez li cada palavra, tentando acreditar que depois de todo esse tempo desde que eu tinha quinze anos e, na Waycross High School, decidi que seria um escritor, e se fracassasse, morreria tentando – depois de todos os anos que não consegui ganhar a vida com isso, e Christopher e eu nos agarramos a empregos convencionais e jornalismo –, aqui estava o contrato, suas coxas abertas diante de mim, e tudo o que eu tinha de fazer era assiná-lo e (embora eu realmente não acreditasse, era o que esperava) receberia dinheiro de verdade, do tipo com o qual você pode viver. No início, não conseguia assinar meu nome, então escrevi várias vezes em uma folha de caderno até finalmente assinar o contrato. Coloquei-o num envelope endereçado ao meu agente, além de providenciar uma cópia para casa. "Onde é o correio?", perguntei.

"Há uma caixa na esquina", respondeu Lil, o que não era o que eu imaginava para um documento tão importante, mas eu tinha alguns selos e decidi arriscar. Lil perguntou que tipo de restaurante eu gostaria de ir, eu apenas disse: "Um lugar onde te deixam em paz". "Eu conheço exatamente um desses", ela falou, e conhecia mesmo. No avião para Oakland, na revista do *L.A. Times' West*, eu tinha lido uma história sobre ele: Musso and Frank's Grill, o restaurante na Hollywood Boulevard preferido por escritores como Scott Fitzgerald, Robert Benchley e William Faulkner, onde, na década de 1920, Charlie Chaplin, ocupado demais para deixar o *set* de filmagem, enviava seus Rolls todos os dias para pegar seu almoço. Hollywood Boulevard, naqueles dias, "era... estranhamente atraente... com um bosque de abacateiros pela Sunset, um riacho descendo a Franklin, um eucalipto no estacionamento e um gerente da Owl Drug Store, com fachada de mármore na Highland, que usava um fraque com um cravo na lapela...".

Em 1969, o lugar provavelmente era muito parecido com a época que Dorothy Parker, Nathanael West e S.J. Perelman comiam lá. Você se sentava em uma mesa com toalha branca e limpa, o que deixava claro que tinha entrado ali porque estava com fome e sede. Sem música, apenas fantasmas amigáveis e calorosos. O garçom nos trouxe bebidas (pequenas agulhas de gelo no meu gimlet) e delicados peixes brancos, cordeiro assado, linguados sand dabs, conhaque e café. Enquanto comíamos, Lil me contou uma história que, se eu não a ouvisse em um lugar tão agradável e confortável, me faria tremer. Referia-se ao período no qual ela estava em Los Angeles, sua cidade natal, lendo o best-seller de guerra de Moses Ringer, um livro chamado *Flying Backwards.* Lil achou que o livro era interessante e engraçado, e parecia que o homem que o escreveu devia ser realmente um bom sujeito, do tipo que alguém gostaria de conhecer. "Então escrevi uma carta para ele", continuou Lil, "dizendo que eu estava sentada em um ponto de ônibus na Sunset Strip, vestindo um maiô molhado, lendo seu livro e..."

"Você estava?", perguntei, criança ingênua.

"Claro que não", respondeu ela. "Eu disse a ele um monte de coisas, e ele respondeu minha carta, e aí nós nos conhecemos, e ele me levou de avião para Nova York." Lil me contou os detalhes de como ela o colocou em uma posição na qual ele não tinha escolha. Fiquei apavorado com a história, mas terminamos a refeição. Ela disse ao garçom como tudo estava bom, e ele lhe perguntou: "Você já esteve aqui antes? Eu sei que *você* já veio", ele afirmou, referindo-se a mim.

"Eu nunca estive aqui antes", falei.

"Achei que fosse um dos frequentadores", ele disse. Isso me animou. Voltamos para a casa de Lil, onde a noite ficou cor de malva. Fumamos haxixe até que eu estava novamente nadando em um mar de melaço quente. Lil me perguntou o que eu achava dos Stones. Eu disse que eles eram uma banda nova desde que Brian morrera.

"Sim", ela concordou, "agora eles sabem que vão morrer...".

Lil trouxe algumas poesias inéditas de Jim Morrison e começou a lê-las em voz alta. Como eu tinha vindo para colocar a carta no correio, agradeci e fui embora. Já era mais de meia-noite, mas quando cheguei ao Hyatt House passei reto, decidindo verificar a casa de Oriole para ver o que estava acontecendo.

Quando entrei na sala, Jo, Mick e Ronnie saíram do escritório. Kathy, Mary, Sam, Tony, Keith, Gram, Mick Taylor e Charlie estavam de bobeira por ali. Gram passava uma lata de filme de 35 milímetros de cocaína. Logo ele e Keith estavam sentados ao piano cantando. Mick se juntou a eles, e eu relaxei na frente da lareira, conversando com Kathy sobre minha tarde peculiar com Lil. Duas garotas entraram, uma das quais, loira e bastante bonita, era Linda Lawrence, a antiga namorada de Brian. Com ela, estava um garotinho usando botas de pele de cobra, um terno de veludo e longos cabelos loiros – o filho de Brian, Julian, que se parecia muito com ele, como uma miniatura do pai, mesmo cabelo, mesmo rosto, mesmos olhos. Linda sentou-se diante do fogo, deram um baseado para ela, que deu algumas tragadas enquanto Julian pulava jogando um grande balão multicolorido no ar.

"Quer algo?", Linda perguntou a ele.

"Não." Sacudiu a cabeça e atravessou a sala, seguindo o balão, mantendo-o no ar com as mãozinhas que eram, como as do pai e do avô, quase tão largas quanto compridas. Gram e Keith estavam no banco do piano, Mick no sofá, inclinado de costas, os três cantando canções caipiras ininteligíveis. A sala tinha um ritmo, mas Julian não parecia fazer parte disso. Ele não estava pulando pela sala como uma criança, estava quieto e, de forma leve, de uma maneira quase sobrenatural, andando ou dançando pela sala, como uma bailarina silenciosa, seguindo o balão, que pulava e bailava sobre sua cabeça, saltando ao toque de seus dedos.

DANÇA
ATÉ A
MORTE

Estamos no trailer com petiscos e biscoitos, Mick na porta com a cabeça baixa sob as luzes cinematográficas, seu boné bordô de jornaleiro escondendo o rosto, ouvindo o repórter de rádio. "Mick, você e os Stones pretendem sair em turnê?"

"Sim, nosso objetivo é ficar nas ruas. Gostamos de fazer esta turnê, na verdade, mais do que as outras. Começamos a tocar um pouco mais, podíamos nos ouvir de vez em quando."

"O que você acha desta reunião?"

"Isso me lembra Marraquexe – Keith e eu estávamos em Marraquexe na última vez, fora dos muros da cidade, havia muitos músicos e dançarinos, muito medievais."

Sam Cutler, sentado à mesa da cozinha do trailer com Keith, Chip Monck e Rock Scully, seus olhos vermelhos em um rosto branco-acinzentado, diz: "Vocês deveriam tocar mais ou menos às 17h, o sol se põe às 17h40min".

"Está pronto para ir, Keith?", pergunta Mick.

"Eu vou ficar", Keith responde.

"Certo. A gente se vê."

Descemos do trailer. Ronnie está esperando em seu terno cinza. Keith vai ficar. Ele gosta daqui. Não consigo deixar de sentir que é uma pena, mesmo que pudéssemos salvar o mundo, é uma chatice ter de ir ao deserto para fazer isso, o que suponho que é o que Moisés também deve ter sentido. E está frio, o frio finalmente chegou até nós na Califórnia, depois de dias em Muscle Shoals, Alabama, onde as pessoas foram sinceras e educadas, e tivemos como resultado um momento tranquilo e agradavelmente emocionante. Agora estamos de volta entre as limusines, os ternos chiques, o tilintar das caixas registradoras, o cheiro da sedução. E então ficamos sem gasolina. Bill Belmont correndo em busca de um policial; o motorista, de braços cruzados, olhando para o céu como a Virgem Maria numa pietà – como se estivesse (é um olhar que já vimos antes) encantado por estar sozinho destruindo todo um empreendimento enorme por sua própria inépcia. Um empreendimento enorme... salvar o mundo é uma piada, mas como você poderia expressar o que estamos fazendo, sequer explicar? Eu estava prestes a dizer por que os salmões se esforçam tanto para desovar ou os grunions nadam de cabeça para fora do mar com suas pequenas caudas trêmulas, mas esses são peixes, e nós somos... o que somos? Quem poderia dizer, e quem poderia dizer quantos anos tinha esse instinto que nos levou a dançar e ficar chapado e enlouquecer? O que nos traz aqui é um impulso para a liberdade tão antigo talvez quanto a existência, mas ainda forte o suficiente no momento no qual o homem pôde ameaçar toda a vida na Terra e tocar Brian Jones. Ele foi mais do que um pouco tocado por isso e partiu com um fanatismo que varreu Keith e Mick e Perks e Watts, o famoso baterista das escovinhas, e Stu, e de fato todos nós, agora de pé naquelas primeiras horas da manhã da véspera do 28º aniversário da tragédia de Pearl Harbor.

Enquanto a limusine está carregada com combustível que Belmont encontrou em algum lugar, Mick pergunta aos irmãos Maysles se eles vão ficar. "Deveria haver filmagens começando ao amanhecer", diz ele.

"Ah, claro", responde David. "Vamos ficar." Al olha para ele. Eles estiveram conosco a última noite sem dormir em Muscle Shoals, atravessaram o país atrás de nós em outro carro enquanto saíamos de São Francisco, e agora Mick, voltando para o hotel, pergunta a eles se vão ficar uma segunda noite sem dormir.

"Teremos um helicóptero para trazer alguns filmes", afirma David.

"Vejo você mais tarde, Measles", diz Ronnie, enquanto ele e eu entramos na limusine, todos sentados lado a lado no amplo banco traseiro.

"Eles vão ficar, não vão?", pergunta Mick.

"Sim, eles vão ficar", Ronnie confirma. "Vou garantir que recebam algum filme."

Mick parece satisfeito e animado, e por que não? Isto é o que os Stones – todos nós? – sempre foram (embora eu me arrependa, como insisto em dizer, da necessidade de abandonar todas as boas obras da história tanto quanto as más – a banda de Ellington, Bach, a privada e outros grandes feitos do engenho do homem parecem ser desvalorizados pelo público do rock), não importa o quanto custasse, o abandono dos requintes e das conveniências era necessário para se buscar uma alternativa. Então aqui estamos, milhares de estranhos se reunindo em um lugar estranho, como uma seita louca profetizando o Apocalipse – Shakers, Holy Rollers; Roll over, Beethoven[65]*, todos envolvidos nesse rhythm & blues. Mas por que este lugar? Embora satisfaça a exigência de Spengler*[66] *de que a Queda deveria vir, o Declínio deveria atingir seu momento culminante no ponto mais ocidental do Oeste – e de fato eles falaram pela primeira vez do Golden Gate Park, o Golden Gate para o Oriente, como o local para este, este...*

"Como chegamos a este lugar?", pergunto a Ronnie. Estamos longe do palco agora, dirigindo muito devagar, de forma suave, através da pressão constante de jovens com suas cestas, sacos de dormir, jarros e cachorros. É tão tarde e estamos acordados há tanto tempo que, mesmo com a cocaína, a voz de Ronnie entra e sai da minha capacidade auditiva. Algo sobre nada de rock no parque, então esse sujeito ofereceu este lugar principalmente pela publicidade depois que eles tentaram obter a Sears Point Raceway, de propriedade da Filmways, que era parcialmente de domínio da mãe de Haskell Wexler. Em Los Angeles, Wexler mostrara a Mick metade de Medium Cool*, seu filme sobre o motim na convenção democrata de Chicago de 1968, e então foi convidado para fazer o filme dos Stones, mas ele tinha outros compromissos. De qualquer forma, o pessoal da Sears Point se ofereceu para deixar os Stones ficarem com o local apenas pelo aluguel de fim de semana. Depois, no entanto, a Filmways (que também era proprietária da Concert Associates, que havia promovido os shows dos Stones no L.A. Forum) se interessou e exigiu centenas de milhares em depósitos e milhões de dólares de seguro, além dos direitos de distribuição do filme rodado no festival. Então, aqui estamos em Altamont. Não faz muito sentido para mim, mas há tempos*

65 *Shakers* e *Holy Rollers* são duas seitas religiosas, enquanto *Roll over, Beethoven* faz referência à canção quase homônima de Chuck Berry ("Roll over Beethoven", sem a vírgula) que, como um dos símbolos do rock and roll, aparentemente também teria sido considerada aqui uma espécie de seita na opinião de Booth. (N.R.)

66 Oswald Spengler, autor do livro *O Declínio do Ocidente*, no qual previa a desintegração da sociedade europeia e norte-americana. (N.R.)

que nada fazia, sobretudo coisas relacionadas a negócios de alto escalão do showbiz. Não conseguia entender o que a mãe de Haskell Wexler tinha a ver com isso. "Quanto está custando aos Stones?"

"Nada", responde Ronnie. "Os direitos do filme vão pagar."

"Isso é bom", eu concluo. "É realmente um show gratuito."

"É grátis", diz Mick, enfiado debaixo do boné, "mas ainda tem que ser pago. Talvez possamos vender trechos do filme para a TV – talvez Tom Jones compre algumas músicas". Paramos atrás de alguns outros carros alinhados diante do portão, e as pessoas estão se aglomerando ao redor da limusine. "Eu queria fazer todos os shows de graça", afirma Mick, "mas isso foi antes de falar com os contadores. Eu gostaria muito de fazer um show gratuito na Costa Leste". Há jovens na janela agora, batendo, e Mick encontra o botão para abrir. O motorista está buzinando, embora os outros carros estejam estacionados e vazios e nem perto de se moverem sozinhos.

"Você é real?", uma garota está perguntando a Mick. Ela tem longos cabelos escuros e está embrulhada em um pesado casaco verde longo. "É realmente você?"

"Sim, eu sou real, você é real?", rebate Mick.

Ela chega, pegando a mão dele – "Deixe-nos entrar", ela pede, "está tão frio aqui", mas Mick está cansado e quer dormir, então ele diz: "Você está se divertindo?".

"Sim, quem são eles?", a garota questiona, olhando para mim e Ronnie.

"Apenas alguns amigos", responde Mick, mas a garota parece – embora talvez eu esteja doido pelas drogas e por não dormir – meio paranoica. "Você está se divertindo?", Mick pergunta novamente quando o guarda do portão se aproxima, vestindo um uniforme bege de aluguel e dizendo para as pessoas ao redor da limusine: "Por favor, afastem-se para que este carro da frente possa se mover, de modo que este outro carro possa se mover, e o que está atrás possa se mover para que possamos tirar este outro carro. Certo?". Resmungando de maneira suave, mas dóceis como em um filme de 1956, Música Alucinante *ou seja lá o que for, os jovens recuam enquanto nos afastamos, e Ron, muito comovido, diz: "Os jovens são tão adoráveis", seguido por Mick: "Sim, eles estão aceitando tudo, é isso que se deve fa-*

zer". E eles são mesmo – realmente há algo neles, de fato estão aceitando tudo, e Mick falando isso enquanto estava caído no banco de trás de uma limusine Cadillac a caminho dos lençóis brancos e frios de um hotel em Nob Hill parece incongruente. Não tenho certeza de por que estou voltando ao hotel em vez de ficar aqui com essa gigantesca fera da humanidade. Então digo em resposta: "Sim, é isso que Keith está fazendo".

"Eu gostaria de ficar, mas preciso descansar", defende-se Mick, e eu continuo: "Sim, Keith é fantástico", e Mick diz: "Tenho que cantar – se eu tivesse que tocar guitarra amanhã acho que ficaria, mas tenho que cantar".

Os carros na frente foram movidos, e nós saímos pelo portão, o guarda trancando-o depois de passarmos na frente das centenas de pessoas que estão do lado de fora, centenas ou milhares das centenas de milhares que virão.

"Se é grátis, por que estão deixando as pessoas de fora?", Mick pergunta, sempre o vingador da injustiça.

"Elas podem entrar às 7h", informa Ronnie.

"Às 7h?", Mick se espanta, obviamente não pensando muito nessa resposta, mas Ronnie explica: "Se deixarmos todos entrarem, nunca vamos montar o palco". Mick assente, se acomodando, então pergunta: "E as pessoas que já estão lá?".

"Elas têm que sair de manhã."

"O quê?", fala Mick.

"Brincadeira", diz Ronnie.

Estamos saindo devagar daqui, e agora, quase ao amanhecer, os peregrinos estão aumentando, um fluxo constante deles dos dois lados do carro com suas roupas amassadas e cabelos compridos, descoloridos sob o brilho dos faróis. Estou me perguntando se devo sair, se devo perder um minuto desse fenômeno de massa de cuja aparência não gosto. Aonde quer que tenhamos estado antes, nenhum de nós jamais esteve sozinho no deserto com centenas de milhares de outros jovens malucos, os Rolling Dead, todo tipo de droga e sem regras! FAZ O QUE QUISERES: será tudo da lei. Em Woodstock, um evento comercial que se transformou em outra coisa, existia uma distensão entre as pessoas e a polícia, porque estes estavam em menor número, mas aqui não dava para encontrar a polícia mesmo que quisesse, estamos livres, finalmente livres.

Mas agora está frio e desconfortável, e se eu não vou estar entre os mortos-vivos quando o pôr do sol chegar, preciso dormir. Eu sei que não vamos ficar muito tempo no hotel, mas quero pegar meu gravador e relaxar um pouco porque estou exausto, quero um pouco de descanso entre mim e o que o amanhecer trará. Mas ainda assim, desconfortável e frio e louco e perdido como pode parecer, muitas pessoas estão chegando, e qualquer coisa pode acontecer, qualquer coisa.

"Gostaria de comprar mescalina para amanhã", diz Mick, também observando as pessoas passarem. "Queria tomar um pouco depois do show."

"Gostaria de tomar um pouco antes do show", eu digo.

"Não, eu tenho que cantar, não posso cantar se estiver chapado, vou enlouquecer no palco..."

"Tenho um pouco, podemos levá-la quando você quiser."

"Tem? Ótimo, não tomo psicodélicos há alguns anos. Gostaria de tomar um pouco e apenas passear no meio da multidão e conversar com as pessoas."

"Tudo bem, vou levar um pouco para você", eu digo, "mas não sei, cara, você acredita em todo esse hype *de revolução geracional muito mais do que eu".*

"Não, eu não; eu não, só estou pensando no filme, só isso. Vai ser muito interessante para o filme. Se viajarmos no próximo ano também. Se formos para o Oriente e talvez para a África, gostaria de ter todo tipo de música diferente, música africana, música oriental, coisas nativas. Se fizermos uma turnê mundial, eu gostaria de mostrar um monte de coisas estranhas musicais e exóticas, ah, e coisas eróticas – como as garotas que vi em Bangkok. Neste lugar, era como um bordel, só que não era, você entra e tem todas essas garotas no tapete vermelho atrás de um tipo de cortina de vidro. Todas elas estão usando meias brancas e jeans azul e camiseta com números, muito esquisitas, todas se parecem... como você as chamaria, líderes de torcida... e escolhe a que quer, tipo, 'Número 52, por favor', e eles a trazem para você. Elas fazem qualquer coisa, pisam em você, massageiam, chupam seu pau. Você não pode

fazer isso com elas lá, mas pode marcar um encontro para levá-las a outro lugar e fodê-las. Foi tão estranho, como Alphaville, uma espécie de atmosfera bizarra de ficção científica. Houve um concerto lá também, música nativa, eles estavam realmente se divertindo – quero dizer, foi muito melhor do que a maioria do rock and roll, mais emocionante. Acho que isso iria entreter as pessoas, realmente acho, quero dizer, eu me divirto com esse tipo de coisa. E você pode filmar todo tipo de coisa, nós tocando e talvez alguns tambores africanos – como no The Ed Sullivan Show. *Quero dizer, não creio que haja nada de errado com essa forma, inerentemente, apenas colocando uma coisa após a outra, desde que elas sejam interessantes...”*

“Mas teria que ser feito da maneira certa”, diz Ronnie, “ou seria apenas A Volta ao Mundo com os Rolling Stones”.

“Bom, e qual é o problema com isso?”, pergunta Mick.

“Parece que você precisa de algo mais”, eu digo.

“Ele se desenvolverá à medida que você fizer isso”, explica Ronnie, “você não precisa se preocupar com detalhes agora. Primeiro precisa conseguir grana para isso. Ahmet provavelmente pode conseguir meio milhão da Warner's com um tratamento”.

“O que poderia ser um tratamento?”, pergunta Mick. “Um itinerário, talvez. Ainda não sabemos para onde vamos. Temos tantas coisas para decidir ano que vem, qual é a melhor gravadora...”

“Cara”, eu interfiro, “eu te digo, Atlantic...”

“Somente a Atlantic é legal o suficiente para...”, Ronnie e eu estamos de acordo pela primeira vez desde que nos conhecemos.

“Nós vamos ter que falar com todas elas”, Mick afirma.

Abro os olhos. Estamos na estrada agora, ainda na noite escura como breu. Temos andado conversando de olhos fechados. Mick fica quieto. É impossível saber se está de mau humor ou só tentando dormir. Então ele diz: “Acho que um filme dos Rolling Stones ao redor do mundo seria interessante. Eu gostaria de ver esse filme”.

“Bem, só depende do que estiver nele, é isso que atrai as pessoas”, eu respondo. “Qual é a história, o que está em jogo. Como aquele filme que eu alucinei sobre todos vocês com Bill, o Vigário Sinistro; Charlie, o Coveiro

Mudo, mas Honesto; e Brian, o Renegado Maligno, que vive com alguns ciganos na beira de sua propriedade. Além do louco e alegre Espírito do Caos rondando o lugar; Keith, seu malvado Alter Ego; e a sua esposa e bebê sob ameaça de morte por causa da antiga maldição. Você sabe, tem de haver algo em jogo..."

"Ah, minha velha esposa, e tudo isso desmorona sobre mim", lembra Mick. "Se você tem filhos, tem uma vida familiar, e, se não tiver, tudo desmorona."

Seguimos em silêncio. Depois de muito tempo, ou o que parece muito tempo, Mick divaga (no avião para São Francisco, ele andou conversando com Charlie sobre casamento, amar uma mulher e como manter tudo isso, então talvez falar nisso agora o lembrasse de Charlie): "Eu gostaria que Charlie pudesse ter visto. Ele estava muito chateado, achava que tudo estava dando errado".

Não consigo pensar o que daria para dizer do que vimos que seria reconfortante – é muito vasto e pesadamente sugestivo para ser nomeado ainda. Mas Mick diz: "Ele sentiu que tinha sido sugado para isso... porque ele realmente não tem muito dinheiro, e não sabem que ele de fato precisa do dinheiro... Eu poderia ter feito a turnê inteira de graça porque sou um grande merda, sabe, e tenho dinheiro, mas ele não, e ele tem uma família e precisa – gostaria que ele pudesse ter visto como está legal lá fora... vamos deixar um bilhete embaixo da porta dele".

23

E quando não se pode ter mais jantares brilhantes e não se pode fazer amor com mais mulheres, quando não se tem mais companheiros apreciativos para ouvir suas histórias e não se pode mais viajar e tentar a sorte – pode-se pelo menos reunir seus recursos intelectuais, trabalhar em problemas, escrever suas memórias; ainda se pode testar a coragem e a força fazendo um relato da vida como a encontramos, com todo o seu anticlímax e escândalo, o próprio caráter impossível e tudo mais. A escrita das *Memórias* representou uma verdadeira vitória da mente e do espírito. Malandros como Casanova não costumam falar sobre si mesmos e, quando o fazem, geralmente se esforçam para professar a moralidade de pessoas respeitáveis... Mas quando todas as reverências de Casanova às autoridades estabelecidas foram feitas, a própria vida em sua história acaba sendo um fora da lei como ele.

Edmund Wilson:
"Uncomfortable Casanova", *The Wound and the Bow*

UMA TARDE, NA CASA DO MEU AVÔ, perto do pântano de Okefenokee, onde ouvia os sons da noite, estava sentado na varanda da frente, escutando um disco de Ray Charles que havia colocado no toca-discos Sears, Roebuck, do meu avô. Eu tinha acabado de sair do Ensino Médio e estava prestes a me mudar com meus pais de Macon para Memphis. Era verão, e eu visitava meus avós. A casa deles ficava na sombra de dois plátanos numa encruzilhada no pequeno acampamento de terebintina para onde as estradas de Waycross e Homerville se dirigiam, passando pelas casas "estilo shotgun"[67] dos bairros, rumo a Pearson e México, Geórgia. Uma garota negra do bairro ouviu o disco e veio sentar-se nos degraus da varanda telada. Conversamos um pouco sobre Ray Charles e Memphis antes de meu avô vir e afugentá-la. Nenhum de nós tinha estado em Memphis, mas sabíamos que era o lar do blues.

"Memphis", disse Sleepy John Estes, "sempre foi o líder do trabalho sujo no mundo". Nos anos nos quais vivi em Memphis, descobri o blues, embora não tenha sido fácil. A primeira vez que fui à rua Beale, fui expulso de um show de Ray Charles por me sentar à mesa com alguns colegas negros da recém-integrada Universidade Estadual de Memphis. Mas consegui varrer as ruas com Furry Lewis, vomitar no rancho de Elvis Presley (uma *overdose* de Darvon por Dewey Phillips, o primeiro homem a tocar um disco de Elvis no rádio), beber uísque no café da manhã com B. B. King, assistir a Otis Redding ensinar "The Dock of the Bay" para Steve Cropper e, agora, eu estava viajando pelo país com os Rolling Stones.

Voltei de Los Angeles para casa pensando em meu avô e em como ele amava minha avó, que morreu no ano passado. Pensei, com o contrato assinado e o pagamento à vista, que tínhamos muita sorte, Christopher e eu, e tendo bebido demais como sempre quando estava a milhares de pés no ar, desenvolvi um humor bastante esperançoso e elegíaco.

Chegar em casa não destruiu exatamente meu ânimo, mas me deixou triste. Christopher seguia à espera, ainda doente. Parecia que, a menos que eu estivesse trabalhando em Memphis, a cidade me afetava como uma injeção de morfina. Pretendia tirar passaporte, ir ao dentista, fazer todo tipo de coisa, mas passei a semana sentado no sofá, olhando para o nada, esperando.

Na segunda-feira, 24 de novembro, os Stones tocariam em Detroit, mas eu queria ir a Nova York para ver meu agente e descobrir quando e quanto eu receberia. No dia seguinte, os Stones estariam no Plaza, e pensei em encontrá-los lá.

---

67 Residência retangular estreita com portas em cada extremidade, construção típica do Sul dos EUA. (N.T.)

Meu voo era sem escalas, então dormi até que o aviso de cinto de segurança soou, me acordando para ver a água lamacenta a apenas alguns metros da janela, era o que parecia, quando pousamos no Aeroporto Kennedy. Telefonei para a agência e conversei com o assistente, que disse que estava indo almoçar e que eu deveria ligar para ele quando chegasse à cidade. Peguei um ônibus lotado e sombrio, passando por montes de neve suja até o Terminal East Side. Estava chovendo.

Nova York sempre me impacta da mesma maneira. Quando a adentrei, bufei como um sapo para me proteger contra sua frieza e solidão, os apartamentos gigantes que você observava enquanto vinha do aeroporto, um grande deserto de tijolos vermelhos com um certo espírito humano à direita, anunciados por uma placa antiga pintada de branco, AGORA APARTAMENTOS PARA ALUGAR 2½-3-4 QUARTOS ADEQUADOS PARA APOSENTADORIA. Logo depois, do mesmo lado do ônibus, um cemitério, lápides brancas estendendo-se ao longe. Ao entrar em Nova York, senti algo como uma onda de mescalina, porque se você chegou pelo miasma da corrupção industrial de Newark ou pela miséria das caixinhas do lado do Kennedy, inevitavelmente lembrou-se da fragilidade e da brevidade de sua vida, e seu sangue começou a bombear mais rápido para que ficasse mais vivo. Pelo menos foi assim comigo. A primeira vez que estive em Nova York foi em 1963, um ano antes de os Stones virem para os Estados Unidos. Fui ver meu amigo Danny Freeman, que estava em Greenwich Village, no Hospital Saint Vincent's, morrendo de câncer aos vinte e três anos.

Após a aproximação, a ilha de Manhattan parecia, a princípio, quase pastoral – velhas casas de madeira, uma bicicleta na varanda, um pequeno supermercado com as promoções na vitrine – você não sentia as vigas pressionando e os arranha-céus se reunindo sobre sua cabeça até por volta da Rua 42. Mas, no momento que se chegava a um dos Terminais, qualquer afastamento filosófico desaparecia, restando apenas sua pequenez para enfrentar tudo isso. Desci do ônibus e liguei para o meu agente, cuja assistente sugeriu que eu fosse em algumas horas, deixando-me com um dilema moral. Eu conhecia um lugar na Rua 58, não muito longe da agência, onde eu poderia matar o tempo nessas duas horas. Liguei para minha amiga Cynthia.

Em 1961, quando a conheci, Cynthia (ela teve três ou quatro outros nomes desde então) tinha quinze anos. Eu tinha dezenove, um jovem e intenso estudante e professor de caratê. Cynthia estava impressionada com o teatro; talvez ela pensasse que a escola de caratê (o dojo) era uma aula de dança oriental. Ela então veio com sua amiga Jane, um pouco mais velha. O dono do dojo acabou se casando com Jane, que cometeu suicídio, morta pelas próprias mãos aos vinte e um anos. Quando Cynthia tinha vinte e um anos – em seu aniversário –, ela me ligou de um hospital, para onde havia sido levada após também tentar cometer suicídio e fracassar, embora tivesse feito parecer algo bom, tomando uma *overdose* colossal de pílulas para dormir. Eu andava trabalhando tanto quando a conheci – ia para a faculdade todos os dias e ensinava caratê todas as noites, além de oito horas aos sábados – que, às vezes, Cynthia aparecia (o dojo no segundo andar tinha um sofá nos fundos), e eu ficava muito cansado para fazer qualquer coisa, exceto olhar. Então nós dois deixamos Memphis, e eu a perdi de vista por vários anos, mas ela sempre me ligava. Seis meses ou um ano ou dois se passariam, e o telefone tocaria às 2h da manhã. Era Cynthia, ou o nome que ela estivesse usando. Eu sempre, *quase* sempre, ficava feliz em ouvi-la – ela estaria fazendo um aborto em Denver ou fugindo de uma apreensão de narcóticos na Califórnia ou sendo uma *groupie* de praia no Havaí. Eu estava vivendo como uma toupeira todo esse tempo tentando virar escritor, então me agradava ter notícias dela – como eu dizia à companhia telefônica, quando eles me ligavam para perguntar por que ela nunca pagava as chamadas. "Ela está muito ocupada vivendo", eu diria, "não é maravilhoso os bons momentos que esses jovens podem ter?".

Ela agora usava um nome tão pretensioso e falso que nem uma stripper conseguiria se manter no negócio com ele. Porém, era uma combinação das palavras francesas para "sozinho", "amor", "gato" e "noite", o que dizia muito sobre Cynthia, além de tornar fácil encontrá-la na lista telefônica de Manhattan. Liguei, e ela atendeu. Reconheci sua voz, mas só para ter certeza perguntei se ela estava usando seu nome atual. Ela confirmou: "É ela". "Acho isso difícil de acreditar", falei, no que ela reagiu: "Venha para cá, nunca fazemos nada além de falar ao telefone".

Por mais opressivo e assustador que fosse, era divertido estar em Nova York. Para os Rolling Stones e para mim, esta turnê, desta vez, foi um teste para ver se poderíamos sobreviver. Quando eu tinha quase vinte e seis anos, morando em Memphis, sem publicar e com medo da perda, do fracasso, de uma vida desperdiçada, eu acordava todas as manhãs e olhava no espelho de frente para a cama no canto do quarto. Eu me via um dia mais velho e sentia meu medo e frustração levantando meu corpo. Tinha a sensação física real de ser elevado pela força de vontade e o desejo em relação à minha vida e ao meu trabalho. Enquanto subia de táxi pela Quinta Avenida, senti a mesma mistura de medo e alegria.

Cynthia morava no sétimo andar de um grande prédio de apartamentos. Fiquei no corredor com a minha mala, toquei a campainha, mas ninguém veio abrir. Bati, toquei de novo e, enfim, quando estava prestes a desistir, a porta se abriu. "Quem é?"

"Dewey Phillips", eu disse. A porta se abriu um pouco mais. Olhei e lá estava Cynthia, enrolada em uma toalha. Ela nunca esteve tão bem. Havia perdido a gordura infantil e sempre teve uma linda pele branca – um pouco úmida agora, porque ela estava tomando banho. Seu cabelo ainda era preto, mais preto do que Deus faria. Suponho que o cabelo de Cynthia era castanho-escuro, mas desde que eu a conhecia, ela o tingia de preto. Paint it black, Cynthia.

"Entre com sua mala", disse ela. "Coloque aí. Agora que eu tenho você, vai ficar por um tempo."

Larguei a mala e a segui pela grande sala de estar até o quarto. Cynthia sentou-se diante de uma penteadeira e começou a tirar grampos do cabelo, que caiu sobre os ombros. Ela era de Boston; não tenho certeza de como acabou em Memphis, mas sua mãe e seu pai permissivos eram divorciados, e o comportamento de Cynthia parecia ser simples: um ataque ao pai ausente. Ela tinha sido muito promíscua, para dizer o mínimo. Dormiu comigo e com a maioria dos meus amigos, além de muitas outras pessoas. Mas o que fazia de Cynthia um caso a ser estudado era que ela nunca teve um orgasmo. Segundo ela, sexo era uma compulsão que não trazia satisfação. Para um idiota como eu, havia algo atraente em uma garota sexy que era frígida. Quando

Cynthia ergueu os braços para tirar os grampos do cabelo, seu peito se ergueu e a toalha caiu, deixando-a nua até a cintura no espelho, onde nossos olhos se cruzaram.

Algum tempo depois, quando Cynthia perguntou “Você terminou?”, eu mal pude acreditar. Qual era o significado de toda aquela gritaria?

“Unh hunh”, eu disse.

“Se eu pudesse ter você o tempo todo, acho que poderia deixar de ser frígida.”

“Você me tem”, eu falei.

“Mas por quanto tempo?”

“Bem”, eu respondi, “tenho que ver meu agente...”

Mas não antes de um banho numa banheira funda e velha de ferro esmaltado com Cynthia contando como ela sempre soube que um dia eu viria até ela, pois lá estou eu em sua quinta casa de casamento, está tudo nas estrelas, ela quer ter meu bebê, foi assim que Deus planejou. Enquanto ela falava, fui levado ao seu mundo estranho; ela estava em Nova York havia alguns anos, fazendo audições. Ao longo de todo o tempo que eu a conhecia, o único trabalho de palco real que Cynthia tinha feito fora no Front Street Theatre, em Memphis, no papel de um munchkin numa produção especial infantil de *O Mágico de Oz*. Agora estava pronta para que eu escrevesse a história de sua vida, afirmou ela enquanto tomávamos banho.

Na parede, havia o pedaço de um pôster com a palavra REVOLUÇÃO, o R riscado, e Cynthia queria que eu a ajudasse a obter os direitos autorais daquilo ou o patenteasse ou o que fosse. Ela não queria muito, apenas casamento e filhos, sua história de vida, patentes e direitos autorais e se eu me importaria de sair e comprar um litro de leite e uma lâmpada de 100 watts? “Há uma pequena mercearia virando a esquina...” E eu fui, trazendo o leite e as lâmpadas antes de me despedir: “Tenho que ir, vejo você quando eu voltar da agência”.

“Quando você volta?”, Cynthia perguntou. “Você vai sair comigo esta noite?”

“Sair com você? Para onde?”

“Para jantar, e então poderíamos ir a algum lugar e dançar. Você vai me apresentar aos Stones?”

Ah, Mick adoraria isso, pensei, é exatamente disso que ele precisa. "Bem, não tenho certeza de quanto tempo vou ficar", eu respondi. "Eu te ligo."

Desci até a rua e chamei um táxi, cujo motorista não queria descer a Quinta Avenida no trânsito das 16h no intervalo do *rush*, mas é claro que ele foi, reclamando o tempo todo. Na agência, dei meu nome à moça da recepção, que pareceu reconhecê-lo, mas imaginei que ela provavelmente fora treinada para sempre dar essa impressão aos escritores. Ela sorriu para mim como se soubesse de algum segredo que eu não sabia enquanto ela sempre soube.

O assistente do meu agente, um jovem magro e pálido, me disse que meu livro teria de vender trinta mil exemplares de capa dura e trezentos mil exemplares de brochura para pagar o adiantamento. Se seguisse vendendo, se algumas *shiksas*[68] sonhadoras continuassem saindo da toca e se arrastando até a farmácia para comprar a saga sombria dos Rolling Stones, eu poderia ganhar mais dinheiro. Ele pegou seu lápis e papel e trabalhou, encorajando-me em minha ilusão. Um adiantamento agora, trinta mil aqui, trezentos mil ali – caramba, garoto, você vai ficar rico.

Perguntei quando deveria conhecer os editores, e ele disse, olhando para minha calça jeans e jaqueta de couro: "Talvez devêssemos te dar algum dinheiro antes que eles o vejam". Quem ele estava protegendo? Eu, abençoado seja seu coração. Se os editores tivessem visto como eu era estúpido e ignorante, não teriam me dado dois centavos, apenas me jogado para fora do escritório. Mas lá estava eu, jovem e burro, saindo da agência, olhando as capas de livros dos clientes expostas nas paredes – obras de gênios, ganhadores do prêmio Nobel – e me sentindo bem com isso, como deveria. Avancem, pessoal, eles estão vivos, estão do lado de dentro.

De uma cabine telefônica na Quinta Avenida, liguei para Pete Callaway, que me pediu para ir encontrá-lo. Peguei um táxi pela West Side até a Rua 157, passando sob um viaduto até onde a Riverside Drive segue em sete direções diferentes. Pete morava em uma das muitas esquinas daquele cruzamento em um antigo prédio de tijolos vermelhos. Ele estava lá havia

68 Termo pejorativo para designar mulheres originalmente não judias, sendo na cultura norte-americana também uma forma de se referir a mulheres sedutoras. (N.R.)

anos, ficando cada vez mais careca, esperando em vão por um doutorado em Filosofia pela Universidade de Columbia.

Pete e eu estávamos entre os poucos *beatniks* no centro da Geórgia. Em 1961, quando eu vivia em Memphis, fomos juntos a São Francisco, conhecemos Lawrence Ferlinghetti e Alan Watts, fumamos nossa primeira erva e nos divertimos muito. Nos últimos cinco anos – exceto pelos distúrbios em Columbia –, Pete mal se moveu. Com sua esposa alemã, Edith, fumamos erva e bebemos uísque. Depois descemos para o apartamento da irmã mais nova de Pete, Nicole, no Village, em Waverly Place.

A última vez que eu vi Nicole, ela e sua mãe tinham vindo a Nova Orleans para levar Pete e seus livros para casa. Ela era atarracada e angulosa, dezessete anos e bronzeada. Tínhamos nos admirado. Isso fazia cinco anos. No entanto, me lembrava melhor de Nicole como uma criança desajeitada com óculos de astronauta engraçados e um vestidinho amarelo de algodão engomado, sentada no chão em uma das festas de sua mãe, comendo grandes colheradas de melão recheado com sorvete de abacaxi, um dos amigos de sua mãe dizendo: “Vá em frente, Nicole querida”.

Agora ondas de cabelos castanhos caíam sobre seus ombros que, se pudessem ser vistos em um vestido de festa sem costas dos anos 1930 no ar esfumaçado do Café Society Downtown (um lugar que se distinguia, entre outros aspectos, por ser a única boate que Eleanor Roosevelt já visitou), fariam o mundo esquecer os ombros de Myrna Loy. Nicole estava na Sorbonne quando seus tumultos responderam aos da Columbia, sua cabeça, porém, era bonita demais para ser quebrada. Ela fez pós-graduação na Universidade de Nova York, mas saiu sem se formar e agora estava trabalhando para a *Newsweek*. Com sua camisa de caubói de cetim rosa e jeans Naugahyde, não tinha um ar juvenil – era alta e bem torneada, com seios pequenos, dedos longos e elegantes, olhos azuis surpreendentes e uma cativante tendência a ficar chapada e respirar pela boca. Saímos para jantar, depois voltamos para o apartamento de Nicole e fumamos mais erva, bebemos vinho e ouvimos discos – os Stones, Burritos, Otis, Aretha – até o amanhecer cinzento e frio. Quando fomos embora, disse a Nicole que a veria de novo antes de sair da cidade.

Pete e Edith me deixaram na casa de Cynthia. Eu tinha a chave, mas a corrente estava na porta. Ela me deixou entrar, toda enrolada em gaze preta. Perguntou onde eu havia estado, e eu inventei ter ido ver um produtor de televisão e adormecido em seu sofá. Despi-me e fui para a cama, exausto. "Acho que vou tirar esta camisola, realmente não preciso dela", insinuou Cynthia, tirando-a e deslizando contra mim. "Argh", eu murmurei e, então, adormeci.

Acordei às 11h, quando Cynthia se levantou. Alguém tocou a campainha muitas vezes enquanto eu estava deitado com a cabeça debaixo de um travesseiro, insistindo para continuar a dormir. Mas não consegui. Os Stones estavam agora no Plaza, então liguei e perguntei por Jon Jaymes. "Venha", disse ele, e me deu o número do meu quarto. Agora que os Stones estavam aqui, me sentia culpado por estar longe da ação, então me vesti e me preparei. Cynthia montou seu rosto e traje de modelo, e eu fiquei impressionado, ela se parecia exatamente com uma daquelas garotas das revistas, exceto talvez por algo incomum nos olhos. Convidei-a para almoçar.

Quando descemos, comecei a procurar um táxi. Mas Cynthia avisou: "Não precisamos de táxi, é só um quarteirão e meio do Plaza". "Mas estou carregando uma mala", lembrei-lhe. "Você consegue levá-la até lá", disse ela. Consegui, mas parecia bobagem chegar ao Plaza a pé, carregando sua própria mala, como Woody Guthrie chegando a uma selva de vagabundos sob uma ponte ferroviária.

Entramos pela porta dos fundos. Eu anunciei aos dois homens na recepção meu nome, eles se afastaram e voltaram com grandes sorrisos: "Desculpe deixá-los esperando". Um carregador pegou minha mala, e subimos para o 13º andar até um pequeno quarto duplo com vista para o Central Park. Dava para ver os galhos escuros e nus das árvores contra a neve caída e a pista de gelo circular com figuras minúsculas em casacos de cores vivas e cachecóis, patinando silenciosamente bem abaixo de nós.

O carregador saiu, e Ethan Russell me informou que nada estava acontecendo, os Stones ainda dormiam. Eu não me sentia mais culpado por estar longe da ação, já que não havia nenhuma, então Cynthia e eu começamos a namorar. Descobri que ela estava usando uma calcinha roxa maravilhosa, decorada com desenhos e nomes dos signos do zodíaco. Alguns momentos se passaram, e Cynthia suspirou. "Tenho certeza de que superaria minha frigidez se ficasse perto de você por um tempo", ela disse, escorregando do meu colo para se ajoelhar ao lado da cama. "Você merece ser agradecido." Mas ela tinha apenas começado a me agradecer quando bateram forte, e a porta se abriu: "Serviço de quarto". Por sorte, eu tinha passado a corrente. Paramos tudo por um momento e descemos para comer.

Na Sala Eduardiana não me deixavam entrar sem gravata. "Experimente o Palm Court", sugeriu o garçom-chefe.

"Não, não, você deve ter gravata e paletó esporte regular", avisou o garçom do Palm Court.

"Mas na Sala Eduardiana eles disseram para vir aqui."

"Não, não, você não pode..."

"Mas eu sou hóspede..."

"Não, não, você não pode..."

"Mas estamos *com fome*", choramingou Cynthia.

"Ah", respondeu o garçom, "não podemos deixar uma dama tão bonita passar fome – vou te emprestar uma gravata".

Coloquei a gravata preta fina do Palm Court, e o garçom nos sentou. "Obrigada", disse Cynthia.

"Senhora", acrescentou ele, "sou de Verona, uma cidade de romance".

Comemos saladas e voltamos para o andar de cima. Sentei-me na cama, Cynthia ao meu lado. Eu estava começando a ser recompensado quando a porta se abriu de novo. Entrei no banheiro para arrumar minha camisa. Ouvi uma voz: "Oi, eu sou Michael, quem é você?".

"Nem comece", interrompi, saindo do banheiro.

"Detroit foi doido", contou Michael. "Havia dois mil jovens no aeroporto, e os shows foram ótimos, multidões politizadas muito agressivas..."

Ficamos conversando enquanto o dia escurecia e as luzes se acendiam, os patinadores no parque se movendo ao som de uma música que não dava para ouvir em uma ilha branca na escuridão. Já era hora de Filadélfia. Cynthia queria ir ao show, mas disse a ela que não haveria lugar nas limusines.

Ela não acreditou em mim, mas me deixou levá-la para casa. No apartamento dela, me sentei no sofá da sala e Cynthia disse: "Ainda não tive a chance de dar sua recompensa".

Depois, ela foi se lavar e voltou sorrindo, escovando os cabelos úmidos e limpos. Foi um momento agradável. Cynthia não ia conseguir o que queria, e eu não ia conseguir o que queria, mas nenhum de nós sabia disso ainda. Lutei para ir embora, prometendo retornar após o show – eu não retornaria – e caminhei no vento frio e cortante de volta ao Plaza.

Michael e alguns de seus amigos estavam no quarto que ele e eu deveríamos dividir, mas não dividiríamos porque ele estava com outra garota. Depois de menosprezar Michael por ser mulherengo, aqui estava eu fazendo a mesma coisa. Michael dançou pela sala, me contando que Cecil Beaton tinha tirado fotos de Mick enquanto eu estava fora. Ia fazer umas anotações, mas, quando comecei a escrever, veio o telefonema avisando que deveríamos descer e embarcar nas limusines.

Elas eram de uma empresa chamada Head Limos, que atendia principalmente a estrelas do rock, devendo fornecer drogas e as últimas fitas estéreo de oito pistas para o entretenimento durante a viagem. No carro em que Michael, Ethan, Tony e eu íamos não havia drogas, apenas três fitas (Blind Faith, Chicago e Gladys Knight and the Pips) e um motorista vago que perdeu a curva para o Lincoln Tunnel e teve que dar meia-volta para pegar o caminho certo. Cochilei no trajeto para a Filadélfia, notando apenas o gigantesco complexo cercado de correntes com letreiros enormes – Comando de Defesa Aeroespacial da USAF e Produtos Eletrônicos de Defesa da RCA – e pensando que, para competir com esse tipo de coisa, você realmente precisa de grandes amplificadores.

O Philadelphia Spectrum era mais uma arena gigante de basquete, com capacidade para dezessete mil espectadores. Havia enxames de garotas ao redor da entrada dos fundos, onde grandes portas de metal se abriam para as limusines. Lá dentro, os bastidores estavam pouco iluminados, com grandes homens de terno escuro parados, dando ao lugar um aspecto de delegacia. Michael e eu caminhamos por um corredor estreito até o camarim de B. B. King. Ele e sua banda estavam lá, os músicos sentados e de pé ao redor, bebendo cervejas de um refrigerador de piquenique, B. B. mexendo em um novo gravador Sony que havia comprado em Memphis. Enquanto conversávamos, ele gravava várias vozes pela sala e as reproduzia. Os músicos, ouvindo suas vozes, riam como aborígenes.

Eu assisti ao show de B. B. da cabine de imprensa, onde alguns tipos hippies estavam fumando maconha. Então desci as escadas e ocupei uma posição do lado direito do palco. Quando os Stones chegaram e começaram a tocar, a multidão inteira pulou, e eu pulei junto com eles. Durante as primeiras músicas, eu me vi dançando com uma linda garota loira, mas a multidão avançou, e ela foi para os bastidores. Subi e fiquei atrás dos amplificadores de Keith. A atmosfera estava ficando frenética enquanto os jovens tentavam se entregar aos Rolling Stones. Na frente, uma garota desmaiou e foi levantada ao palco, onde ela abriu os olhos e acenou para seus amigos. Do lado dos outros amplificadores, um policial contratado, prestes a jogar um menino de volta na multidão, foi parado por Tony, que ajudou o garoto a descer.

O show foi forte e rápido sem "I'm Free", mas parecia, apesar de toda a ação, uma apresentação de rock and roll antiquada dos anos 1950, pessoas se divertindo dentro dos limites impostos. Rasgar assentos expressa frustração, mas não muda muita coisa além dos assentos. Quando as luzes se acenderam e "Honky Tonk Women" começou, eu me senti à beira do desespero – parecia que a turnê havia perdido o foco; eu não sabia o que os Stones estavam tentando fazer, e nem mesmo o que eu estava tentando fazer. Fosse o que fosse, tinha algo a ver com amor e algo a ver com morte – e estupro, assassinato, suicídio. Parecia que o que estava acontecendo na turnê não era a expressão transcendente de nossos sentimentos, mas nossa tentativa de nos divertir, extravasar as energias de nossa juventude, apesar da desvantagem do terreno. No palco, havia homens musculosos em jaquetas leves de algodão e Hush Puppies, a força de segurança especial de Jon Jaymes, embora eu ainda não soubesse disso. Enquanto os garotos desabavam no palco com força total e a noite estava chegando ao seu ponto mais agitado, Jon me agarrou e gritou: "Fique com isso até que eu peça", e de sua axila esquerda tirou e me entregou um revólver calibre .38 de aço azul. Enfiei-o no bolso da jaqueta, e, quando as últimas notas de "Street Fighting Man" ressoaram nas vigas e as pétalas de rosa que Mick havia jogado flutuaram na audiência suada, corremos para os fundos, entramos nos carros e saímos na noite.

Cinco limusines se espalharam na estrada a 160 quilômetros por hora. O show nos reviveu; não tinha como evitar ficar empolgado com aquela grande onda de energia. Conversamos alto sobre música, cantamos "Baby, What You Want Me to Do", de Jimmy Reed, e "You Got to Move", de Fred McDowell, no meio da qual ouvimos a sirene da Patrulha Estadual na New Jersey Turnpike na madrugada.

Todas as cinco limusines pararam no acostamento. Comecei a sair, e o motorista disse: "Melhor ficar no carro". Abri a porta e olhei para fora para ver o policial freando sua motocicleta e um homem com uma jaqueta de golfe, que estava no palco, saindo de uma limusine. Ele foi logo em direção ao policial, tirando algo do bolso de trás e mostrando – vi o brilho de um distintivo –, então o patrulheiro acenou para ele ir embora, deu partida na motocicleta, acelerou, e lá estávamos de volta à estrada a 160 quilômetros por hora, passando pelo policial que sumiu como uma brisa fresca.

Quando chegamos ao Plaza, as limusines nos deixaram nos fundos, onde as portas estavam trancadas. "O Plaza não é o mesmo", eu alfinetei. "Não é tão ruim", defendeu Mick. "Scott Fitzgerald costumava gostar", eu disse, "mas isso foi há muito tempo". "Não trancavam a porta dos fundos à noite quando ele gostava", disse Mick.

Demos a volta no quarteirão sob o ar gelado. Lá dentro, fui ao quarto de Jon Jaymes e lhe devolvi a arma. Tony parou para dizer a Jon que queria duas coisas: uma faca e um cassetete. "Você vai tê-los", concordou Jon.

Nós nos reunimos – os cinco Stones, Tony, Sam, Ronnie, Astrid – no saguão, preparando-nos para sair e comer alguma coisa. "Você vai?", Charlie me perguntou quando saímos. "Espero que se comporte."

"Entre", disse Mick, abrindo a porta da limusine. "Pena que você perdeu o show de ontem à noite, foi bom. Aqui tem uma fita."

Mick aumentou o volume de um gravador portátil que estava segurando no colo. "Quem fez isso?", perguntei.

"Um moleque. Foi confiscado."

"Por Schneider?"

"É", Mick admitiu. "Ele é horrível."

"Eu te vi no *The Ed Sullivan Show*", falei. "Foi muito divertido." O programa tinha ido ao ar apenas duas noites atrás, mas parecia muito antigo. Uma faixa sonora foi adicionada para parecer que os Stones tinham sido acompanhados por uma enxurrada incessante de gritos.

"Topo Gigio foi muito bom", falou Mick. Topo Gigio era um rato marionete que fez um número de comédia com um ventríloquo italiano.

"Eddie Albert também", comentei. Eddie Albert havia recitado uma oração pelos anos 1970, muito deprimente.

Fomos ao Reuben's, uma *delicatessen* que ficava aberta até tarde para os tipos do show business e jogadores de dados. Nick e Nora Charles tinham comido lá uma vez em *A Ceia dos Acusados*. Os sanduíches do cardápio foram batizados com nomes de famosos, um dos quais, o nº 32, era Ed Sullivan. Apontei para Keith. "Sim", ele disse, "o Ed Sullivan, eu adoraria comê-lo" – e vindo de Keith com aquela aparência absurda, a declaração tinha mais uma conotação canibal do que sexual. As paredes estavam decoradas com fotos autografadas de celebridades e peixinhos de pelúcia mal-humorados em placas de madeira. Um velho garçom cansado andava em volta da mesa longa anotando pedidos, tentando explicar o menu kosher para Tony. Quando a comida finalmente chegou, era terrível: suco de laranja enlatado, torrada velha, sopa fria.

Enquanto comíamos, Ronnie se perguntou em voz alta como iríamos de Miami para o West Palm Beach Pop Festival, onde os Stones tocariam na noite de domingo, a última data da turnê. Não havia aviões de Nova York para West Palm Beach, todos paravam em Miami. Ronnie tinha pensado em alugar um avião para a última metade da turnê, mas o preço era proibitivo.

"Jerry Wexler tem um iate lá", eu mencionei. "Poderíamos ir de Miami a West Palm no iate dele."

"Qual é o tamanho?", perguntou Keith.

"Grande o suficiente para nos levar."

"Mas ainda temos todo o equipamento, guitarras e outras coisas", lembrou Keith, "e vamos precisar de algo que possa nos tirar de lá depois..."

"Para onde vamos depois?"

"É um segredo", disse Keith, "mas estamos indo para o Sul profundo".

"Ah, é? E o que, na sua opinião, é o Sul profundo?"

"Muscle Shoals, Alabama. Vamos lá para gravar por alguns dias. Ahmet arranjou tudo." Ahmet Ertegun era o presidente (e Jerry Wexler, o vice-presidente) da Atlantic Recording Corporation, a maior gravadora independente do ramo, uma grande história de sucesso de rhythm & blues. "Vamos ficar lá quatro dias", contou Keith, "mas não diga nada sobre isso para Michael ou qualquer um na imprensa, porque é realmente um segredo".

Mick e Ronnie estavam conversando sobre gravadoras, como fazer o melhor negócio – Ronnie estava sempre discutindo contratos porque era assim que ele ganhava a vida. "Por que você fica lidando com esses outros filhos da puta?", perguntou Tony. "Por que ficar mexendo com gravadoras e distribuidores? Por que vocês não montam suas próprias merdas?"

"Porque é muito complicado", respondeu Keith. "Há muita coisa envolvida. Teríamos que fazer toda a prensagem e distribuição sozinhos, ter uma frota de caminhões. Esse é o problema. Phil Spector tentou, ele trapaceou e subornou e fez tudo o que podia para começar, e isso é legal, mas ele não conseguiu, não funcionou." Ele parou por um momento, então continuou: "Ainda assim deve ser possível. Como os discos piratas circulam, como a maconha circula, é assim que tem de funcionar..."

Quando voltamos ao Plaza eram quase 5h da manhã, e o *New York Times* da quarta-feira, 26 de novembro, estava numa pilha perto dos elevadores. Coloquei uma moeda de dez centavos na pilha e peguei um jornal, mas o ascensorista, vindo nos levar, avisou: "São quinze centavos", e vi uma pequena placa manuscrita, JORNAIS 15¢ – um aumento de 50% pelo privilégio de receber as más notícias no saguão do Plaza. Dei boa-noite ao grupo e subi para o meu quarto. O parque estava envolto na névoa cinzenta da manhã. Havia balas de chocolate embrulhadas em papel dourado e um cravo fresco na mesinha de cabeceira, lençóis virados para trás, todo um conjunto de atenções que você não recebe no Holiday Inn. Eu me deitei na cama e olhei o jornal.

De acordo com uma matéria na primeira página, em março de 1968, em uma vila chamada My Lai, na província sul-vietnamita de Song My, um primeiro-tenente de vinte e seis anos chamado William Calley matou ou causou a morte de 109 civis. Havia várias manchetes relacionadas: "Laird [secretário de Defesa] diz que altos oficiais do Exército sabiam sobre o suposto massacre... Treze aldeias perto de Song My arrasadas em uma semana... Ford [líder republicano da Câmara] acusa o governo anterior de 'encobrir' o relatório do Vietnã... Laird 'chocado e enojado' com a história". Na página dois, "Um Beatle devolve prêmio como protesto. Londres, 25 de novembro. John Lennon, um dos Beatles, devolveu seu prêmio de Membro do Império Britânico como um protesto contra o papel da Grã-Bretanha na Guerra Civil da Nigéria e o apoio político britânico aos Estados Unidos no Vietnã".

A cada show dos Rolling Stones havia indícios de que estávamos lutando por algo terno, amável e livre, mas em que diabo de mundo tínhamos que lutar, quando a terra dos livres e o lar dos bravos estava enviando seus filhos para matar mulheres e crianças, e esses filhos, homens da minha idade ou mais jovens, estavam de fato fazendo isso. Enquanto caía no sono, fiz mentalmente minha última nota do dia: "Deus abençoe todas as crianças e idosos em todos os lugares". Mas quando fechei os olhos, meu último pensamento foi que Jon Jaymes havia me entregado aquele revólver como uma promessa.

24

> Buddy Bolden... tinha se estragado em alguns anos. Acostumado a ganhar apenas alguns centavos por dia como barbeiro, ele começou a ganhar dinheiro de verdade, que gastava como um marinheiro bêbado. Falta de sono, bebidas alcoólicas, mulheres e música alta gradualmente minaram suas forças.
>
> Só em certos momentos ele ainda soava como o grande rei Bolden; outras vezes, seus acompanhantes notavam que ele tocava sua corneta como se estivesse louco. Possuídos, passaram a temer essa música insana que atacava suas mentes. Finalmente, em 1914, soube-se que Bolden teve que ser internado em um asilo.
>
> Robert Goffin: *Jazz*

EM SETEMBRO DE 1968, fui à Inglaterra para escrever sobre os Rolling Stones. Eu não sabia que o meu segundo dia no país seria o segundo – e, como se viu, o último – julgamento por posse de drogas de Brian Jones. Durante a sessão, Brian observava a galeria dos espectadores, e eu olhei em seus olhos. Alguns dias depois, Brian e eu caminhamos por Kensington Gardens e, ao lado do Serpentine, onde Peter Pan pousou, ele me deu uma fotocópia de um ensaio que pretendia usar como encarte de um álbum de música que havia gravado em Joujouka, uma aldeia no vale do Rif marroquino, de onde vem a palavra *reefer* (baseado). Feito por Brion Gysin, o ensaio se chamava "The Pipes of Pan" ("As Flautas de Pã"). Eu sabia então o que tinha visto nos olhos de Brian – ou quem eu tinha visto olhando através deles –, mas não sabia nada sobre o que havia acontecido no ano anterior no Marrocos entre

Brian, Anita e Keith, nem como Brian chegara a essa música. Dava para ter escrito um livro sobre o que eu não sabia.

No final de 1966, Christopher trabalhava para a Omega Airlines, morando em um apartamento com sua mãe. Os horários peculiares dos funcionários da Omega permitiam que ela, às vezes, mentisse para a mãe e passasse a noite comigo. Eu estava tentando fazer o impossível – começar a ganhar a vida escrevendo antes que minhas economias de oito meses trabalhando para o Estado acabassem. Algumas pessoas gostavam do que eu escrevia, mas ninguém queria pagar. *The New Yorker,* ao devolver "Furry's Blues", disse: "O anexo tem um tom agradável, sentimos, mas..."

Christopher e eu queríamos ficar juntos, mas eu preferia esperar até ganhar algum dinheiro. Também pensei que, se o casamento não foi bom o suficiente para James Joyce ou Pablo Picasso, não seria bom o suficiente para mim. Ou seja, eu compartilhava o descaso deles com a convenção que faz do amor o negócio dos burocratas. Christopher e eu ficamos noivos. Fizemos um exame de sangue ("pré-nupcial", dizia o recibo), compramos uma certidão de casamento e, em 20 de dezembro, Charlie Brown nos casou. Ele assinou a licença com o nome de um pároco que eu havia inventado. Antes de assinar o papel, Charlie nos perguntou se nos amávamos. Dissemos que sim. "Vocês estão casados", ele declarou.

Dois dias depois, Charlie foi preso por vender uma pequena quantidade de maconha – 30 gramas, acredito – a um velho conhecido do Ensino Médio que o denunciou. Ele estava na cadeia do condado fazia alguns dias quando eu fiquei sabendo. Consegui tirá-lo de lá na noite da véspera de Natal. Havia neve no chão. Charlie e eu caminhamos da cadeia até a empresa de fianças – ele ficava caindo em lugares gelados e se levantando com um grande sorriso, feliz por estar livre para cair –, e então eu o levei para seu apartamento. A porta da frente estava destrancada. Lá dentro, um mandado de busca jogado no chão. O ar fedia a gás. Percorremos as salas, abrindo janelas e fechando válvulas. A polícia havia ligado todas as tomadas de aquecimento e as deixado apagadas na esperança de que Charlie entrasse e acendesse um cigarro. Em sua busca, eles abriram buracos nas paredes, despejaram produtos químicos em todos os líquidos do local, quebraram quase tudo que pudesse ser quebrado. Charlie olhou para os destroços, depois foi até um sobretudo pendurado na porta do quarto, enfiou a mão no bolso e tirou um pouco de maconha. Nós nos sentamos na cama quebrada, fumamos e pensamos nas coisas.

Em janeiro, Christopher e eu voamos para Nova York com um Passe de Lua de Mel da Omega Airlines. Todos os dias, eu acordava e fazia ligações para editores. A *Esquire* havia ficado com "Furry's Blues", e eu tinha ouvido falar que eles queriam uma história sobre Elvis Presley. Todas as noites, Christopher e eu saíamos e, no dia seguinte, dormíamos até o meio-dia, perdendo qualquer telefonema. Finalmente, em nosso último dia em Nova York, conversei com um editor da *Esquire* em um Chock Full o' Nuts[69] e voltei para casa com a pauta de Presley.

Os Rolling Stones estavam em Nova York para outra aparição no *Ed Sullivan,* promovendo um novo single (o álbum *Between the Buttons* também havia sido lançado em janeiro). O problema desta vez foi que Sullivan não queria que Jagger cantasse as palavras-título de uma das músicas do novo single, "Let's Spend the Night Together". Circularam notícias de que os Stones poderiam se recusar a aparecer no programa. Continuei ouvindo pedaços daquele imbróglio pelos rádios dos táxis. Enfim, os Stones tocaram a música, e Jagger não cantou as palavras do título, apenas cantarolou e murmurou.

O programa de Sullivan foi transmitido no domingo, 15 de janeiro. No dia anterior, tinha ocorrido, no Golden Gate Park de São Francisco, o Human Be-In, onde os Hell's Angels estiveram, como Rock Scully nos contaria em Oakland, fazendo uma segurança bacana.

Os Stones voaram de volta a Londres, de modo a se preparar para o próximo domingo, quando apareceriam pela primeira vez no *The London Palladium Show,* o equivalente da televisão britânica do *The Ed Sullivan Show.* Ou seja, o *Palladium* apresentava variedades e shows de boate diluídas, edu-

69 Rede de cafeterias de Nova York. (N.T.)

cadas e insinuantes para a noite de domingo das massas inglesas. Os Stones sempre ficaram longe do *Palladium,* e, quando a aparição foi anunciada, um jornal comentou que "grupos pop não podem mais depender apenas de espectadores adolescentes para conseguir agendamentos de TV, mas devem atrair um público mais amplo". Ao que Jagger rebateu: "Os tempos estão mudando e, com isso, surge um mercado diferente – um mercado. Achamos que o *Palladium* está pronto para os Stones, e os Stones estão prontos para o *Palladium*". Ele estava errado.

No ano anterior, à medida que a "contracultura" pop se tornou mais consciente de si mesma – camaradas pacifistas dos sacramentos ilegais –, Mick, Keith e Brian se aproximaram. Oldham também usava sacramentos ilegais, mas tinha muito medo de ser preso, então fumava haxixe enquanto se inclinava para fora da janela traseira de seu escritório para que pudesse largar se a polícia entrasse. Ele estava casado, tinha um filho de dois anos e era bastante dedicado a ganhar dinheiro. Oldham havia chamado os Rolling Stones, em um anúncio de página inteira na *Billboard,* de "a linha divisória entre arte e comércio", no entanto, falou a um repórter: "Quero produzir música pop boa e progressiva, mas que ainda seja comercial. Não estou interessado nesse lixo psicodélico ou em fazer viagens".

Depois que os Stones chegaram ao *Palladium*, as coisas nunca mais foram as mesmas entre eles e Oldham. Keith e Brian apareceram para o ensaio duas horas atrasados, ambos chapados de LSD. Brian, vestindo uma combinação de roupas dele e de Anita, tocou uma música ao piano, em cima do qual insistiu em colocar um grande *narguilé*, onde ninguém poderia deixar de vê-lo. Não confiando nos engenheiros de som da televisão, os Stones trouxeram uma fita de gravação de seus instrumentos, violando a proibição do sindicato de usar música gravada. Mas a questão principal era a rotatória, o palco giratório do *Palladium*, onde os artistas de cada semana se reuniam ao final do show para acenar e jogar beijos para a plateia. A rotatória era uma grande tradição do show business inglês. Jagger havia dito aos jornais que os Stones fariam o show do *Palladium*, mas não participariam da rotatória. No final do ensaio, Jagger e os Stones se recusaram a girar. Oldham informou ao produtor do programa, que insistiu que eles tinham de fazer aquilo, não tinham escolha. Oldham concordou com o produtor e chamou o comportamento dos Stones de "atroz". Jagger gritou com Oldham, que saiu, dizendo que não precisava daquilo.

Se o show dos Stones no *Palladium* ofendeu Andrew Oldham, que tirou fotos sujas de si mesmo em cabines fotográficas públicas, o resto da Inglaterra ficou indignado. No outono anterior, na época em que Brian estava quebrando o punho na cabeça de Anita, Mick se separou de sua namorada de três anos, Chrissie Shrimpton, a irmã mais nova de Jean Shrimpton, a modelo mais elegante do mundo. Na semana seguinte ao show do *Palladium*, os jornais revelaram o "Romance Secreto" de Jagger com Marianne Faithfull, outra cliente de Oldham. "Conheço Marianne há anos, mas só três meses atrás é que percebemos sentir algo forte um pelo outro", disse Jagger a repórteres no aeroporto de Nice. "Recebi a ligação de Marianne no meio da noite, então aqui estou." Marianne, vinte anos, mãe de um filho de quatorze meses, havia deixado o marido quatro meses antes. Ela ligou para Mick reclamando da solidão quando sua música, "The One Who Hopes", não conseguiu chegar às finais do Festival da Canção de San Remo. ("Ele pega as piores mulheres", criticou Keith, "e quando é uma negra, é a mais branca que consegue encontrar".) "Estou farta do barulho e de dançar em boates até o amanhecer", afirmou Marianne, loira de olhos azuis. Jagger alugou um pequeno barco com três velas vermelhas, e, no sábado à noite, navegaram em direção a Cap d'Antibes "para um pôr do sol vermelho".

Mas, no domingo seguinte, Jagger estava de volta a Londres e, em um programa de rádio, defendeu os Stones contra os outros dois convidados do show – um dos quais tinha um poodle chamado "Bobby's Girl" por causa do disco de sucesso que havia lançado – e contra o tabloide *News of the World*, que naquele dia publicou uma matéria sobre estrelas pop e drogas, acusando Mick, entre outros, de tomar LSD. Mick declarou que nunca havia tomado LSD e que seus advogados iriam processá-lo. Dois dias depois, o *News of the World* recebeu uma ordem judicial por difamação.

Os Stones jamais esqueceriam o domingo seguinte. Chegou ao clímax por volta das 20h, quando dezenove policiais, homens e mulheres, invadiram a casa de campo de Keith, Redlands. Mick, Keith, Marianne, Robert

Fraser e algumas outras pessoas tinham vindo de Londres para o fim de semana. "Anita e Brian iam vir, mas ele começou uma briga", mencionou Keith. "Nós deixamos os dois brigando." Os policiais retiraram algumas substâncias do local e foram embora.

Depois de contatos apressados com advogados, Mick, Keith, Brian e seus companheiros deixariam a Inglaterra – a Europa – e seguiriam para a África. Mick, Marianne, Fraser e alguns outros voaram para o Marrocos. Brian, Anita e Keith foram antes para a França, seguindo para o sul no Bentley azul de Keith, conduzidos por Tom Keylock, o motorista de Brian. Em Toulon, Brian adoeceu e foi internado em um hospital. Depois de alguns dias, com uma amiga atriz que se juntou a eles em Paris, Keith e Anita viajaram para o Sul da Espanha. Em Barcelona, depois de brigarem com alguns bêbados e ficarem detidos em uma delegacia até as 6h, eles saíram para encontrar Brian ao telefone exigindo que Anita voltasse a Toulon. A atriz foi embora, e Keith e Anita, rumo à África, foram para Valência e passaram a noite juntos.

"Pegamos a balsa para Tânger", lembrou Keith, "chegamos ao hotel e encontramos uma pilha de telegramas e mensagens de Brian ordenando que Anita o buscasse".

Brian e Anita acabaram indo juntos para Tânger e depois – com Keith, Mick, Marianne, mais alguns amigos e muito LSD – para Marraquexe. Brian trouxe uma prostituta berbere tatuada para o hotel, indignando Anita. Depois ele foi ouvir música marroquina com Brion Gysin. Keith e Anita então foram embora, indo para casa juntos. "Onde isso me deixa?", Tom Keylock perguntou, e Keith resolveu: "Você pode vir trabalhar para mim". Brian tinha perdido sua banda, sua garota e seu motorista, e seu gato também logo o deixaria.

Quando Brian voltou ao hotel e se viu abandonado, tentou suicídio. Gysin conseguiu um médico e cuidou dele até o retorno do que tinha sobrado de sua saúde.

Enquanto isso, um jornal londrino publicou uma matéria sobre uma nova agência de modelos cujos clientes incluíam Brian e Anita, disponíveis a 250 dólares a hora para "trabalhos muito especiais". A foto exibia Brian de veludo e Anita usando minissaia e boá de penas. Ela havia tingido o cabelo de loiro, e eles pareciam gêmeos, lindos gêmeos loiros.

Assim que retornou a Londres, Brian foi internado em outro hospital. O agente de imprensa dos Stones – que também havia trabalhado para Frank Sinatra e Louis Armstrong – anunciou o lançamento de um novo filme alemão, intitulado em inglês *A Degree of Murder,* estrelado por Anita, com trilha sonora de Brian. A matéria mencionava que ele estava no hospital, como se dissesse: "Brian está tendo um colapso total no momento, mas sua carreira está indo muito bem".

Em 20 de março, Keith e Mick receberam intimações judiciais alegando delitos contra a Lei de Drogas Perigosas. Cinco dias depois, os Stones partiram para três semanas na Europa, a última turnê com Brian. Ele e Keith não estavam se falando.

"Houve alguns bons tumultos", disse Mick, conversando com a revista *Disc* de Dortmund. "Aqui irrompe a verdadeira violência corporal."

Os Stones tocaram em Varsóvia, ganhando o que Mick chamou de "uma ninharia de nosso cachê usual" e levando o rock and roll em grande escala pela primeira vez ao Leste Europeu comunista. "A única cena que vi perto daquilo foi quando tentamos sair do Long Beach Auditorium, em 1965, e um policial de motocicleta foi atropelado e esmagado", comentou Keith. "Todos os policiais tinham capacetes brancos e cassetetes grandes e compridos. Exatamente o mesmo equipamento. Exatamente os mesmos uniformes. Distribuídos da mesma forma."

A turnê foi uma série de brigas entre os Stones, funcionários da alfândega, fãs e policiais, envolvendo cadeiras jogadas, cães de guarda e mangueiras de incêndio. De volta a Londres, quando tudo acabou, Jagger declarou: "Eu vejo muito perigo no ar... Os adolescentes não estão mais gritando por causa da música pop, estão gritando por razões muito mais profundas. Quando estou no palco, sinto que os jovens estão tentando comunicar a mim, como por telepatia, uma mensagem de alguma urgência. Não sobre mim ou sobre nossa música, mas sobre o mundo e a maneira como eles vivem. E vejo muitos problemas chegando ao amanhecer".

Os problemas certamente estavam chegando aos Stones. Em 10 de maio, enquanto Jagger e Richards compareciam a uma audiência preliminar no Tribunal de Magistrados de Chichester, pagando fiança de cem libras cada e declarando-se inocentes, optando por serem julgados pelo júri, Brian deixava seu apartamento em Courtfield Road cercado por seis detetives de narcóticos da Scotland Yard.

No início da noite do primeiro dia da primavera de 1970, eu estava em um apartamento na Duke Street St. James's, conversando com Brion Gysin, que visitava amigos em Londres. Gysin me contava sobre levar Brian Jones a Joujouka para ouvir "o grupo dos Master Musicians. Conheço-os há vinte anos, desde 1950, reconheci que são o povo de Pã, e esta é outra longa história...".

Fomos interrompidos por William Burroughs, que entrou e se sentou, de chapéu e sobretudo. Ele era o homem mais bêbado que eu tinha visto desde a última vez que vi Furry Lewis. Reduzido na presença de Burroughs, como Keith foi reduzido por Chuck Berry, me peguei contando a ele sobre minha valiosa cópia de *Big Table 1* com sua primeira impressão nos EUA de partes de *Almoço Nu.*

"Oh, uau", disse Burroughs, parecendo acordar. "Esse é um item de colecionador de verdade." Seus olhos se estreitaram. "Eles são... agora... itens de colecionador bastante valiosos... e... sabe... se você quiser... eu poderia autografá-los, e nós... ah... dividiríamos..."

"Faça uma pequena troca", sugeriu Gysin.

"... qualquer coisa... que pudéssemos conseguir... no mercado de colecionadores."

Então fiquei mais desencanado, porque percebi que estava falando com aquele tipo de homem que, como Furry Lewis, queimaria um violão para fazer lenha. Burroughs começou a resmungar sobre não querer ser artista, apenas querer ganhar dinheiro; citei Shaw para Goldwyn: "A diferença entre nós é que você se importa apenas com a arte, e eu só me importo com o dinheiro".

"Aí está", retrucou Burroughs. "Ninguém que é artista dá a mínima de ser artista. Eles querem ganhar um pouco de dinheiro e ter um pouco de paz. Ser artista, de fato." Ele estava lutando para tirar uma camada de roupa.

"Comece pelo casaco, William", falou Gysin. "Isso é o correto."

"Pelo menos acho que vou tirar o chapéu", respondeu Burroughs. Ele se levantou, pendurou o chapéu num cabide e sentou-se. "Agora vou tirar o casaco."

"Excelente", disse Gysin. "Eu me pergunto se posso voltar para Joujouka. Eu realmente gostaria de falar sobre Joujouka e qual é a música e o que Brian conseguiu na fita e como ele chegou lá. Como ele aparece em seu livro?"

"Brian? Como... bem... mais ou menos... um pequeno deus bode, suponho."

"Eu tenho uma história louca exatamente sobre isso, que vou te contar. Uma coisa muito engraçada aconteceu lá. O cenário era muito teatral, pois estávamos sentados sob a varanda de uma casa feita de taipa e barro. Lugar muito confortável, almofadas espalhadas como num pequeno teatro, como a caixa de um teatro à moda antiga. Uma apresentação estava acontecendo no pátio. E num certo momento – o jantar obviamente estava vindo de algum lugar próximo, a cerca de uma hora de distância, mas todo mundo estava apenas começando a pensar em comida –, tínhamos umas lâmpadas de acetileno dando um brilho muito teatral a toda a cena, mais ou menos como costumava ser a luz da ribalta, uma espécie de tom branco-esverdeado. Então o bode mais lindo que alguém já viu – branco puro! – foi subitamente conduzido pela cena, entre Brian, Suki, Hamre e eu, inclinados nas almofadas. E com os músicos no pátio a três metros bem na nossa frente, tão rápido que, por um momento quase ninguém percebeu o que estava acontecendo, Brian se levantou e disse: 'Sou eu!', e foi puxado para baixo, meio que recuando. A música continuou por alguns minutos assim, e os momentos se prolongaram em uma hora, ou duas horas, ou o que fosse preciso para fazer um ótimo jantar marroquino, o que às vezes pode ser três horas ou quatro horas ou cinco horas..."

"O tempo suficiente para matar uma cabra", disse Burroughs.

"...e estávamos absolutamente famintos quando Brian percebeu que estava comendo aquele mesmo bode branco."

"Como ele aceitou isso?"

"Ele afirmou: 'É como a Comunhão'."

"'Este é o meu corpo'", eu falei. "Mas Jesus não comeu a si mesmo, ele alimentou os outros."

"Se ele fosse sensato, teria comido Judas", apontou Burroughs. "Vou comer Graham Greene na próxima vez que o vir. Gulp!"

25

> Toda a beleza que já existiu está se movendo dentro dessa música. A voz de Omar está lá, e a voz da menina, e a voz que o vento tinha na África, e os gritos da Praça do Congo, e os belos clamores que vinham do Dia da Liberdade. O blues, e o *spiritual*, e a lembrança, e a espera, e o sofrimento, e o olhar para o céu vendo a escuridão cair – tudo isso está dentro da música.
>
> Sidney Bechet: *Treat It Gentle*

NA ESTRADA, eu tinha o hábito de usar relógio de pulso para dormir. Quando acordei naquela tarde em particular, dizia 13h10min. O relógio era um Timex com uma pulseira de couro marrom, e – como eu descobriria – não era o Timex mais confiável. Tomei um banho no imponente banheiro do Plaza e saí de toalha para encontrar, sentados nas camas, Ethan Russell e Michael Lydon. Eles estavam indo para a suíte de Jon Jaymes. Eu me vesti e fui junto. O lugar era como um acampamento cigano: guarda-costas por toda parte, garçons carregando bandejas de comida e pratos vazios, um pianista prodígio ex-Lawrence Welk[70] divulgando a banda de rock de suas quatro irmãs mais velhas (The Hedonists), e Barbara, uma garota bonita com cabelos castanhos e olhos de Bambi. Era modelo, mas não tinha aquela aparência de modelo malvada. Jaymes ia fazê-la viajar de biquíni para ajudá-lo a mostrar a pintura corporal *Laugh-In*[71]. "Uma verdadeira chance para mim", disse.

---

70 Referência ao *The Lawrence Welk Show*, programa de variedades comandado pelo apresentador homônimo. (N.T.)

71 Tipo de pintura corporal à base de desenhos e frases inspiradas pela cultura pop dos anos 1960, que ficou conhecida pela personagem da atriz Goldie Hawn no programa americano de esquetes cômicas *Rowan & Martin's Laugh-In*. (N.R.)

Ethan, Michael e eu fomos ao lado, na suíte de Jo Bergman, mas também estava cheia de gente, e ela parecia distraída.

"Viemos ver se você estava pronta para ir à coletiva de imprensa", falou Ethan. Eu nem sabia que haveria uma.

"Não, podem ir", disse Jo. "Tenho que pegar um pouco de Valium para Mick."

No saguão, encontramos Charlie Watts e Mick Taylor. Charlie vestia um pulôver de lã branca por baixo de um sobretudo de couro cinza pérola. "Estávamos indo dar uma volta", comentou ele, "quando alguém nos parou e nos contou sobre a coletiva de imprensa. É uma chatice ficar sentado sem saber o que está acontecendo. E toda esta segurança ao redor, todos estes caras fortões, não parece bom..."

Quando Charlie e Taylor saíram para procurar os outros Stones, o elevador trouxe Jo Bergman. "Há algumas limusines lá fora", avisou ela. Mas não havia. Tinha nevado durante a noite, e agora, se você ficasse parado, o vento mandava a chuva em seu rosto e o congelava, então decidimos não esperar pelas limusines e caminhamos os oito quarteirões até o Rockefeller Center.

A coletiva de imprensa foi realizada no Rainbow Room, no 69º andar, atrás de grandes janelas com vista para a cidade; um cenário característico da alta burguesia. Na porta, uma garota com um vestido de mangas compridas estava sentada ao lado de uma mesinha coberta por uma toalha branca, verificando os nomes em uma lista. Al Steckler, lá dentro, nos viu e fez sinal para entrarmos. Uma mesa comprida, também coberta de branco, abarcava bebidas e canapés de *steak tartare*. Os garçons usavam *smokings*, e um quarteto de cordas – um menino de cabelos compridos, também de gravata preta, e três garotas em vestidos de noite – massacravam Mozart.

Na grande sala quadrada interna, havia fileiras de cadeiras de frente para uma longa mesa com buquês de flores e jarras de suco de laranja. Em pouco tempo, o lugar estava cheio de pessoas da imprensa que variavam de aparência, de homens negros elegantes em ternos a hippies desalinhados em jeans sujos. Quando alguém começava a se perguntar o que eles tinham em comum, os Stones entraram e se sentaram à mesa. Estavam com eles Sam

Cutler, Pete Bennett e Allen Klein, logo atrás. Uma massa de pessoas da mídia se remexia e se engalfinhava, empurrando microfones e flashes de lâmpadas, tateando e se contorcendo como almas perdidas no inferno enquanto os Stones estavam sentados com as flores e o suco de laranja, observando tudo por trás da toalha branca da mesa.

Escondi-me num canto. Jon Jaymes estava de pé ao lado da mesa, as mãos levantadas em direção à imprensa, parecendo um homem conduzindo as palhaçadas de um bando de tagarelas. À medida que a multidão ficava mais quieta, embora não parasse de rosnar e empurrar, perguntas se espalharam pela sala.

"Vocês se veem como líderes de jovens?"

"O que acham da Guerra do Vietnã?"

"O que acham dos EUA?"

"Acham que está melhorando?"

"Você está mais bonita do que nunca", Jagger disse, provocando uma risada.

"Sr. Jagger", uma mulher de óculos e terno sob medida leu em um caderno, "há algum tempo o senhor gravou uma música, '(I Can't Get No) Satisfaction'. Os Stones estão mais satisfeitos hoje?"

"Sexualmente, você quer dizer, ou filosoficamente?"

"Ambos."

"Sexualmente... mais satisfeito, financeiramente..." (pensando em Klein atrás dele) "insatisfeito, filosoficamente... ainda tentando."

"Você está mais triste, no entanto, mais sábio?"

"Só um pouco mais sábio." Eu ainda não sabia, mas cerca de trinta minutos antes Jagger havia sido informado de que Marianne Faithfull o abandonara, tinha saído da casa dele em Londres e estava morando com um diretor de cinema na Itália. "Você tem algum Valium?", Mick perguntou a Jo, que pegou um comprimido de cinco miligramas de um repórter do *Daily News*.

"Tenho uma pergunta para Mick Taylor", alguém disse. "Como é substituir um membro do grupo que era amado por tantos? Estou falando de Brian Jones."

O que Mick Taylor respondeu perdeu-se no murmúrio que surgiu na sala. Mesmo entre esta gente, o mau gosto tinha seus limites. Como se fosse uma deixa, alguém perguntou: "Os Stones vão dar um show grátis?".

"Vamos", Jagger afirmou. "O show gratuito será em São Francisco no dia 6 de dezembro, mas ainda não há um local exato."

Na primeira coletiva de imprensa em Los Angeles, os hippies haviam pedido um show gratuito, e agora, do outro lado dos EUA, os Stones estavam prometendo um. O tom das perguntas, à medida que continuavam, não exigia uma declaração de posição, mas uma declaração de apoio. Mais uma vez, os hippies em seu estilo imaturo perguntavam se os Stones estavam do lado deles na batalha contra a repressão. Na Europa, a comunidade hippie era tão pequena que quase não era uma comunidade – jovens esportistas em jaquetas azuis de píton passeavam pela Kings Road sem mais instinto de rebanho do que serpentes –, mas, nos EUA, algo estava unindo as pessoas, e os Stones se juntavam a elas.

"O que acharam de John Lennon devolvendo o MBE?"

"Finalmente", Jagger disse. "Ele deveria ter devolvido assim que o recebeu."

"Ou se você conseguir um", emendou Keith, "você deve usá-lo."

"O que você faria se *você* recebesse um?"

"Não recebemos, e duvido que nos deem."

"Sr. Jagger, na Califórnia, você estava usando um *botton* Omega, que é um símbolo de resistência ao recrutamento militar..."

"Achei que representava o infinito. Não sei."

"Sr. Jagger, qual é a sua opinião sobre os concertos de massa, como Woodstock e a Ilha de Wight?"

"Bem, todos eles aconteceram no mesmo ano – acho que no próximo ocorrerão outros – enormes e mais bem organizados."

"Por que vão fazer um show gratuito em São Francisco?"

"Porque há uma cena lá, e o clima é bom. Além disso, é lamentável que Ralph Gleason tenha que pagar cinquenta dólares para entrar."

As perguntas pararam, e Sam finalizou: "Isso é tudo, pessoal".

"Obrigado, Nova York", agradeceu Jagger, e os Stones se levantaram para sair. Charlie, ainda vestindo seu sobretudo, seguiu na direção errada, mas foi parado e colocado de volta ao curso certo. Os Stones foram embora, e os malucos, caretas, barbudos, costeletas, câmeras e gravadores correram para os elevadores.

Parei para conversar com Lillian Roxon, que havia escrito um livro chamado *The Rock Encyclopedia*. Australiana, ela era uma garota loira bonita com olhos azul-claros, mas tinha ganhado vinte quilos escrevendo sua obra – o que, do pouco que eu sabia, parecia muito para um livro de rock and roll – e logo ela iria morrer, outro morto. Eu me despedi dela e desci num elevador com Michael, Jo e Pete Bennett. Voltamos ao Plaza, Pete na frente cortando o vento. “Pete”, perguntei, confirmando algo que eu tinha ouvido, “é verdade que você vai estar em um filme de Orson Welles?”.

“É”, ele rosnou por cima do ombro, sorrindo por trás de seu charuto bem apertado na boca. “Ele diz que eu sou um grande ator natural.”

No Plaza, subi e liguei para Jerry Wexler, só para cumprimentar. Ele me pediu para ir visitá-lo em sua casa, em Long Island, mas os Stones tocariam em Baltimore esta noite, e no dia seguinte, Dia de Ação de Graças, fariam show no Madison Square Garden. Eu argumentei com Wexler que não podia me afastar da turnê, mas ele insistiu: “Não, não, venha e passe o jantar de Dia das Graças com a gente”. Então disse a ele que ligaria no dia seguinte.

Agora estava quase escuro. Michael e eu fomos novamente para a suíte de Jon Jaymes, que nos avisou que íamos pegar um ônibus para Baltimore, pois os Stones iriam num Learjet de sete lugares. Descemos para a rua e lá estava o ônibus. Além do motorista, havia alguns dos agentes federais de narcóticos de Jaymes e detetives de folga da cidade de Nova York, grandes homens de cabelos curtos em jaquetas de golfe e Hush Puppies. Eles tinham rostos bonitos com expressões tristes e sábias, melancólicos como padres ou parteiras muito velhos, como se tivessem visto todas as consequências sangrentas da loucura do homem. Também estavam a bordo dois rapazes judeus grisalhos, os irmãos cineastas Maysles, David e Albert. Nós nos apresentamos, e olhando ao redor, na luz fraca do inverno, para as capas de plástico dos bancos e as paredes de metal, eu perguntei, tremendo: “Tem alguma droga neste ônibus?”. Os seguranças olharam para mim, seus olhos suaves e agradáveis sem piscar.

"Tudo bem fumar?", Michael perguntou.

"Claro", eu disse, alto o suficiente para chegar à parte de trás do ônibus.

"É?", Michael confirmou, virando-se para os policiais. "Sim, tudo bem", permitiu um deles. "Vamos tentar conseguir algo", Michael disse para mim. Ele estava encantado com a perspectiva de ficar chapado com proteção policial. Procuramos por todo o hotel, mas não encontramos ninguém que pudesse nos ajudar. Assim que voltamos e nos sentamos, embora nem todos os integrantes da turnê dos Stones estivessem presentes, o ônibus partiu. Os irmãos Maysles e eu tentamos conversar, mas o ônibus estava tão sombrio – sem comida, nada para beber – que fizemos o motorista parar em uma *delicatessen*. David Maysles e alguns dos seguranças entraram e voltaram com cerveja e algo para fazer sanduíches. Nós atacamos tudo com fervor de piquenique. Então, quando estávamos prestes a sair de Manhattan – nos aproximando da rampa de saída – perguntei ao motorista qual era a distância até Baltimore. Muito longe. Michael e eu dissemos "foda-se" e saímos do ônibus. Vagamos pelas ruas, comendo sanduíches, bebendo longos goles de cerveja.

Michael falava sobre mulheres, seu assunto favorito. Estava triste porque sua esposa o havia deixado e levado a filha deles, mas – dando um gole – essa garota com quem ele estava hospedado em Nova York era muito legal. Eu disse a ele que eu tinha uma esposa que me animava e nunca me entediava e que tudo que eu queria era sobreviver a essa porra de turnê para que pudéssemos sossegar e aproveitar o que restava de nossa juventude, nossas vidas, juntos. Eu ia, embora ainda não soubesse, fazer uma extensa pesquisa sobre a dor.

Descemos as escadas para o metrô, os Horrores espreitando nas sombras, e embarcamos em um trem para o centro da cidade. Michael desabou em um assento, e eu fiquei lendo o mapa. "Não vamos descobrir para onde estamos indo ou quando estaremos lá, vamos apenas relaxar por um minuto", sugeriu Michael, mas eu já sabia para onde estávamos indo.

Na Riverside Drive, com seus grandes leões de pedra olhando para o oeste do outro lado do Hudson, fica a Gore House, um chalé de pedra cinza com 32 quartos. Construído no século 19 por um monarca do Oriente Médio, o local foi depois de sua morte um convento episcopal (daí os assombrados banheiros dos dormitórios). Agora pertencia a alguém chamado Gore, cujo zelador, um estudante do Union Theological Seminary, havia usurpado o nome. Gore tinha sido até alguns meses antes um funcionário da agência onde eu era cliente. Ele havia vendido meu trabalho e me contado a verdade, sempre parecendo insinuar que havia mais a ser dito. Agora que ele estava longe da agência, pensei que ele poderia estar disposto a contar tudo.

Magro e loiro, com óculos de tartaruga, Gore abriu as grandes portas de ferro, cobertas com cordas de alho, para nos deixar entrar. Nos tons secos e precisos de uma tia-avó, ele nos guiou além dos mosaicos do saguão de entrada, fazendo-nos subir a escada escura até um santuário interno. Lá, nos sentamos e consumimos grandes quantidades de vinho tinto e haxixe enquanto Gore, ajoelhado diante de sua coleção de discos em um tapete de algodão barato feito à semelhança de *A Última Ceia*, de Da Vinci, tocava música excelente – Burritos, Ronettes, Crickets –, desaparecendo de vez em quando no andar de baixo para ir até a cozinha onde ficava a geladeira que guardava a metedrina.

Alguns amigos que Michael tinha chamado por telefone vieram, um outro escritor acompanhado da esposa, ambos tão feios que pareciam uma encenação canina. Eles falavam com Michael enquanto Gore e eu fazíamos planos de guerra. Eu tinha a carta de consentimento dos Stones, tinha um contrato de publicação, mas queria saber – ainda achava que podia saber – o que mais poderia dar errado. Disse a Gore que a carta dos Stones me dava a "cooperação exclusiva" deles.

"Então você tem a biografia autorizada."

"Eu não quero isso", rejeitei, sabendo que "autorizado" muitas vezes significava "censurado pelo sujeito".

"Bem, você tem o que quiser, então."

Eu podia sentir os músculos relaxando em meus ombros e na parte de trás do meu pescoço. O escritor amigo e a esposa contavam sobre sua recente viagem ao Peru, mostrando-nos um chaveiro de lembrança de um pequeno indígena com um falo gigante ereto. Enquanto isso, os Stones estavam em Baltimore, os irmãos Maysles e os seguranças, na estrada. Ouvindo depois como foi o show de Baltimore, lamentei (até que me lembrei do ônibus frio e sombrio) não ter ido junto. O público, pela única vez na turnê, era mais negro do que branco. "Negros sempre causam problemas", disse o homem do estado que veio cobrar o imposto de admissão a Jo. A apresentação foi no Baltimore Civic Center, cujo fosso da orquestra nesta noite continha policiais, contra quem Mick protegeu a plateia dizendo: "Se todo mundo quer se levantar e dançar, ninguém deve machucá-los ou incomodá-los". A plateia adorou o show, aplaudindo "You Got to Move", e Mick, pela primeira vez desde San Diego, cantou "I'm Free" depois de "Under My Thumb". O prefeito branco de Baltimore estava sentado na primeira fila com os dedos nos ouvidos, sua esposa loira ao lado dele balançando para frente e para trás com a música.

Na Gore House, bebíamos e fumávamos, e Gore me contou algumas coisas que eu não sabia sobre meu agente. Nascido no Bronx, ele começou, aos treze anos, a escrever ficção científica para revistas *pulp*. Aos dezenove, decidindo subir na vida, criou sua própria agência literária. Desprezando seu nome claramente judeu, ele adotou o sobrenome de um romancista inglês e o primeiro nome (que soava anglo-saxão) de seu irmão mais novo. Tendo se mostrado incapaz de se sustentar, o irmão mais novo agora trabalhava na agência sob o primeiro nome original de seu irmão mais velho. Meu agente era, então, um homem que roubou o nome do próprio irmão. "Diga a ele que você quer fotocópias de todos os cheques originais", aconselhou Gore de forma sombria.

Arquivei a dica, mas, no final, não ajudaria. Anos depois, quando o livro foi publicado, eu assinaria um contrato que me pagava exatamente o que devia ao agente e ao editor original. Eu deixaria a garota em Nova York sob a luz do sol com neve caindo ao nosso redor. Outra garota leria minhas anotações, e era isso. Tudo o que consegui foi a história e, como dizem, ouvir a banda tocar.

Os amigos de Michael enfim foram embora, e nós demos boa-noite a Gore. Michael e eu pegamos um táxi e fomos para o Max's Kansas City, onde ele iria encontrar sua namorada. Nas costas do banco da frente, um adesivo dizia: SEUS DEDOS SÃO IMPORTANTES. SEGURANÇA PRI-

MEIRO. NÃO FECHE A PORTA NELES! Acima, um desenho de uma mão aberta com um toco onde deveria haver um dedo indicador.

O Max's, com o que Michael chamava de "a jovem elite da indústria das comunicações", era escuro e barulhento. Comi um hambúrguer e vi as pessoas gritarem e agitarem canecas de cerveja. Do lado de fora da janela da frente, um homem mais velho bêbado, que havia sido expulso por empurrar as pessoas no bar, estava fazendo caretas e tinha um cigarro aceso no ouvido. Até que chegou um jovem em uma cadeira de rodas – e um bêbado com um cigarro na orelha não é tão importante quanto um homem em uma cadeira de rodas. Todos, incluindo o bêbado, sabiam disso, então finalmente ele se afastou. E eu também.

Quando abri os olhos, o céu de novembro do lado de fora das janelas altas estava incolor e atemporal – crepúsculo da manhã ou meio-dia, impossível dizer. Meu relógio, grudado no pulso como um molusco, marcava 11h30min. Com medo de me atrasar para o jantar de Ação de Graças, liguei para os Wexlers.

"Olá", disse uma mulher.

Expliquei quem eu era e perguntei pelo Sr. Wexler.

"Ele está dormindo. *Yo no sé cuando se levante*."

"Oh. Certo. Eu volto a ligar."

"Si. Adeus."

Se eles vão fazer o jantar de Dia de Ação de Graças, eu me perguntei, por que ele está dormindo? Onde fui criado, o jantar de Ação de Graças acontecia no início da tarde, a sesta vinha depois. Eles organizam melhor esse assunto no Sul, pensei, voltando a dormir. Acordei de novo, 12h50min no meu relógio, e liguei novamente para os Wexlers. Shirley, então esposa de Jerry, atendeu.

"Jerry ainda está dormindo", disse ela. "Venha nos ver. O trem das 13h54min a Long Island chega a Great Neck às 14h27min.

"Mas já passou das 13h agora. Não sei se vou conseguir."

Houve uma pequena pausa. "Querido, são apenas 10h."

"Oh, meu Deus", falei. "Maldito relógio. Desculpe. Vai ficar tudo bem."

Tentei voltar a dormir, mas não consegui. Então me levantei, sentindo-me como em um dia frio com um céu branco quando você está um pouco bêbado, drogado e perdido no tempo. Tomei banho no banheiro de teto alto em meio a nuvens de vapor purificador, me barbeei, me vesti e desci quatro andares até a suíte de Jon Jaymes. Lá, Jo Bergman e Ronnie Schneider planejavam o jantar de Ação de Graças no apartamento de Ronnie em Manhattan para a equipe e os músicos (se algum deles quisesse comparecer) antes do show dos Stones naquela mesma noite no Madison Square Garden. Eu pedi a eles para se certificarem de que eu poderia entrar no show, pois eu voltaria de Long Island para a Penn Station, diretamente debaixo do Garden, pouco antes de começar. Jon me deu um *botton*, mais um distintivo específico para os shows do Garden, com as estrelas e listras margeadas pelas palavras DEUS ABENÇOE A AMÉRICA – A BANDEIRA QUE EU AMO.

Desci as escadas, passando por Mick Taylor no corredor; ele parecia tão envolto em neblina quanto eu, um garoto inglês de temperamento adocicado ficando doido com maconha e cocaína.

“Feliz Dia de Ação de Graças, Mick.”

“Obrigado. Meu primeiro Dia de Ação de Graças.”

“O que está achando?”

“Não sei ainda.”

O porteiro chamou um táxi, e fomos embora. A Times Square estava com o tráfego pesado porque o desfile do Dia de Ação de Graças da Macy’s tinha recém terminado. O motorista odiava todos que vieram à cidade para isso. “Filhos da puta estúpidos que não deveriam ter permissão para sair de Jersey”, reclamou ele, tentando atropelar um senhor negro que cruzava a Broadway com uma bengala branca. Em um sinal vermelho, paramos ao lado de um carro com uma mamãe e papai e duas meninas em vestidos de organdi brancos, laços brancos nos cabelos, luvas brancas, segurando bolsas de couro branco.

“Mamãe, cadê o desfile?”, uma das menininhas perguntou, e o taxista, debruçado na janela, gritou: “Esqueça o desfile. O desfile acabou”.

A garota jogou a bolsa no chão, e as duas começaram a chorar, boquinhas se abrindo, lágrimas começando a escorrer pelas bochechas contorcidas enquanto nos afastamos e seguimos para a Penn Station.

Fiquei na fila, comprei uma passagem, embarquei em um trem. Antes de sair da estação, suas luzes se apagaram. Todos os viajantes do Dia de Ação de Graças ficaram em silêncio, Muzak preenchendo a escuridão. Devagar, o trem partiu para onde a luz do sol estava começando a expulsar a névoa. Do outro lado do corredor, um homem de cabelos brancos contava a seus dois netos, parecendo ter nove e doze anos, que durante muito tempo o pai deles trabalhou para a Western Union e teve passe livre na ferrovia, nunca teve de pagar. Os meninos reviraram os olhos, maus atores expressando tédio. O avô continuou falando, tentando fazê-los olhar a paisagem, viver a vida, ver, se importar, mas os moleques o ignoraram, pensando que viveriam para sempre. À minha direita, estavam duas garotas de minissaia, uma vestindo meia-calça preta, e a outra, vermelha. Na minha frente, uma negra beligerante de óculos de aros dourados exigia que uma pequena garota chinesa colocasse sua mala grande no bagageiro superior. Eu a levantei para ela e, quando chegamos a Great Neck, acompanhei-a até fora do trem, em parte porque eu nunca tinha carregado a mala de uma garota chinesa.

Em Great Neck, não consegui encontrar Wexler de imediato, mas, quando a multidão diminuiu, eu o vi, parecendo Edward G. Robinson de óculos escuros, bronzeado, barba branca aparada. “Ei, caa-ra”, disse ele em seu sotaque clássico de Washington Heights, “não conseguiu sair antes desses nova-iorquinos?”.

De onde eu venho, se você empurrar as pessoas, elas podem te matar, mas não mencionei isso. No Mercedes coupé branco de Wexler (um *baque* seguro de portas caras se fechando), dirigimos pelas ruas nevadas de Great Neck.

Conheci Wexler no dia seguinte à morte de Otis Redding, em 1967, menos de dois anos atrás, mas nos tornamos amigos quase instantaneamente. Se Wexler soubesse a loucura que eu traria para sua vida, poderia ter se afastado, mas duvido. No fundo, amávamos as mesmas coisas. Wexler publicou ficção quando jovem, estudou jornalismo na Kansas State, trabalhou para a *Billboard* (onde ele pode ter inventado o termo *rhythm & blues*) e era fã de bons livros. Antes de ser adolescente, eu havia memorizado discos da Atlantic que Wexler e os irmãos Ertegun, Ahmet e Nesuhi tinham feito com artistas como Ray Charles, Joe Turner, Ruth Brown, LaVern Baker, Chuck Willis, Ivory Joe Hunter, Clyde McPhatter and the Drifters, o Modern Jazz Quartet, Charles Mingus, Phineas Newborn. Entre sua geração de produtores norte-americanos – alguns dos quais, como os Erteguns e John Hammond, vindos de famílias com dinheiro –, Wexler era o único que tinha lavado janelas (assim como Sam e Judd Phillips tinham sido agentes funerários). *Blues from the Gutter*, álbum de Champion Jack Dupree produzido por Wexler, introduziu Brian Jones ao blues.

Wexler perguntou como estavam os negócios, e eu contei a ele, incluindo a história do contrato nos arbustos e as coisas que Gore disse na noite anterior. Mostrava interesse, mas estava preocupado. Ele e sua família iriam passar as férias de fim de ano em Miami, e sua filha mais velha, Anita, de dezenove anos, queria levar o namorado negro junto. Então Wexler pediu minha opinião como sulista profissional.

"Miami não é o Sul", eu disse, mas ele ainda estava inquieto. Era irônico, porque se alguém levou namorados negros para o coração das garotas brancas foi Wexler, com todos os grandes artistas negros que ele gravou.

A casa dos Wexler não era tão grande a ponto de você se perder nela, e a sala de estar tinha cadeiras macias e Magrittes nas paredes. Shirley, loura e bronzeada, trouxe Bloody Marys e pequenos sanduíches de presunto e queijo enquanto falávamos sobre coisas banais – embora a conversa de Wexler nunca fosse banal; à medida que ele falava, as carreiras cresciam e desmoronavam, os impérios aumentavam e diminuíam. A última vez que vi Wexler, ele tinha dito: "Os Stones me enviaram uma fita dessa música, 'Sympathy for the Devil'. Eles queriam que Aretha gravasse. Os únicos artistas da Atlantic que poderiam gravar aquela letra eram Sonny Bono e Burl Ives". Agora, quando mencionei que os Stones estavam procurando uma gravadora ou alguém para distribuir sua gravadora, ele confidenciou: "Eu adoraria tê-los, mas não quero lidar com Klein".

"Não acho que você teria. Eu não tenho. Ele não se envolveu em nada nesta turnê. Acho que eles estão se afastando dele."

"Conte a Shirley sobre seu livro. Ele não precisa da aprovação de ninguém, é fantástico." O relaxamento deu ao sotaque de Jerry alguma semelhança com o de Elmer Fudd, da Warner Brothers, fazendo o meu parecer o discurso de Jeeter Lester[72], de Erskine Caldwell. Wexler não deixou de lavar janelas para ser dono de iates e viver em lugares como East Hampton e Central Park West de mão beijada, e seu sotaque lhe dava um agradável toque de humanidade. Já o meu só me fazia parecer um caipira.

Eu estava perto demais da ação para compreender que maravilha era alguém poder manter uma posição tão indefinida e livre quanto a minha na presença de algo tão protegido e pecuniário quanto a principal banda de rock and roll do mundo. Eu nem sabia qual era a minha posição. Eu só queria ficar vivo e ver o que acontecia.

Wexler pediu a Shirley que ligasse para Ray Charles no Plaza. Charles havia deixado a Atlantic no final dos anos 1950, e agora Wexler tinha esperanças de contratá-lo novamente. A primeira era do rock and roll, o rhythm & blues, havia terminado após a investigação sobre negócios na indústria musical feita na Câmara dos Deputados dos EUA em 1960. A Atlantic estagnou no início dos anos 1960, até que foi revitalizada pelo influxo dos discos da Stax/Volt de Memphis. Mais recentemente, Wexler fez uma série de gravações com Aretha Franklin e músicos de Memphis e de Muscle Shoals. A Atlantic também havia gravado vários artistas em Memphis, mas após ter sido expulsa dos estúdios de lá – e agora lhe sendo negado até mesmo o privilégio de trazer músicos de Memphis para Nova York (por produtores de Memphis que se diziam cansados de serem roubados por oportunistas) –, eles passaram a usar um estúdio em Miami, equipando-o com Cold Grits, uma seção rítmica de Mobile. "Mas não podem editar", disse Wexler. "Eles nem ouvem os discos."

"Se você precisar de uma seção rítmica", eu sugeri, estúpido como sempre, pronto para resolver os problemas de outra pessoa na hora, "a melhor que eu conheço está em Memphis".

Wexler perguntou quem eram. Quando eu disse a ele – Charlie Freeman, Jim Dickinson e os Dixie Flyers –, se interessou. "Acha que eles trabalhariam para mim?"

72 Protagonista do romance *Tobbaco Road*, de Erskine Caldwel. (N.R.)

"Se eu fosse músico, isso é exatamente o que eu gostaria de fazer."

Wexler fez um movimento rápido com o Bloody Mary na mão esquerda, como se estivesse alisando um espaço na areia do deserto. "Você acha que se eu lhes desse uma porcentagem da produção e pagasse doze mil por ano mais um contrato de artista, eles se mudariam para Miami – nós pagaríamos por isso, é claro – e trabalhariam para mim?"

"Não faria mal perguntar."

Dei um telefonema para Dickinson, e alguns de nós sobreviveriam ao que isso causaria, mas um dos melhores de nós, Charlie Freeman, não. Dickinson ficou de falar com a banda, e Wexler, pegando o telefone, disse a Dickinson que conversariam sobre isso em Memphis ou Muscle Shoals. Nós nos despedimos, uma tempestade futura de música, drogas, dinheiro e angústia começava a nascer, enquanto o Dia de Ação de Graças continuava em Great Neck.

"Aqueles caras em Miami agora, eles não sabem nada sobre o que está acontecendo na música", se queixou Wexler. "Eles nunca tinham ouvido The Band até eu tocar para eles."

Pensando na The Band, o grupo de músicos reunido por Ronnie Hawkins, o Arkansas Flash, que havia sido roubado dele por Bob Dylan – e depois também deixou Dylan para seguir carreira própria –, Wexler relembrou a sessão que havia produzido há pouco tempo com Hawkins em Muscle Shoals. Hawkins chegou ao seco condado do Alabama em seu avião particular com sua caixa exclusiva de bebida e drogas e a Miss Toronto. "Trouxe minha maconha, minhas pílulas e minha boceta", disse. "Vamos trabalhar." Wexler tocou algumas das faixas enquanto conversávamos.

Os Wexlers testemunharam coisas do tipo que nunca mais seriam vistas, e eu queria muito ouvir sobre elas. Eles tinham ido ao Café Society Downtown quando eram jovens demais para poder comprar bebidas alcoólicas. Estavam lá na noite em que Tallulah Bankhead entrou e assistiu ao primeiro *set* de um show de Billie Holiday (Billie no centro das atenções, a gardênia branca em seu cabelo), e então as duas grandes senhoras entraram no camarim de Billie e não saíram para o segundo *set*.

Estávamos esperando a mãe de Wexler chegar para podermos jantar. Anita apareceu com o namorado Jimmy, ficou um pouco e foi embora. O filho dos Wexler, Paul, estava em algum tipo de faculdade experimental na Califórnia, na qual Norman Mailer fazia parte do conselho de administração. Finalmente a mãe de Wexler chegou, uma pequena senhora em forma de avó com cabelos escuros. Tinha acabado de ver um osteopata que lhe fez um ajuste. "Mas não posso contar que tipo de ajuste."

"Claro que pode", incentivou Wexler.

"Um ajuste coccígeo. E sem mais dores nas costas."

Wexler sentou-a e deu-lhe um copo de xerez. Ela havia tomado um táxi da estação de trem, pois o motorista da limusine de Wexler estava doente. Shirley ligou para o motorista para checar se ele poderia nos levar, eu e a sra. Wexler, para o trem mais tarde. A esposa do homem avisou que ele ainda estava doente. "Se ele está doente, ele está doente", disse Shirley com a linguagem ambígua de Long Island.

"Vou fazer com que ninguém perca o trem", tranquilizou Wexler.

Lisa, a filha mais nova dos Wexler, quinze anos, juntou-se a nós. De cabelos escuros, com maçãs do rosto bem torneadas, ela lançava olhares recatados, mas intensos, de olhos escuros de cílios longos. "Prefiro não andar na limusine", disse.

"Lisa odeia a limusine", contou Wexler. "Ela faz o motorista deixá-la a um quarteirão da escola."

Lisa deu uma tremida, elegante e felina.

Quando chegou a hora do jantar, fiquei na sala de estar para ligar para Jaymes. "Quero que garanta, seu maldito, que eu possa entrar – coloque meu nome na lista de passes para os bastidores. Não quero ficar do lado de fora na porra da neve."

"Você pegou seu *botton*? Não precisa se preocupar."

Comemos ganso, brócolis e batatas e bebemos um bom vinho tinto enquanto Ronnie Hawkins cantava "Down in the Alley" e outras boas músicas. Wexler falou sobre o quanto ele gostava de gravar com músicos do Sul. "Sempre quis que meus filhos crescessem no Sul", disse ele.

"Meu Deus, para quê?", sua mãe perguntou. Apesar de sua idade, ela era, Wexler me contou, bastante ativa na esquerda política – sempre distribuindo folhetos em shopping centers, esse tipo de coisa. Ela costumava ligar para Wexler e avisá-lo para onde estava indo, de modo que ele pudesse pagar a fiança se ela fosse presa.

"Porque as boas pessoas do Sul entendem a irmandade melhor do que qualquer outra pessoa neste país", respondeu Wexler. Mas sua mãe parecia cética, sabendo como seu filho, o produtor milionário, estava errado.

Logo após o jantar, a mãe de Wexler e eu nos despedimos de Shirley e das crianças, e Wexler nos levou até a estação. Ele e eu combinamos de nos encontrar no show dos Stones na noite seguinte.

No trem, ouvi como Wexler fazia sua mãe sofrer. Mais uma vez – ou ainda – um pouco bêbado, eu dizia à sra. Wexler que o filho dela era um grande homem na história da música norte-americana, e ela questionou: "Você realmente acha isso?".

"Não é o que eu penso, é o que é. Você não viu todas as entrevistas?".

"Não sei", disse ela. "Eu estava muito preocupada com Gerald quando ele era mais jovem. Ele queria ser jornalista, e eu queria que ele fosse – mandei-o para a faculdade de jornalismo no Centro-Oeste..." Ela me revelou que Wexler não se dedicou muito na faculdade, e ela finalmente teve de ir para o Kansas e libertá-lo das garras das *shiksas* em que se encontrava, trazendo-o de volta a Nova York, onde ela o trancou em seu quarto para escrever. "Mas ele começou a brincar com música, e acho que ele se saiu bem nisso." Uma mulher preocupada, como todas as boas mães.

Na Penn Station, levei a sra. Wexler em segurança para um táxi e caminhei até a porta dos fundos do Garden. As luzes da rua brilhavam nas pilhas de neve suja nas sarjetas e nas calçadas. Do lado de fora da porta, meninos e meninas de cabelos compridos e casacos quentes se amontoavam em torno de uma cadeira dobrável onde estava sentado um policial irlandês de cabelos brancos e bochechas coradas. Mostrei-lhe meu distintivo de bandeira, e isso não significou nada para ele; bem como esperava, eu era um tolo de pé no frio com um *botton* DEUS ABENÇOE A AMÉRICA.

Pedi ao policial que verificasse meu nome na lista de convidados. Ele entrou e voltou para me dizer que ninguém sabia nada sobre lista nenhuma. Ele foi educado e imperturbável e, apesar de frustrado, tive de admirar sua calma.

Naquela crista de sentimentos contraditórios, a porta se abriu e Jon Jaymes me chamou para dentro. Desci o corredor até o camarim dos Stones, onde, por um momento, fiquei sozinho com as paredes de blocos de concreto e bancos duros. Ouvi vozes, e os Stones entraram com Jimi Hendrix, seguidos pelos irmãos Maysles, fita e filme rodando.

Jagger tirou a camisa e deu uma volta; Albert o seguiu, filmando. Mick Taylor e eu nos sentamos em um banco com Hendrix, que parecia desanimado, mas foi agradável. Contei a ele que tinha visto Little Richard, e ele disse, sorrindo como se isso o animasse, que uma vez, quando estava com Richard, ele e o baixista compraram camisas de babados para usar no palco. Mas Richard os obrigou a trocar: “Eu sou a beleza! Ninguém usa babados a não ser Richard!”.

Mick Taylor entregou sua guitarra para Hendrix e pediu para ele tocar. “Oh, não posso”, ele recusou. “Teria de mudar as cordas.” Hendrix era canhoto, mas acabou indo em frente e tocou a guitarra de cabeça para baixo, mago que era.

Enquanto Hendrix tocava, fui para o banheiro, onde Jagger estava colocando rímel em seus cílios. Hendrix tentou tirar Marianne Faithfull de Mick, que não estava disposto a ficar parado e ouvi-lo tocar, de cabeça para baixo ou de lado. Contei a ele sobre minha tarde com Wexler. Ele parecia distraído, imaginei, porque estava prestes a subir ao palco. Eu não sabia que, ao longe, uma garota negra estava lhe dizendo que ia ter seu bebê, e uma garota loura (que há duas semanas ameaçava participar da turnê) estava se despedindo dele. De volta ao Plaza em poucas horas, Jo escrevia em seu caderno: “Tentei falar Mick imposs – concerto fantástico – Mick melhor, mas deve manter a mente nas coisas necessárias”. Ele ouviu educadamente, ou pareceu ouvir, até eu terminar de falar sobre a Atlantic e os Magrittes; então, com os Stones se trocando para entrar no palco, saí para ver o show.

No corredor, vi outro dos fantasmas do ano seguinte, Janis Joplin, indo para o camarim dos Stones. Como eu andei ouvindo que algo que eu tinha escrito sobre ela a deixou com raiva, preferi evitá-la. No dia seguinte, quando entrei no Garden para o show da tarde, Bill Belmont me contou que Janis, sendo parada na porta da banda – porque, como ninguém teve a chance de dizer a ela, eles estavam quase nus –, enfiou a cabeça e fez uma saudação com o dedo médio para o que deve ter sido um grupo surpreso de Rolling Stones. Acho que estava bêbada, não é um estado incomum para ela. Mais tarde naquela noite, quando Jagger, no palco, cantou "Don't you want to live with me?"[73], Janis gritava: "Você não tem coragem!".

Fazia frio no Garden, sob os arcos altos e os espinhos gigantes de cogumelos. Terry Reid e B. B. King já haviam tocado. Tina Turner estava agora no palco cantando a música de Otis Redding, "I've Been Loving You Too Long", sua beleza vermelha e elegante brilhando em um vestido preto, costas curvadas, pernas arqueadas, um braço estendido, testemunhando o que ela tinha feito por anos para bêbados em *juke joints*[74] e salões de beleza. Ike permanecia parado longe dos holofotes, pequeno, preto e desagradável, olhos brilhando sob seu corte estilo Beatle, tocando acordes como se estivesse com raiva. Nesta tarde, Wexler, que frequentemente via os Turners quando estavam em Nova York, comentou: "Ele realmente está sentindo o temor de Deus". Ao observá-los, você não conseguia deixar de se perguntar se a Mãe Natureza era casada com o Diabo.

Tina cantou "Respect" e "Come Together", olhos desbotados sob os holofotes, suas pupilas nadando em fendas brancas. Quando a banda se preparou para "Land of 1000 Dances", Janis Joplin surgiu no fundo do palco, caminhando alegre, e Tina a chamou para a frente. Janis parecia completamente feliz pela primeira vez em sua vida; estava claro que ela adoraria bisbilhotar a virilha de Tina a noite toda. Elas cantaram juntas "Roll over on your back – y'know I like it like that"[75], a guitarra de Ike chicoteando-as, e Janis tirou seu pequeno gorro de crochê e o jogou no ar.

Depois que Tina e Janis terminaram, houve um atraso durante o qual o público pôde reviver o que tinham visto enquanto o equipamento de gra-

73 "Não quer viver comigo?" (N.T.)

74 Pequenos estabelecimentos informais com música, dança, jogos e bebidas, comuns no Sul dos Estados Unidos e frequentados principalmente por afro-americanos. Alguns historiadores afirmam que o blues nasceu nos *juke joints*. (N.T.)

75 "Vire de costas – você sabe que gosto assim." (N.T.)

vação era preparado para os Stones. "Como poderiam tocar depois disso", eu me perguntava, como em quase todos os shows. Após assistir a Tina em Oakland, Mick disse que não era mais arrogante; mas ele ainda a seguia. Fui aos bastidores, e Mick estava vagando entre garrafas de Coca-Cola e cadeiras dobráveis, parecendo meio perdido e desamparado. Os outros mantiveram distância. Ele estava prestes a ser consumido, e houve um silêncio reverente entre eles. Com seus mocassins de contas azuis e calças pretas com botões prateados nas pernas (só aqui atrás dava para ver que eles não eram prateados, apenas brilhavam sob os holofotes), camiseta preta ajustada, seu cachecol arrastando, cabelos soltos, queixo caído sobre uma gargantilha de ouro com medalhões, chapéu do Tio Sam na mão, Mick não parecia entediado, mas tampouco estava à vontade, fazendo pequenos sons baixinho, como se dissesse "que coisa idiota é esta?" enquanto esperava.

À medida que o tempo passava e nada acontecia, saí novamente para a escuridão enfumaçada. Ninguém parecia se importar com a espera. "Nada é bom sem um pouco de graxa", Tina (a ex-Annie Mae Bullock, de Brownsville, Tennessee) havia dito, e ela e Janis deixaram o público lubrificado e satisfeito. Havia guardas, mas não usavam togas, e os poucos policiais não pareciam dispostos a arruinar um bom momento. A atmosfera era, se não relaxada, pelo menos segura – talvez porque estivéssemos em uma ilha numa lata gigantesca de concreto e metal, e não éramos nenhuma ameaça aparente para ninguém.

Stu, atravessando o palco para checar um microfone, vestido com seu *smoking* amarelo-claro com lapelas de cetim brilhante, provocou uma onda de aplausos, aos quais respondeu com um sinal de V – muito satírico, Stu. No palco deserto, vinda do silêncio, uma voz com sotaque *cockney* desencarnada ecoou: "Todo mundo parece estar pronto, vocês estão prontos?".

"*Siiiim*", a multidão respondeu com o rugido de um deslizamento de neve, "*Siiiim*".

"Pela primeira vez em três anos", anunciou Sam Cutler, cada vez mais alto, "a maior banda de rock and roll do mundo, os Rolling Stones!".

A grande mancha amarelo-azulada-branca iluminou Jagger quando ele entrou no palco, girando sob seu chapéu do Tio Sam, sem sorrir, o olhar fixo no destino. Em uma onda de silêncio, sem fôlego, os Stones vieram. Charlie se acomodando na bateria e os outros, rápidos e práticos, conectando suas guitarras nos amplificadores, girando os *dials*, ajustando os níveis. Então Keith tocou os acordes de abertura de "Jumpin' Jack Flash" e Mick começou a uivar sobre ter nascido em um furacão de fogo cruzado, fazendo todos os jovens se levantarem e gritarem. Glyn Johns me parou no corredor do Plaza no dia seguinte para contar que ele estava num caminhão de som nos bastidores, e o veículo começou a pular nas molas. "Então eu saí para ver quem estava sacudindo – pensei que poderia haver alguns jovens em cima –, mas não tinha ninguém lá, o caminhão estava apenas captando as vibrações da casa, todo o maldito edifício estava tremendo."

Quando "Jack Flash" terminou, Mick, abotoando as calças, confessou como forma de saudação: "Acho que estourei um botão nas minhas calças, espero que não caiam. Não querem que minhas calças caiam, não é?".

"*Siiiim*", a multidão respondeu, enquanto Keith começava "Carol", de pé ao lado de Mick no centro das atenções, cercado por um halo brilhante de strass em sua camisa Nudie.

"Estamos fazendo nossa própria declaração", Brian havia dito em uma das entrevistas que o escritório de publicidade organizou para evitar que ele se sentisse excluído. "Outros estão fazendo coisas mais intelectuais."

Que mensagem você receberia se tivesse quinze anos, de pé em uma nuvem de fumaça de maconha dentro de um salão cavernoso lotado, o rosto refletindo as luzes vermelhas, azuis e amarelas, vendo Charlie tocar a bateria o mais forte que podia; Bill deslizar suas pequenas mãos sobre o pescoço magro de seu baixo ereto azul-claro, causando um som como um trovão estrondoso; o pequeno Mick Taylor com os olhos arregalados como se estivesse ouvindo os fracos tremores premonitórios de um terremoto; Keith inclinado sobre sua guitarra como uma ave de rapina; e Jagger mergulhando e deslizando como um vampiro *banshee*[76] maricas, todos eles elevados e iluminados, grandes e barulhentos? Alguns anos depois, um jornalista da *New*

76 Ente fantástico da mitologia celta, supostamente um ser maligno. (N.R.)

Yorker observaria: “Os Stones apresentam uma performance teatral-musical que não tem igual em nossa cultura. Milhares e milhares de pessoas entram em uma sala e concentram a energia em um ponto, então algo acontece. A musicalidade do grupo é de alto nível, mas ouvir Mick Jagger não é como ouvir Jascha Heifetz[77]. Mick Jagger conecta mais circuitos do que Jascha Heifetz. Ele está lidando com uma experiência sensual total e indefinida do tipo mais extasiante”.

Na época que foi composta, Mick costumava cantar “Midnight Rambler” com cartola cor-de-rosa e fraque; depois de Altamont, os Stones, por razões de autopreservação, se voltariam para a comédia. Mas, em 1969, poucas pessoas no Madison Square Garden no Dia de Ação de Graças pensavam que aquilo que os Stones estavam fazendo era um show.

Os Stones chegaram aos Estados Unidos pela primeira vez em 1964, menos de seis anos antes. Tinham feito cinco turnês no país em três anos, depois ficaram parados por quase outros três. Desde então, eles se tornaram ídolos mundialmente famosos, bandidos, lendas, relíquias – e um deles era agora um cadáver. Tiveram mais do que sorte de encontrar um guitarrista que era dócil e tocava, embora não como Brian, uma excelente *slide guitar*. Um problema que eles enfrentaram ao se preparar para a turnê foi escolher músicas que Keith e Mick Taylor pudessem tocar juntos. Daí “Carol” e “Little Queenie”, as especialidades de Chuck Berry que Keith adorava, e daí a dificuldade que Jagger mencionou de “tocar as coisas antigas”. As coisas antigas apresentavam, como Stu resumiu, “dois guitarristas que eram como a mão direita e a esquerda de alguém”.

As pessoas dentro do Madison Square Garden neste Dia de Ação de Graças tinham, em sua maioria, vivido uma época de guerra fria, guerra quente, distúrbios raciais, estudantis e policiais, assassinatos, estupros, crimes, julgamentos, pesadelos acordados. Mas Keith, Mick, Charlie, Bill e o novo guitarrista estavam representando os Rolling Stones, e aquelas pessoas estavam representando o público deles – os dois, naquele momento, um grande sucesso.

77 Um dos maiores virtuosos da história do violino. (N.R.)

Dançar naquelas circunstâncias ("Oh, Carol! Don't ever steal your heart away, I'm gonna learn to dance if it takes me all night and day!"[78]) parecia ter um valor transcendente. Muita gente pensou então que a dança e a música poderiam ter um papel importante na mudança da estrutura da sociedade. Podem ter sido ingênuos, mas eram muito mais interessantes do que as pessoas sensatas que apareceram depois. Os Stones fariam uma turnê pelos Estados Unidos a cada três anos por muito tempo, e o valor da dança nunca seria menos do que transcendente. Mas em Woodstock, apenas alguns meses antes e a alguns quilômetros de distância, a música parecia ter criado uma comunidade real. Havia – nessa época, para muitos membros dessa geração – uma sensação de poder, de possibilidade, que depois de Altamont não voltaria.

Quando "Sympathy for the Devil" começou, deixando claro que ninguém ia se sentar, dei a volta e subi as escadas até o palco. Hendrix estava sentado atrás de um dos amplificadores de Keith. Richards era uma figura distorcida, torturando as cordas de sua guitarra sob o holofote vermelho, seu solo empolgante novamente salvando a música, como fez no disco. A letra era pesada, escrita por um homem que havia pensado um pouco sobre a natureza do mal.

So if you meet me
have some courtesy
have some sympathy
and some taste
Use all your well-learned *politesse*
or I'll lay your soul to waste[79]

Enquanto Keith tocava, Mick tomou longos goles de uma garrafa de Jack Daniel's e uma lata de cerveja Stauffer's. Três metros à frente do palco,

78 "Oh, Carol! Não deixe que ele roube seu coração, vou aprender a dançar mesmo que leve a noite e o dia todo!" (N.T.)

79 Então, se você me encontrar/ Tenha bons modos/ Mostre um pouco de simpatia/ e bom gosto/ Use toda a *politesse* que aprendeu/ Ou vou acabar com você. (N.T.)

Jon Jaymes e Gary Stark tentavam conter a multidão, entre eles um garoto alto, cabelo elétrico, gravata-borboleta, mascando chiclete com a boca bem aberta. Alguns metros atrás, Pete Bennett rondava, charuto na mandíbula, sorrindo, ninguém se aproximando dele.

Como lançaram três álbuns de material novo naqueles três anos, os Stones tiveram para esta turnê muitas músicas nunca apresentadas em público. Não havia nada no show de *Their Satanic Majesties Request*, um álbum feito, como disse Jagger, "sob a influência da fiança". Era futurista, introspectivo e, porque Brian estava devastado com os acontecimentos de sua vida, carente de interação de guitarra. Quando os Stones gravaram o disco seguinte, *Beggar's Banquet*, Keith tinha aprendido a tocar *slide guitar*. A banda parou de depender de Brian para qualquer coisa; se Keith conseguisse tocar *slide guitar* e ritmo ao mesmo tempo no palco, nunca precisariam de outro guitarrista. O show atual consistia em quatro músicas de *Banquet*, quatro de *Let It Bleed*, duas de Chuck Berry, duas canções antigas dos Stones que apresentavam a guitarra de Keith, os três últimos singles e "Satisfaction". Como Stu teorizou: "Se Brian Jones, Bill Wyman, Charlie Watts e eu nunca tivéssemos existido na face da Terra, Mick e Keith ainda teriam um grupo que se pareceria e soaria como os Rolling Stones".

"Sympathy" terminou com os corredores lotados, o ar cheio de aplausos estridentes. À medida que os Stones passaram de desajustados sociais a majestades satânicas, as garotas tontas que nunca tiveram uma boa educação se tornaram gatas de rua. "Aposto que sua mãe não sabe que você consegue morder assim." Jagger tirou a gargantilha preta pendurada com moedas de ouro, jogando-a para trás, inclinando-se na frente do palco, balançando a bunda para a plateia, seu cachecol vermelho girando.

Aprender a tocar *slide* levou Keith, e também os Stones, a mergulhar no blues country. Mick cantou as linhas de abertura de "Love in Vain" em um ponto azul, e quando a *slide* de Mick Taylor respondeu, os Stones foram pegos por sete pontos azuis, dois em Mick e Keith. As duas músicas seguintes, "Prodigal Son" e "You Got to Move", foram muito íntimas ("É uma punheta") para ensaiar. Keith e Mick tocaram sozinhos, empoleirados em banquinhos, enquanto a plateia do rock and roll ouvia atenta, ninguém sentado, as canções de velhos negros pobres demais para terem vidro nas janelas.

You may be high
You may be low
You may be rich
You may be po'
But when the Lord gets ready
You got to move[80]

Quando a última nota da National de Keith ressoou no silêncio, Wyman começou a bater pesadas notas de baixo para "Under My Thumb". Muitas das primeiras canções de Jagger/Richards (exceto aquelas sobre a mãe de Mick) eram sobre garotas que eles conheceram em bailes de debutantes. Mick parecia não gostar mais disso, mas Keith curtia a sua parte de guitarra e não tinha de cantar a letra.

Under my thumb's a squirming dog who's just had her day
Under my thumb's a girl who has just changed her ways
...It's down to me, the change has come, she's under my thumb[81]

Vinda com um estrondo após o momento gospel, a música parecia atrair o público em direção ao palco por levitação. Jon e Gary foram empurrados para trás, enquanto Pete, incrivelmente, ainda andava na frente, brincando com as garotas no corredor. Sem pausa, os Stones começaram a tocar "I'm Free". Antes de o primeiro refrão terminar, Jon e Gary tinham sido puxados para o palco, Ronnie correu para os bastidores com a multidão em seus calcanhares, e até Pete saiu do caminho.

80 Você pode ser alto/ Você pode ser baixo/ Você pode ser rico/ Você pode ser pobre/ Mas quando o Senhor está pronto/ Você precisa se mover. (N.T.)

81 Sob meu controle a cadela sofredora que já teve seu momento/ Sob meu controle, uma garota que acabou de mudar sua cabeça/ ...está em mim, a mudança chegou, ela está sob meu controle. (N.T.)

Os críticos de Nova York julgariam este concerto um fracasso, não em relação à performance musical, mas enquanto motim. "A maior surpresa no Garden ontem à noite", escreveu o repórter do *Post*, "foi que os Stones nos deram um bom show, nem mais nem menos. Será que Mick Jagger realmente achava que seria preso por incitar um tumulto em um salão construído para suportar fumaça de charuto e o eco dos anúncios de luta?".

Se Mick esperava prisões e confusão, ele não disse nada sobre isso; e se um velho e bom tumulto fosse tudo o que alguém quisesse, as coisas teriam sido mais simples. Mas a última turnê norte-americana dos Stones iniciou-se com um rebuliço na Costa Leste, e havia elementos sádicos mais do que suficientes flutuando para confundir os jornalistas rechonchudos. Cerca de dezesseis mil pessoas ouviram Mick cantar

We all free
if we want to be
You know we all free

e a música terminou com uma onda de energia que parecia forte demais para ficar contida no Garden. Os Stones e seu público seguiam impulsos honestos em direção a um deserto onde não há leis, em direção à besta áspera que não conhece nenhum direito gentil, nem obedece a nada a não ser seu apetite imundo.

As luzes se apagaram, ouvimos um rufar de tambores e sons suaves, quase choramingando, de gaita. Três pontos, branco-vermelho-branco, riscavam a escuridão da arena até onde Mick, agachado no tapete roxo, perguntava: "Did you hear about the Midnight Rambler?". Ele fez você sentir toda a loucura e o terror ao expurgar os demônios. A música era a alma da implacabilidade: *Everybody got to go.*

"Quando, de repente, a polícia entra, é muito perturbador, e você começa a se perguntar quanta liberdade realmente tem", declarou Mick enquanto aguardava seu primeiro julgamento. Ele falava de liberdade, os jornais falavam de tumultos. Quem estava mais certo? Fique atento e ouça a triste história. Mas é liberdade que quer um homem que canta

I'm called the hit-and-run rape her in anger
The knife-sharpened tippytoe[82]

girando, as mãos no alto das costas, costelas e lábios para fora, depois ajoelhando-se, balançando seu cinto cravejado de metal como um chicote. O que ele poderia querer – e o que eles poderiam querer, aqueles que gritam em êxtase com sua música? E o que eu queria, observando-os, tomando notas? Independentemente do que quiséssemos, não era o que teríamos.

Luzes alaranjadas quentes queimavam o ar. Mick, ele novamente, apenas brincando, dizia: "Obrigado, agora vamos tocar uma que faz a pergunta: 'Você gostaria de morar comigo?'". Ao que Janis Joplin, nos bastidores à esquerda, gritou sua resposta rude. Na frente do palco, uma loura de colete dourado, uma ruiva de camiseta rosa e suspensórios e uma morena de lenço cigano olhavam, maravilhadas. Keith balançava a cabeça, perdido na música. Tony agachado ao lado do piano, alerta para arrebatar Mick do maremoto de corpos. "Gostaríamos de ver vocês", disse Mick, e as luzes da casa se acenderam quando "Little Queenie" começou. Um garoto ao lado do palco, com as mãos no ar, se entregava a um *air drumming* emocionado. Jagger esmerilhava seus quadris, fazendo contato visual com uma garota de anágua dançando diante do palco, sua boca aberta em um grande sorriso orgástico. Hendrix sorria, como se dissesse para si mesmo: "É isso, a verdadeira sopa do rock and roll". Eu não conseguia ver ninguém que não estivesse sorrindo. Keith, de olhos fechados, controlava com acenos e balanços o ritmo de todo o edifício – o ritmo de Charlie e, através dele, o de Bill, o do pequeno Mick, o de Jagger e todo o caminho até os fundos do Garden.

Quando "Satisfaction" começou, Mick sentou-se segurando um microfone de mão, um dedo balançando acima da cabeça. A plateia então passou a cair no palco. Duas garotas e um garoto subiam a bordo ao mesmo tempo, enquanto Sam, Tony e um dos homens de Jaymes corriam para pegá-los e

82 Na verdade, este trecho de "Midnight Rambler" diz: "I'm called the hit-and-run raper in anger/ The knife-sharpened tippy-toe" ("Sou chamado de estuprador raivoso/ Que ataca e foge com a faca afiada andando nas pontas dos pés"). (N.T.)

colocá-los suavemente no chão de novo. As mulheres soltas na multidão ajudaram nas notas altas de "Honky Tonk Women", como Mick pediu. E no final de "Street Fighting Man", com Keith aumentando o volume e o lugar inteiro enlouquecendo, comecei mais uma vez a ouvir acima de tudo um som alto de canto, como o Angel Choir, tocando nas colunas de metal esfumaçadas do Madison Square, um barulho que muito mais tarde, enquanto eu esperava ser preso, ainda podia ouvir sobre os sons de todo o resto. Na frente, um homem segurava um bebê (atordoado, ao que parecia) para dar uma olhada. A plateia estava ondulando como uma criatura gigante.

Grandes jarras vermelhas de Kool-Aid temperado com ácido eram passadas pelo palco e de volta à multidão. Os amplificadores emitiam calor e o cheiro de rádios antiquados. Keith descansou sua guitarra na coxa, rasgando-a para cima e para baixo como um pistoleiro sacando cada vez mais rápido, mais e mais. Mick, na beirada do palco, à direita, começou a se mover para trás como se fosse um filme reverso, jogando pétalas de rosas vermelhas por cima da multidão, suspensas por um momento, enquanto os Stones se desconectavam e corriam, e então começando lentamente a cair, flutuando em meio ao uivo alto e retumbante.

Saímos do Garden, parando para buzinar diante de um cavalete de madeira que alguém havia deixado na frente da saída. Um adolescente correu conosco, tão rápido que aguentou por três ou quatro quarteirões. Alguns garotos e garotas nos seguiram em carros, não muitos, mas dirigimos como se tivéssemos acabado de roubar a diligência de Deadwood[83] e, quicando, arrancamos nosso amortecedor, então soamos terríveis, correndo pela cidade em uma limusine cheia de guarda-costas, todos musculosos, amando cada segundo.

No hotel, nos reunimos na suíte de Keith. Wyman foi embora com Astrid, e Mick foi a uma festa na casa de Jimi Hendrix, de onde fugiria com a dona do lugar e a levaria ao Plaza por alguns dias para consolá-lo em seus problemas amorosos. (O nome dela era Devon Wilson; a companheira

83 Referência à música "The Deadwood Stage", do filme *Ardida como Pimenta*. (N.T.)

feminina mais próxima de Hendrix, que tinha fama de ter apetite por todos os tipos de drogas e sexo. Ela morreria alguns anos depois, devido a uma queda inexplicável de uma janela do Chelsea Hotel.) No Plaza, eu tinha uma pilha de mensagens de Cynthia, mas Keith, Charlie, o pequeno Mick, Sam e eu fomos ao Slug's, um clube de jazz no East Village que a *The New Yorker* chamava de "um tipo de lugar *fabuvilhoso*, em um bairro um tanto *vormal*".

No caminho para o centro, mencionei que Michael Lydon havia me contado que B. B. King saiu sozinho e se embebedou na Filadélfia só porque achava que tinha feito um show ruim.

"É bom que ele ainda fique tão chateado", disse Keith. "Você tem que ser capaz de fazer isso todas as noites, e não é fácil. Especialmente se não tocou em três anos."

Depois de dirigir por vários quarteirões errados, encontramos o Slug's. O bairro estava escuro, mas o lugar estava lotado e barulhento com os sons da Tony Williams Lifetime – Williams na bateria, John McLaughlin na guitarra e um organista branco. "Há alguém que possa nos arranjar uma mesa?", perguntou Keith. Eu me aproximei do bar e disse para o *barman* negro de pele clara e estilo protagonista: "Os Rolling Stones estão aqui, você poderia pedir uma mesa para eles..."

"Cara", ele respondeu, pegando uma cerveja, "nós não..."

"Atendem os Rolling Stones?"

"Isso mesmo", ele falou – tão descolado e distante que fiquei encantado –, acrescentando, com um encolher de ombros, que "pode servir para algo na cidade toda aquela popularidade, gritaria e dinheiro, mas aqui embaixo a única coisa que conta é a musicalidade, meu velho".

"Se continuar tão certinho assim, vai para o céu", eu falei, e sem olhar para cima, ainda bebendo cerveja, ele sorriu.

"Você vende bebidas para eles?", perguntei.

"Claro, cara", assentiu. Fiz um pedido, e ele disse que enviaria para a nossa mesa, deveria haver algum espaço na frente e, com certeza, algumas mesas pequenas. O Lifetime estava começando outra música, ou o que quer que fosse que eles tocavam por meia hora ininterrupta: às vezes melodias, às vezes ruídos. Williams suava, fazendo efeitos sonoros – colocando um microfone dentro de seu prato de chimbal e puxando-o quando fechava com um golpe estranho! Acordes perdidos se extraviavam do órgão. McLaughlin também tocava ruídos esquisitos na guitarra. A música tinha pouco apelo emocional, mas era tocada com energia e entusiasmo, prendendo sua atenção apenas porque mudava completamente a cada dois minutos. Em um ponto, Williams tocou um padrão bopshoo*bop*! bopshoo-*bop*! boogaloo, e Charlie disse: "É a única coisa que ele tocou a noite toda que eu toco, na verdade".

Finalmente já estava amanhecendo, e o motorista, que tinha vindo ouvir um pouco do show conosco, saiu e trouxe o carro, nos levando ao hotel. "Eu nunca tocaria algo assim", ressaltou Keith enquanto estávamos indo embora, "mas é bom ir ouvir".

No Plaza, Keith e eu demos boa-noite a Charlie, ao pequeno Mick e a Sam, seguindo para o quarto de Jon Jaymes, pois Keith não tinha a chave, sua calça era sem bolso. Jon veio até a porta em sua cueca boxer branca, cabelo e rosto desgrenhados. Keith pediu a ele para chamar alguém do hotel enquanto eu entrava e mijava em seu... não, não em seu chapéu... em seu vaso sanitário, balançando um pouco, bêbado e cansado demais, sem conseguir dormir direito desde não sabia quando. Saímos do quarto de Jon e descemos para nos sentarmos no tapete do corredor do lado de fora do quarto de Keith. Em um minuto ou dois, veio um mensageiro italiano com ar preocupado. Ele nos deixou entrar, e eu o subornei, porque Keith não tinha dinheiro, para ir a algum lugar na noite de Nova York – o serviço de quarto estava suspenso naquela hora – e nos trazer um cheeseburguer, um hambúrguer, duas Cocas e um bule de chá.

"Eu tenho algo aqui que pode te interessar", falou Keith quando o mensageiro saiu. Entrando no quarto, sentando-se na cama, ele abriu uma gaveta da mesinha de cabeceira e tirou duas cápsulas cheias de pó branco.

"Não, eu não."

"Hã?", Keith disse, olhando para cima. "Eu já vi você usar cocaína." Então notou que eu estava brincando e abriu as tampas em duas pilhas numa bandeja.

"Isto é heroína", alertou Keith. "Eu não uso com muita frequência, só tomo quando consigo – mantenha por perto, isso pode te prender." Ele dividiu cada pilha em duas e cheirou duas, usando o bambu dourado que guardava numa corrente de ouro no pescoço, depois me entregou a bandeja e o bambu, indo para a sala. Eu inalei os outros dois montes de pó amargo e o segui. Keith estava em um canto enfiando uma fita em seu gravador velho e cinza, parecido com algo que John Garfield usaria para chamar Dane Clark em um filme de selva da Segunda Guerra Mundial.

"Tenho algo que quero que você ouça", disse ele. "Memphis Minnie – e umas outras coisas." A fita começou, indecifrável. "Ah, não está funcionando direito." Keith remexeu o gravador, que chacoalhou como se estivesse prestes a desmoronar. Após algumas sacudidas, estava funcionando bem, tocando uma fita de blues dos anos 1920 e 1930 – Minnie Douglas, Curley Weaver, Butterbeans e Susie. Comecei meu discurso muito ensaiado sobre como os velhos *bluesmen* haviam sido roubados.

"Esta é uma ótima música", destacou Keith.

"You can go to college, you can go to school", cantava Washington Phillips, "but if you ain't got Jesus you's an educated fool..."[84]

O mensageiro chegou com nossa comida, mas eu estava tão relaxado e vagamente nauseado com a heroína que só dei uma mordida no meu hambúrguer e o larguei. Keith também não comeu. Lucille Bogan cantou "Shave 'Em Dry", que começa assim: "I got nipples on my titties big as the end of yo' thumb, I got somethin' 'tween my legs can make a dead man come..."[85] e vai piorando a partir daí. Nós conversamos sobre os jovens que vinham aos shows noite após noite, imaginando como eles realmente se sentiam, um mistério para todos nós. Pensei em Mick no palco, acenando para a multidão com uma mão em um sinal de V, a outra fazendo um punho cerrado. "Acho que eles não entendem o que estamos tentando fazer", falou Keith, "ou o que Mick está falando, como em 'Street Fighting Man'. Não estamos dizendo que queremos estar nas ruas, somos uma banda de rock and roll, todo o

84 "Você pode ir para a faculdade, pode ir para a escola/ mas se não tiver Jesus, é um tolo educado..." (N.T.)

85 "Tenho mamilos nos meus peitos grandes como a ponta do seu dedão/ Tenho algo entre minhas pernas que pode fazer um morto gozar..." (N.T.)

contrário. Aqueles garotos nas coletivas de imprensa querem que façamos as coisas deles, não as nossas. Era da política que estávamos tentando fugir em primeiro lugar".

A fita terminou e girou na máquina até que parou. Lá fora, amanhecia, a luz rosa-ouro filtrando-se pelas longas janelas do Plaza. Nós dois estávamos exaustos, fechando os olhos. "Acho que vou desmaiar, cara", rendeu-se Keith.

"Eu também, se eu conseguir chegar até a cama." Agradeci a Keith, subi para o meu quarto, despi-me olhando para o Central Park na neblina da manhã, deitei-me na cama, com a intenção de fazer algumas anotações, e adormeci com meu caderno no peito, boa-noite.

26

E quando as cortinas se abrem, e você vê uma massa de braços balançando, isso mexe com você. Lá no fundo. Há um balanço e um rugido. Gritos? Ouvi alguns grupos dizerem que não gostam deles. Bem, tudo bem para eles. Mas nós gostamos dos gritos. É tudo parte disso, todo o processo, entende? Aquela coisa de mão dupla de novo. Às vezes essa atmosfera fica bem comprimida. Parece que pode quebrar.

Brian Jones

EM MEADOS DE JUNHO DE 1967, Brian Jones e Andrew Oldham – ambos à deriva e sendo empurrados para fora do círculo dos Stones – estavam na Califórnia, no Monterey Pop Festival, ouvindo a música de Otis Redding e Jimi Hendrix, que era muito melhor do que qualquer coisa que os Stones tinham conseguido produzir. Brian, vestido com camadas de veludo e renda do Chelsea Antique Market e entorpecido por drogas, parece borrado, quase transparente, nos filmes do festival. "Dying all the time, lose your dreams and you will lose your mind"[86], Mick tinha cantado em "Ruby Tuesday", lado B do último single, na qual Brian tocou uma flauta etérea, para não dizer assombrosa. A última coisa, lembrou Stu, que Brian fez pelos Stones.

Em Chichester, 27 de junho, Keith e Mick compareceram perante o juiz Leslie Block no Tribunal de West Sussex – Mick com uma jaqueta verde-maçã e calça verde-oliva, Keith vestindo uma sobrecasaca azul-marinho da Marinha e uma camisa de gola rendada. O caso de Mick foi considerado

86 "Morrendo o tempo todo, perca seus sonhos e você vai perder sua cabeça" (N.T.)

primeiro, com Malcolm Morris, o promotor, liderando a acusação, e Michael Havers, pela defesa. O inspetor-chefe Gordon Dinely, a primeira testemunha, declarou que, em 12 de fevereiro, por volta das 20h, ele e dezoito outros policiais, três deles mulheres, foram a Redlands, encontrando lá uma mulher e oito homens, incluindo Michael Philip Jagger.

O sargento John Challen, do grupo policial, testemunhou que, ao revistar as instalações, “primeiro entrei na sala de visitas e depois subi para um quarto. Lá encontrei uma jaqueta verde, cujo bolso esquerdo guardava um pequeno frasco com quatro comprimidos. Levei a jaqueta para baixo, e Jagger admitiu que ela lhe pertencia e que seu médico havia receitado”. Challen perguntou a Mick quem era seu médico, e ele respondeu: “Dr. Dixon Firth, mas não me lembro se foi ele”. Questionado para que serviam os comprimidos, Mick disse: “Para ficar acordado e trabalhar”.

Chamado pela defesa, o Dr. Firth declarou que os comprimidos, que eram anfetaminas, não foram receitados por ele, mas que Mick havia lhe dito que os tinha e perguntou se podia usá-los. O médico lembrou-se dessa conversa como tendo ocorrido em algum momento antes de fevereiro e de ter avisado Mick que eles deveriam ser tomados em caso de emergência, mas não regularmente.

O médico e o promotor trocaram opiniões sobre a conduta de dizer a Mick que ele poderia tomar os medicamentos e se a conversa do cantor com o médico configuraria uma receita. O juiz Block afirmou não hesitar em dizer que não, e que a única defesa legítima, uma receita por escrito, não estava, portanto, aberta a Michael Jagger. “Portanto, oriento”, disse ele ao júri, “que não há defesa para essa acusação”.

Em cinco minutos, o júri voltou com um veredicto de culpado. O juiz Block concedeu a Mick um certificado de apelação e o manteve sob custódia na prisão de Lewes. O *Times* de Londres relatou: “O sr. Jagger foi levado do prédio em uma van cinza com outros detentos em prisão preventiva. Pouco antes de a van sair, cerca de uma dúzia de garotas bateram com os punhos nos portões fechados do pátio, tentaram pular e gritaram: ‘Queremos o Mick’”.

No segundo dia do julgamento, Keith, em um terno preto com tranças, encontrou-se com o mesmo juiz e advogados perante um novo júri e se declarou inocente de deixar Redlands ser usado para fumar maconha. O processo começou com alegações sobre a relevância de certas provas. O juiz Block decidiu que, dentro dos limites estabelecidos pelo sr. Morris, certas partes não precisavam ser nomeadas, mas as provas deveriam ser apresentadas. O sr. Morris explicou ao júri que era necessário que ele provasse que Keith havia voluntária e conscientemente permitido que a maconha fosse fumada. A evidência mostraria, disse ele, que incenso estava sendo queimado em Redlands para encobrir o odor da *cannabis*. "Que havia um cheiro forte e doce de incenso nessas instalações ficará claro pelas evidências", afirmou Morris, "e vocês poderão muito bem chegar à conclusão de que esse cheiro não poderia deixar de ter sido notado por Keith Richards. Havia cinzas – resultantes da resina de *cannabis* e do cânhamo indiano fumegante – encontradas na mesa em frente à lareira, na sala de estar onde Keith Richards e seus amigos estavam. O comportamento de uma das convidadas pode sugerir que ela estava sob a influência da resina de *cannabis* de uma forma que Richards não poderia deixar de notar".

Os jornais ingleses, incluindo o *The Times*, publicaram fotografias de Marianne Faithfull perto da convidada sem nome da história. Anos depois, ela confirmaria que a jaqueta de veludo verde e as anfetaminas que levaram Mick à prisão eram dela. O julgamento arruinou qualquer resquício de boa reputação que ela poderia ter.

Keith testemunhou que ele havia dirigido de Londres com Mick e Marianne para uma festa de fim de semana com a presença de Michael Cooper, Christopher Gibbs, Robert Fraser e o empregado marroquino de Fraser, Mohamed (Fraser, de posse de heroína durante o ataque, foi considerado culpado e preso junto com Mick). George Harrison, dos Beatles, e sua esposa Patti chegaram tarde e foram embora antes da chegada da polícia. Dois outros convidados, que não eram amigos de Mick ou Keith, também vieram – David Schneidermann, um canadense conhecido como "Acid-King David", e uma pessoa descrita no *The Times* como "um exótico" de Chelsea, habitualmente visto em King's Road com calças e camisa de seda vermelha, sinos no pescoço e flores atrás das orelhas. Sua única ocupação conhecida na época da festa era "sempre soprar bolhas em uma daquelas varinhas de arame". O grupo foi mais ou menos em comboio para Redlands, chegando lá no final da noite de sábado ou no início da manhã de domingo. A festa finalmente acabou por volta das 5h da manhã. Os quatro quartos no andar de cima da casa estavam ocupados, então Keith dormiu em uma cadeira no andar de baixo.

Por volta das 11h, Keith acordou e encontrou Schneidermann já desperto e Mohamed na cozinha. Keith tomou uma xícara de chá e foi ao jardim por mais ou menos uma hora. Quando voltou para casa, ouviu pessoas discutindo sobre uma ida à praia. Todos, exceto dois convidados, nenhum deles Schneidermann, foram à praia e ficaram lá entre vinte minutos e meia hora. Keith caminhou os dois quilômetros e meio de volta para casa; a maioria dos outros foi de carro, incluindo Schneidermann, que tinha uma minivan. Em algum momento durante a manhã, os Harrison foram embora.

À tarde, Mohamed levou os outros em um micro-ônibus até a casa de Edward James, o pai da arte surrealista inglesa, em West Dean, nos Downs, uma residência que tinha a reputação de conter um sofá com o formato dos lábios de Mae West. Mas eles não conseguiram entrar e voltaram para a casa de Keith por volta das 17h30min. Keith subiu, tomou banho, trocou de camisa e voltou para baixo entre 18h15min e 18h30min. Mohamed estava preparando uma refeição marroquina. Às 19h30min, o jantar terminou, e os convidados se reuniram na sala de estar. A televisão foi ligada, pois passava um filme chamado *Pete Kelly's Blues*, mas o som estava desligado enquanto discos tocavam. O incenso estava queimando.

"Aconteceu", disse Keith alguns anos depois, "que todos nós tomamos ácido e ficamos completamente apavorados quando eles chegaram. Ninguém estava pronto para aquilo. Bateram forte na porta. 20h. Todo mundo estava meio que relaxando por conta de tudo que fizemos durante o dia, meio que dando uma desopilada. Todos tinham conseguido encontrar o caminho de volta para casa. As luzes estroboscópicas estavam piscando. Marianne Faithfull tinha acabado de decidir que queria um banho, se enrolou em um tapete e estava agora encarando a cena".

"'Bang, bang, bang', uma forte batida na porta, e eu vou atender. 'Oh, olhe, tem um monte de damas e cavalheiros lá fora...'

"Estávamos saindo de uma viagem de doze horas. Você sabe como é assustador para as pessoas quando eles chegam até você. As vibrações são muito estranhas para elas. Eu disse a uma das mulheres que eles haviam trazido para revistar as damas: 'Você se importaria de sair desta almofada marroquina? Porque está arruinando as tapeçarias...'. Estávamos brincando assim. Eles tentaram nos fazer desligar o toca-discos, e nós dissemos: 'Não. Não podemos desligá-lo, mas vamos diminuir o volume'. Enquanto eles iam embora, quando começaram a sair pela porta, alguém tocou 'Rainy Day Women' bem alto: 'Everybody must get stoned'[87]. E foi isso."

A polícia não sabia sobre o ácido, então não foi mencionado no julgamento. Mas a atmosfera imoral, o cheiro doce de incenso, a garota nua... "Você concordaria", Sr. Morris perguntou a Keith, "no curso normal dos eventos, você esperaria que uma jovem ficasse envergonhada se não tivesse nada além de um tapete na presença de oito homens, sendo dois deles parasitas e o terceiro um empregado marroquino?".

Keith: "De jeito nenhum".

Sr. Morris, considerando Keith como se ele fosse – nas palavras daquele escritor de terror Poe – "um repugnante, uma massa repulsiva de putrefação": "Você considera isso como bastante normal?".

"Cara, nós não somos velhos", respondeu Keith. "Não temos essa moralidade mesquinha." Todos os jornais citaram essa frase, e os jurados, os magistrados e o juiz se lembrariam dela.

O sr. Havers cometeu o erro de levar o tapete ao tribunal. Tinha cerca de dois metros e meio de comprimento e um metro e meio de largura, laranja de um lado e com uma pele na parte de trás. Havers certamente pretendia mostrar ao júri que o tapete era amplo, com material suficiente para três vestidos laranja com pele. Mas, segundo a detetive Rosemary Slade, que teria sido a terceira oficial a passar pela porta quando o grupo de busca entrou na casa, ela olhou para a esquerda e viu no sofá uma jovem nua. Quando retornou à

87 "Todo mundo deve ficar chapado" (N.T.)

sala depois de procurar no andar de cima, a garota ainda estava lá, mas agora usava um tapete nos ombros.

O sargento John Challen testemunhou ter estado em um quarto no andar de cima, onde havia acabado de encontrar numa pequena mesa de cabeceira uma tigela contendo cinzas e pontas de cigarro, quando viu a jovem subir com uma policial. E ela deixou o tapete cair. Conforme Challen, “ela estava de costas para mim, nua. Então ouvi um homem no quarto, usando o telefone, dar uma risada”.

A detetive E. D. Fuller declarou ter sido ela a subir com Marianne. “Eu a segui escada acima, em cujo topo havia um policial uniformizado, e, em um quarto, estava um homem usando o telefone. Ela deixou o tapete cair e disse: ‘Olha, eles querem me revistar’. Houve risos. A roupa no quarto parecia ser dela. Eu a revistei o necessário, e voltamos para o andar de baixo. Ela ainda estava vestindo apenas o tapete. Seu comportamento, no geral, demonstrava que ela parecia despreocupada com o que estava acontecendo ao seu redor.”

O sr. Havers deplorou o testemunho sobre a garota que “não estava sendo julgada ou capaz de se defender”. Ele afirmou: “Não vou permitir que essa garota se sente no banco das testemunhas. Não vou rasgar esse manto de anonimato e deixar o mundo rir ou desprezar como quiserem”. Todos os envolvidos sabiam, no entanto, quem era a garota, especialmente após a fofoca da barra de chocolate Mars ter se espalhado. Quando a polícia chegou, conforme a história, Mick comia uma barra de chocolate que Marianne segurava sem o uso de seus membros – como essas coisas começam?

No último dia do julgamento, Keith foi a única testemunha. Ele acusou o *News of the World* (que recebeu o crédito por ter avisado a polícia após uma ligação anônima informar sobre a “festa das drogas” de Keith) de ter contratado Schneidermann, a quem Keith culpou por ter plantado drogas em sua casa para arruinar o processo de difamação de Mick contra o jornal. (Mais tarde, Keith decidiu que havia sido entregue por alguém que trabalhava para ele na época, mas era difícil ter certeza.) Keith disse que ninguém, até onde ele sabia, estava fumando maconha. Também ressaltou que Marianne estava se preparando para um banho, tendo se comportado de maneira perfeitamente normal e decorosa.

Em suas instruções finais ao júri, o juiz Block enfatizou aos membros que tirassem de suas mentes qualquer preconceito que pudessem sentir sobre a forma como Richards se vestia ou a respeito de sua observação sobre "moral mesquinha". Também deveriam ignorar tudo o que haviam lido nos jornais em relação ao que dois participantes da festa tinham admitido ou o fato de já terem sido condenados por posse de drogas. Pediu ainda ao júri que desconsiderasse as provas sobre a senhora que a polícia alegava estar em alguma condição de nudez, não deixando que isso prejudicasse suas mentes de modo algum.

Depois de ficar fora por uma hora e cinco minutos, o júri voltou e declarou Keith culpado. Mick e Robert Fraser, que tinham sido levados do tribunal para a prisão algemados, foram trazidos para se juntar a Keith no banco dos réus para a sentença.

O juiz condenou Keith a um ano de prisão e ordenou que ele pagasse quinhentas libras pelos custos do processo. Fraser foi condenado a seis meses de prisão e duzentas libras de custos. "Eu o sentencio a três meses e cem libras de custo", disse o juiz a Mick, que caiu em prantos. Ouviram-se gritos de dor vindos da galeria, lotada de adolescentes.

Mick foi levado para a prisão de Brixton, Keith e Fraser para Wormwood Scrubs. Sobre sua experiência lá, Keith falou: "Olha, Wormwood Scrubs tem 150 anos, cara. Eu nem gostaria de tocar lá, muito menos viver lá. Eles te levam para dentro. Não te dão garfo e faca, te dão uma colher com pontas cegas para que você não possa se matar. Não te dão um cinto, caso você se enforque. É ruim assim lá."

"Eles te dão um pequeno pedaço de papel e um lápis. A primeira coisa que fizemos, tanto Robert quanto eu, foi nos sentar e escrever. 'Querida mãe, não se preocupe, estou aqui, e alguém está trabalhando para me tirar daqui, blá-blá-blá.' Então você é levado à sua cela. E eles começam a bater nas barras às 6h da manhã para te acordar. Todos os outros presos passaram a jogar tabaco para mim, porque em qualquer prisão o tabaco é a moeda. Alguns deles foram realmente ótimos. Alguns estavam condenados à perpétua. Enfiavam papéis pelo chão para enrolar. A primeira coisa que você faz automaticamente ao acordar é arrastar a cadeira até a janela e olhar para cima para tentar ver algo. É uma reação automática. Aquele pequeno quadrado de céu, tentando alcançá-lo. É incrível. Eu ia ter que fazer essas pequenas árvores de Natal que vão em bolos. E costurar malas de correio. Depois, havia a caminhada de uma hora em que você precisa continuar andando, girando em um pátio. Os caras atrás de mim, era incrível, eles podiam falar sem mover a boca: 'Quer um pouco de haxixe? Quer um pouco de ácido?'. Tomar ácido? Aqui?

"A maioria dos presos era gente muito legal. 'O que você está fazendo aqui? Malditos. Eles só queriam pegar você', eles me informaram. 'Estão esperando por você aqui há séculos.' Então eu disse: 'Não vou ficar aqui muito tempo, queridos, não se preocupem com isso'.

"Numa certa tarde, eles colocaram o rádio para tocar, a porra da gravação dos Stones começou a tocar. E toda a prisão começou, Rayyy!, ficando louca. Batendo nas barras. Eles sabiam que eu estava dentro e queriam me avisar.

"Levavam todos os novos presos para tirar fotos sentados em um banquinho giratório, parecia uma câmara de execução. Era realmente difícil. Rosto e perfil. O tipo de coisa que eles fazem automaticamente se te prenderem nos Estados Unidos é tirar suas digitais e o fotografar. Na Inglaterra, é uma cena muito mais pesada. Você não tira fotos e impressões digitais até ser condenado.

"Depois te levam até o padre, à capela e à biblioteca, você tem direito a um livro, e eles mostram onde você vai trabalhar e pronto. Naquela tarde, estava deitado na minha cela, me perguntando o que diabos estava acontecendo, até que alguém gritou: 'Você está fora, cara, você está fora. Acabou de ser noticiado'. Então passei a chutar a merda da porta e a gritar: 'Me deixem sair, seus bastardos, consegui fiança'."

Mick foi libertado da prisão primeiro, sendo acompanhado pelo *The Times*. "O sr. Jagger sorriu e acenou de seu Bentley com motorista ao deixar a prisão de Brixton ontem às 16h20min. Dentro do carro de vidros escurecidos que cruzou a avenida Jebb, que leva à prisão, até a Brixton Road, o sr. Jagger estava sentado sozinho no banco de trás, vestindo um paletó esporte bege e uma camisa amarela. Ele sorriu para os fotógrafos e para um pequeno grupo de meninas, a maioria com uniforme escolar, que esperava para vê-lo sair."

"O carro então seguiu a oeste de Londres para pegar o sr. Richards na prisão de Wormwood Scrubs, em Shepherd's Bush. Quando chegou às 17h10min, o sr. Jagger estava pálido. Depois de passar cinco minutos na prisão, o carro saiu novamente com o sr. Jagger e o sr. Richards nele. Parou por meio minuto enquanto os fotógrafos se aglomeravam. O sr. Richards, vestindo um terno azul-escuro estilo Regency, deu aos fotógrafos um sorriso. O carro então partiu em direção a Londres." O destino imediato deles era uma reunião com seus advogados em King's Bench Walk, depois iriam para o Feathers, um pub da Fleet Street, onde conversaram com repórteres. Eles foram libertados sob fiança no valor de sete mil libras cada um.

Mick, usando um *botton* que dizia MICK É SEXY, bebeu uma vodca gelada com limão e disse: "Não há muita diferença entre uma cela e um quarto de hotel em Minnesota. E eu penso melhor em lugares sem distrações". Marianne contou mais tarde que, quando ela e Michael Cooper visitaram Mick em sua primeira noite na prisão de Lewes, ele estava quase chorando; mas não havia repórteres na prisão. Mick falou que, enquanto estava preso, escreveu algumas poesias "ligadas um pouco às circunstâncias" e que poderia compor uma música sobre isso. "Não guardamos rancor contra ninguém pelo que aconteceu", disse ele. "Apenas achamos que as sentenças foram bastante duras."

Keith comentou sobre ser um criminoso: "É como ser Jimmy Cagney".

Algemas – "Jagger links" – foram colocadas à venda na pequena, porém moderna, rua Carnaby.

O caso foi motivo de muitos comentários na imprensa. A ação judicial foi aprovada por alguns jornais e revistas e reprovada por outros, incluindo o *New Law Journal* e o *The Times*, cujo editor, William Rees-Mogg, com seu editorial "Uso de força excessiva", arriscou acusações de desacato por comentar o caso enquanto estava sob apelação. Depois de um editorial no *Sunday Mirror*, que perguntava por que os apelos de Mick e Keith estavam sendo adiados até outubro, antes do qual eles não poderiam viajar para fora do país, o Lord Chief Justice[88] interveio, e os apelos foram agendados para serem ouvidos em 31 de julho.

88 Principal líder do Judiciário no Reino Unido. (N.T.)

No dia em que a data de apelação foi alterada, fãs dedicados observaram Brian deixando seu apartamento em Courtfield Road com Suki Poitier, que havia sido namorada de seu amigo, Tara Browne, o jovem herdeiro da cervejaria Guinness, morto no ano anterior em um acidente automobilístico. Suki lembrava Anita (menos sexy e com a língua mais afiada) e era muito parecida com Brian, que estava saindo do apartamento a caminho do Priory, um hospital psiquiátrico em Roehampton. Nem mesmo em um zoológico tão chique como o Priory eles estavam preparados para um paciente que chegou com motorista, comitiva e concubina, exigindo (sem sucesso) um quarto duplo. Brian disse ao médico: "Preciso de tratamento. Estou doente. Eu não posso viver mais se a vida continuar assim".

Uma das muitas coisas que incomodavam Brian era que a batida na casa de Keith e todas as suas misérias decorrentes – assim como as acusações de drogas dele mesmo, pelas quais seria julgado em outubro – aconteceram porque ele estava tagarelando no clube Blaise. Um espião do *News of the World* no badalado clube da King's Road observou Brian tomando pílulas e mostrando a algumas garotas um pedaço de haxixe, convidando-as ao seu apartamento para fumar, falando sobre tomar LSD. Por alguma razão, a história resultante identificou Brian como Mick.

Brian ficou vinte dias no Priory. Quando saiu, uma semana antes de Mick e Keith recorrerem de suas sentenças, um anúncio de página inteira apareceu no *The Times*. Continha uma petição de cinco sugestões ao ministro do Interior, das quais a proposta principal era a última: "Todas as pessoas agora presas por posse de *cannabis* ou por permitir que ela seja fumada em instalações privadas devem ter suas sentenças revogadas". Um grupo de 64 pessoas – incluindo Ph.Ds, ganhadores do Prêmio Nobel, os Beatles (com suas Ordens do Império Britânico) e Graham Greene – assinaram.

Em 31 de julho, os recursos de Keith e Mick foram considerados pelo tribunal do Lord Chief Justice. Com catapora, Keith teve de esperar em outra sala onde não contaminaria a Justiça. Após duas horas, com Havers e Morris argumentando a favor e contra os recursos, o tribunal fez uma pausa de cinco minutos e voltou anulando a condenação de Keith por falta de provas. Como Mick estava claramente na posse de drogas sem receita médica, seu recurso contra a condenação foi negado, mas seu recurso contra a sentença foi bem-sucedido. O tribunal então concedeu-lhe dispensa condicional, o que significava que, se ele ficasse longe de problemas com a lei pelos próximos doze meses, o ocorrido não contaria como uma condenação. Se ele cometesse outro delito durante esse tempo, seria condenado por ambos os crimes.

A experiência de ir ao tribunal e à prisão não tinha sido agradável para Keith, mas para Mick, que não era um fora da lei natural como o guitarrista, foi mais difícil emocionalmente e mais caro. Ele pagou vários milhares de libras numa tentativa de subornar a polícia para retirar as acusações que não chegaram às pessoas certas. "Everybody has been burned before", cantavam os Byrds, outrora o grupo de Gram Parsons. "Everybody knows the score."[89]

Depois dos apelos e de uma coletiva de imprensa quente e lotada na Granada Television, em Golden Square, Mick foi levado de helicóptero para uma casa de campo em Essex. Esperando-o no jardim para uma entrevista televisionada estavam William Rees-Mogg, o editor do *The Times*; Padre Corbishley, o jesuíta; Lorde Stow Hill; e John Robinson, o bispo de Woolwich. O desejo geral deles era que Mick admitisse que seu caso provava o estado saudável da justiça inglesa. Porém, Mick, bastante dopado e tagarela, não concordaria, embora fosse incapaz de mencionar qualquer coisa específica a que pudesse objetar, exceto a perseguição de homossexuais e a pena capital, ambas já resolvidas pelas leis vigentes. Ainda assim, a única nota conclusiva daquele encontro veio de Mick: "Eu estou muito feliz hoje".

Qualquer que seja o significado legal do caso, ele se resumia, na mente de muitas pessoas, a uma batalha entre modos de vida opostos. Em 14 de agosto, o *Daily Mail* relatou que Mick e Marianne foram esnobados publicamente duas vezes em três dias, em uma festa no Castelo de Kilkenny e por motoristas de táxi no aeroporto de Heathrow, que se recusaram a levá-los. "Meus filhos têm que andar neste táxi", alegou um motorista. Os Stones foram desprezados também pela BBC, que rejeitou a exibição,

89 A letra correta da música "Everybody's Been Burned", do The Byrds, diz: "Everybody has been burned before/ Everybody knows the pain" ("Todo mundo já foi queimado antes/ Todos conhecem a dor"). (N.T.)

num de seus programas musicais, de um filme que os Stones haviam feito para divulgar seu novo single, "We Love You". Concebido por Mick nos seus dias de cárcere, o disco começava com o som real dos passos de um guarda da prisão e o bater da porta de uma cela. Não teria um apelo muito comercial na Inglaterra, mas nos Estados Unidos chegaria ao número 1 mais rápido do que qualquer um dos discos anteriores dos Stones. O filme parodiava o julgamento de Oscar Wilde, trazendo Mick como Wilde, com um cravo verde na lapela; Keith como o juiz, com uma peruca feita de notas de libra; e o amante de Wilde, "Bosie", interpretado por Marianne Faithfull com uma miniperuca.

Um ou dois dos Beatles participaram como cantores de fundo em "We Love You". Keith e Mick tinham feito *backing vocals*, além de Brian ter tocado saxofone tenor, no mais novo single dos Beatles, "All You Need Is Love". Em abril, enquanto os Stones se debatiam em um mar de corações partidos e leis desobedecidas (até mesmo Bill Wyman estava no noticiário; Diane, sua esposa, o deixou em fevereiro, dizendo à imprensa: "Não estou preparada para compartilhá-lo com milhares de mulheres estranhas"), os Beatles lançaram um álbum extravagante, *Sgt. Pepper's Lonely Hearts Club Band*. Na capa, eles apareciam vestidos em uniformes de cetim coloridos, rodeados por uma multidão que incluía Mae West, Karl Marx, Sonny Liston, William Burroughs e uma boneca trajando um pulôver de tricô onde se lia "WMPS[90] Good Guys Welcome the Rolling Stones", todos diante de um túmulo que representava e, como se viu, significou de fato a morte dos Beatles. "A era de tocar nos discos uns dos outros" até pode ter sido, como falaria Mick, uma piada, mas, na época, os Beatles poderiam ter sido, como John Lennon recém havia dito, mais populares do que Jesus. As declarações de Lennon resultaram em muita indignação – um exemplo extremo disso foi a queima de discos do grupo patrocinada pela estação de rádio WAYX em Waycross, Geórgia, onde Gram e eu morávamos. Em um pedido público de desculpas, Lennon afirmou que queria dizer que os

90 Rádio de Memphis, Tennessee. (N.T.)

Beatles estavam "tendo mais influência sobre os jovens e a situação do que qualquer outra coisa, incluindo Jesus". Eles certamente foram uma enorme influência; em todos os lugares, você começava a ver garotos com cabelos compridos, fazendo o sinal de V para alguma vitória indefinida que viria em algum lugar além do Vietnã.

A maior, mais rica e mais instruída geração da história não sabia mais do que as gerações anteriores e posteriores, minúsculas e carentes, sobre o que era a vida. Pessoas prudentes cultivavam seus jardins. No início de setembro, Charlie e Shirley Watts se mudaram da Old Brewery House, em Southover, para a Peckham's, uma casa de fazenda do século 13 em Halland, a treze quilômetros de Lewes, onde Mick e Keith haviam sido julgados. Uma fazenda de quarenta acres vinha com a casa, mas Charlie afirmou que pretendia arrendar toda a terra, exceto o jardim, para um fazendeiro.

Em 14 de setembro, quatro dos Stones deixaram Heathrow em direção à América – Brian e Suki sendo fotografados por *paparazzi* ingleses – para trabalhar na capa de 25 mil dólares (uma fotografia 3-D com imagens que se moviam) para seu novo álbum, *Satanic Majesties.* Em sua chegada, a banda foi segurada no aeroporto enquanto os oficiais de imigração questionavam Keith por mais de meia hora antes de permitir-lhe "entrada adiada". Quando Mick e Marianne chegaram de Paris em um voo posterior, ele também foi interrogado e sua bagagem minuciosamente revistada.

Após uma entrevista de sete minutos com os Stones na manhã seguinte, o diretor de imigração declarou que eles seriam autorizados a ficar até a chegada dos registros do tribunal. Quando Mick saiu, um dos oficiais de imigração pediu um autógrafo para sua filha. O grupo ficou no Hotel Warwick, que também estava hospedando um correspondente de guerra chamado Martin Gorshen, voltando de sua terceira viagem ao Vietnã, onde as forças dos EUA haviam, em cinco anos, subido de cinco mil para quinhentos mil. Quando os viu, ele escreveu um artigo de jornal para reclamar: "Temos jovens morrendo por aí sem som e temos vagabundos aqui que se vestem como garotas e ganham milhões de dólares fazendo isso".

Os Stones ganharam milhões – seus discos da Decca renderam cerca de cem milhões de dólares –, mas andavam tendo problemas para colocar as mãos nesse dinheiro. Enquanto estavam em Nova York, eles se encontraram com Allen Klein, que pegou o adiantamento de 1,4 milhão de dólares da Decca e depositou não na conta comercial dos Stones, a Nanker Phelge Music Ltd., em Londres, mas na da N.P.M. Inc., com sede nos EUA, criação do próprio Klein. A banda levaria anos para saber que Klein gastara todo o dinheiro em ações da General Motors, que produziam pouco resultado imediato para deixá-los ricos. O contrato deles com Klein, ele citaria quando chegasse a hora, obrigava-o apenas a pagar-lhes o adiantamento em vinte anos.

O dinheiro era um grande problema, mas os Stones tinham outros maiores. O desafio supremo deles nos últimos dois anos foi, além de ficar fora da prisão, tentar aprender a fazer os discos dos Rolling Stones sem Brian. Na maioria das sessões de *Satanic*, ele estava ausente, passando muito tempo na Espanha com Suki. O julgamento de Brian ocorreu em 30 de outubro no Inner London Sessions. Ele foi acusado de posse de maconha, metedrina e cocaína, além de fumar e permitir que seu apartamento fosse usado para uso de maconha. Ele se declarou culpado por possuir e fumar maconha, pelas outras acusações, inocente.

O promotor, Robin Simpson, afirmou que, em 10 de maio, às 16h, a polícia revistou o apartamento de Brian. Questionado se tinha alguma droga, ele disse: “Eu sofro de asma, as únicas drogas que tenho são para isso”. Onze objetos foram encontrados em lugares diferentes, em salas diferentes, contendo ou com vestígios de drogas: duas latas, duas carteiras, dois cachimbos, duas pontas de cigarro, uma caixa de papéis de cigarro, uma jarra, um rodízio de cadeira usado como cinzeiro. O número total de grãos de *cannabis* encontrados foi de 35 e ¼, o suficiente para fazer de sete a dez cigarros. A polícia mostrou a Brian uma lata contendo parte do material que agora era prova e um frasco que parecia ter vestígios de cocaína. “Sim, é haxixe”, admitiu Brian. “Nós fumamos. Mas não cocaína, cara. Não é a minha praia.”

O advogado de defesa, James Comyn, mencionou que Brian havia sofrido um colapso e estava sob cuidados médicos rigorosos. Ele estava muito doente, mas finalmente parecia estar respondendo ao tratamento. Comyn ressaltou que Brian era um músico e compositor muito inteligente (QI 133) e versátil, com um tremendo talento para compor. A defesa chamou o dr. Leonard Henry, um psiquiatra de Northolt, Middlesex, que confirmou que Brian andava agitado, deprimido, incoerente e teve de ser tratado com tranquilizantes e antidepressivos. Ele estava muito doente e piorou. Não tendo respondido ao tratamento, foi recomendado para Roehampton Priory em julho. Brian estava agora menos deprimido e menos ansioso, mas o médico advertiu: "Se ele for preso, seria desastroso para sua saúde. Ele teria um colapso mental completo e não suportaria o estigma. Ele pode se machucar".

Outro psiquiatra, Anthony Flood, da Harley Street, testemunhou que Brian estava "profundamente angustiado, ansioso e com potencial de suicídio".

Então Brian sentou-se no banco. Vestia terno azul-marinho com jaqueta larga e calça boca de sino, gravata de bolinhas e sapatos de salto cubano. O juiz Reginald Ethelbert Seaton relatou que tinha a informação de que Brian pretendia deixar completamente as drogas. "Esta é precisamente a minha intenção", disse Brian. Ele reconheceu ao juiz que as drogas lhe trouxeram apenas problemas e atrapalharam sua carreira. "Espero que seja um exemplo para os outros."

"Estou muito emocionado com o que ouvi", respondeu o juiz, "mas, dadas as circunstâncias, nada menos do que uma sentença de prisão seria correto. Eu o condeno a nove meses de prisão por ser o ocupante de instalações, permitindo que elas sejam usadas para fumar drogas, e três meses por estar de posse de resina de *cannabis*. As sentenças serão executadas simultaneamente".

O juiz também ordenou que Brian pagasse 250 libras pelos custos e se recusou a conceder-lhe fiança no período de espera do recurso. Brian foi levado para a prisão enquanto meninas adolescentes, algumas amigas suas que o amavam, deixavam o tribunal em lágrimas. No dia seguinte, o recurso de Brian foi marcado para 12 de dezembro, e ele foi libertado sob fiança.

Os outros Stones estavam cavando suas trincheiras. Mick comprou uma propriedade rural perto de Newbury, Berkshire, chamada Stargroves, com uma mansão de doze quartos que não tinha água corrente. Keith havia construído uma cerca de madeira de três metros e meio, como um forte em um filme de faroeste, ao redor de Redlands. Também fortificou ainda mais o local com dois cães de guarda, um labrador chamado Bernard e um dogue alemão chamado Winston.

Andrew Oldham estava desaparecendo depressa da vida dos Stones, e o empresário dos Beatles, Brian Epstein, tinha morrido havia pouco tempo. Mick e Paul McCartney começaram a falar sobre a possibilidade de as duas bandas comprarem um estúdio de gravação e formarem uma produtora conjunta que se chamaria Mother Earth. Nenhum grupo estava feliz com sua gravadora. Após o esforço de fazer o que parecia um álbum difícil e criar a arte da capa elaborada, os Stones ficaram furiosos com o atraso no lançamento de *Satanic Majesties* porque a Decca, diziam, estava sem papelão. O álbum finalmente chegou às lojas na época do apelo de Brian.

Brian apareceu diante de um grupo de quatro juízes. O dr. Leonard Neustatter, um psiquiatra nomeado pelo tribunal que entrevistou Brian quatro vezes, afirmou que ele era inteligente, mas "emocionalmente instável, com tendências neuróticas". Em um relatório preparado para o tribunal de apelações, o dr. Neustatter escreveu: "Ele vacila entre uma criança passiva e dependente com uma imagem confusa de um adulto, por um lado, e um ídolo da cultura pop, por outro".

O dr. Leonard Henry, novamente testemunhando por Brian, disse que, diante de uma situação intolerável, ele "poderia muito bem atentar contra sua própria vida".

À luz dessas opiniões e do fato de que Brian nunca havia sido condenado por nada pior do que fazer xixi em um posto – embora fosse culpado de coisas muitas vezes piores – o tribunal substituiu a prisão de Brian por uma multa de mil libras e três anos de liberdade condicional, recomendando-lhe: "O tribunal mostrou um grau de misericórdia, mas você não pode se vangloriar, dizendo que foi dispensado. Se cometer outro delito de qualquer tipo, será trazido de volta e punido novamente. E você sabe que tipo de sentença receberá".

Dois dias depois, Brian foi levado para o Hospital St. George's, em Londres, depois de ser encontrado inconsciente no chão de um apartamento em Chelsea, alugado em nome de seu motorista, John Coray. Os médicos da emergência do hospital queriam que Brian ficasse, mas ele saiu depois de uma hora, dizendo que estava apenas exausto e queria ir para casa.

Mick e Marianne estavam no Brasil para as férias, hospedados em uma praia remota onde as pessoas pensavam que Marianne era a Virgem Maria; Mick, com a barba por fazer, era José; e Nicholas, o filho de dois anos de Marianne, era o menino Jesus. Keith e Anita estavam na Itália. Bill e Astrid, na Suécia. Charlie estava em casa com Shirley, que ia ter um bebê.

No início do novo ano, Jo Bergman, que veio trabalhar para os Stones em setembro, fez uma análise da situação deles:

1. Contas de trabalho pessoais dos Rolling Stones estouradas;
2. Conta dos Rolling Stones #3 com saldo negativo;
3. Telexes enviados para Klein por nós e Lawrence Myers;
4. Promessa de envio de duas mil libras na quinta-feira;
5. Necessárias sete mil libras para liquidar as dívidas mais urgentes;
6. Dinheiro necessário para estúdio e escritórios;
7. Resumo:

(a) devido à falta de fundos nas contas pessoais, algumas contas foram pagas da conta #3 dos Rolling Stones;

(b) não há fundos para o funcionamento do escritório;

(c) o contador dos Rolling Stones, Sr. Trowbridge, deve encontrar alternativa.

Os Stones começaram a ensaiar em fevereiro e, em meados de março, já gravavam músicas para um novo álbum. Brian, que sentia que não podia mais tocar com o grupo, participava muito pouco. Em março, ele estava no escritório e deixou um bilhete para Jo, a quem ele temia, pensando que ela era a sicária de Jagger.

Cara Jo,

Preciso das seguintes datas para fazer minhas gravações no Marrocos: 22 a 25 ou 26 de março. São as únicas datas em que posso gravar, e honestamente acredito que posso obter algo que realmente valha a pena com este empreendimento para nós. Se isso significa que tenho de perder uma sessão ou duas, posso dobrar minhas partes depois, enquanto os vocais estão sendo feitos ou qualquer outra coisa. Aliás, a coisa do Marrocos é apenas uma parte do meu empreendimento. Estou confiante de que posso criar algo realmente legal. Falarei com você mais tarde sobre o financiamento da coisa, se isso for possível. Não preciso de muito. Espero que dê certo! Amor, Brian

A gente se fala mais tarde...

Antes que pudesse sair de Londres, Brian estava novamente no noticiário: "GAROTA DOS STONES NUA NO DRAMA DE DROGAS", dizia a manchete do *News of the World*. Linda Keith, filha de um DJ que já tinha sido namorada de Keith e agora era, pelo menos parte do tempo, de Brian, ligou para seu médico, disse a ele onde estava e que ia ter uma *overdose* de drogas. O médico chamou a polícia, que derrubou a porta do apartamento em Chesham Place, alugado para o motorista de Brian, que se hospedava lá quando estava em Londres. Linda estava lá dentro, em grande estilo, nua e inconsciente. Depois que foi levada para o hospital, Brian chegou ao apartamento. "Eu estive em uma sessão de gravação a noite toda", disse ele a repórteres, "e quando voltei pouco depois das 12h encontrei a polícia no local. Fiquei absolutamente arrasado quando o proprietário do apartamento pediu à polícia que me expulsasse. Ele falou: 'É porque você está invadindo. Não queremos sua espécie neste lugar'. Expliquei a ele que alugava o apartamento para meu motorista e só morava aqui quando estava na cidade. Mas não quis me escutar. Paguei seis meses de aluguel adiantado, mas não fez diferença para ele. Não entendo".

No dia seguinte, Linda deixou o hospital, e Brian mudou-se para a Royal Avenue House em King's Road. Um dia depois, nascia Serafina Watts.

Brian foi para Marraquexe gravar alguns músicos chamados G'naoua, com Glyn Johns o acompanhando como engenheiro. Glyn e Brian não se entenderam, e a música era decepcionante. Embora ele voltasse ao Marrocos no verão para gravar em Joujouka, com Brion Gysin, Brian estava de volta a Londres no final de abril. Os Stones terminaram um novo single, "Jumpin' Jack Flash", com um refrão otimista:

But it's all right now
In fact it's a gas[91]

Já era tempo. O *Daily Express* de 9 de maio, em uma matéria intitulada "As coisas parecem ruins para os Rolling Stones", observou que o grupo não tinha um single número 1 desde "Paint It, Black" há mais de dois anos.

Mas três dias depois que esse artigo saiu, os Stones fizeram uma apresentação surpresa no Concerto de Escolha da Audiência da *New Musical Express* no estádio de Wembley – eles tinham sido indicados como o melhor grupo de rhythm & blues. Era como nos velhos tempos, garotas gritando, policiais de braços dados segurando fãs histéricos. Eles tocaram "Jumpin' Jack Flash" e "Satisfaction", e Mick jogou seus sapatos brancos na multidão.

Nove dias depois, quatro dias antes de "Jumpin' Jack Flash" ser lançada, Brian foi novamente preso por drogas. Tinha ouvido os gritos pela última vez.

91 Mas está tudo bem agora/ Na verdade, está o máximo. (N.T.)

27

Os homens levaram seus poderes de subjugar as forças da natureza a tal ponto que, usando-os, poderiam agora facilmente exterminar uns aos outros até o último homem. Eles sabem disso – daí surge grande parte de sua atual inquietação, seu desânimo, seu estado de apreensão. E agora pode-se esperar que a outra das duas *forças celestes,* eterno Eros, empregará sua força para manter-se ao lado de seu adversário igualmente imortal.

Sigmund Freud: *A Civilização e os seus Descontentamentos*

DORMI O SONO DOS EXAUSTOS E DAQUELES à beira da *overdose*, mas não por muito tempo, porque Gore ligou. Sendo como todos os fanáticos por *speed*, Gore queria me levar ao seu médico, e como senti que estava louco e ficando mais louco, me levantei e me vesti, saindo para encontrá-lo na esquina em frente à loja Paranoia, quero dizer, Paraphernalia. Depois de cerca de quatro horas de sono, eu ainda estava anestesiado pela heroína. Não pedi nenhum café da manhã no hotel, mas chegando alguns minutos mais cedo para me encontrar com Gore, entrei em uma pequena mercearia, bebi 1/4 de litro de leite e quase vomitei na hora.

Para me distrair e matar o tempo, atravessei a rua até uma farmácia e liguei para uma garota que eu conhecia de Memphis, ex-estudante da Academia de Arte. Ela agora morava em Manhattan e conhecia Ronnie Schneider, a quem deu uma ideia que se tornou muito comum nos anos 1960: filmar os velhos *bluesmen* com alguns de seus descendentes do rock and roll, neste caso, os Rolling Stones. Pelo menos ela não queria fazer a The Band flutuar pelo Mississippi, como outro babaca havia sugerido, arrastando Furry e

Bukka para um barco para tocar *slide* e hambone. Ronnie me disse que ela queria falar comigo. Minha atitude contra ele tinha sido tão violenta que ele decidiu tentar me acalmar, e sua maneira de mudar as coisas – deixando de me considerar uma carniça para me aceitar, pelo menos no momento, como um companheiro – era dizer: "Puxa, nós temos uma amiga em comum, ela disse que gostaria de falar com você". Então eu liguei para ela, que me contou seu plano completo, só precisava de mim para ajudá-la a obter um último detalhe: os Rolling Stones. Falei para ela que veria o que poderia fazer, sabendo no que daria.

Atravessei a rua novamente, e lá estava Gore, loiro, com carapaça de tartaruga e ar colegial. Ele disse que seu médico regular de *speed* estava fora da cidade, então voltamos para perto do Plaza para uma consulta com um tal de Adolf B. Wolfmann, médico e dentista. Ele não era tão ruim quanto Peter Sellers em *A Loteria da Vida,* borrando suas receitas com um gatinho, mas dava a sensação de ser muito sorrateiro. Ele nos deixou entrar, um homem com um topete vermelho grisalho e um jaleco branco de hospital, girando duas trancas para abrir a porta da rua, trancando-as novamente atrás de nós, depois destravando mais duas fechaduras para nos deixar entrar em um escritório interno, abrindo outra fechadura para nos levar a uma pequena sala com uma mesa de exame acolchoada. Gore nos apresentou: "Ele quer começar a fazer o tratamento".

"Você quer começar os tratamentos também? Tudo bem, espere aqui."

Talvez ele tenha ido arrancar um dente, mas voltou com duas agulhas gigantes cheias de, suponho, metedrina e gema de ovo. Gore e eu abaixamos nossas calças, ele nos injetou, pagamos dez dólares cada um, ele abriu as trancas para sairmos e viajamos pelo Central Park South, ouvindo atrás de nós o leve estalar de fechaduras.

Eu estava me sentindo fraco e com os pulsos moles, mas após a carga na bunda decidi que não precisávamos de um táxi, poderíamos atravessar a cidade até o Madison Square Garden para o show da tarde dos Stones. Com um desejo sincero de não roubar a este relato seu verdadeiro interesse, confesso que estava carregando o cravo vermelho de minha mesa de cabeceira no Plaza; então lá fui eu, botas, jeans e jaqueta de couro, cheirando um cravo vermelho de caule comprido, parecendo uma maricas insana que merecia ser morta com uma pá, enquanto caminhávamos rapidamente pelas ruas, cansados, sentindo-nos ardentes.

No Garden, Terry Reid estava tocando. Desde "Bunch Up, Little Dogies", em Fort Collins, ele não parecia estar em sintonia com o público, mas nenhum outro público parecia tão gentil e pacífico quanto aquele. Nunca mais o ouvi tocar essa música. Gore saiu para dar um telefonema, verificando uma entrega em sua casa para uma festa naquela noite após o show noturno dos Stones, e nunca mais voltou. Pete e Nicole estavam no show, e eu subi para assistir a B. B. King e Ike e Tina Turner com eles. Então dei de ombros e deslizei, distribuindo cotoveladas e jogando meu peso ao redor dos guardas até voltar para o palco, onde as luzes estavam se apagando e Sam estava correndo, mais louco do que nunca, para ir até o microfone: "A maior banda de rock and roll do mundo, os Rolling Stones". Fiquei desejando que ele dissesse: "A banda de rock and roll mais apavorada", mas ele nunca falou, nem mesmo mais tarde, quando não havia dúvidas sobre isso.

Os Stones saíram, plugados, as espinhas de cogumelo acima começaram a reverberar com "Jumpin' Jack Flash". A estética tradicional das canções populares exigia que a vida do cantor se tornasse desolada pela partida de seu verdadeiro amor e que poderia dar tudo certo se ela voltasse. Se canções como "It Ain't Me, Babe", de Bob Dylan, e "Stupid Girl" e "Under My Thumb", dos próprios Stones, desafiavam essa convenção, não eram exatamente a mesma coisa que músicas sobre estupro e assassinato. "Alguns desses primeiros álbuns, como *Between the Buttons,* eram tão leves", Mick havia dito um dia na casa de Oriole enquanto ouvíamos um acetato de *Let It Bleed.* Esta turnê aliviaria essa visão para sempre. Ele continuaria cantando sobre morte e destruição, mas cortaria o negócio do Príncipe das Trevas. Estava prestes a sentir mais escuridão do que jamais quis.

O show agora estava bem ajustado, sem pontos frouxos. Quando Mick cantou "I'm Free", na frente do palco havia garotos mascando chiclete com olhos vidrados, braços erguidos, dedos em sinal de V. Uma garota de cabelos escuros, busto grande e bem torneado em uma blusa cigana vermelha e preta, segurava o dedo médio, consideravelmente mais apropriado. Os jovens estavam nas cadeiras, nos corredores, e no fundo as pessoas gritavam "sentem-se".

"Nós todos vamos ficar de pé em breve", Mick disse-lhes, enquanto Keith, curvando as costas, abaixando os ombros, iniciava "Live with Me" com peculiares acordes *whawhawha*. Quando "Satisfaction" começou, a sala era mais uma vez um mar de corpos balançando, um garoto sem camisa, de alguma forma pairando sobre a multidão, dançava. Quando "Street Fighting Man" aproximava-se de sua conclusão, Keith abriu seus amplificadores, e Mick, que corria pela beira do palco acenando com as duas mãos, pegou a cesta cheia de pétalas de rosas e as espalhou – pétalas vermelhas fluindo de suas mãos como se levadas por uma brisa de notas de guitarra – então arremessou a cesta de vime vinte metros em um arco gracioso, pétalas flutuando devagar, fez um agradecimento com o chapéu do Tio Sam na cabeça e lá fomos nós, de volta para o hotel em limusines. Desta vez, não conhecia ninguém no carro. Num momento de loucura, pensei que estávamos sendo sequestrados, mas chegamos ao hotel. Deitei-me na cama sem conseguir descansar, pois pessoas não paravam de entrar, editores e antologistas, restos literários, e Cynthia continuava ligando, mas eu não atendia às ligações. Deitei-me na cama pensando em Nicole e como ela me beijou no show, e como eu a veria esta noite na casa do Gore.

Então eu estava de volta ao Garden, sentado na seção A, fileira 8, com os filhos de Wexler, Lisa e Paul, e alguns de seus amigos. Michael Lydon e eu pegamos um táxi cedo porque queríamos ver B. B., mas o show estava atrasado. Com as luzes ainda acesas, esperamos fumando erva. Coloquei alguns comprimidos de mescalina no meu caderno e os distribuí. Eu os estava tomando não para ficar chapado, mas para ficar acordado, o *speed* começava a perder a força. Ficamos sentados durante o *set* barulhento e chato de Terry Reid, depois um longo atraso, durante o qual fumamos mais maconha, nossa vigília silenciosa interrompida uma vez por Chip Monck, que avisou: "Estamos gravando esta noite também, e é complicado, por favor, tenham paciência".

Por fim, B. B. King apareceu de terno azul, as mãos cruzadas sobre o peito, fazendo sua pequena reverência afro-oriental. Ele pegou sua guitarra

Lucille, passou por cima da cabeça e cantou "Every Day I Have the Blues". A fadiga de todos parecia desaparecer quando B. B. tocava. Eu o tinha visto em vários lugares no ano anterior, incluindo o Fillmore, em São Francisco, um dia depois do assassinato de Bobby Kennedy, e o Club Paradise, em Memphis, a cidade onde Martin Luther King havia sido assassinado no início do ano. No início dos anos 1950, B. B. criou o arquétipo do estilo de guitarra elétrica de blues. Dava para ouvir sua vida quando ele tocava – as vacas que ordenhara, os campos que lavrara, as ruas em que tocara, os quilômetros e anos que tivera de viajar para chegar àquela noite.

Sozinho, exceto pelo baterista que marcava o tempo no aro da caixa, B. B. tocou um longo passeio que se tornou um *riff* que começou a tremer quando a banda entrou para "Little Bit of Love". B. B. tocava música que começava em aglomerados de notas apertadas, então passava ao *boogie* e saía de seu problema para o êxtase, perfeitamente expressivo das esperanças, desejos, medos, exaustão e beleza humanos. Voltando para um bis, B. B. disse: "Esta música é dedicada a vocês e às estrelas do show desta noite, os Rolling Stones – porque sem eles vocês não teriam ouvido B. B. King". Ele cantou e tocou a mesma música que dedicou ao fantasma de Bobby Kennedy naquela noite em São Francisco, a música que começa com "I don't even know your name, but I love you just the same...[92]"

Jerry e Shirley Wexler apareceram quando o show de B. B. terminou, e eu estava indo para os bastidores para falar com ele. No camarim, B. B. parecia cansado e triste, e eu saí para ficar com Mick e assistir à Tina; era a nossa última chance de vê-la nesta turnê. No momento que Mick se esgueirou para se trocar, fomos severamente lembrados de que éramos apenas dois garotos brancos e magros.

Vagando pelos bastidores, esperando os Stones continuarem, notei muitos seguranças corpulentos. Agora, além dos *bottons* do sinal de parada, do sinal de trânsito e do DEUS ABENÇOE A AMÉRICA, havia *bottons* vermelhos e outros brancos e verdes. Jo, indo para o camarim dos Stones usando

92 "Nem sei seu nome, mas te amo mesmo assim..." (N.T.)

todos eles, disse, me dando um *botton* verde: "Aqui, este é o poder italiano, ele vai cuidar de você. Jon Jaymes diz que este é o único que conta". Jon gostava de dizer que o propósito de sua organização era conscientizar as pessoas de que Colombo havia descoberto a América. O Garden havia perdido a atmosfera humana da noite anterior e parecia menos esquisito, mas não menos tenso do que o Forum. Com os corredores dos fundos cheios de gente estranha e a platcia já na frente, decidi ficar atrás do palco. Quando os Stones saíram, Jo e Ronnie com eles, juntei-me ao pequeno grupo que se movia no meio de seguranças passando pela cortina de fundo, subindo as escadas para o palco. Mas enquanto eu subia, dois homens que eu nunca tinha visto antes me agarraram e começaram a me jogar para fora.

"Oi! Espere um minuto!", gritei, sem tempo para argumentar. Eles estavam me empurrando para fora da escada, eu agarrei seus braços, tentando não cair – e Ronnie e alguns de nossos seguranças os pararam. "Deus, vocês são rudes", eu disse aos cavalheiros que estavam tentando quebrar meu pescoço.

"Amigo, este é o meu sustento", explicou um deles.

O grande relógio no final do corredor marcava 0h01. Foi a primeira coisa que todos viram entrando no palco. "Vou me transformar em uma abóbora", brincou Mick. "Desculpem por deixá-los esperando – certo, queridos."

"Jumpin' Jack Flash" começou, trazendo aquela sensação de novo – a turnê era uma chatice, mas quando a música começava estava tudo bem agora. A estética dessa música – e sua moralidade – exigia que, quando certos padrões de código de ritmo e melodia fossem alcançados, a única coisa decente a fazer, em Joujouka, Congo Square ou Madison Square, era dançar. Michael Lydon e eu nos entreolhamos, demos loucos gritos de guerra indígenas e começamos a dançar como crentes medievais possuídos pelo espírito. Todo mundo estava fazendo isso; Mick dançava como uma fada demoníaca. O próprio ar estava louco; apesar do cheiro gelado da máfia, o lugar parecia terrivelmente quente. Mick estava ensopado quando, 0h20, ele disse "Stray Cat". Sam, arqueado como um ladrão de túmulos, deslizou para o palco para colocar uma Coca-Cola no suporte da bateria onde Mick pudesse alcançá-la, enfiando a cabeça sob o prato de Charlie, que, ao vê-lo, bateu mais forte. Mick e Keith cantavam os blues com devoção, curvados em seus bancos com um halo de luz ao redor de suas cabeças. Do fundo do palco, eu podia ver a plateia, todo mundo escutando, e as pessoas nos bastidores, ninguém escutando. “Under My Thumb” e “I’m Free” foram muito rápidas, Mick virando as costas para a plateia, lábios envergados, fazendo caretas para Charlie como se dissesse “toque mais forte”. Jo, sentada em um amplificador à direita do palco com um vestido de renda laranja, parecendo um personagem do século 18, bateu palmas em “Midnight Rambler”. Quando Mick disparou: “Gostaria de lhe fazer uma pergunta – você gostaria de morar comigo?”, surgiu das escadas Leonard Bernstein com sua esposa, filho e filha. De alguma forma, Bernstein, em sua gola rulê preta, parecia relaxar a atmosfera. Ronnie e um de nossos seguranças me agarraram – “Quem é este? Ele não está conosco! Vamos jogá-lo ao mar!” –, me pegaram, ambos rindo loucamente, e correram para a beirada do palco. Eu estava rindo também, de repente virou uma grande festa, não tão ameaçadora, apenas mais um show, os Stones estavam conseguindo de novo.

As luzes se acenderam para “Little Queenie”, revelando milhares de adoráveis jovens frenéticos. Durante “Satisfaction”, alguém na multidão acenou com uma muleta no alto. Houve aquele som de novo, o lamento agudo sobre todos os outros sons, um uivo estridente e selvagem que parecia os ventos da mudança e da alegria – mas as coisas raramente são o que parecem.

Mick, rindo, pulando no ar, apontou para Charlie: “Charlie está bem esta noite, não está?”. Quando “Honky Tonk Women” foi iniciada, os jovens estavam subindo no palco, Mick foi atacado por uma garota em um vestido de veludo lavanda, sorrindo enquanto Sam e Tony o resgatavam. Bem na frente, uma negra alta olhava para ele, lambendo os lábios. Atrás dos amplificadores, Leonard Bernstein e sua família estavam ouvindo, seu filho dançando. Keith, aumentando o volume de seus amplificadores, me viu assistindo e começou a bater mais forte nas cordas de sua guitarra, enquanto Mick jogava a cesta de pétalas de rosa para o lamento crescente.

Em seguida, de volta ao Plaza do Garden nas limusines pela última vez. Saí de novo, para a festa de Gore. Nicole estava lá esperando por mim. Fomos ao apartamento dela e dormimos muito pouco. De manhã, voltei ao Plaza a tempo de pegar um avião para Boston com os Stones e os irmãos Maysles.

Havia jornalistas com gravadores e câmeras esperando quando saímos do terminal do aeroporto Logan. Um homem, aproximando-se de Mick, esticou um microfone e perguntou: "Mick, este será o show *gratuito*?"

"Pergunte ao promotor", respondeu Mick.

Na calçada, quando estávamos entrando nas limusines, uma grande mulher negra aproximou-se e pediu: "Quero autógrafos de todos vocês". Ninguém prestou atenção nela; todos se amontoaram nos carros e, pouco antes de as portas se fecharem, ela disse: "Eu nunca mais vou comprar nenhum disco dos Rollin' Stones".

Fomos levados ao Hotel Madison, anexo ao Boston Garden, local da noite. Subindo dezessete andares em um elevador antigo, seguindo por corredores mal aspirados, entramos nos aposentos dos Rolling Stones para passar a noite, três quartos e uma suíte. Deitei-me na primeira cama que encontrei. Os irmãos Maysles estavam no mesmo quarto, jogando seus equipamentos no chão, falando sobre o quanto amavam Boston, sua cidade natal; eles vinham no Dia de Ação de Graças por duas horas apenas para tomar café da manhã ali. Mick entrou e se esparramou na cama.

"Estou doente", disse ele, "não vou fazer um show inteiro, me sinto muito mal. Tenho dor de cabeça, estômago, virilha e pés. Costumávamos tocar vinte minutos, fazíamos cinco músicas em um show – pegávamos o dinheiro e corríamos –, não sabíamos de nada, não sabíamos nada do que estávamos fazendo. Tocávamos como Savannah e havia duas pessoas curtindo, então pensamos 'que porra é essa?'".

Sam entrou para dizer a Mick, que havia pedido sopa, que o hotel não tinha serviço de quarto. É grotesca a forma como você tem de viver depois que sai de casa, e lá estava, sem serviço de quarto. Mick pediu a Tony que fosse a um restaurante comprar sopa. "Não importa o tipo, desde que esteja quente."

Tony saiu pela direita, e, da esquerda, pela porta da sala de estar, entrou Jon Jaymes, trazendo notícias do front Sul. Na primeira página do caderno número nove, comecei a escrever sobre a batalha de West Palm Beach, onde a polícia havia construído paliçadas para conter centenas de detenções por drogas. O governador estava fazendo prisões pessoalmente. Billy Graham tinha ido até lá, disfarçado com uma barba falsa, e conversado com jovens enlouquecidos por drogas na plateia. A Guarda Nacional, em alerta, estava pronta para entrar – assim como os Stones, prontos para entrar amanhã, só que agora não tinham tanta certeza de que iriam, se o que Jon dissera fosse verdade.

"Eu tenho um amigo lá", mencionei. "Ele pode nos dizer o que está acontecendo." Liguei para Charlie Brown em Coconut Grove e deixei recado na loja de motos onde ele trabalhava. Em cinco minutos, o telefone tocou, Ronnie atendeu e me passou. Disse a Charlie que estava com os Stones e que queríamos ir ao festival.

"Bem, você pode descer se quiser", Charlie falou, "mas eu não aconselharia. Eu estive lá e acabei voltando. Está tudo enlameado lá embaixo, e os policiais estão prendendo as pessoas".

"Mas os Stones vão fazer um show lá amanhã", eu contei.

"Ah, vocês precisam. Como vão vir? Vão voar para Miami e dirigir até lá?"

"Não, vamos voar para West Palm."

"Ele não precisa saber disso", Sam disse, enquanto Ronnie murmurava: "Ele não precisa saber disso".

"Não diga a ele", rosnou Keith, que entrou no final da *ressalva* de Jaymes, tirando sarro dos dois.

"Bem, eu não aconselharia você a vir."

"Não é nenhum problema", eu falei. "Vão nos proteger."

"O que foi?", Ronnie perguntou.

"Ele disse para não irmos", eu respondi.

"Nós não nos importamos com isso", Sam e Ronnie afirmaram em uníssono. Eu estava prestes a sugerir que eles tentassem a harmonia.

"Estamos apenas preocupados com os jovens", disse a Charlie.

"Sim", Keith concordou, dando passos largos pela sala, "se estão colocando o pessoal em uma paliçada, eles vão enlouquecer, e os policiais vão enlouquecer, e então não podemos deixar de enlouquecer...".

"Então, o que está acontecendo com os jovens lá?", perguntei a Charlie, enquanto Keith prosseguia: "Eles vão procurar nosso apoio, e se você não pode dar isso a eles, o que você pode dar?".

"Olha", Charlie recomendou. "Ligue para o departamento do xerife do condado de West Palm Beach diretamente, pergunte a ele o que está acontecendo, ele é a jurisdição local. Além disso, você pode ligar para o governador Claude Kirk em Tallahassee, só que ele está em West Palm Beach no momento, não sei onde está hospedado. E ligue para o *Miami Herald*, talvez eles possam lhe dizer algo."

"Como você está?", perguntei.

"Bem. Escrevi um poema sobre Kerouac que gostaria que você ouvisse quando tivermos a oportunidade."

"Ótimo. Nos vemos depois."

Desliguei. "Vamos ligar para lá", disse Keith, "e se eles estiverem mesmo fazendo toda essa merda, diremos que não vamos. Não queremos causar nenhum problema, mas se esse tipo de coisa está acontecendo, não podemos deixar de enlouquecer e começar a gritar coisas...".

"Vou ligar para eles", Ronnie afirmou, indo para a sala de estar.

Mick ainda estava deitado na cama, lábio inferior para fora, olhando para o teto. "Não vou me trocar", ameaçou ele. "Vou continuar vestido assim..." Ele estava vestindo calça verde e um suéter de lã vermelho.

Sam, parado ao pé da cama, inclinado para um lado, rosto cinzento, uma barba de três dias como pequenos insetos sobre as mandíbulas, bigode caído, olhos preocupados e maternais, disse gentilmente: "Vai sim, cara".

"Não, não vou", Mick retrucou.

Sam deu uma tragada no cigarro e, com as mãos nos quadris, olhou para Mick através da fumaça. "Agora eu sei, cara", ele falou suavemente, "que cerca de cinco minutos antes de você entrar, vai pensar: 'certo, melhor me trocar'...".

"Não, eu não vou", Mick insistiu.

"Sim, você vai, cara", disse Sam, saindo.

E em poucos minutos, Mick entrou no banheiro e saiu perguntando a Sam, que havia retornado: "Onde está a maquiagem?".

"Venha para este quarto", respondeu Sam, levando-o embora.

Mick voltou arrumado, e logo descemos no elevador antigo – seus cabos escorregadios nos levando vários metros abaixo, o ascensorista de cabelos brancos olhando para o teto com um olhar triste e caído – e fomos para o Garden, em direção a um pequeno camarim onde as únicas bebidas eram algumas Cocas. Enquanto as guitarras estavam sendo afinadas, fui dar uma olhada na arena. Vi muitos policiais, não gostei da sensação e voltei para o andar de cima para tirar uma soneca. Assim que eu ia começar a dormir, Jo ligou, querendo falar com Mick. Antes de adormecer novamente, as portas se abriram, exibindo os Rolling Stones e companhia, de volta das guerras. Ronnie foi o primeiro a entrar, logo recebendo o recado deixado por Jo, o brilho de aço de sua pele de tubarão cortando a escuridão. Mick se jogou de bruços na cama ao meu lado.

"Foi uma chatice?", perguntei com total ausência de tato.

"Não poderia me importar menos", Mick murmurou no travesseiro.

"Você viu aquele sinal da reeleição de Wyman para o Congresso?", perguntou David Maysles.

"E aquele cara sem pernas", Ronnie comentou. "Ele tinha subido no palco, Sam começou a jogá-lo para trás, levantou-o e, da cintura para baixo, não havia nada. Ele queria que Sam o colocasse nos amplificadores."

Tirando várias folhas de papel de contabilidade de sua pasta, Ronnie sentou-se na cama entre Mick e mim. "Isto é para a primeira metade da turnê", Ronnie disse, apontando para um número – US$ 516.736,63. "Isso é apenas Chicago. Acho que cada um de vocês vai levar para casa cem Gs." Ele realmente disse "Gs".

"Mais para noventa", Mick rebateu.

"O que aqueles repórteres no aeroporto estavam perguntando a você?", quis saber David Maysles. "Se seria um show gratuito?"

"Eu queria fazer toda a turnê de graça", falou Mick, "até falar com o gerente do meu banco. Eles dizem que você está indo muito bem, tem todo esse dinheiro, até que queira comprar alguma coisa, algumas cadeiras ou algo assim, e então você descobre que não – 'you only give me your funny pay-pah'[93]", cantou a última linha.

93 "Você só me dá seu papel engraçado." Trecho de "You Never Give me Your Money", dos Beatles. (N.T.)

"Poderíamos levar para casa o que estamos arrecadando se tivéssemos tempo de produzir nós mesmos", disse Ronnie. "Poderíamos ter oitenta e vinte em vez de sessenta e quarenta."

"O sonho do contador", apontou Mick, acenando com o punho em um gesto bobo. Ele se espreguiçou na cama. "Poderíamos ter feito muitas coisas, mas só tínhamos uma semana. Se eu não tivesse ido para a Austrália, nunca teríamos conseguido, o Bureau of Immigration demorou tanto para nos aprovar."

Tony entrou com comida chinesa, caixinhas de papel com brotos de bambu, vagens, carne, arroz, mas nada de garfos, colheres ou pauzinhos de plástico. Apenas palitos de picolé, muito complicados de manusear.

Mick estava sentado na cama, sem sapatos, meias em diferentes tons de azul, tentando tomar sopa de wonton com palitos de picolé.

"Por que suas meias não combinam?", Ronnie perguntou.

"É uma sorte que sejam da mesma cor", disse Mick.

David Maysles, parado ao pé da cama tentando comer frango chinês, começou a desmaiar.

"Desculpe meus pés, cara", Mick disse a ele.

"Fedidos", concordou David. Ele se afastou, piscando, me lançou um olhar (que pungente!), e eu comecei a rir. Nesse momento, Sam entrou, parou com os braços cruzados ao lado da cama, respirou fundo e soltou: "Oh, seus pés não cheiram mal".

"Eu estive pulando no palco por uma hora, é por isso", Mick rosnou.

"Bem, cara", disse Sam em tom conciliador, "vou dizer o que você deve fazer".

"Não consigo fazer nada", cortou Mick.

"Consegue. Em algum momento durante as próximas duas horas, certo, lave os pés. Basta dar uma lavada, isso vai refrescar você. Sempre refresca lavar os pés."

Mick ergueu os pés em defesa e começou a falar comigo sobre o futuro, onde morar, o que fazer. "Ganhei uma quantia ridícula de dinheiro no ano passado", ele apontou. "Fui pago por dois filmes na mesma quinzena. E não sei onde morar. A Inglaterra é tão pequena. Eles já me colocaram na cadeia na Inglaterra. Fui preso três vezes. Eles vão me mandar embora em algum momento. E cobram impostos altos. Acho que gostaria de morar na França e viajar, viver em lugares diferentes em épocas diferentes. O Sul da França ou da Itália. Esta é a vantagem de viver na Europa, você não precisa morar em só um país. Eu nunca sei o que colocar no meu passaporte para raça – sempre quero colocar Cavalheiro Inglês. Mas tenho que encontrar um lugar para morar, tenho de pensar no futuro, porque obviamente não posso fazer *isto* para sempre." Ele revirou os olhos. "Quero dizer, nós somos tão *velhos* – estamos há oito anos e não podemos continuar por mais oito. Quero dizer, se você puder, fará, mas eu simplesmente não posso, quero dizer, estamos tão velhos – Bill já tem *trinta e três*."

"Em oito anos", eu calculei, "ele terá..."

"Entende o que quero dizer?"

O tempo não espera por ninguém, mas não sabíamos disso na época. Oito anos pareciam uma vida inteira.

"Mick", Ronnie chamou da sala da frente, "Jo quer falar com você". Ele saiu mancando, enquanto Michael Lydon e duas jovens garotas de Boston chegavam. Sam os deixou entrar, imediatamente levando uma das meninas com ele. A outra sentou-se na cama ao meu lado. Michael apresentou a si e a todos na sala e começou a perguntar à garota, cujo nome era Georgy, sobre seu bairro, se ela gostava da escola e assim por diante. "Não sou *groupie*", cortou ela. "Se você escrever sobre mim, diga que não sou *groupie*." Enquanto isso, Sam havia dito à amiga: "Você pode conhecer os Stones, mas primeiro tem de transar comigo". Eles estavam em outro quarto, Sam tirando as calças, a garota só de sutiã e calcinha, quando a porta se abriu. "Tudo bem, a brincadeira acabou, são os policiais", uma voz gritou. Eram Ronnie, Keith, Mick e o pequeno Mick Taylor.

"Ah, vamos lá", disse Sam.

"Eu não fiz nada", falou a garota perplexa. "Não fizemos nada."

"Você deveria ter vergonha, Sam", os rapazes o repreenderam.

Logo depois, nós descemos. Era tarde, eu estava cansado. Sábado à noite nos Estados Unidos, e eu um dia atrasado em minhas anotações. Ao longo do show dos Stones, eu me atualizava. Não esperava que o apocalipse chegasse em Boston.

Depois da apresentação, voltamos para o andar de cima, sem nenhum motivo. Na saída, havia jovens esperando, como em 1964, garotas fervilhando sobre os carros, pressionando as janelas. Passamos devagar por todos eles, parando às vezes, e depois, quando a multidão se afastou, pegando velocidade. No aeroporto, estacionamos entre pequenos aviões escuros e caminhamos pelo asfalto até um de vinte lugares. Assim que embarcamos, alguém percebeu que Tony foi esquecido no hotel, então um carro foi enviado de volta para pegá-lo. No avião, havia duas *groupies* convencionais que estavam no camarim por cortesia de Jon Jaymes. Uma delas, de dezenove anos, de Nova Jersey, me contou que acompanhava os Stones em suas turnês norte-americanas desde os treze anos, mas nunca tinha conseguido chegar perto deles. Finalmente Tony chegou, e as portas foram fechadas. Do meu assento, que ficava na janela atrás da asa direita, notei algo saindo do motor, algo respingando no chão e o resto derramando para dentro, onde as velas de ignição soltavam bufadas de fumaça azul gordurosa, que explodia em guinchos amarelos de chama dançando sobre a asa na noite fria da Nova Inglaterra.

"Está pegando fogo", Mick gritou. "Temos que sair daqui. Há algo pingando do motor, informe ao piloto."

Mas o fogo logo se apagou. "Apenas algum excesso de óleo queimando", explicou o piloto. A essa altura, estávamos mais ou menos em fila na porta. Nós então nos sentamos, e o avião decolou. Keith acendeu um baseado, e não demorou para mais uma meia dúzia circular pela cabine. Eu estava sentado ao lado de Sam, que pegou uma lata de filme de 35 milímetros cheia de cocaína e uma pequena colher de ouro. Nós passávamos aquilo de um lado para o outro, a cocaína atingindo o interior de nossas cabeças com pequenas explosões de cristal como balas atingindo um candelabro. Sam, olhando pela pequena escotilha para a escuridão, os olhos marcados pelas olheiras, lembrou em voz baixa, quase um assobio: "Oh... amanhã é o último dia... o último dia da turnê". Haveria gravação no Alabama e o show gratuito na Califórnia, mas era verdade, amanhã seria a última data oficial da turnê de 1969 dos Rolling Stones. Como se estivesse voltando à realidade, Sam disse, observando para constar: "Perdi dez quilos nos Estados Unidos".

A *groupie* de Nova Jersey não parava de tirar baseados da bolsa e distribuí-los. “Este é o meu sonho”, ela declarou, olhando para Mick. “Não consigo nem pensar. Por anos ele tem sido meu Deus. É como se eu estivesse em um avião com... Deus.”

Aterrissamos na fria e úmida Nova York, no aeroporto Marine, e eu entrei em uma limusine com Jon Jaymes e sua Parada do Dia de Colombo, incluindo Barbara, a garota da pintura corporal, Mike Scotty, e as duas *groupies*. Jon mantinha levantada a mão que machucou antes do segundo show daquela noite em uma briga com garotos radicais que foram impedidos pelos policiais de puxarem a bandeira dos EUA. O moleque que Jon tentou acertar se agachou, e o punho de Jon chocou-se contra a parede. De olhos fechados, parecendo o grande Buda Kalinga adormecido, Jon segurava no ar a mão, toda enfaixada, parecendo a pata de um cachorrinho ferido.

“É muito ruim um cara tão legal se machucar”, lamentou a *groupie* de Nova Jersey. “Quero agradecê-lo por nos trazer. Eu realmente espero poder agradecê-lo.”

“E eu espero que você tenha a chance”, disse a ela.

A garota que encontrei dormindo na minha cama quando voltei de Boston para o Plaza usava um vestido de seda roxo e um casaco de marta. Procurando privacidade, trocamos de quarto, andando pelos corredores como em uma cena da Dodge House, um cowboy de camisa vermelha e uma festeira de vestido roxo em direção ao sofrimento. Eu a amava desde que eu tinha dezesseis anos, e ela, onze. Uma década depois, ela cuidaria de mim até eu conseguir voltar à vida depois que caí da grande rocha na Geórgia, recebendo por suas dores mais sofrimento.

Pudemos sentir isso chegando pela manhã quando nos despedimos. Eu a coloquei em um táxi e voltei para cima para pegar minha mala. O objetivo imediato era embarcar em um voo charter ao meio-dia para West Palm Beach, onde os Stones estavam programados para encerrar o festival ao pôr do sol. Então a banda, os irmãos Maysles, Michael, Ethan, Sam, Tony, todos com bagagens, foram fazendo uma grande pilha no saguão do Plaza naquela manhã de domingo. Quando desci, vi Jo parada ao lado dos elevadores, chorando. Mais tarde, ela me diria que estava com medo de não conseguir lidar com isso, não conseguir fazer seu trabalho. Caminhei até o outro lado do saguão, onde um mensageiro com as malas de alguém, pairando de repente sobre mim, ordenou: "Abram espaço". Achei-o um pouco áspero, especialmente porque eu não estava no caminho do homem – nós dois estávamos no meio de uma multidão e teríamos que virar de lado para nos mover em qualquer direção. Então eu disse ao mensageiro que, se ele saísse do meu caminho, eu sairia do dele, o que o enfureceu, seu rosto ficou vermelho, e ele começou a balbuciar. Enquanto ele se controlava e tirava as malas, uma garota com uma jaqueta do exército veio e me perguntou se eu garantiria que ela poderia ir para a Flórida. Sem nunca tê-la visto antes, respondi que não podia garantir nem por mim mesmo. Michael Lydon estava por perto com o braço em volta de Jo, que continuava chorando. Os irmãos Maysles e eu decidimos sair e pegar um táxi para o aeroporto Marine.

Enquanto íamos, conversamos sobre os Stones. David e Al pareciam não saber nada sobre eles e, dois meses mais tarde, após o filme ser rodado, ainda estariam falando sobre Bill Watts. No aeroporto, saímos para o avião no dia frio e cinzento, o restante do grupo chegando enquanto subíamos as escadas. Embarcamos no avião por volta das 14h30min, horário do Leste, todos querendo conforto. Havia quarenta assentos extras. Keith e Mick foram para os fundos, e do gravador de Keith vinha o som de Chuck Berry que logo encheu a cabine. Os irmãos Maysles e eu nos sentamos na frente. A aeromoça da Butler Aviation trouxe cerveja e sanduíches embrulhados. Depois de comer, eu adormeci, acordando em cerca de uma hora para nos encontrar ainda sentados no mesmo lugar, nada acontecendo, o mundo do lado de fora das janelinhas mais escuro e cinza.

Mick, com sua camisa de seda vermelha com babados e blazer bordô, estava de pé no corredor, conversando com Ronnie. "O que há de errado?", perguntou. "Estamos sentados, sentados."

"Eu conversei com o piloto", Ronnie explicou. "Ele diz que perdemos nosso lugar na programação de decolagem porque chegamos atrasados, agora temos de esperar alguns aviões pousarem."

Do lado de fora, podíamos ver listras brancas na luz fraca. Começava a nevar. Estávamos sentados na boca de um grande pássaro de metal como se a maquinaria nos possuísse e devêssemos esperar pelo seu prazer. Não havia mais nada a fazer a não ser comer sanduíches, beber cerveja e conversar.

"Você viu aqueles jovens ontem à noite?", Michael Lydon perguntou a Mick, falando sobre o baile de debutantes no Plaza quando entramos. "Eles pareciam algo saído de um conto de Scott Fitzgerald", apontou Michael. "Conversei com alguns meninos e uma menina. Perguntei a ela: 'Você sabe que muitas das músicas dos Rolling Stones foram escritas sobre você?'. Ela rebateu: 'Sim, e as de Bob Dylan também, penso nisso toda vez que ouço a frase "with her fog, her amphetamine, and her pearls[94]"'. E ela admitiu se sentir muito bem com isso. Eles tinham erva e cocaína na festa. Eu comentei: 'Coca é boa, mas cara', e eles responderam: 'Sim, mas é muito boa se você puder pagar'. Eles devem ser realmente grandes debutantes. Não os melhores, mas muito bons."

"Alguns deles me perguntaram se eu queria ir a um baile de debutantes", falou Mick, "e eu disse a eles que não existem debutantes de verdade na América".

"O que você quer dizer, não há...", Michael ficou confuso.

"Não há. Não existe", reiterou Mick, "nenhuma aristocracia norte-americana, então não pode haver debutantes".

"Mas não há em nenhum lugar, realmente", concluiu Michael.

"Claro que tem", disse Mick. "Existe na Inglaterra."

"Ele acha que vai ser nomeado cavaleiro", falei, "é por isso que ele diz isso".

"Não adianta nada ser cavaleiro", respondeu Mick. "Você tem que ser um baronete pelo menos, é o mínimo – você é automaticamente um Sir se for um baronete. Costumávamos tocar naqueles bailes, era onde encontrávamos todos os nossos amigos. Isso não é verdade, mas tenho uns amigos queridos que conheci lá."

---

94 "Com sua névoa, sua anfetamina e suas pérolas." Trecho da música "Just Like a Woman", de Bob Dylan. (N.T.)

"Como você foi convidado para tocar nessas festas?", Michael perguntou. "Os jovens pediam por vocês?"

"Sim, pediam aos pais para nos contratarem. Eles pagavam muito bem, têm muito dinheiro. Acabei de receber uma oferta – fantástica, tanto quanto ganhamos em um show aqui – para tocar em uma dessas festas."

"Recentemente?"

"Sim, há umas duas semanas."

"Você vai?"

"Deus sabe que não preciso disso, elas são horríveis, as pessoas estão sempre fazendo pedidos."

"Mas você realmente acredita na aristocracia", Michael disse, perdendo a ironia de Mick.

"Bem, ninguém vai fazer nada com este sistema. Temos agora uma chance – já que eles deram o voto para jovens de dezoito anos – de conseguir três milhões de novos eleitores e fazer uma mudança, destruir um sistema irrelevante. Mas a Inglaterra está tão estagnada, os jovens de lá são como sempre foram. Ninguém está interessado em fazer nada, exceto algumas pessoas que já estão na política. Lá não dá para fazer nada. Esta é nossa única chance nos últimos cinquenta anos de realmente mudar as coisas, e ninguém se importa..."

"Mudar para o quê?", Charlie perguntou. Ele e Sam Cutler estavam sentados ali perto. "O que você vai colocar no lugar do sistema que temos agora?"

"Nada", Mick respondeu. "Nada seria melhor do que um sistema irrelevante."

"Isso é *certo*", Sam concordou. "Só precisamos parar os *policiais*, certo, de empurrar as pessoas. No final, tudo se resume a isso."

Depois de passar semanas indo da Califórnia, do Sudoeste, para o Alabama, Chicago, Costa Leste, tentando noite após noite libertar mais um pedaço dos EUA, estávamos agora sentados, esperando num voo para chegar ao último show na Flórida, indefesos em um avião que não estava indo a lugar algum. Foi quando começamos a discutir pela primeira vez a questão de "O Que Deve Ser Feito".

"O tema que se mantém recorrente em seus pensamentos, cara", Charlie disse a Sam, "é bater em um policial".

"Meu velho era vermelho, certo", Sam lembrou, "e eu vi o que os policiais fazem. Eu os vi apreender a lista de assinaturas do *International Times.* Chega um momento em que você tem que dizer: 'Certo, é isso, não vou me mexer'".

"Mas todo mundo na política fica empurrando você para a rua", afirmou Charlie. "Eu não gosto disso."

"Você não iria para as ruas para lutar contra os policiais se chegasse a isso?", questionou Sam.

"Não", Charlie respondeu. "Não faria isso."

"Charlie é um verdadeiro *cockney*", Mick me disse, enquanto Sam continuava tentando convencer Charlie de que bater em policiais resolveria os problemas do mundo. "Um londrino típico. Mas agora ele mora no campo, e muitas coisas que eu odeio nas pessoas do campo eu posso ver em Charlie. Ele se juntará a uma sociedade de preservação e passará seu tempo escrevendo cartas."

"Não sei nada sobre as sociedades", reconheci, "mas preservação é o que eu gostaria de ver, a preservação da vida no planeta, não há um córrego em meu município que não esteja poluído...".

"Não sei", refletiu Mick. "Talvez o natural seja que os córregos fiquem poluídos, que morram. Talvez seja isso que deva acontecer."

"Espero que não", eu disse.

Interrompemos a conversa com a chegada de Keith, que, apenas por sua passagem, provava de alguma forma a ociosidade da nossa conversa: não é o que você diz que conta. Keith estava cochilando nos fundos e ficou surpreso, como era de esperar, que ainda estivéssemos em Nova York.

"Se não formos logo, vamos desistir", declarou Mick.

Keith falou com Ronnie, que foi novamente ver o piloto. Ele lhe informou que iríamos trocar de avião, tinha algo errado com este, e que o nosso já estava aqui, na pista, assim que eles estivessem prontos iríamos subir nele e decolar. O tempo passou, comemos mais sanduíches. Lá fora estava quase escuro. "Vamos esquecer isso", sugeriu Keith. "É tarde demais. Se não sairmos em quinze minutos, não vamos mais." O piloto então falou para Ronnie que o presidente Nixon havia entrado na rota, o Air Force One estava pousando, o que impedia qualquer entrada ou saída enquanto estivesse em curso. O Air Force One não estava pousando, e a maior parte do que nos disseram no aeroporto Marine não era verdade, mas não sabíamos, e então afundamos um pouco mais na aquiescência. "Foda-se", disse Keith. "É tarde demais."

"Mas nós combinamos com o cara que está promovendo isso – ele é apenas um sujeito independente fazendo todo o festival sozinho", ressaltou Ronnie, "e nós o fizemos pagar toda a garantia adiantada, já temos a grana".

"Bem, vamos voar e jogar o dinheiro sobre a multidão", rosnou Keith.

Mick e eu cantávamos junto com "Who Do You Love" da fita de Ronnie Hawkins que Wexler tinha me dado, cantando a letra certa enquanto Hawkins cantava a errada. "Got a tombstone hand and a graveyard mind[95]." Naquele momento, o piloto saiu da cabine e anunciou: "O avião de vocês acabou de pousar".

Eram quase 19h. Atravessamos na escuridão o asfalto molhado até um avião idêntico, mas mais saudável, todos ocupando o mesmo lugar que antes. Sentindo-me um pouco desmaiado, peguei um *popper* de nitrito de amila, abri, inalei e passei para os irmãos Maysles, que inalaram sem saber o que era – e eu me diverti vendo a surpresa deles à medida que suas cabeças inflavam.

Apertamos o cinto e partimos para o céu noturno, cantando junto com a fita de Chuck Berry de Keith, viajando com a amila enquanto os motores zuniam. O hiato épico havia acabado. "Lamentamos a demora", disse a aeromoça. "Esperamos poder compensar isso durante a sua viagem." Tive uma visão de pernas de aeromoça nuas deitadas no corredor enquanto Sam (três vezes) e Tony a ajudavam a compensar o atraso. Um jogo de pôquer estava começando na frente do avião, e Mick foi se juntar a ele. Ronnie passou, indo naquela direção, e David o parou para perguntar: "Como os Stones dividem sua renda? Mick recebe mais do que os outros?".

95 "Tenho uma mão de lápide e uma mente de cemitério." (N.T.)

"Eles dividem em cinco partes, igualmente", esclareceu Ronnie. "É por isso que trabalho para eles." Ele entrou no jogo. Os baseados estavam passando, e um dos seguranças, jogando pôquer, perguntou: "Você se importa se fumarmos?".

"Está brincando?", espantou-se Ronnie.

Sam estava falando sobre brigar com policiais. Estávamos indo para um lugar onde os policiais e os jovens pareciam estar em guerra. Mas aqui os policiais ficavam chapados conosco. Sentei-me fumando com os irmãos Maysles, tentando acalmar minha mente. Mick voltou, e David lhe disse: "Acho que você deveria dirigir este filme".

"Não sou diretor", respondeu ele. David continuou insistindo, mas Mick não deu ouvidos. David e eu começamos a debater filmes, mas logo passamos a divergir, pois eu achava que *Kingpin* e *Potemkin* eram grandes obras, e ele, não.

Voltei para a cozinha, seguido por Mick. Quando ele se aproximou, disse: "Eu discordo", começando a rir. "É ridículo", falei para ele. Nós nos encostamos na parede rindo, então pegamos mais cerveja e sanduíches e nos sentamos novamente. Mick olhou por uma das janelinhas. "Se alguém faz o que faz para Deus ou para o Bem", analisou ele, parecendo cansado e pálido, "então não consegui encontrar ninguém fazendo nada melhor – certamente ninguém na política – do que eu estou fazendo, ou alguém melhor para fazer isso".

28

Entrevistador: Voltando a Buddy Bolden...
John Joseph: Uh-huh.
Entrevistador: Ele perdeu a cabeça, eu ouvi.
John Joseph: Ele perdeu a cabeça, sim, ele morreu num hospício.
Entrevistador: É, foi isso que ouvi.
John Joseph: Isso mesmo, ele morreu lá.

Michael Ondaatje: *Coming Through Slaughter*

"PARA ONDE?"

"Inner London Sessions, Newington Causeway."

"Você está em apuros?"

"Não muito."

"Algo com a lei, então?"

"Não, sou escritor."

"Escrevendo sobre um julgamento?"

"Sim, Brian Jones, dos Rolling Stones, está sendo julgado hoje."

O taxista, um velho de rosto cinzento com nariz em forma de bico de galinha, virou-se para me observar por cima do ombro, fungou e olhou para trás pelo para-brisa manchado de chuva. Seguimos em silêncio ao longo do oleoso Tâmisa, passando pela Tate Gallery, depois pela ponte Lambeth, pelo palácio Lambeth e pelo Museu de Guerra Imperial. Eu comentei: "Parece estranho para mim, como norte-americano, mas a maioria dos ingleses parece considerar os Beatles um patrimônio nacional e os Stones um sério inconveniente". O motorista olhou para mim de novo, muito parecido com um galo olhando para um cadarço. "Exatamente. Os Beatles têm algumas coisas engraçadas, é claro, meditação e tudo mais, mas pelo menos no que diz respeito aos semblantes, eles parecem ser caras decentes. Mas os Stones – a aparência deles e a maneira como eles se comportam, com suas drogas e garotas – são uma sujeira absoluta."

No Inner London Sessions, um antigo tribunal de pedra cinza, paguei o motorista e desci pelo caminho de pedras pretas sob um grande carvalho pingando. No *hall* de entrada vazio e de pé-direito alto, um guarda me encaminhou ao andar de cima, para a galeria pública, onde havia vários repórteres ocupando todo o espaço do tribunal reservado à imprensa, além de uma fileira de assentos normalmente usados por testemunhas. Nos quatro longos bancos de madeira da galeria pública sentavam-se cerca de uma dúzia de estudantes, com idades entre doze e dezesseis anos, e talvez duas dúzias de velhos, homens e mulheres que pareciam não ter nada mais o que fazer durante o dia. Peguei um dos vários espaços vazios na fileira de trás.

Um grande globo de luz pendia do teto arqueado azul e branco, mas pouco fazia para dissipar a escuridão que impregnava as paredes marrom-escuras, as cadeiras do tribunal, com suas almofadas e assentos de couro vermelho-escuro, e o rosto pálido dos homens de peruca, o presidente, ou juiz, de manto preto, Reginald Ethelbert Seaton. Era o mesmo R. E. Seaton que, nas Inner London Sessions em 1º de novembro de 1967, quase um ano antes, havia sentenciado Brian Jones a nove meses de prisão.

À direita do sr. Seaton estavam os dez homens e duas mulheres do júri; à sua esquerda, no banco das testemunhas, estava o sargento-detetive Robin Constable, um jovem bonito e atarracado, com cabelos escuros e bochechas rosadas. Ele contava ao tribunal o que havia feito na manhã de 21 de maio de 1968. Por volta das 7h20min, disse ele, chegou ao apartamento de Brian Jones na Royal Avenue House, King's Road, Chelsea, na companhia de outros três policiais, um deles uma mulher. Por cerca de dez minutos, eles bateram, tocaram a campainha, um deles gritou "Polícia!" pela abertura de correspondência, mas, embora ouvissem alguém "se movendo" lá dentro, ninguém veio abrir a porta. Finalmente, o detetive-sargento Constable (que, no início de sua vida profissional, deve ter sido simplesmente Constable[96] Constable) notou uma escotilha de lixo aberta, entrou no apartamento e destrancou a porta para os outros policiais. Eles começaram a revistar as salas de estar, enquanto DS Constable entrava no quarto. Lá, ele encontrou Brian Jones sentado no chão do outro lado da cama, vestindo um cafetã. "Eu só conseguia ver o topo de sua cabeça." Jones tirou um telefone das dobras de seu cafetã e o colocou na mesa de cabeceira. "Eu ia telefonar para o meu advogado", ele falou. O DS mostrou a Jones um mandado de busca e perguntou por que ele não abriu a porta. "Você conhece a cena, cara", disse Jones. "Por que eu sempre acabo ferrado?"

"O que você entendeu que ele quis dizer?", DS Constable foi interrompido pelo sr. Roger Frisby, advogado de acusação.

"Eu suponho que era porque o estávamos incomodando", o DS deu de ombros. Ele passou pelo quarto de Jones, vasculhando-o com cuidado. Quando tinha acabado a busca, um dos outros oficiais lhe chamou: "Robin! Venha aqui!". Levando Jones com ele, o DS foi para a sala de estar, onde o detetive policial temporário Prentice estava de pé por cima de uma cômoda, segurando um novelo de lã azul. "Acabei de achar esta lã", afirmou o DPT Prentice. "Oh, não", Brian gemeu. "Isso não pode acontecer de novo, bem quando estamos nos recuperando." Prentice abriu a bola de lã, revelando um pequeno pedaço de resina de *cannabis*, ou haxixe, dentro.

"Jones falou, então", disse Frisby, a quem a lei exigia provar que Brian estava *conscientemente* de posse do haxixe, "antes de ver o que a lã continha".

"Sim, senhor", respondeu o DS. O DPT Prentice então passou a lã para ele e perguntou a Jones: "Esta lã é sua?". A resposta de Jones foi: "Pode ser". Ele apenas deu de ombros em resposta a todas às demais perguntas. Seus únicos outros comentários foram: "Por que você tem que ficar me incomodando? Eu tenho trabalhado dia e noite, tentando promover nosso novo disco, e agora isso tem que acontecer". Depois de ser levado à Delegacia de Polícia de Chelsea, onde foi acusado de posse ilegal de uma substância

96 Os policiais no Reino Unido são chamados de Constable. (N.T.)

restrita pela Lei de Drogas Perigosas de 1964, ainda diria: "Eu nunca tomo essas coisas, isso me deixa tão paranoico".

"Mais nenhuma pergunta", afirmou o sr. Frisby, e retirou-se para sua cadeira de espaldar alto.

"Detetive Sargento Constable", disse o sr. Michael Havers, advogado, levantando-se para falar pela defesa, "quando entrou no quarto, você observou que o sr. Jones estava sentado no chão ao lado da cama. Havia algo sinistro nisso? Um homem pode se sentar onde quiser em seu próprio quarto, não pode?".

"Não havia nada sinistro", respondeu o DS. Ele tinha dado um testemunho fluente para o sr. Frisby, parecendo bastante orgulhoso em seu paletó esporte xadrez cinza e gravata vermelha; agora estava com um sorriso obstinado, de lábios apertados, e dava para ver como ele parava e pensava antes de falar.

"Quando o detetive temporário Prentice chamou 'Robin! Venha aqui!', qual era o jeito dele? Ele estava animado, você diria?"

"Acho que sim."

"Ele estava animado. Quando você e o sr. Jones entraram, DPT Prentice estava de pé sobre a escrivaninha, segurando a lã. Havia algo mais no escritório?"

"Havia uma meia de mulher e uma meia de homem. Na gaveta de cima, com a lã, havia um disco dos Rolling Stones."

"Você sabe quem morava no apartamento antes do sr. Jones?"

"Senhorita Joanna Pettet, a atriz. Ela tinha morado lá por cerca de seis meses."

"Ela é norte-americana?"

"Ela é inglesa, casada com um norte-americano."

"Até onde você sabe, ela já esteve envolvida com drogas?"

"Não, senhor. Nós a investigamos na Scotland Yard, e, a nosso pedido, ela foi investigada em Los Angeles pelo FBI. Não tem histórico de drogas."

"Ela disse que a lã era dela?"

Os cantos do sorriso do DS Constable se voltaram para baixo. "Ela afirmou que pode ser. Mas não tinha conhecimento da *cannabis*."

"Vamos ver", falou o sr. Havers, tocando a mão na peruca como se estivesse tentando se lembrar. "Quando você entrou, o DPT Prentice estava segurando a lã?"

"Estava."

"E ele não mostrou o que tinha dentro?"

"Não, senhor."

"O que você achou que continha?"

"Eu... não sabia."

"Certamente não, mas o que você achou? Você veio procurar drogas. DPT Prentice o chamou todo animado. Você, com certeza, não pensou que não tinha nada a ver com drogas."

"Não, senhor."

"O ponto", pronunciou o presidente Seaton, percebendo a questão, "é que quando o DPT Prentice chamou, ficou óbvio para você que tinha algo a ver com drogas. Portanto, deveria ter sido óbvio para o acusado também".

"Sem mais perguntas", encerrou o sr. Havers.

"A corte fará um recesso de dez minutos", anunciou o sr. Seaton.

Cerca de metade dos espectadores deixou a galeria pública para o intervalo. Aproximei-me da parede baixa da sacada e fiquei olhando para a sala do tribunal. No banco da frente, duas velhinhas que estavam sentadas ao lado de um grupo de alunas conversavam. Pareciam o tipo de mulher que mora sozinha, ou uma com a outra, em apartamentos na cidade. "...gastam muito dinheiro em discos. Não acho bom."

"Não, nem eu. Algumas das letras..."

"Dizem que Frisby é um promotor maravilhoso."

Um policial de uniforme azul e bigode preto estava sentado em uma cadeira perto da porta da galeria. Fiz algumas perguntas, e ele me revelou que os tribunais ingleses não eram muito diferentes dos norte-americanos, exceto que um júri poderia dar um veredicto baseado na maioria, em vez de uma decisão unânime. Se este júri considerasse Brian culpado, ele poderia ser multado em mil libras e sentenciado a dez anos de prisão. O policial não era um homem de apostas, mas se fosse, ele me disse, não apostaria no réu. "Segundo delito", lembrou ele, balançando a cabeça. "Eles vão ficar com ele."

Enquanto conversávamos, as pessoas começaram a voltar. Sentei-me ao lado de uma garota bonita com longos cabelos ruivos. Ela parecia ter dezesseis anos. "Você é fã dos Stones?", perguntei a ela.

"Na verdade, não", respondeu. "Estava aqui por acaso, então decidi dar uma olhada por curiosidade. Estou treinando para ser conselheira de jovens da polícia."

Havia uma porta à esquerda da sala do tribunal, que dava para a sala do júri, e outra à direita, que dava para uma sala de espera onde as testemunhas não podiam ouvir o depoimento que as precedia. Quando o tribunal estava novamente em sessão, o sr. Frisby chamou o detetive policial temporário Prentice para testemunhar. Ele saiu pela porta do lado direito, um pequeno policial de terno escuro, cujo depoimento repetiu, quase palavra por palavra, a história que ouvimos de Robin Constable. Ele foi seguido pela última testemunha de acusação, que vestia uma blusa branca e um suéter xadrez verde. A detetive Wagstaff, parecendo uma professora primária, leu a versão oficial da polícia em um pequeno bloco amarelo. Quando ela foi dispensada, o sr. Havers se dirigiu ao júri.

Em um momento, ele afirmou, Brian Jones iria depor. Eles teriam a chance de vê-lo e ouvi-lo e julgar por si mesmos que tipo de pessoa ele era. Eles certamente mereciam essa oportunidade e, de fato, o sr. Jones estava ansioso para contar seu lado da história. Mas eles também mereciam ser informados de forma completa e franca de todos os fatos relacionados a este caso. Era fato que Brian Jones já havia sido preso antes por acusações de drogas. Ele apareceu no mesmo tribunal de hoje e perante o mesmo juiz. Era, naquela ocasião, culpado, e assim o disse. Brian havia sido condenado à prisão, mas o Tribunal de Apelações, em parte por causa de aconselhamento médico, decidiu que ele deveria ser multado e colocado em liberdade condicional. Desde então, ele estava sob os cuidados de um médico aprovado pelo tribunal. "Eu conto tudo isso", relatou o sr. Havers, "porque é realmente uma parte importante deste caso. Ter passado meses com toda a preocupação e ansiedade de julgamentos e litígios judiciais, com a ameaça de prisão pairando sobre si – ter passado por tudo isso e estar trabalhando e cooperando com a polícia e o conselho de liberdade condicional – e então, de repente, encontrar-se novamente, sem culpa, na mesma situação. Senhoras e senhores do júri, peço que ouçam com simpatia o testemunho deste jovem – ele está sob grande tensão".

Então, quando as meninas na primeira fila da galeria se inclinaram para a frente, agarrando-se ao parapeito da sacada, Brian veio ao banco das testemunhas. Estava vestido com dignidade, com um terno cinza risca de giz, camisa branca e gravata estampada escura, mas não havia como disfarçar a exuberante cabeleira loira na altura dos ombros.

Existe uma fotografia, feita há muito tempo, antes de existirem os Rolling Stones no mundo, que mostra Brian como um menino magro, cabelo quase cortado à escovinha, de suéter. Ele parece um repórter de jornal do Ensino Médio, mas seu rosto é dominado por uma expressão de alegria louca e perversa. Desde então, ele ganhou peso e cabelo, e sua feição ficou mais selvagem. Alguns meses antes, em Joujouka, no Marrocos, Brian havia gravado um álbum de músicas tocadas por participantes dos ritos de Bou Jeloud, nome sob o qual Pã, "o pequeno deus bode", sobrevive. Brion Gysin havia escrito um texto para acompanhar a música. Observando as expressões do júri enquanto olhavam para Brian, pensei em uma passagem: "Quem é Bou Jeloud? Quem é ele? O menino trêmulo que foi escolhido para ser despido em uma caverna e costurado nas peles quentes, ensanguentadas e mascaradas com um velho chapéu de palha amarrado no rosto, ELE é Bou Jeloud, quando dança e corre. Nem Ali, nem Mohamed, então ele é Bou Jeloud. Ele será um pouco *tabu* em sua aldeia o resto de sua vida".

O rosto de Brian estava pálido e doente, sua voz tremia; por três vezes, ele foi solicitado a falar mais alto, quando, em resposta às primeiras perguntas de Havers, admitiu ser Lewis Brian Jones, de vinte e seis anos, músico profissional desde 1963, ano em que ingressou nos Rolling Stones. Ele já havia sido preso antes, declarado culpado, condenado à prisão, apelado e agora estava em liberdade condicional, consultando um médico regularmente. Ele não usava *cannabis* desde a primeira prisão, dezoito meses atrás. Tinha consumido rara e experimentalmente, e seu efeito – ele estava tendo dificuldades pessoais na época – foi torná-lo só mais infeliz. Inclinando a cabeça ligeiramente para a direita, sua pequena mão pálida afastou o cabelo louro que lhe caía sobre os olhos. Ele estava hospedado no apartamento de King's Road enquanto uma casa que havia comprado estava sendo decorada. Assumiu o apartamento algumas horas depois que Joanna Pettet partiu. Dando uma primeira olhada ao redor, viu uma meia-calça, uma meia masculina e um tinteiro na cômoda. Ele não se lembrava de ter visto a lã, embora o choque prolongado dessa experiência possa ter causado um vazio mental. Os Stones estavam gravando nesse horário, trabalhando à noite quando havia menos perturbação, dormindo durante o dia. Ele estava no apartamento havia dezoito dias, mas passou metade do tempo na casa de um amigo. Na noite anterior à batida policial, havia tomado um comprimido para dormir receitado por seu médico e ido para a cama por volta de 1h30min.

Lá em cima, em Joujouka, você dorme o dia todo – se as moscas deixarem, Brion Gysin escreveu. *O café da manhã é queijo de cabra e mel em pão libanês do forno ao ar livre. Músicos se divertem tomando chá de menta, fumando cachimbo e tocando flautas. Eles nunca trabalham em suas vidas, então mentem facilmente. Os últimos sacerdotes de Pã arrecadam o dízimo das colheitas no vale verdejante abaixo. No final de agosto, cada músico foge para as fronteiras do país Rif para escolher os grandes prados gramados de* cannabis sativa *– o suficiente para durar o ano. Fumaça azul cai em véus de Joujouka ao anoitecer. A música pega como uma corrente ligada. As crianças estão cantando,* "Ah, Bou Jeloud!".

"A primeira coisa que ouvi foi uma batida forte na porta. Não percebi imediatamente o que era. Um minuto pode ter se passado antes que eu soubesse que era alguém muito decidido a entrar no apartamento. Coloquei um cafetã – um tipo de quimono – fui até a porta e olhei pelo olho mágico."

"O que você viu?"

Ninguém que tenha visto a polícia do outro lado de sua porta consegue esquecer. Brian fechou os olhos e, como se estivesse em uma sessão espírita, convocou a imagem, progredindo do medo para uma espécie de diversão feérica. "Lembro-me de ver... três grandes senhores... de um tipo que não costumo *ver*... pelo olho mágico da minha porta."

"Quem você achava que eles eram?"

"A polícia, talvez, ou", ele acrescentou misteriosamente, "agentes. Eu fiquei com medo..."

"Da polícia?"

"Sim, desde o ano passado eu pareço ter um medo inato da polícia."

"De modo a esclarecer ao tribunal", o sr. Frisby interveio secamente, "*inato* significa que você teve isso toda a sua vida".

"Ah, um medo adquirido", Brian emendou sua declaração. "Voltei para o quarto na ponta dos pés. Não conseguia decidir se deveria ligar para minha secretária ou meu advogado. Eu estava muito preocupado."

"A polícia disse que dez minutos se passaram antes que eles entrassem no apartamento. Você concorda com essa estimativa?"

"Não posso concordar ou discordar. Passou algum tempo. Certamente o suficiente para descartar qualquer coisa que eu não deveria ter."

A porta da galeria se abriu, e Suki Poitier, a garota de Brian, entrou com Tom Keylock. Suki, uma modelo loira, muito bonita de um jeito frágil e abatido, estava vestindo um terninho preto e uma blusa de seda branca. Algumas pessoas se viraram para vê-la. Ela retribuiu o olhar. Tom, que havia tirado os Stones de muitos problemas com gerentes de hotel e outras figuras de autoridade em países de todo o mundo, não podia fazer nada agora para ajudar Brian. Sentaram-se juntos e ouviram.

Brian estava contando que o DS Constable tinha entrado em seu quarto e lhe mostrado um mandado de busca por drogas perigosas. Quando o DPT Prentice chamou, o DS disse: "Venha, Jones". Brian pensou que ele tivesse visto a maconha imediatamente, pois sabia que estavam ali atrás de drogas. Ele havia sido informado.

"Como você se sentiu quando lhe mostraram a resina?"

"Eu não podia acreditar", respondeu Brian, sua voz dramática e suave. "Fiquei absolutamente arrasado."

"Quando o DS Constable perguntou se a lã era sua, você disse: 'Pode ser'?"

"Eu poderia ter dito qualquer coisa."

"A lã era sua?"

"Nunca tive um novelo de lã na minha vida." Brian parecia se tornar mais expansivo ao falar sobre sua inocência. "Eu não cirzo meias", ele continuou. "Não tenho uma namorada que cirza meias."

"Mais tarde, quando estava na delegacia, você disse que nunca fuma maconha porque isso o deixa muito paranoico. Como assim?"

"Isso se refere aos eventos do ano passado. O efeito da droga para mim foi o aumento de uma experiência que achei bastante desagradável. Isso me assustou."

"Você foi avisado sobre quais seriam as consequências de quebrar sua liberdade condicional usando drogas?"

"Sim, senhor. Não arrisquei."

"Você tinha algum conhecimento de que a resina estava naquela lã?"

"Não", disse Brian, "de jeito nenhum".

O sr. Havers o dispensou, e o tribunal foi suspenso para o almoço.

David Sandison, do escritório de relações-públicas que cuidava dos assuntos dos Stones, chegou quando estávamos saindo. "Como está?", ele perguntou.

"Difícil dizer", respondi. "A polícia tem a aparência e a reputação de Brian do lado deles. Mas Seaton parece notavelmente de mente aberta."

Sandison parecia cético. "Ele foi um desgraçado no ano passado."

Descemos com Tom e Suki. Brian e Havers ficaram esperando. A chuva havia parado, mas o céu ainda era de um cinza fosco. Todos nós descemos a rua até um pub chamado Ship. Ninguém comeu muito, só tomamos alguma coisa. Entrando no pub da classe trabalhadora, Brian agitou a mão e engasgou-se para pedir "Brandy!". Um enxame de fotógrafos apareceu. Brian lançou-lhes pequenos sorrisos corajosos.

Um homem e uma mulher mal vestidos, que deviam ter uns setenta anos, estavam sentados no canto do bar. "Quem é esse?", a mulher perguntou.

"*Ele...* aquele Rolling Stone."

"Ele não parece tão esperto agora, não é?"

"Ele tem suas preocupações", respondeu o homem.

Nenhum de nós conversou muito durante o almoço. Finalmente alguém pagou a conta e saímos. O Ship ficava em uma esquina e, ao passarmos pela velha e estreita rua transversal de paralelepípedos, notei seu nome: Stones End. Enquanto estava ali olhando para a placa, fotógrafos passaram por mim, andando de costas, tirando fotos da detetive sargento Wagstaff, do detetive policial temporário Prentice e do detetive sargento Robin Constable durante o retorno ao tribunal, tentando parecer modestos.

Em sessão novamente, o sr. Frisby interrogou Brian: "Sr. Jones, o senhor disse que, quando a polícia chegou ao apartamento, sua consciência estava limpa...".

"Sim, inteiramente."

"...então por que não abriu a porta?"

"Porque", Brian respondeu, "eu vi os... três grandes cavalheiros, como mencionei antes. Fiquei com medo".

"*Por que* o senhor ficou com medo?", o sr. Frisby perguntou, seu tom sugerindo que era muito estranho que qualquer cidadão tivesse medo da polícia.

"Bem, os eventos do ano passado", falou Brian, "e houve tantas batidas antidrogas na área de Chelsea... eu só estava preocupado, queria conselhos".

"Certamente o senhor sabia do que se tratava e teria de deixar a polícia entrar em algum momento. Se fosse inocente, não havia nada a temer. No entanto, o senhor deliberadamente os manteve afastados o máximo que pôde. E não adianta, sabe, argumentar que o senhor poderia ter se livrado de qualquer coisa naquela circunstância, pois as janelas do apartamento não abrem para a King's Road, onde poderia haver policiais estacionados do lado de fora, vigiando?"

"Imagino", disse Brian, "que possa haver outras maneiras de descartá-lo...".

"Uma maneira", perguntou o sr. Frisby, "foi esconder na lã?".

Brian deu de ombros. "Isso *poderia* ter acontecido."

O sr. Frisby aproximou-se e tocou a mesa onde estava sentado. Então se virou e pediu a Brian para dizer ao tribunal quem, se não ele, havia colocado a maconha na mesa?

Brian alegou que muitas pessoas entraram e saíram enquanto ele morava no apartamento, mas não tinha motivos para suspeitar de ninguém. Ele não tinha ideia de como a *cannabis* chegou lá e negou desde que ela foi encontrada.

"Negou o quê?"

"Saber sobre a *cannabis*."

"Você não falou isso."

"Claro que sim."

"Seu advogado interrogou os policiais, eles não disseram nada sobre você negar isso."

"Eu neguei", insistiu Brian. "Eu disse: 'Vocês não podem fazer isso comigo de novo'."

O sr. Frisby sorriu, voltou e tocou a mesa. Quando ele se virou novamente, perguntou se Brian já havia usado a escrivaninha onde a *cannabis* estava.

"Não", Brian respondeu.

"E o senhor não tem explicação para ela estar lá. A coisa toda, presumo, é um completo mistério para o senhor?"

"É", concordou ele, pensativo. "Um mistério."

"E também assim", concluiu o sr. Frisby, virando um perfil de três quartos para o júri, "deve permanecer para nós, exceto se aceitarmos a única explicação que acomodará os fatos. O que estou sugerindo, veja bem, é que a *cannabis* era sua, que o senhor sabia que ela estava lá o tempo todo e que agora está mentindo para nós".

A expressão de Brian ao olhar para o sr. Frisby parecia sugerir que, em circunstâncias diferentes, tal acusação inevitavelmente resultaria em um duelo. "Eu não sou culpado, senhor", ele disse, calmo. "Acredito que toda a minha conduta enquanto a polícia estava no apartamento aponta para uma negação."

A única outra testemunha da defesa era o dr. Harvey Flood, o psiquiatra de Brian. O dr. Flood mencionou ao sr. Havers que ele tinha escrito um relatório brilhante sobre o caráter de Brian para o Departamento de Imigração dos Estados Unidos. Ele repetiu o que dissera sobre Brian perante o Tribunal de Apelações: "Acredito que se colocarem um cigarro de maconha ao lado deste jovem, ele correria um quilômetro". Mas antes de ser dispensado, ele admitiu ao sr. Frisby que não havia como ter certeza de que Brian ainda não estava usando *cannabis*.

O sr. Frisby tocou a mesa mais uma vez e começou seus argumentos finais. Ele enfatizou ao júri ser impossível olhar na cabeça e no coração de um homem para ver se era inocente: ele deve ser julgado por suas ações. E talvez a única maneira de julgar as ações de um homem seja compará-las com as próprias. Duvidava que algum membro do júri tivesse medo de ver a polícia na porta. Mesmo uma pessoa com histórico de prisões não teria motivos para ter medo – se fosse inocente. Essa pessoa, inclusive, deveria ficar especialmente feliz em ver a polícia e dizer a eles: "Entrem, cavalheiros" e "Deem uma olhada", até mesmo regozijando-se um pouco, pois sabia que *desta vez* era inocente. Foi isso que Brian Jones fez? Ao contrário. "Ele se comportou como um homem", acentuou Frisby, "pego em flagrante".

Já o sr. Havers, em seus argumentos finais, afirmou que a *cannabis* que a polícia encontrou não era uma evidência da culpa de Brian, mas de sua inocência. Não importava para onde as janelas do apartamento se abrissem – o sr. Havers não tinha visto o apartamento, mas sentia-se seguro em supor que estava equipado com um banheiro, e que nele havia um vaso sanitário. Não levaria dez minutos, ou mesmo um, para uma pessoa jogar fora um pequeno pedaço de *cannabis*. Ninguém poderia se opor a uma ida ao banheiro após o levantar da manhã. Se Brian soubesse da maconha, com certeza teria se livrado dela.

Então o sr. Havers discutiu as complicações emocionais do caso. Brian Jones, considerou ele, era membro de um grupo que obteve tremendo sucesso entre os adolescentes e profundo preconceito de pessoas mais velhas. Muitos de nós, continuou ele, achávamos a música pop e as travessuras dos músicos pop irritantes e até enlouquecedoras. Nossos próprios filhos estavam com os cabelos compridos e caídos no rosto, ostentando camisas extravagantes que, às vezes, julgávamos censuráveis. Mas devemos tirar essas coisas de nossas mentes e olhar para o réu como, digamos, Bill Jones – um jovem comum. E devemos tentar nos colocar em uma situação semelhante à dele: e se um de nossos filhos trouxesse para casa um amigo que deixou maconha em casa, e depois a polícia viesse e a encontrasse? O que alguém poderia dizer, exceto: "Eu não sabia que estava ali". Foi isso que Brian Jones disse. Ele não pode fazer mais nada.

O sr. Havers tinha acabado de completar seus argumentos finais quando Mick Jagger e Keith Richards entraram na galeria. Todos – espectadores, advogados, júri – viraram-se para olhar: era como se os bandidos Cole e Jim Younger tivessem entrado em um tribunal onde o juiz Roy Bean julgava o irmão deles, Bob. Keith estava vestido com uma jaqueta de camurça bege, camiseta branca e calça de couro marrom, claramente sem roupa íntima. Mick trajava um longo casaco de veludo verde, um cachecol amarelo e um chapéu preto de abas largas. Sentaram-se na frente com as garotas. A que estava sentada ao lado de Mick, uma menina magra com um casaco de pano cinza e sem maquiagem, virou-se para as outras, e seus lábios formaram as palavras: "Não vou *aguentar*".

O juiz Seaton os observou até que Mick tirou o chapéu, então deu início às indicações finais ao júri. Ele afirmou que o ônus da prova não era de Brian, mas da polícia, e que o caso deles era inteiramente circunstancial. Nenhuma evidência de uso de *cannabis* foi encontrada – nada de cinzas, nem pontas de cigarro. Havia apenas a própria *cannabis*, e o júri deveria decidir por si mesmo se ela poderia ter sido descartada antes da entrada da polícia. "Se vocês considerarem que a promotoria provou, sem dúvida, que o réu sabia que a maconha estava em seu apartamento, devem considerá-lo culpado. Caso contrário, ele é inocente."

Quase incrédulo, David Sandison sussurrou: "Brian vai se livrar dessa".

Os argumentos finais do sr. Seaton tornaram muito improvável esperar qualquer outra coisa. Ele concluiu dizendo que só uma pessoa completamente ignorante das qualidades de um júri inglês poderia pensar que o estilo da vestimenta ou do cabelo de um homem o impediria de receber um julgamento imparcial.

O tribunal entrou em recesso enquanto o júri saía para tomar sua decisão. Mick se levantou, colocou o chapéu na cabeça e disse: "Aqui vem o juiz".

Tom Keylock falou: "Bem, ele acabou de dizer-lhes o que fazer, não?".

"Parece que sim", concordou Keith. Estávamos todos descansando no saguão de entrada, Mick cercado por estudantes, e, pela primeira vez naquele dia, ninguém parecia preocupado. Desde a prisão de Brian, uma nuvem de dúvida pairava sobre o futuro dos Stones. Agora parecia que toda a preocupação tinha sido desnecessária. Todos estavam confiantes na vitória. Alguém observou que o júri estava demorando muito. Uns 45 minutos se passaram antes que ele voltasse, então fomos para a galeria ouvir as boas notícias. Não levou muito tempo. Foi perguntado ao primeiro jurado se tinham chegado a um veredicto. "Sim, chegamos, Meritíssimo", disse ele. "Consideramos o réu culpado."

Os jornais de Londres relataram que "houve suspiros da galeria pública quando o primeiro jurado anunciou o veredicto". Suki começou a chorar. Os ombros de Keith tremiam. Brian caiu em seu assento no banco dos réus, a cabeça entre as mãos.

Mais tarde, Tom Keylock apontou: "Conheço Brian há anos e o amo. Ele já me enganou, já mentiu para mim. E aí na única vez em sua vida que o pequeno bastardo diz a verdade, ele acaba assim".

O sr. Seaton bateu com seu martelo pedindo silêncio. Ele parecia muito severo quando um guarda levantou Brian. No ano passado, ele foi um desgraçado. E naquela época, Brian não havia quebrado a condicional. "Sr. Jones", disse o presidente, "você foi considerado culpado. Vou tratá-lo como trataria qualquer outro jovem perante esta corte" – embora, um ano antes, tenha sido ele quem havia considerado Brian culpado. "Vou multá-lo. E vou fazê-lo de acordo com seus meios. Serão cinquenta libras e cem guinéus de custas judiciais. Você terá", acrescentou o juiz com deliciosa ironia, "uma semana para levantar o dinheiro. Sua ordem de liberdade condicional não será alterada. Mas você realmente deve tomar cuidado com seus passos e ficar longe dessas coisas".

Um repórter que cobriu julgamentos em Londres por muitos anos comentou, alguns minutos depois, no saguão de entrada, que nunca tinha visto um magistrado mostrar tão claramente seu desprezo por um júri. Com Suki em seus braços, Brian saiu e sorriu lascivamente para as estudantes. *As crianças estão cantando*, "Ah, Bou Jeloud!". Na rua, posaram para os fotógrafos, Brian, Suki, Keith, Mick e a garotinha sentada ao lado de Mick, que agora estava agarrada ao seu braço.

Dois homens em uniformes de trabalho pararam na calçada. Um deles, com cabelos ruivos, perguntou qual foi a sentença de Brian. Ao saber que ele havia sido multado, disse ao outro homem: “Crikey, você ou eu teríamos pego trinta anos”.

Em um minuto, os carros dos Stones tinham chegado. Brian e Suki foram no Rolls-Royce de Brian. Mick e Keith entraram no banco de trás do Bentley azul de Keith. “Dê-lhe algum *bird*”, gritou o homem ruivo. (*Bird*, na gíria rimada *cockney*, é a abreviação de *birdlime* e significa “tempo”.) “E um banho também”, acrescentou seu amigo, enquanto os Stones se afastavam, a bandeira rebelde dos Estados Confederados da América no capô do Bentley balançando suave na brisa.

29

Perto das toras de creosoto em chamas, homens febris se deitam para sonhar com um Salvador montado em uma grande mula católica branca e congelam.

A chuva coloca gentilmente sua cabeça
Pelo trilho,
É quase uma vida inteira
Antes do voo das seis horas.

Charlie Brown: "John Jack Kerouac 1922-1969"

"ESPERO QUE TENHAMOS COMPENSADO." A aeromoça, que tinha feito pouco e nada de especial, parecia dizer aquilo como parte permanente de sua rotina. Quando descemos do avião, estava perto do fim do dia, do mês, da década, da nossa juventude. Estávamos parados no concreto frio soprado do escuro e deserto aeroporto de West Palm Beach, onde não havia neve, mas o vento te perseguia e fazia suas mandíbulas baterem.

Stu, que havia voado mais cedo, apareceu com a notícia de que dois helicópteros viriam nos buscar. Enquanto esperávamos, ele me disse: "Um amigo seu esteve aqui procurando por você, Charlie Brown, um cara muito prestativo. O equipamento veio no avião, e não tínhamos como levá-lo para o show, então perguntei a ele onde poderíamos alugar um caminhão, e ele estava dirigindo um. Cara muito prestativo. Você deve agradecê-lo por nós, porque talvez não tivéssemos conseguido de outra forma".

"Onde ele está?", perguntei.

"Ele voltou para Miami."

Quando os helicópteros chegaram, caminhamos abaixados até eles, corcundas sob as lâminas do chicote. Eles nos levaram para cima e logo em seguida para baixo novamente, batendo forte na praia. Atravessamos a areia fofa, cruzamos um gramado, subimos uma escada em espiral e entramos na suíte mais chique do Colonnades, a Bob Hope, um antro de gelo brilhando com candelabros de cristal, mármore polido, espelhos com detalhes dourados. Era de tão bom gosto quanto qualquer coisa que Las Vegas tinha a oferecer, e seus espelhos nunca haviam refletido nada que se parecesse com os Rolling Stones. Após passarmos por sofás de veludo, um piano, um bar com bebidas e comida, encontramos um grande quarto nos esperando. Os promotores do festival, Dave e Sheila Rupp, pareciam um pouco deslocados. Ele, um homem compacto e queimado de sol usando um macacão cáqui; ela, uma morena pequena e bem torneada com uma capa de chuva de vinil vermelho parecendo uma esplêndida prostituta.

Dave era dono de uma loja de carros, e Sheila era professora. Eles não poderiam ter sido mais gentis, especialmente considerando que estávamos agora cerca de oito horas atrasados. Os Stones foram o menor dos problemas que o festival trouxe para a vida dos Rupps. "Desde o festival, meu negócio foi bombardeado e incendiado", contou Dave. "Meu seguro contra incêndio foi cancelado, e a John Birch Society[97] está me ligando e dizendo que vai matar minha esposa e meu filho."

As luzes dos irmãos Maysles estavam acesas quando Dave saiu para ver o restante do grupo. Sentei-me na cama ao lado de Sheila, cujo batom combinava com sua capa de chuva. "Os pais ligam e dizem que os jovens são como são hoje porque têm professores como eu", disse ela.

"Eles estão certos sobre isso", comentou Michael Lydon.

"Isso foi um elogio", eu indiquei.

"Onde vocês estavam?", ela perguntou.

Comecei a contar a ela sobre o avião avariado e o Air Force One quando Mick, entrando na sala, ouviu meu relato e, só com um olhar, comunicou a

97 Grupo norte-americano de pressão política de direita, cujos preceitos são o apoio ao anticomunismo e a governos limitados, além do cerceamento de liberdades pessoais. (N.R.)

desesperança de explicar ou mesmo saber onde estávamos ou o que estávamos fazendo. Ele caiu ao meu lado na cama enquanto ríamos com certa impotência e indecisão. A próxima pergunta para a qual ninguém sabia a resposta era se os Stones deveriam seguir em frente agora na vastidão morta e no meio da noite ou esperar o nascer do sol. Nós nos divertimos o melhor que podíamos enquanto qualquer combinação de energias que impulsionava os Rolling Stones demorava a se decidir.

A pedido de Tony ("Tenho outras coisas para fazer"), enrolei alguns baseados para o show, sentado em uma banheira de mármore preto. A cena foi filmada por David e Al, o que alarmou Tony. Não dava para culpar ninguém por estar confuso sobre o que era permitido. Depois, encontrando um quarto silencioso, liguei para Charlie Brown, que veio ao telefone de sua pequena cabana de caçador de cobras em Coconut Grove e leu para mim seu poema de Kerouac. Eu disse-lhe que falaria com ele mais tarde e fui até o bar, onde um garçom esquentava sopa e servia bebidas. Quando me aproximei, Mick e Charlie Watts trocavam murmúrios. Charlie se afastou, e Mick se virou para mim. "Charlie é um merda", ele soltou. Ele estava nu até a cintura, usando uma cruz de madeira em uma tira de couro em volta do pescoço.

"Nunca pensei em Charlie como um merda", eu disse.

"Você não o conhece como eu." Tomamos sopa e bebemos uísque, de pé no bar, os irmãos Maysles filmando. Mick foi para trás do balcão para se aproximar dos frios, e em minha turva consciência lembrei-me de perguntar a Dave Rupp por que ele estava se dedicando a esse projeto que o machucava de tantas maneiras. Ele começou me contando que, quando adolescente, havia vencido dezenove campeonatos mundiais de corridas de arrancada. Mais tarde, foi dono de uma boate em sua cidade natal, Wichita, Kansas, onde B. B. King e Bo Diddley trabalhavam e os Kingsmen (que gravaram "Louie Louie", uma das melhores músicas de rock and roll sem cérebro de todos os tempos) eram a banda da casa. "Mas este festival é a maior coisa que já fizemos. Os policiais são porcos, mas os jovens são ótimos", Dave falou, não alto o suficiente para qualquer um dos policiais da comitiva dos Stones ouvir. "Aprendi isso quando tinha treze anos e superava os policiais em um *hot rod*. Perdemos nosso negócio, provavelmente perdemos um quarto de milhão de dólares, mas valeu a pena por causa dos jovens, eles são ótimos."

Paramos quando o som de um helicóptero descendo no gramado do lado de fora das grandes janelas abafou toda a conversa. Talvez o amanhecer nunca chegasse, e era hora de ir ver esses jovens que nos últimos três dias, na lama, tinham brigado com as autoridades. Ethan, Michael, os irmãos Maysles e eu descemos as escadas em espiral, saindo da sombra do prédio para o brilho amarelo das luzes do desembarque, e entramos no helicóptero. Os Stones seguiriam em outro. As palmeiras se debateram em nosso rastro enquanto decolávamos para um passeio sobre motéis de praia, cada um com sua piscina verde cheia de cloro, longe das luzes da cidade, sobre a escuridão, paisagem lunar, pântanos vazios, até que vimos um pequeno ponto de iluminação piscando a distância.

Estávamos sobre as luzes até o momento de pousar na terra do Palm Beach International Raceway, a pequena pista de corrida dos Rupps. A paisagem ao redor parecia formada apenas por campos estéreis com poças de lama. Um caminho para a área do palco havia sido feito a partir de tábuas e pedaços de compensado nas poças. Andamos sobre ele até chegarmos a uma estrada de terra, onde Bill Belmont esperava em um Chevrolet azul. Ele nos levou para a parte de trás do palco, que dava para o Raceway. Em um trailer nos bastidores, uma garota bronzeada, loira e esquiadora chamada Rhonda servia um excelente chá com creme e açúcar. Dentro da cerca do ciclone, a poucos metros de distância, havia trinta mil pessoas. Rupp lhes dissera para usar os suportes de madeira da cerca como lenha. Assim que os Stones entraram, sendo enrolados em cobertores, saí e caminhei ao lado do palco muito alto até a cerca, onde disse a um segurança que ia passar para a plateia e depois voltar.

"Não dá para fazer isso", advertiu ele. Mas eu insisti, passando por ele enquanto as pessoas pressionavam a cerca. Quando já estava entre elas, um menino se aproximou e disse: "Eu não conheço você de Oklahoma?".

"Não", respondi.

"Sim, eu sei que vi você em Oklahoma, Novo México, em algum lugar..."

"Desculpe."

O público berrava "Wavy Gravy! Wavy Gravy!", e então gritos incompreensíveis vieram do sistema de alto-falantes. O lugar tinha a atmosfera desesperada de um campo de refugiados. Algumas pessoas estavam de pé, algumas sentadas, outras dormindo, envoltas em sacos de dormir e cobertores. Os que dormiam pareciam indefesos, como cadáveres, deitados na terra molhada. Do palco, surgiu um grande rufar de tambores e a explosão de um foguete de fogos de artifício, voando alto acima da lama sombria, roxa, amarela, azul. Então a voz de Sam, amplificada, anunciou: "Desculpe pela demora, desculpe pelas interrupções. Estamos aqui, querem dar as boas-vindas aos Rolling Stones?".

A multidão estava de pé, gritando. Voltei, passando pelo guarda e pela cerca, e subi as longas escadas inclinadas. Michael estava parado no palco traseiro. "É melhor trabalharem duro para serem tão bons quanto esses jovens", apontou ele.

Os Stones, vestindo jaquetas, começaram "Jumpin' Jack Flash" tocando forte para compensar as condições. Estava frio, as cordas não ficavam afinadas, e o vento agitava a música. Quando ela terminou, Mick disse: "Bom dia... West Palm Beach... gostaria de estar aí embaixo... aposto que está mais quente aí com vocês...".

Ao final de "Carol", Keith já estava aquecido. Tirando sua jaqueta de veludo preto, ele deu início a "Sympathy for the Devil", com a barriga nua em sua camisa Nudie vermelha de strass. Tocando o máximo que podiam para superar as circunstâncias, os Stones, por meio do milagre do esforço, botaram todos para dançar. "Ingleses do caralho", disse David Maysles. "Vamos mostrar a eles." Ao longe, às vezes, pensei ter ouvido gritos, mas não tinha certeza.

"Desculpem tê-los feito esperar", Mick afirmou ao final da música. "Vocês nos perdoam?".

Keith o interrompeu com os acordes de abertura de "Stray Cat". Desta vez, eles não tocaram blues – frio demais para ficar parado. Antes de "Midnight Rambler", Mick falou: "Agora vamos dar uma desacelerada – para aquelas pessoas que estão tentando descansar e transar um pouco". Houve um aplauso fraco que levou Mick a perguntar: "Vocês estão se divertindo em Miami? Está meio enlameado, faz frio...".

Novamente Mick foi cortado por Keith começando a música. Depois de “Gimme Shelter”, tentou outra vez. “Acho incrível”, disse ele, “porque vocês estão aqui. Todo mundo é incrível por ter ficado junto após todos os aborrecimentos. É importante, e vocês sabem que é importante, pois estão aqui”. Mick era vago demais, mas tudo o que tínhamos para continuar era um vago senso de propósito nos unindo. Sobre esse público, Michael Lydon escreveria: “O desejo deles de se reunir (de onde vem?), de experimentar aquele sentimento de amor e festival de que tanto ouviram falar, inunda o palco em ondas de expectativa tão confiantes e ingênuas a ponto de ser, ao mesmo tempo, absurdo e profundamente comovente”. Chip jogou fachos de holofotes na plateia e, quando “Live with Me” começou, as pessoas se contorciam nas luzes azuis circulares, criaturas subaquáticas perturbadas nas profundezas.

As notas de abertura de “Satisfaction” pairaram na noite como um automóvel caindo de um penhasco, a bateria como um estrondo, as notas do baixo retumbando fora do tom, a corda Mi de Mick Taylor se rompendo. Toda a música estava sendo tocada por dedos congelados. Depois de “Honky Tonk Women”, Mick discursou, como havia começado a fazer em Boston: “Antes de irmos, gostaríamos de dar um alô especial a todos os grupos minoritários na plateia, todos os homossexuais, todos os viciados – oi, viciados –, todas as pessoas heterossexuais, policiais...”.

“Eles foram para casa horas atrás”, gritou um menino nos bastidores.

Os Stones tocaram “Street Fighting Man” de forma esplêndida e terrível no frio desgraçado. Perto do fim, Chip apontou os holofotes para o céu, onde, por volta das 5h, ainda não havia amanhecido. A cesta de pétalas verteu, derramando-se nas luzes em movimento, gotas vermelho-sangue caindo enquanto nos viramos para sair.

Nós nos aglomeramos no trailer dos bastidores. Disse a Keith como o esforço tinha sido bom, e ele rebateu: “O som estava muito ruim, eu acho. Estávamos todos desafinados, não havia como afinar naquela temperatura”.

“Muitas coisas poderiam ter sido melhores”, eu falei, “mas...”.

“Ah!”, Sam disse, me calando enquanto chegava. “Não precisamos ouvir isso.”

"Você não me escutou direito", eu retruquei, fazendo uma nota mental de que Sam estava enlouquecido pelo estresse.

Andando pelas tábuas e atravessando as poças, voltamos até os helicópteros e voamos quando o dia amanhecia. Agora que o show tinha acabado, a cor do céu estava finalmente mudando: roxo, malva, lavanda, rosa, laranja, vermelho. Os Stones iriam tomar café da manhã no Colonnades, voar para Muscle Shoals, ir para o Holiday Inn e dormir. Essas eram as intenções gerais. Aterrissamos na grama e caminhamos até a praia. O chão estava mais escuro e ainda frio, e as cores não eram tão vivas. A maior parte do grupo voltou para Colonnades. Keith e eu estávamos dividindo um baseado e observando um ponto branco-azulado brilhante em um canto cinza-azulado do céu. "A estrela da manhã", disse Keith, "e quando ela se for, teremos o sol".

Uma linha cor de peixe dourado brilhou no Atlântico escuro quando me virei para entrar.

Estávamos todos juntos na suíte Bob Hope, Stones, imprensa, gerência, segurança, pilotos. Atrás do bar, um garçom de gravata preta e cabelos brancos preparava o café da manhã. Ele tinha um prazer óbvio em seu trabalho, empilhando ovos fumegantes, salsichas e pãezinhos em pratos reluzentes. Sam, sentado com Keith e Charlie em um sofá perto do bar, pediu um bule de chá, e o garçom disse: "Certamente, senhor. Preciso ir até a cozinha". Uns cinco minutos depois, ele continuava seriamente focado em suas tarefas quando Sam o pressionou: "*Por favor,* cara, poderia trazer nosso chá, eu pedi a você cerca de vinte minutos atrás".

"Senhor", respondeu o garçom, como se estivesse falando com um cego, "ainda estou servindo estes...".

"Apenas *deixe isso*", retrucou Sam, "e vá buscar o chá. *Estes* são os músicos, cara, eles ficaram acordados a noite toda trabalhando, estão cansados, precisam do chá deles. Estas outras pessoas entendem, elas não se importam – mesmo que você dissesse 'Foda-se', elas não se importariam".

"Senhor, não precisamos usar esse linguajar", falou o garçom. Tony caminhou do bar para ficar na frente de Sam, o sol que estava iluminando a suíte sombreava os montes e cavidades de músculos negros duros, fazendo-o parecer maior do que nunca. "Não se importariam, Sam?", ele questionou, tão baixinho que todos na sala pararam para ouvir. "Conheço pelo menos uma pessoa que se importaria." Tony parou ao lado de Sam, respirando levemente, mas um pouco mais rápido que o normal. Sam olhou para cima apenas uma vez, engoliu em seco, olhou de um lado para o outro e não disse mais nada.

Eu estava de pé ao lado do bar. "Eu não gosto do jeito que ele falou comigo, senhor", comentou o garçom.

"Acho que ele não terá mais nada a dizer por um tempo", eu lhe assegurei.

Ele confiou na minha palavra e trouxe o chá, colocando a bandeja ao lado das botas de Keith em uma mesa baixa em frente ao sofá. Keith inalava colheres cheias de cocaína de uma lata de filme, manchando o nariz e o lábio superior com pó branco.

Jon Jaymes foi até o sofá com um catálogo de Dodge, solicitando aos Stones que escolhessem os carros que quisessem, um por integrante. Dodges gratuitos seriam entregues a eles em breve na Inglaterra e substituídos a cada ano até que a Dodge mudasse de ideia. Charlie e Keith encomendaram Chargers com acabamento em alumínio; Jagger queria um Charger roxo; Bill também escolheu um Charger; Mick Taylor optou por uma perua; e eles ainda pediram outra perua para Stu e o escritório. Jon anotou tudo isso. Havia algo de suspeito em um filhinho da mamãe grande e gordo dando carros de graça na luz da manhã. Enquanto Jon se afastava, Mick olhou para suas costas largas e soltou: "Cristo, eu não suporto aquele homem...".

Keith foi para o piano e começou a tocar acordes desajeitados. Mick, que tinha tomado banho e vestido seu terno xadrez preto e branco, camisa vermelha e boné de jornaleiro, encostado em uma coluna de mármore, batendo palmas no contratempo, cantou "Lawdy Miss Clawdy". A performance funcionou por si só e como uma paródia de Elvis Presley. Foi mágico; mesmo nesse ponto de exaustão, dava vontade de dançar.

Lá embaixo, outro tipo de magia acontecia. Jon e Mike Scotty estavam com o gerente do hotel, acertando a conta.

"Entregue a ele um cheque da Teenage Enterprises", Jon disse a Mike.

"Devo dar o endereço da Broadway?", perguntou Mike.

"Isso", Jon respondeu. Algo na maneira como ele se expressava fazia pensar que o endereço da Broadway poderia ser um estacionamento.

Eram quase 9h30min quando fomos embora, atravessando a sala de jantar onde Johnny Winter, Janis Joplin e outros músicos que haviam tocado no festival estavam comendo. Eles pararam, observando os Stones passarem. Saímos para o gramado da frente, aguardamos por um segundo helicóptero e voamos para o aeroporto de West Palm Beach. Jon Jaymes, Mike Scotty, os irmãos Maysles e Ronnie iam para Nova York. Sam seguia para São Francisco para ajudar Jo a começar a organizar o show gratuito. Michael Lydon voltava para casa no sul da Califórnia. E os Stones iam gravar no Alabama. Ficamos parados no aeroporto até que todos partiram, menos os Stones, Stu, Astrid, Tony e eu. Ao sair, Jon me salientou que eu agora era o responsável pelo bem-estar da banda. Ele me deu seus números de telefone de Nova York e disse: "Se alguma coisa acontecer, me ligue imediatamente". Eu estava muito cansado, então deixei os outros na sala da Butler Aviation e fui me sentar no avião, uma aeronave à hélice Constellation que parecia um ônibus escolar convertido. Joguei-me numa pequena cabine traseira e fui dormir, acordando quando Mick e Charlie se juntaram a mim na parte de trás, enquanto o restante sentou-se na frente. Os motores ligaram, e o avião taxiou para o meio da pista. Com os motores funcionando por alguns minutos, ele rolou mais alguns metros para a frente, virou à direita novamente, depois à frente e à direita mais uma vez, até que estávamos de volta ao ponto de partida. Os motores então pararam, e um dos pilotos abriu a porta e desceu do avião. Mick e eu o seguimos. Um mecânico de pé em uma escada trabalhava em um dos motores.

"Qual é o problema?", perguntou Mick.

"Tampas ruins de um gotejamento de óleo", explicou o piloto. "Ele estará pronto em... uh... alguns minutos."

Mick e eu atravessamos o campo de pouso até um pedaço de grama áspera a quarenta ou cinquenta metros de distância e nos estiramos ao sol. Deitado de costas, olhos fechados, Mick confessou: "Não gosto muito daquele avião".

"Nem eu", concordei.

Bill e Astrid vinham em nossa direção pelo concreto.

"Você deveria ouvir seus instintos", disse Mick.

"O que você acha daquele avião?", perguntou Bill.

"Não gosto dele", Mick e eu respondemos em uníssono.

"Nem nós", falou Astrid.

"Vamos ver o que todo mundo pensa", propôs Mick, levantando-se.

Keith e Charlie estavam dormindo, o que contava como dois votos para ficar a bordo, mas Mick Taylor, acordado, também queria sair dali. Jagger decidiu manter Tony conosco, dormir em algum lugar por perto e voar para o Alabama em outro avião. Charlie acordou, e perguntamos se ele gostaria de vir conosco. "E o Keith?", disse.

Keith estava, como dissemos, dormindo. Charlie o acordou, mas ele não pareceu interessado. Charlie então decidiu ficar a bordo. O pessoal que ficaria na Flórida tirou algumas das malas do compartimento de bagagem – não conseguiram encontrar a minha, mas eu estava cansado demais para me importar – e voltou para o aeroporto. Em poucos minutos, Charlie veio atrás, tendo corretamente suposto que havíamos levado suas malas. Estávamos com as malas de Stu também. Eles as pegaram e voltaram para o avião.

"Vamos arrumar um lugar para dormir", disse Mick, "e nos vemos pela manhã".

"Pode deixar", Charlie assentiu.

Telefonei para o Colonnades, que estava supostamente lotado, assim como o West Palm Beach Holiday Inn. "Da próxima vez, não diga a eles que somos nós", sugeriu Mick, e funcionou. Consegui reservas para seis pessoas no Holiday Inn em Palm Beach, a poucos quilômetros de distância, tudo em meu nome.

Pegamos um táxi até lá. Quando perguntei na recepção sobre as reservas, porém, o gerente sisudo olhou além de mim para os estrangeiros de cabelos compridos e afirmou: "Deve haver algum engano, não há registro desta reserva".

"Mas eu acabei de fazer", argumentei.

Ele entrou em conferência com duas mulheres em um escritório atrás do balcão, voltou e reiterou: "Desculpe, não há quartos".

"Vamos", disse Mick. "Se não nos querem, iremos para outro lugar."

"Só um minuto", pediu o gerente. Ele foi falar com as mulheres outra vez, então voltou, avisando: "Temos quartos para vocês, mas se aparecerem milhares de jovens aqui, traremos a Guarda Nacional para expulsá-los e vocês também".

"Tudo o que queremos é descansar", Mick garantiu, cansado.

"Se milhares de jovens aparecerem será porque *você* contou a eles que estamos aqui", eu falei ao gerente.

Comemos e descansamos um pouco. Tinha convidado Charlie Brown para vir de Miami à noite; na manhã seguinte, ele nos levou ao aeroporto de lá. Nenhum de nós conversou muito no carro no início daquela manhã fria. Cerca de uma hora antes, eu havia entrado no quarto de Mick, encontrando sua porta aberta e ele deitado na cama, falando sério ao telefone. "Só posso dizer como realmente me sinto, o que está em meu coração", ele falava. Então Tony entrou e me perguntou, enquanto Mick estava no banheiro, se eu tinha ouvido Bill e Astrid brigando na noite passada. "Eu acho que ele lhe deu um tapa ou algo assim", comentou Tony. "Ela ficou no quarto de Mick por um tempo depois disso." Pagamos a conta e começamos a sair quando o gerente apareceu com um valor extra de duzentos dólares em ligações. "Fiquei no telefone falando com a Europa por horas nesta manhã", admitiu Mick, "tentando conseguir uma casa no sul da França".

"Ainda bem que percebemos isso a tempo", disse o gerente, bastante amigável quando estávamos saindo.

No aeroporto, após agradecermos e nos despedirmos de Charlie Brown, embarcamos num voo para Atlanta. Lá, durante uma espera de uma hora e meia, Mick e eu rondamos o aeroporto, deixando Tony com o pequeno Mick, Bill e Astrid. Jogamos nos fliperamas, compramos camisetas da PRISÃO ESTADUAL DA GEÓRGIA, saímos para o deque de observação e nos sentamos olhando para o dia nublado e frio. Conversamos sobre músicas antigas de Chuck Berry e Little Richard, inspirando Mick a me contar que Keith havia escrito cerca de trezentas músicas não gravadas. "Tenho uma nova também", disse. "Sem letra ainda, só umas palavras na minha cabeça – 'Brown Sugar' – sobre uma mulher que transa com um de seus servos negros. Ia chamá-la de 'Black Pussy', mas achei muito direto, muito minucioso."

Perguntei a Mick se ele tomava pílulas quando adolescente, como meus amigos e eu na Geórgia, e ele respondeu: "Não, não tomava, achava errado. Eu era tão... meio suburbano. Ainda acho errado".

Pouco antes de voltarmos para dentro, Mick falou: "Quando saí do avião ontem, esqueci-me dos anjos que Richard enviou para me proteger. Eu deveria ter lembrado e saberia que ia ficar tudo bem. Ele disse: 'Lembre-se, os anjos estão cuidando de você'".

No avião para Muscle Shoals, Mick e eu conversamos sobre filmes e atuação, o que não lhe interessava muito. "*Ned Kelly* custou dois milhões de dólares e passei três meses na lama, com frio. Eu não quero ser ator, fingindo ser um ladrão – se você quisesse ser um ladrão, realmente faria isso ou deixaria pra lá. Eu gostaria de dirigir filmes, mas tenho de aprender muito mais."

Alonguei o tema, contando a ele uma ideia que eu tinha para fazer *The Black Moth,* de Georgette Heyer, com os Stones, além de outros lampejos malucos, mas ele mudou de assunto. "Existem grupos de apoio vocal em Muscle Shoals?".

"Depende", respondi. "Para que você precisa deles, que tipo de coisa?".

"Certamente não para cantar, cara", disse Mick.

"Oh."

"Uau", Mick riu. "Não gosto como você canta, querida, mas adoro a forma como se mexe."

No aeroporto de Muscle Shoals havia um pequeno terminal com uma grande janela, através da qual, ao que parecia, a maioria da população local e as pessoas das cidades vizinhas de Florence, Sheffield e Tuscumbia olhavam para o campo de pouso. Keith estava encostado em um poste na frente da janela, vestindo uma jaqueta cigana húngara antiga (que também seria perdida em Altamont), e – só para começar as coisas bem no Alabama – Mick apareceu à vista dos caipiras que observavam e beijou Keith docemente na bochecha. "Como você está, querido?".

"Tudo bem", respondeu Keith. "Ficamos andando de carro por aí, olhando para a floresta esta manhã, é lindo por aqui."

Stu nos levou para o Sheffield Holiday Inn, onde fiquei aliviado ao encontrar minha mala no meu quarto. Fiz alguns telefonemas, tirei uma soneca, acordei depois de escurecer e desci para jantar com os Stones; peixe fresco do rio Tennessee, fatias vermelhas de presunto, mingau, manteiga, cachorros-quentes. Eles estavam discutindo o que fazer com o dinheiro da turnê.

"Poderíamos pedir que um norte-americano levasse para nós", sugeriu Bill.

"Não podemos colocar num banco nos Estados Unidos", apontou Mick, "mas podemos na Suíça".

"Nós poderíamos", acrescentou Bill, "comprar um centavo de Lincoln de 1909 por dez mil libras e vendê-lo por quinze mil".

O Muscle Shoals Sounds Studio, em Jackson Highway 3614, é um edifício de blocos de concreto tão glamoroso quanto um depósito de peças automotivas. Em seu interior, sob as luzes verde, amarela e magenta e os painéis acústicos laranja e preto do teto, estavam Jimmy Johnson, guitarrista e engenheiro de gravação; Jim Dickinson; e Ahmet Ertegun. No meio da sala de gravação, que era o ambiente do estúdio em si, havia um banheiro cheio de microfones e amplificadores, com uma ferradura de plástico azul sobre a porta. Os Stones começaram a se posicionar, preparando seus instrumentos.

"Qual é o nome do baixista?", Ahmet, careca, cavanhaque estilo Van Dyke, turco, blasé, sussurrou para mim.

"Perks", respondi.

Os Stones começaram o processo de gravação de "You Got to Move". Em vez de repetirem como havia sido executado no palco, por Mick e Keith sozinhos, todos estavam tentando tocar. Faziam barulhos horríveis afinando, depois procuravam *riffs*, se organizando dentro da música da única maneira que sabiam funcionar.

"É realmente difícil tocar com eles", reconheceu Charlie.

"Estou vendo", falei. Um homem treinado nos estilos do jazz moderno e do rhythm & blues de Chicago, ele agora estava tentando acompanhar uma música tocada com frequência na varanda de Fred McDowell nos arredores de Como, Mississippi, não muito longe de onde estávamos. Poderiam ter pedido para Fred produzir. Aquilo progredia tão mal, com Mick fazendo esforços embaraçosos para adicionar algo à letra clássica, que Charlie disse a ele: “Acho que deveriam gravar apenas você e Keith”.

“Quer fazer isso só com você, eu e o Taylor?”, Mick perguntou a Keith.

“Não”, Keith rejeitou. Ele tinha algo em mente que queria ouvir, mas não conseguia explicar para os outros; eles apenas tinham que atacar e continuar tropeçando até que encontrassem essa coisa.

“Este microfone está bom para fazermos direito?”, Mick perguntou ao corpulento Jimmy, ruivo e bonzinho.

Após cerca de dez tentativas malsucedidas, eles fizeram uma pausa. “Você concorda comigo, não é?”, Charlie me perguntou.

“Eles deveriam gravar como fazem no palco ou mudar completamente”, eu respondi, como se soubesse o que estava falando.

Na tomada doze, com a música ainda ruim, Dickinson e eu fomos ao Holiday Inn. Contei a ele o que estava ocorrendo, liguei para a garota em Nova York e voltamos para o estúdio, entrando para a reprodução da tomada dezenove ou vinte, a tomada principal. “O novo álbum está em andamento”, Keith me disse. “Escute isso. Toque para ele.”

Algo aconteceu enquanto estávamos fora, um disco dos Rolling Stones foi criado a partir do caos, cada um deles encontrou seu próprio caminho para a música. Keith, insatisfeito com o terrível som rouco de tocar o aço da National com o *slide*, escolheu um violão de doze cordas que soava muito pior. Charlie e Mick Taylor tinham elaborado padrões que enfatizavam uma linha melódica dura, e Bill também, embora tivesse que trocar o baixo pelo piano elétrico, onde poderia se esconder nos tons estridentes. Ouvindo Mick cantar “When the Lord Gets Ready (You Got to Move)”, pensei na reprodução de “Midnight Rambler”, quando eles estavam mixando o álbum em Los Angeles (o que parecia muito tempo atrás), e eu senti que minha pergunta sobre os Stones havia sido respondida. Não eram bons ou maus, eram artistas acima de tudo, e só o que queriam era fazer o seu trabalho; por essa razão, eles estavam trabalhando agora no meio da noite no norte do Alabama, após o fim de uma turnê, após o dinheiro ganho. Eles nunca quiseram me impedir, ou qualquer outra pessoa, de fazer o melhor. Mick e Keith estavam sentados no meio do estúdio em cadeiras dobráveis. Mick tocando “Brown

Sugar" na guitarra, ensinando a Keith enquanto ele escrevia a letra, não parando até terminar os três versos.

Na noite seguinte, por volta das 20h, os Stones estavam de volta ao estúdio, preparando-se para gravar. Pouco antes de sair do Holiday Inn, recebi um telefonema de Ahmet, que estava no estúdio, preocupado com a polícia. "Acho que pode haver uma batida", pressentiu ele. "Alguns dos músicos do estúdio foram presos duas vezes. Acabamos de jogar fora meio quilo de merda."

"Sinto muito por ouvir isso", disse a ele, sabendo que nada faria Keith mudar seu jeito. Eu não mencionei a ligação para ninguém, e quando chegamos ao estúdio, a primeira coisa que Keith fez foi acender um baseado e passar por Ahmet para entregá-lo a Mick. Ahmet não perdeu a compostura, mas seus olhos se reviraram, parecia que ele iria ter um leve desmaio.

Mick estava sentado ao piano, tocando e cantando "Loving Cup", uma canção que nunca mais soaria tão bem. "Temos uma boa faixa aqui na lata", disse enquanto eu estava perto ouvindo. "Podemos tentar colocar voz nisso – oh, não temos as fitas."

Jimmy Johnson estava colocando o amplificador de Keith no banheiro do meio do estúdio, ao lado da privada. "Isso lhe dá um som de merda real", garantiu ele.

"Perdão?", falou Keith, que não o tinha ouvido.

"Isto", Jimmy repetiu, indicando com um aceno o vaso sanitário, "dá à sua guitarra um som de merda, sabe? Entendeu?".

"É assim que eu gosto", Keith respondeu, sorrindo.

Ao longo do dia, Ahmet havia produzido uma sessão de gravação com R. B. Greaves, um cantor de rhythm & blues da Atlantic. Agora alguns dos músicos de estúdio regulares e suas esposas estavam demorando por ali, tentando fingir que não se importavam em conseguir dar uma boa olhada nos Rolling Stones.

Dentro da sala de controle, Mick perguntava à bela esposa sulista do baixista, que estava vestida como se estivesse indo para a igreja, onde ele poderia conseguir algumas pílulas para dormir.

"Tenho alguns tranquilizantes e relaxantes musculares, vão te fazer dormir."

"Não posso apenas conseguir algumas pílulas para dormir?".

"Você poderia ver o médico..."

"Ou você não pode pegá-los em Muscle Shoals, você não deveria dormir?"

"Ele pode tratar você amanhã."

"Vou ligar para ele. Se você me der o nome de alguns médicos, eu vou atrás, é muito simples..." Então ele decidiu esquecer e saiu para começar a ensaiar "Brown Sugar" com a banda. Parecia ruim. "Não, não, o ritmo está todo errado", reclamou Mick. "Não é... não tão saltitante. Deve soar bastante *sujo.*"

Stu, tocando piano, se queixava: "Eu gostaria que Keith soubesse algo sobre acordes. Eu sou surdo para tom, eu não poderia afinar uma guitarra se eu precisasse. Consigo ouvir as mudanças, mas não o que elas são. Bill junta um monte de coisas porque ele tem um bom ouvido e conhece os acordes. Então eu espero que ele monte a música, aí pego os acordes dele. Keith fica chateado se você perguntar a ele sobre acordes porque ele toca três notas de um acorde e não sabe o que é".

Quando conseguiram uma faixa provisória e entraram na sala de controle para ouvi-la, Mick mencionou a Jimmy Johnson: "Podemos precisar de algumas cantoras fazendo coro nesta, algumas garotas negras".

"Nós usamos Southern Comfort, três garotas daqui", Jimmy indicou.

"Não me importo como cantam desde que elas usem esses sapatos prateados", Mick brincou. Depois de ouvir a faixa, ele disse: "É assim que a música é, muito simples e desconcertante. Todo mundo precisa contribuir com sua parte para fazer um bom disco".

Mick Taylor, de pé ao lado de Mick, parecendo bem satisfeito com o que ouviu, acrescentou: "Isto é o que faz um bom disco de rock and roll, simplicidade".

Jagger deu uma olhada para o teto e não respondeu. Ele e Keith voltaram para o estúdio. Bill já estava lá, sentado, segurando seu baixo. Na sala de controle, Charlie se levantou para sair.

"Você não pode fazer algo com a bateria?", Stu perguntou. O tom-tom soava desafinado com o bumbo, e Stu estava chateado, para não dizer bravo, porque ninguém, nem mesmo o baterista, parecia notar.

"O que posso fazer?".

"Você poderia *afinar* isso, não poderia?".

"Eu nunca afino minha bateria", disse Charlie, saindo da sala.

"Espere um minuto. O que você *quer dizer,* você nunca afina sua bateria?".

"Por que eu deveria afinar algo que vou pegar e bater? Depois de acertar algumas vezes, tudo vai mudar."

Ele sabia o que estava falando. Várias horas e muitas repetições depois, a música estava ficando melhor. Stu ganhou a medalha de ouro em arruinar as tomadas; Charlie ficou com a prata; e Bill com o bronze. Enquanto os Stones trabalhavam, o telefone do estúdio tocou. Ahmet atendeu. "Alô? Mick quem? Quem é?" Era Jo, ligando de São Francisco. Fazendo compras na Saks e na I. Magnin, ela agora parecia um pouco mais animada. Sam, Chip, Rock Scully e Emmett Grogan estavam procurando locais para o festival. A Sears Point Raceway ainda era uma hipótese a ser considerada, e Ronnie logo estaria na cidade. Este era exatamente o tipo de informação que Mick precisava quando estava tentando fazer um disco. Após a ligação, os Stones ouviram de novo a gravação, e Mick avaliou: "De alguma forma, não está... implacável o suficiente".

Enquanto tocavam a canção mais um pouco, fiquei na sala conversando sobre o tamanho dos festivais de música recentes com Ahmet. Ele mencionou, como se fosse um curioso fato biológico, o que talvez fosse, que a "música negra é a música mais popular de todos os tempos – e tem sido desde que começou, por volta de 1921".

Na sala de controle, Jimmy estava revirando as fitas. Os Stones finalmente fizeram o *take* que queriam. "Quando você tem uma boa faixa", afirmou Jimmy, "é como fazer um gol de placa".

Eles tinham a faixa da banda, mas Mick estava cansado demais para continuar cantando naquela noite. "Tudo bem", disse ele, "traga o Lemon, veja se ele pode cantar".

Um dos músicos de estúdio, ainda por perto, perguntou: "Quem?".

"O Blind Lemon Jefferson, sabe", esclareceu Charlie.

Quando acordamos era quinta-feira, nosso último dia em Muscle Shoals. Os irmãos Maysles, que estiveram em São Francisco filmando as negociações para o show gratuito, se juntaram a nós, assim como Jerry Wexler, que veio de Los Angeles para ver os Stones e conversar com Dickinson sobre vir trabalhar para a Atlantic com sua banda, os Dixie Flyers. Wexler e eu dirigimos juntos para o estúdio, carregando uma carga de uísque contrabandeado pelo condado seco.

Keith abriu garrafas de cerveja e Jack Daniel's, derramando um pouco de cada em um copo de papel. "Misture tudo", ensinou ele, "te poupa o trabalho".

Ahmet abriu uma cerveja e passou para Mick, que disse: "É ótimo beber de modo ilegal, é algo completamente novo para mim".

Um minuto depois, Mick estava ao telefone com Tony. "Você foi? Seguiu você até o fim? Como são os pés dele? Você pode dizer pelos sapatos deles – volte aqui e veja o que acontece."

Keith, Charlie e Dickinson estavam trocando impressões sobre tocar junto com Bo Diddley e o cara das maracas, Jerome Green. "Jerome poderia tocar uma porra de uma valsa, não é, Charlie?", falou Keith.

"Claro", Charlie concordou. Ele e Stu, grandes admiradores de um álbum de Joe Turner que Wexler havia produzido, pediram-lhe fitas das tomadas, e Wexler prometeu que iriam recebê-las. Incluindo Mick no elogio, pois sabia quem havia feito os acordos, Wexler disse aos Stones ter gostado de assistir ao último show do Madison Square Garden. Mais cedo, me contou que ele e sua esposa tinham saído um pouco antes porque a multidão estava muito pesada.

"Leonard Bernstein estava lá", comentou Mick. "Ele foi ao hotel, todo brilhando em uma capa preta, e declarou, empurrando o cabelo para trás: 'Essas pessoas me pediram para escrever uma sinfonia e querem que eu faça isso com a Associação, mas eu quero fazer com os Rolling Stones'. Perguntei a ele: 'Qual é o problema, você ficou sem melodias? Qualquer um pode escrever uma melodia de três acordes, por que você não pede a Paul

McCartney?'. O que ele provavelmente havia feito e foi recusado. Mas ele, de fato, tinha ouvido nossos discos. Conhecia alguns que eu nem lembrava, horríveis, coisas de doze compassos. Mas por que eles deveriam tocar nossa música? Podemos tocar rock and roll melhor do que a Filarmônica de Nova York. Eles não deveriam tocar nossa música, e nós não deveríamos tocar a deles. E ele tinha uma capa – mas a minha era melhor."

Ahmet, que era considerado por alguns o maior defensor vivo, na alta e baixa sociedade, do gesto perfeito, tocou de leve o ombro de Mick para expressar que ele havia terminado sua fala e emendou: "A última vez que ouvi Billie Holiday foi no Hollywood Bowl, um lugarzinho de jazz, e ela estava acompanhada por um bom grupo, com quem cantou várias coisas antigas, como 'Billie's Blues'. Lenny estava lá e, mais tarde, subiu para falar com Shelly Manne: 'Você não estava tocando bateria de blues naquele blues'. Shelly apenas disse: 'Cara, ouça, você fica com Bach, e eu fico com o boogie-woogie'".

Tendo a palavra, Ahmet seguiu, falando como ele e Wexler gostavam de fumar maconha antes de ser ilegal. Conhecido como um amante de jazz desde menino, Ahmet contou que um dia Lionel Hampton, ao vê-lo conversando com Mezz Mezzrow, disse: "O que você está fazendo com aquele cara, ele é traficante de drogas".

"Mas ele costumava tocar com a sua banda", Ahmet falou, no que Hampton respondeu: "Tínhamos que contratá-lo ou não conseguiríamos nada bom".

"Eles o chamavam de mezz", disse Wexler, adicionando uma nota de rodapé.

Estava ficando um pouco histórico demais na sala de controle para Keith, que levou o Jack Daniel's para o piano e começou a cantar canções country, "Your Angel Steps Out of Heaven" e "Say It's Not You". Dickinson cantou "Amelia Earhart". Em seguida, Mick, que se juntou ao grupo ao redor do piano, falou: "Certo! Vamos, Keith".

"O que você quer fazer?", perguntou Keith.

"Você deve ter centenas", disse Mick.

"Sim, eu tenho algumas."

"Mostre para a gente."

"Preciso me recompor, só preciso de um pouco de solidão por alguns minutos."

"Vá naquela sala na frente", sugeriu Mick, "e grite quando estiver pronto".

Enquanto Keith se concentrava em sua música, Ahmet, em outra sala, trabalhava com Mick. Wexler, Dickinson e eu saímos para comer um hambúrguer. Conversamos sobre fazer uma série de discos de blues – que nunca aconteceram –, e Wexler e Dickinson combinaram de se encontrar em Memphis em janeiro para conversar mais sobre os Dixie Flyers. Durante a espera pelos hambúrgueres, eu folheava um jornal *Tennessean*, de Nashville, que havia comprado em uma máquina de venda automática. Na primeira página, havia uma foto de um homem que a polícia considerava responsável pelos assassinatos de Sharon Tate e seus hóspedes e da família LaBianca. Seu nome era Charles Manson. Ele tinha cabelos compridos e barba, e meu primeiro impulso foi pensar que ele provavelmente era inocente.

De volta ao estúdio, soubemos que Jo havia ligado com más notícias sobre o show gratuito. Ronnie se encontrara no Fairmont Hotel com três homens da Filmways, a empresa proprietária da Sears Point Raceway, e, em vinte minutos, o preço havia passado de cinco mil para 450 mil dólares. "Mas é para caridade, órfãos da guerra vietnamita", Ronnie alegou, sendo ignorado pelo chefe da Filmways, que disse: "Não dou a mínima". A Filmways também queria os direitos do filme e do som para o show. Ronnie tinha chamado Melvin Belli, um dos mais excepcionais advogados norte-americanos, e agora eles estavam todos – Ronnie, Jon, Sam, Jo, Rock Scully, Emmett Grogan, Chip Monck – tentando encontrar um lugar para o evento. "Eles não podem nos parar", afirmou Keith. "Nós vamos fazer em um estacionamento. Eles não conseguem tantas pessoas quanto nós, pois não são tão populares quanto nós."

Na sala de controle, Mick disse: "Vamos precisar de um tecladista nesta aqui".

Wexler sugeriu chamar um dos músicos do estúdio, e Mick fez uma careta. "Sou tecladista", informou Dickinson.

"Você vai tocar", decidiu Mick. Ele se virou para Jimmy Johnson e perguntou se o estúdio tinha uma auto-harpa ou um dulcimer, lembrando:

"Mas perdemos nosso tocador de dulcimer, não temos mais ninguém para tocar isso".

Entraram no estúdio, onde Dickinson descobriu que o piano estava desafinado, não em si, mas para a atual afinação dos Rolling Stones.

"Tem um piano tachado ali atrás", avisou Jimmy Johnson. Dickinson assentiu, mas não se moveu. Sua chance de tocar com os Rolling Stones havia chegado, e o piano não estava afinado. Apertei algumas teclas do piano tachado, ouvindo as tachinhas de ragtime tilintar parecendo razoável.

"Acho que este está afinado", eu falei.

"Mas tem tachinhas", disse Dickinson.

"Eu *sei*", respondi.

Dickinson foi até o piano, sentou-se e começou a tocar.

"Luzes apagadas", ordenou Keith.

"Luzes apagadas, bocas fechadas", acrescentou Mick.

"Luzes apagadas no quarto dos meninos", Keith disse, "dois em cada cama".

Mais tarde, na sala de controle, ouvindo a última tomada de "Wild Horses", Keith respondeu à pergunta de Dickinson, explicando que ele havia escrito o refrão, e Mick feito os versos. "Geralmente é assim que funciona", disse. "Eu tenho uma frase que se encaixa no que estou tocando, como 'Satisfaction'... eu tinha essa frase, e Mick fez o resto. Escrevi esta música inspirado por estar indo bem em casa com minha senhora, a escrevi como uma canção de amor. Eu só tinha isso, 'Wild horses couldn't drag me away'[98], e dei para o Mick. Então Marianne fugiu com esse cara, e ele mudou tudo, mas ainda é lindo."

Eles tocaram a música várias vezes, pontuando as repetições com incentivos artísticos um para o outro. "Queremos um som suave e cálido seu, Wyman", indicou Keith, "pare de ser teimoso".

Dickinson havia escrito os acordes em números, da mesma forma que os músicos de estúdio de Nashville faziam.

98 "Cavalos selvagens não conseguiriam me levar embora." (N.T.)

"Onde você conseguiu isso?", Wyman perguntou, vendo a folha de acordes.

"Do Keith", respondeu Dickinson. Ele havia marcado o primeiro acorde de Keith como o acorde "um", colocando-o em uma tonalidade diferente daquela em que a música estava.

"Não preste atenção em Keith, ele não sabe o que está fazendo", recomendou Bill. Ele então escreveu uma folha de acordes, na qual deixou de fora os acordes de passagem, e a deu para Dickinson, que a colocou na estante de partitura do piano, de onde Mick Taylor a tirou. Dickinson continuou tocando.

"O que acha do piano?", Mick perguntou a Keith.

"É a única coisa que gostei até agora."

Depois de ouvir a primeira tomada, passamos algum tempo no corredor fumando maconha e cheirando cocaína. "Você está bem?", Charlie perguntou a Dickinson. "É um trabalho difícil."

"É melhor do que se estivesse em Memphis", respondeu Dickinson, "ganhando sessenta e cinco dólares por uma sessão de três horas que, na verdade, dura doze horas. Isso mostra o sindicato forte que temos".

"Os sindicatos não são bons", opinou Tony, que nunca havia sido preso e estava ali de pé segurando a droga.

"Ele diz que não pode tocar, e eis aqui um pianista", falou Charlie. "Ridículo. Também não podemos tocar, legalmente."

"Por que não apenas *ignoramos* as regras do sindicato?", perguntou Tony.

"Disc jockeys não tocam discos não sindicalizados", mencionou Dickinson.

"Mas estamos fazendo isso", rebateu Charlie. "Estamos aqui tocando."

Mick pediu para começar de novo. "Tudo bem, Grimblewick", Charlie disse para si mesmo. "De volta à sua percussão."

Às 4h da manhã, os irmãos Maysles, Tony e Stu dormiam nos sofás do estúdio, Jerry e Ahmet ficaram descansando no Holiday Inn, Mick trabalhava em uma cabine vocal sob uma luz azul-esverdeada, Bill estava sentado ao lado de Charlie, Dickinson ao piano, Mick Taylor e Keith sentados um de frente para o outro. Depois de outra boa tomada, Keith acordou Tony para nos arranjar mais cocaína.

"Essa merda vai queimar seu nariz", advertiu Tony.

"Não vai te machucar por muito tempo", retrucou Dickinson.

"Apenas queima algumas conexões no cérebro", acrescentei.

"E você nem sente falta delas", disse Keith. Ele inalou profundamente e balançou a cabeça. "Gram Parsons consegue coca melhor que a máfia. De algum dentista do Pantera Negra em Watts."

Na segunda vez que ouvimos, a tomada não era tão boa. "Parece que o ritmo não está certo", avaliou Keith. De volta ao estúdio, disse: "Tony, vamos fumar uns".

"É", Charlie concordou. "Uns beques."

A música recomeçou, mas Keith tocou uma nota errada. "Merda", Mick rosnou.

"Esta também estava indo bem", murmurou Mick Taylor.

"Eu aceito a Ameixa de Ouro[99]", assumiu Keith.

Bill entrou no banheiro, nada incomum. Quando ele voltou, Mick checou: "Tudo bem? Todo mundo na cabine?". Mas em vez de dizer "cabine" (*booth*, em inglês), ele disse o meu primeiro nome. E ele e Keith continuaram fazendo isso pelo resto da noite, estavam tentando ser amigáveis.

"Sim", respondeu Keith. "Agora, Bill, pegue seu Hampton, é isso."

A música começou bem, prosseguindo até que alguém disse: "Não".

"Quem disse não?", Charlie perguntou.

"Jimmy disse que não", Dickinson entregou.

"Você disse não?", questionou Mick.

"A fita está acabando", explicou Jimmy, recarregando o gravador de oito pistas.

"Todo mundo pronto?", perguntou Mick. "Pronto?".

"Sim, tudo pronto", falou Keith.

"É uma questão polêmica", Mick ironizou.

"Tudo bem", disse Jimmy. "Tomada onze. Esta é a tomada que vai valer."

Não foi, mas a seguinte, sim.

---

99 Ameixa (do original "prune", ameixa desidratada), além de seu significado literal, também é uma expressão para indicar alguém mal-humorado, desagradável ou irritadiço. (N.R.)

Ao amanhecer, o Jack Daniel's tinha acabado, então Keith e Mick estavam profundamente envolvidos no J&B enquanto faziam *overdubs* nos vocais de "Brown Sugar" e atravessavam o estúdio até a sala de controle para ouvir os *playbacks*. Mick tinha esquecido a letra, e Dickinson o lembrou de cantar o verso: "Hear him whip the women just around midnight[100]".

Conversando com Mick Taylor, Charlie e Bill na sala de controle, Mick falava, sorrindo, parecendo um colegial: "No próximo ano, poderíamos fazer uma espécie de ano sabático se insistirmos de verdade. Geralmente, no final do ano, acabamos todos detonados, sem ideias, sem músicas – mas este ano ainda estamos nos esforçando". Mick queria lançar "Brown Sugar" e "Wild Horses" como um single imediatamente, tipo, na próxima semana. Tudo parecia possível naquela manhã em Muscle Shoals.

Keith estava sentado no sofá da sala de controle, segurando uma Coca-Cola na mão esquerda e a garrafa de uísque na direita. Dickinson, sentado ao lado dele, vestia uma camisa preta maleável, parecendo sebento, como se estivesse pronto para sair e trocar o pneu de um caminhão. Havia um buraco na ponta da bota de couro de cobra de Keith. Jimmy Johnson, que era o engenheiro nas sessões regulares de estúdio durante o dia e no trabalho secreto dos Rolling Stones à noite, ainda estava na mesa, tocando fitas.

"Como você consegue, cara?", perguntou Keith.

"Coragem", disse Jimmy. Ele não havia tomado, que eu saiba, nenhuma droga.

"Só penso em como Glyn Johns está sempre cansado."

Estávamos ouvindo "You Got to Move".

"Coloque as vozes de volta com as guitarras", Mick pediu a Jimmy.

"Aumente a bateria quando elas vierem depois do solo", acrescentou Keith.

"Este vocal faz Brownie e Sonny soarem como um casal de garotos brancos de lugar nenhum", Dickinson falou para Keith.

100 "Ouça-o chicotear as mulheres por volta da meia-noite." (N.T.)

"Só porque eles estão tocando para todos aqueles brancos", disse Keith. "Você já ouviu a esposa, ou irmã, de Fred McDowell cantar com ele – não sei o que ela é..."

"Esposa, de vez em quando", esclareceu Dickinson.

"Ela é ótima", elogiou Keith. "Ela canta para si mesma."

Mick havia comentado com Dickinson que precisava perder peso, e Dickinson, no sofá, fez um comentário autodepreciativo sobre ser velho – aos vinte e nove anos – e gordo.

"Não importa se você tem sessenta e oito anos e é careca", analisou Keith. "Se você ainda mandar bem, sempre haverá alguém que vai curtir, e se você é um cara rock and roll, tem que estar no palco. Não existe roqueiro a menos que esteja no palco."

Charlie havia saído da sala de controle e agora, às 7h da manhã, estava sentado sozinho no estúdio tocando bateria. "*Lá* está um roqueiro", apontou Keith.

Jimmy levava uma eternidade para deixar as fitas prontas. Mick tocava piano, Keith tocava piano, Mick tocava guitarra, esperando. "Porra, Shuscle Moals", Mick bufou. "Vamos, até a Astrid já foi para casa." Astrid estava quase sempre no estúdio, mas como um fantasma, nunca a notei. Finalmente ouvimos os *playbacks*. Dickinson perguntou a Mick se ele se importaria de ficar com uma cópia de "Wild Horses".

"Não", respondeu Mick, "mas não queremos ouvir no rádio."

"Estou chocado que você tenha sugerido isso", disse Charlie.

Mick apagava ou destruía todos os *outtakes* ao final de cada noite de trabalho. Os Rolling Stones não deixariam rastros no estúdio Muscle Shoals, nem pagariam a ninguém por nada.

"Que pena", Keith se queixou enquanto as fitas terminavam. "Nós não conseguimos ir a um *juke joint*".

Saímos cambaleando sob a luz da manhã. "Gostaria de voltar por duas semanas mais ou menos", afirmou Keith, "se pudéssemos alugar uma casa e não ficar no Squaliday Inn".

Havia uma dupla de carros cheios de adolescentes amigáveis e relaxados do Alabama do lado de fora. Eles tiraram fotos e nos seguiram de volta ao hotel. Fomos para os nossos quartos, nos limpamos, Dickinson e eu fumamos meu último baseado – os Stones estavam sem erva, e eu mencionei que ainda tinha um – e descemos ao salão para o café da manhã. Keith logo se juntou a nós. Ele havia se barbeado e estava vestido com seu bom gosto habitual: tênis branco, meias de náilon bege desfiadas, calças de veludo vermelho com longas cordas penduradas nos punhos sem bainha, jaqueta de veludo preto, boné marrom, cachecol de lã amarelo e preto comprido. “Chá, por favor”, ele pediu para a garçonete.

Atrás de mim, uma mulher dizia: “Ah, obrigada, vou dar a ele um kit de química”, me lembrando da proximidade do Natal. Charlie e Mick Taylor, depois Ahmet, depois Mick, juntaram-se a nós. Mick vestia seu terno de veludo branco e camisa de seda vermelha com babados, cachecol vermelho, casaco comprido bordô e gorro de tecido. Ele se sentou conosco e pediu um pouco de carne enlatada.

Bill e Astrid estavam sentados em uma mesa próxima. “Vocês estão todos com algum grupo?”, a garçonete deles perguntou.

“Martha and the Vandellas”, respondeu Bill.

“Ah”, disse a garçonete.

“Você ainda tem aquele baseado?”, Keith sondou, querendo fumar na mesa e causar um ataque cardíaco em Ahmet.

“Acabou”, respondi.

“Quando é o avião?”, perguntou Keith.

“Vamos esperar até sermos chamados”, disse Mick, comendo carne enlatada.

Quando terminamos o café da manhã, subimos para o quarto de Keith para ouvir novamente as novas gravações dos Stones.

“Tem algumas faixas legais”, destacou Wexler. Ele havia chegado tarde para o café da manhã. “Vão levá-las de volta a Londres para dar uma adocicada?”.

“Não muito”, respondeu Keith. “Gosto do jeito que estão.”

“Enviei uma música para Aretha uma vez”, lembrou Mick. Era “Sympathy for the Devil”, aquela que Wexler havia descrito para mim como adequada para Sonny Bono ou Burl Ives. “E ela não quis. Fiquei muito desapontado. Muito *chateado*.”

"Bem, cara, ah", Wexler remendou, "ainda há tempo...".

Logo estávamos no aeroporto, as garotinhas nos seguindo, tirando fotos enquanto caminhávamos para o avião. "Seu pai vai te matar", Tony disse a uma menina que estava posando ao lado dele. Íamos para Atlanta – Wexler ficaria lá para um banquete de premiação da indústria fonográfica – e para São Francisco, passando por Dallas. Wexler sentou-se ao meu lado para bater papo, mas eu estava com muito sono para ouvi-lo. Do outro lado do corredor, Mick e Keith estavam esparramados, a cabeça de Mick no ombro de Keith, dormindo.

Desmaiei por cerca de vinte minutos, e já estávamos em Atlanta, onde pegamos um avião lotado, no qual tivemos de nos separar. Keith sentou-se com alguns soldados na classe turística, enquanto fiquei ao lado de uma mulher de meia-idade bem-vestida que lia *Bullet Park*, de John Cheever, um novo livro daquela temporada.

"É um livro lindo", eu comentei. Começamos uma conversa estranha e íntima provocada por cansaço, romance e bourbon. Falamos sobre os personagens de Cheever, como eram tristes, como sentiam profundamente os limites de suas vidas. "Não importa o que aconteça, não estamos no controle, não planejamos nenhuma das coisas que acontecem conosco, elas simplesmente acontecem, e nossos corações ficam tristes por tudo isso..."

Voltei para falar com Keith, que me deu a cocaína e o bambu dourado, dizendo: "Tome isso".

"Nossa, obrigado." Entrei no banheiro e voltei revigorado para encontrar Keith, agora na primeira classe, conversando com um executivo publicitário de terno.

"Você não é livre, cara, você tem que fazer o que eles mandam", disse Keith.

"E você tem que tocar o que as pessoas querem", rebateu o homem. "Qual é a diferença?".

"Não temos", resistiu Keith. "Não temos que fazer nada que não queiramos. Joguei minha guitarra favorita do palco em São Francisco."

"Você não pode fazer isso todas as noites", apontou o homem.

"Posso fazer isso quantas vezes quiser. Nem sempre, mas às vezes."

O homem virou-se para mim: "Você acredita neste cara?".

"Acredito."

"Ah, você sabe qual é a minha cena", Keith me disse.

"Bem", falou o homem, "o que eu faço não é ruim, nunca machuquei ninguém".

"Como você pode ter certeza?", Keith perguntou, prosseguindo como se não quisesse pensar nisso por muito tempo. "O problema é que, quando você está falando, pensa que está discutindo com Spiro Agnew[101], mas não está, está falando com um homem perfeitamente razoável. Mas eu realmente acho que é verdade que você não pode fazer o que quiser. Tantas pessoas não fazem o que querem fazer."

"A maioria de nós faz as duas coisas", afirmou o homem. "Gostamos do que fazemos, mas temos que ganhar dinheiro. É um compromisso."

"Mas isso é meio triste", ponderou Keith.

"O mundo não é perfeito", disse o homem.

"Não", rebateu Keith. "O mundo é perfeito."

Com isso tive de estender a mão e beijar Keith no topo da cabeça, um gesto de bênção que não chegou a interromper a conversa. "Vocês trabalham tão duro", ele falou para o homem. "Nós trabalhamos duro em períodos concentrados, mas depois paramos por uns quatro meses sem fazer nada..."

"É um cronograma diferente", disse o homem.

"É", concordou Keith, "mas a maioria não gosta de seu trabalho. Os norte-americanos estão em uma cena muito esquisita – como Spiro tentando falar pelas pessoas, e ele não pode porque a maior parte delas tem menos de vinte e cinco anos e vive em um tipo muito diferente de cena...".

"Tem certeza de que eles discordam de Spiro?", o homem perguntou.

"Acabei de falar com esses caras, esses garotos que estão indo para o exército em Fort Bliss – nome estranho para um acampamento do exército –, eles não querem fazer nada além de ir a Juárez e comprar maconha."

"Eles não se importam mais com garotas?", o homem questionou.

101 Vice-presidente dos EUA entre 1969 e 1973, quando renunciou. (N.T.)

"Sim, todos eles querem ir a Juárez e transar com algumas garotas e fumar um pouco de maconha. Eles se inscreveram por quatro anos para não terem que ir ao Nam e lutar em uma guerra na qual não acreditam, lutar por essa ideia dos EUA como a polícia do mundo."

"Não é uma questão de ser policial, é uma questão de proteger seus interesses", argumentou o homem.

"Que interesse, você tem meio milhão de soldados no Vietnã, que certamente não é seu. Os norte-vietnamitas estão certos e vão vencer."

"Sabe disso?"

"Sim, pois vi filmes, li sobre isso e conversei com pessoas que estiveram lá."

"Sim, mas você não sabe, você mesmo poderá ter que lutar algum dia", o homem disse de maneira sombria.

"Eu já faço isso, o tempo todo", reagiu Keith. E então ele pareceu se desesperar para conseguir passar seu ponto de vista para o homem. "Você não sabe como é."

"Como é o quê?"

"Ser um Rolling Stone, os ataques que fizeram contra nós, a violência..."

"Você quer dizer que as pessoas tentam bater em você?"

"Eles tentam me matar, cara, é isso que eu quero dizer com violência, policiais já apontaram armas para mim e se ofereceram para atirar em mim com elas."

"Onde?"

"Bastidores de camarins, por nada, pelo menor pretexto. Os cinco membros desta banda tiveram que passar por tanta merda..."

A luz do cinto de segurança acendeu, e eu voltei para o meu lugar, passando por Mick e Charlie. "Mas em um caso de amor...", Mick estava dizendo, muito sério. Eu sabia de qual dos cinco membros Keith estava falando. Os Stones eram tão esquisitos que um deles era um homem morto.

Quando descemos do avião, nosso interlúdio pacífico havia acabado. As pessoas que tinham sido vozes cômicas no telefone estavam agora ao nosso redor. Ronnie agarrou Mick, puxando-o de lado. "Não se preocupe, tudo está sendo cuidado, temos um lugar, podemos ir lá hoje à noite se você quiser, Chip está lá, e Sam...”

Enquanto caminhávamos para as limusines, um garotinho me perguntou: “Você é um Beatle?”.

“Sou”, respondi.

“Qual é o seu nome?”

“Philo Vance.”

“Acreditam em qualquer coisa”, disse Keith. “Philo Vance, o conhecido Beatle.”

Keith e eu entramos em uma limusine, e Jon Jaymes nos seguiu, falando sobre o show gratuito. “Estou assegurando a coisa toda”, afirmou ele.

“O que isso significa?”, perguntou Keith.

“Isso significa que se houver dez assassinatos, *eu* vou para a cadeia.”

30

His heart was achin', head was thumpin'
Little Jesse went to hell bouncin' and jumpin'
Folks, don't be standin' around little Jesse cryin'
He wants everybody to do the Charleston whilst he's dyin'
One foot up, a toenail draggin'
Throw my buddy Jesse in the hoodoo wagon
Come here, mama, with that can of booze
It's the dying crapshooter's… leavin' this world…
With the dying crapshooter's… goin' down slow…
With the dying crapshooter's blues[102].

Willie McTell: "The Dying Crapshooter's Blues"

Quando, em 1968, fui pela primeira vez à Inglaterra para conhecer os Stones, vestindo uma capa de chuva numa autoparódia inconsciente, não sabia no que estava me metendo. Quatro semanas depois, de volta aos Estados Unidos para escrever sobre o grupo, percebi que algo estava acontecendo com eles sob a superfície – e que eu não tinha conseguido chegar ao fundo disso.

No verão, "Jumpin' Jack Flash" os levou de volta ao topo das paradas pop. Seu novo álbum, *Beggar's Banquet,* foi lançado em novembro após uma longa disputa sobre a foto de capa proposta pelos Stones, um grafite

102 Seu coração estava doendo, a cabeça latejava/ O pequeno Jesse foi ao inferno saltando e pulando/ Gente, não fiquem ao redor do pequeno Jesse chorando/ Ele quer que todos dancem o Charleston enquanto ele morre/ Um pé para cima, uma unha arrastada/ Joguem meu amigo Jesse no vagão de hoodoo/ Venha aqui, mãe, com essa lata de birita/ É o jogador moribundo deixando este mundo/ Com o jogador moribundo partindo devagar/ Com o blues do jogador moribundo. (N.T.)

na parede de um banheiro em uma oficina de automóveis mexicana em Los Angeles. A Decca recusou-se a lançar o álbum com essa capa. "A gravadora não está lá para nos dizer o que podemos fazer", afirmou Mick. "Se é assim que eles se sentem em relação a isso, então deveriam eles fazer os discos, e nós, a distribuição." Por fim, o álbum saiu com uma capa branca desenhada como um convite[103]. "Nós cedemos", admitiu Keith, "mas fizemos isso por dinheiro, então estava tudo bem".

Ainda em novembro, foi lançado *One + One*, um filme de Jean-Luc Godard que era, em parte, sobre a gravação de "Sympathy for the Devil". As filmagens de um longa chamado *Performance*, estrelado por Mick e Anita, também tinham terminado. Em dezembro, a banda produziu um entretenimento filmado, *The Rolling Stones Rock and Roll Circus*. Exibia números de circo – tigres, acrobatas, palhaços, um engolidor de fogo – e o rock and roll dos Stones, Taj Mahal, John Lennon, Eric Clapton, Jethro Tull, The Who. Eles pretendiam vendê-lo para a BBC-TV, mas nunca foi concluído[104].

No final do ano, Keith, Mick, Anita e Marianne foram ao Peru e ao Brasil. Ver os caubóis negros nos pampas inspirou Keith a compor uma música estilo Jimmie Rodgers chamada "Honky Tonk Women". Brian, que havia se mudado para Cotchford Farm em novembro, passou as férias com Suki no Ceilão. John Lewis, um jovem amigo inglês de Brian, me contaria um tempo depois que, no Ceilão, Brian consultou um astrólogo – supostamente, em certa época, o mesmo de Hitler –, que lhe disse para tomar cuidado ao nadar no ano seguinte, não entrar na água sem amigos.

Em 13 de janeiro, Brian estava de volta a Londres para comparecer ao tribunal, que negou seu recurso para anular seu veredicto de culpado. Isso o deixou com duas condenações por drogas em sua ficha. No final de janeiro, Mick e Keith voltaram para a Inglaterra e começaram meses de trabalho nas faixas de *Let It Bleed*. Em março, os Stones foram convidados a tocar no

---

103 Somente em 1984 é que a capa original de *Beggar's Banquet* foi liberada para ser usada no lançamento das edições posteriores do álbum. (N.R.)

104 *The Rolling Stones Rock and Roll Circus* foi lançado somente em 1996. (N.R.)

Memphis Blues Festival e consideraram fazê-lo com Eric Clapton devido aos problemas que teriam para trazer Brian para o país.

Brian usou sua irritação com seu julgamento iminente como desculpa para perder as sessões e até evitou a Inglaterra, dizendo aos jornais londrinos do Marrocos: "Tenho a sensação de que minha presença não é necessária". Com seu julgamento encerrado e meses de tratamento odontológico finalizado ("Que desperdício", diria Jo), Brian – embora tivesse completado seu álbum marroquino, que custou 23 mil libras de seu próprio dinheiro – ainda não era capaz de fazer sua parte, fosse qual fosse agora, com os Stones. "Depois que o julgamento acabou, e Brian não se recompôs", lembrou Jo, "ficou tudo meio claro". No início de abril, ela escreveu uma carta para Mick. "Qual é a situação do grupo?", questionou, oferecendo "um breve relatório sobre o que realmente estaria acontecendo":

> Alguns primeiros pensamentos... o escritório é completamente leal e também relativamente livre de intrigas e política. Ninguém é ambicioso ou está tendo *ego trips*. É um bom lugar para trabalhar. Nos últimos tempos, não tem havido o suficiente para manter as mentes unidas, e isso nos leva à crise básica: é o seu escritório.
>
> 1. Qual é a situação do grupo? Existe algum interesse real em fazer aparições públicas? Ou vocês querem apenas gravar e fazer filmes?
>
> 2. Além dos Rolling Stones, algum outro projeto? Gravadora? O problema de Klein é mais do que uma chatice. Somos fantoches. Como você pode trabalhar, ou o escritório, se temos que gastar tanto tempo pedindo dinheiro ou qualquer outra coisa. Nunca será eficiente até que isso seja resolvido.
>
> 1. Klein – alguma forma de financiamento – agonia por dinheiro e contratos;
>
> 2. Os planos pessoais de Mick;
>
> 3. Discos – você deve se preocupar apenas com o produto;
>
> 4. Rolling Stones;

5. Gravadora ou estúdio;

6. Se a carga for muito pesada, foda-se. Você realmente só deve fazer o que te deixa feliz. Se você soubesse, não haveria nenhum impedimento.

Em 3 de fevereiro, Allen Klein anunciou que estava assumindo a gestão dos Beatles. Embora sentindo-se negligenciados e ressentidos, os Stones continuaram trabalhando em *Let It Bleed*, usando as sessenta vozes (dobradas) do London Bach Choir em "You Can't Always Get What You Want" e um jovem mandolinista chamado Ry Cooder em "Love in Vain", de Robert Johnson, encontrando maneiras de adicionar as texturas exóticas e sotaques antes criados por Brian. Ele ainda vinha a algumas sessões de gravação. Em uma delas, perguntou a Mick: "O que posso tocar?".

"Não sei", respondeu Mick. "O que você *consegue* tocar?"

A mão que Brian havia quebrado na cabeça de Anita não havia se curado de maneira adequada, deixando sequelas para tocar guitarra. Ele tentou tocar gaita, mas enfim Mick disse: "Você não consegue mais tocar, por que não vai para casa?".

Mick e Keith estavam procurando alguém para substituir Brian. Em maio, eles convidaram Mick Taylor para algumas sessões. No dia 25 do mesmo mês, fizeram *overdub* com o saxofonista Bobby Keys na versão rock and roll de "Honky Tonk Women". Em algum momento da semana seguinte, Jagger conversou com Mick Taylor.

Nessa época, Mick estava aprendendo os diálogos para sua aparição com Marianne em um filme sobre o bandido *Ned Kelly*, cuja produção estava programada para iniciar na Austrália no começo de julho. No dia que os jornais publicaram a notícia sobre o filme, Mick e Marianne foram presos por posse de drogas ilegais na casa que Mick havia comprado no ano anterior na Cheyne Walk 48.

Em 8 de junho, com "Honky Tonk Women" pronta para lançamento, Keith, Mick e Charlie foram a Cotchford Farm para conversar com Brian. Anos depois, Charlie diria: "Foi a pior coisa que já tive de fazer até agora". Mas também lembrou que quando contaram a Brian o que pretendiam fazer, ele pareceu aliviado. "Foi como se todo um peso tivesse sido tirado de seus ombros, e ele dissesse: 'Sim, eu quero sair'."

Brian anunciou à imprensa que havia deixado os Stones. Depois ligou para o seu pai para dizer que era apenas algo temporário, pois eles queriam tocar nos EUA, mas, no próximo ano, ele faria uma turnê pela Europa com a banda.

No Hyde Park de Londres, a partir de setembro de 1968, um homem chamado Peter Jenner, da produtora pop Blackhill Enterprises, havia começado a organizar concertos gratuitos como os que tinha visto na Califórnia. "Honky Tonk Women" estava programada para ser lançada em 4 de julho, e os Stones planejaram um show gratuito no Hyde Park para o dia seguinte. Outra carta de Jo Bergman:

The Rolling Stones

Telefone 01-629 5856 — 46a Maddox Street

Telex 266934 — Londres W1

Queridas pessoas,

Aqui está um rascunho de plano para os eventos desta semana:

TER. 1º de julho

13h. Teatro Granada, Wandsworth Road. A noite é teoricamente livre, a menos que alguém se sinta capaz de fazer entrevistas para estações FM nos Estados Unidos naquele horário – ou seja, das 17h às 18h. Vou perguntar-lhe sobre isso mais tarde.

QUAR. 2 de julho

12h-14h. Apresentações no Music Scene. Será no TRL Studio, 44/46 Whitfield Street W.1., e serão bem rápidas. É muito importante, no entanto, que todos cheguem às 12h, porque devem terminar no estúdio às 14h.

19h. Gravação no Olympic.

QUI. 3 de julho

13h30/14h. Sessão com um fotógrafo norte-americano para fazer fotos para pôsteres nos EUA e para a capa do álbum de setembro. Isso deve levar, no máximo, duas horas, provavelmente menos. O resto da tarde pode ser de ensaios.

20h-21h30. Gravação do *Top of the Pops* no Studio G. Lime Grove.

SEX. 4 de julho

Ensaios o dia todo, eu presumo. (Mick apenas – encontro com Jane Nicholson e pessoal da *Rolling Stone*. Encontro com Jo a combinar antes dos ensaios)

SAB. 5 de julho

A Batalha do Campo do Pano de Ouro[105].

15h45 Estacionamento Albert Hall

Após Altamont, quando eu morava em Londres, conversei muitas vezes com Shirley Arnold, que ainda dirigia o fã-clube. Ela era uma das pessoas mais decentes que já conheci, inglesa no melhor sentido da palavra. Alguns anos depois, na época que os Stones viviam no exterior, e ela nunca mais os viu, parou de trabalhar para eles. Ela passaria algum tempo trabalhando para Rod Stewart e, então, um dia ligaria para Jo Bergman na Califórnia, onde ela trabalhava para a Warner Bros Records, e diria: "Deixei a indústria". Para seu crédito, ela nunca havia estado na indústria.

"Brian ficou em um estado terrível por muito tempo depois de Anita", contou Shirley com seu jeito gentil, porém franco, de olhos azuis, "mas Brian estava sempre em um estado terrível, não estava? Sempre perdido, em todos os sentidos. Ele queria tanto ser... não que eles não fossem normais, mas ele queria tanto ter uma vida normal e feliz, de todas as formas, sem nenhum problema. Mas nunca deu certo. E ele nunca alcançaria o que queria. Ele foi tão facilmente conduzido. Numa manhã bem cedo, no final de 1967, ele me ligou, havia tido uma noite ruim. Talvez tivesse tomado muitas coisas e não dormisse por dias. Ele disse: "Estou faminto. Pegue dez libras do contador, compre muita comida e traga para cá. Estou faminto". Ele queria um grande presunto com osso, e só isso custava cerca de cinco libras. Então cheguei ao apartamento, que ficava em Courtfield Road, e lá estava Brian com duas garotas e dois outros caras, todos parasitas que não estavam realmente interes-

105 Nome dado ao primeiro show após a morte de Brian Jones no Hyde Park de Londres. (N.T.)

sados nele. A comida chegou, e todo mundo meio que avançou. Havia ovos e bacon, e Brian pediu purê de batatas instantâneo. Ele perguntou: 'Como faço para cozinhar salsichas?'. E eu propus: 'Você gostaria que eu cozinhasse para você, Brian?'. Ele topou: 'Ah, sim, por favor'. Eu preparava o café da manhã dele – e eu estava noiva na época, prestes a me casar – enquanto ele dizia: 'Você é tão normal, você resolve tudo'. Mas era tão fácil, quero dizer, qualquer um podia preparar um café da manhã. Brian, no entanto, ficava falando: 'Você é tão inteligente', sendo que eu podia imaginá-lo perfeitamente tentando cozinhar ovos e bacon. Eu nunca vou esquecer, nós tínhamos essas salsichas grandes, e eu enfiei o garfo nelas – muitas pessoas espetam o garfo na salsicha para impedir que ela exploda –, e ele comentou: 'Ah, eu nunca soube disso', acrescentando: 'Eu realmente vou ficar com uma garota legal, é ótimo ver você trabalhando na cozinha'.

"Quando eu acabei de preparar, ele estava dormindo. Eu o acordei, e ele então atacou seu café da manhã. Naquele dia, Brian estava tão determinado a se recompor e ter um bom apartamento, falando sobre ter comida na geladeira e receber o leite de manhã. Nada era normal na vida dele, e ele nunca conseguiria torná-la normal.

"Então ele estava com Suki. Ela o fazia feliz, eu acho. Talvez ela tivesse sido a melhor coisa depois de Anita, acredito que era isso que ele queria. Ela se parecia com Anita nos primeiros dias. Pareciam irmãs. No escritório, víamos fotos de Suki e pensávamos que era Anita. Suki era namorada de Tara Browne, o herdeiro da Guinness. Eles sofreram um acidente de carro, e Tara morreu nos braços dela. Suki estava em uma condição terrível. Amigo de Tara, Brian a acompanhou no funeral – e ele tinha acabado de perder Anita, então eles logo começaram a viver juntos. Talvez porque Suki realmente amasse Tara, e Brian realmente amasse Anita, que nunca funcionou para eles. Ela era uma boa garota para ele. Cuidou dele. Pareciam felizes. Mas acho que o problema de Brian foi perder Anita.

"Suki me contou uma vez que ela tinha voltado ao apartamento, e Brian estava lá com Linda. Quero dizer, fazer isso foi perverso, foi realmente terrível. Ela disse que ele a expulsou do apartamento. Estava coberta de hematomas. E ele também chutou o cachorro. Então, não dá para entender

Brian, pois ele amava tanto aquele cachorro e, naquela noite, descontou até no animalzinho. Acho que ninguém o entende – ninguém o entendia. Acho que ninguém poderia sequer tentar entendê-lo.

"Lembro-me de quando ele morava em Windsor, e havia uma cabra lá. Eles foram embora por alguns dias, alguém ficou cuidando dela, mas pegou pneumonia e morreu. Eu contei a ele o que aconteceu pelo telefone, e isso partiu seu coração. Brian chorava, e eu chorava junto porque não suportava ouvi-lo chorando. Ele dizia: 'Eu quero empalhá-la, tenho que empalhá-la'. Chequei com um taxidermista quanto iria custar, então liguei de volta para Brian e informei: 'Eles podem fazer isso. Vai custar quatrocentas libras'. Ele respondeu: 'Não, não posso fazer isso, não posso arrancar suas entranhas'. Acho que a enterraram no jardim de Redlands.

"Ele adorava animais. Às vezes, era tão doce e gentil. Ele tinha um rosto radiante. Quando sorria, tudo ficava ótimo, o sol brilhava. Sempre o amei. Eu sempre amei todos eles, mas quando os fãs me mandam cartas e pedem 'por favor, me diga como ele era', posso digitar quatro páginas sobre Brian sem nem pensar. E então eu lembro que tenho tanta sorte, pelo menos eu o conheci, está tudo lá, ninguém mais pode ter isso. Sou feliz por tê-lo conhecido. Mas sempre me preocupei com Brian. Nunca pensei que ele conseguiria. Nem ele achava que conseguiria. A sra. Jones tem uma fita, uma entrevista com Brian dizendo: 'Acho que não chegarei aos trinta anos'. E ele sempre falava para Suki sobre fazer um testamento, e ela costumava responder: 'Sim, quando estivermos velhos e grisalhos'. Então ele rebatia: 'Não, eu nunca vou chegar a isso'. Não conseguia ver um futuro para si mesmo. Os meninos também sabiam, ele costumava dizer a todos que nunca ficaria velho.

"Tem sido tão bom trabalhar para eles ao longo de todos esses anos que estou lá. E eu sempre soube que, um dia, um deles iria morrer, seria a pior coisa que eu poderia passar – e eu sabia que seria Brian. Esperava por isso a qualquer momento, pois ele havia passado por tantas mudanças, eu sabia que estava próximo. Mas então, quando ele saiu do grupo, acho que Fred, o contador, e eu éramos os únicos que falávamos com ele todos os dias. Brian costumava ligar para o escritório e parecia tão feliz. Eu não sei, talvez ele estivesse tentando nos convencer ou, ao tentar nos convencer de que iria se recompor, estava tentando convencer a si mesmo. Falávamos sobre o show do Hyde Park um dia ou dois antes de sua morte. Ele morreu na quarta, eu falei com ele na segunda. Eu já tinha visto Mick Taylor – na semana anterior –, e Brian perguntou: 'Você o conheceu?', no que eu respondi: 'Sim'. Ele quis saber mais: 'Como ele é?'. Eu falei: 'Ah, acho que não gosto dele'. Brian então disse: 'Oh, você vai', e ele foi muito legal em relação a isso. Ele comentou: 'Acho que vou ao show do Hyde Park no sábado, o que você acha que as pessoas pensariam se eu fosse?'. Eu o incentivei: 'Seria uma ótima ideia você ir e desejar sorte a Mick Taylor'.

"Então, na terça, eu conversei de novo com ele. Ele ligou e disse: 'Você pode me enviar algumas fotos?'. E eu respondi: 'Sim, e ainda estou respondendo as cartas para você'. Ele perguntou: 'Ah, não se importa de fazer isso?'. Brian sempre te colocava nessa posição de 'você tem certeza de que não se importa de fazer isso?'. E eu dizia: 'Não, eu respondo as cartas, sempre vou trabalhar para você, não seja bobo'.

"Suki estava no Marrocos, eles tinham acabado de se separar. Eu sabia que Brian estava morando com uma garota, Anna, mas eu nunca a tinha visto. Eu estava cuidando de Matilda, a cachorra da Suki, que Brian adorava. Fui para casa naquela terça-feira à noite, meu telefone tinha acabado de ser instalado lá. Só uma pessoa sabia o número. Eu tinha ligado para a esposa de Tom Keylock, porque os meninos estavam gravando naquela noite. Tom tinha ido para Redlands. Então liguei para Joan Keylock e lhe dei o número. Assim, quando o telefone tocou à 1h da manhã, só podia ser Joan. Era a primeira vez que meu telefone tocava em casa. Desci as escadas correndo – Matilda me seguia – e peguei o telefone. Joan me perguntou: 'Você está acordada?'. Eu respondi: 'Sim, estou no andar de baixo, o que há de errado?'. Ela falou: 'Tenho más notícias'. Eu apenas falei: 'Brian'. E ela disparou: 'Ele está morto'.

"Ela estava péssima, tinha acabado de receber a informação, soube antes de qualquer outra pessoa. Frank Thorogood, que estava lá com Brian, era amigo de Tom. Ao tirarem Brian da piscina, perceberam que ele estava morto. A primeira coisa que Frank fez foi ligar para Joan e avisar: 'Brian está morto, rápido, alguém chame o Tom', pois Tom era ótimo em resolver tudo. Ela me telefonou antes mesmo de ligar para o estúdio e pedir a Stu que contasse aos meninos. Ela falou: 'Frank e Brian foram nadar, e Brian não saiu'. Desliguei o telefone, comecei a subir as escadas para o quarto e fiquei histérica. Meus pais se levantaram e disseram: 'O que há de errado?'. Eu respondi: 'Brian morreu'. Matilda estava sentada na cama uivando, olhando pela janela e fazendo *Owrr, owrr* – era como se ela soubesse.

"Joan ligou para o estúdio, e Stu atendeu. Ela perguntou: 'O Tom está aí? Tom precisa ir a Cotchford'. Acho que Stu falou: 'Ah, o que o idiota fez agora?'. Ela então disse: 'Ele morreu'. Ficou a cargo dele contar aos rapazes. Eu me recompus e liguei para Jo por volta da 1h30min. Tocou por muito tempo sem resposta. Eu pensei: 'Vou continuar ligando porque obviamente ela não está lá, então não vou acordá-la, vou ligar a cada cinco minutos até ela chegar'. Jo deve ter chegado correndo e entrado no banho. Quando finalmente atendeu, eu disse: 'Jo? Você estava dormindo?'. Ela respondeu: 'Não, estava apenas tomando banho'. Então não fiz muitos rodeios: 'Tenho más notícias. Brian morreu'. Ela falou: 'Não... agora, por que ele teve que fazer isso, temos muito o que fazer no sábado com o show do Hyde Park, temos a propriedade para cuidar, e ele nunca fez um testamento, há o funeral...'.

"Tenho certeza de que todos nós ficamos acordados a noite inteira. Saí de casa por volta das 6h30min, entrei em um táxi. O motorista era um sujeito jovem e, após ouvir no noticiário das 6h da manhã, comentou: 'Uh... Brian Jones está morto'. Eu disse: 'Sim, eu ouvi'. E lá estava eu sentada – eu que o amei por tanto tempo e trabalhei para ele por tanto tempo –, e lá estava o cachorro do Brian sentado ao meu lado, e lá estava o motorista do táxi me dizendo que ele estava morto. Chegamos ao West End, onde os jornais exibiam manchetes 'Brian Jones morre na piscina'. E eu os observava, pensando: 'Ele está realmente morto, ele é notícia de primeira página mais uma vez'. Saí do táxi no lugar errado, então tive que caminhar. Não tinha dormido nada e me sentia estranha. A senhora do quiosque de cigarros, que me conhecia bem, notou, quando passei por ela, que eu estava andando pelo meio da rua, então ela me pegou de volta, e eu entrei no escritório. Eram 7h da manhã, e você pode imaginar o escritório, estava tão quieto. Eu apenas fiquei sentada lá. O primeiro telefonema – acho que às 8h30min – foi de Alexis Korner. Em estado de choque, ele disse: 'Tem alguém aí, alguém ouviu a notícia, com quem estou falando?'. Eu expliquei: 'Você está falando com a Shirley', e ele respondeu: 'Bem, então você sabe como me sinto'. Ele estava tentando dizer que sentia muito, porque eu conhecia Alexis quando iniciamos. E eu sempre choro quando ouço alguém chorar, e ele desmoronou como um bebê. Eu mal podia esperar pelo final do dia.

"Todos os rapazes reagiram de maneiras diferentes. Charlie realmente chorou, enquanto, acho, Mick ficou muito chocado. Charlie chegou cedo, Mick depois, então Keith entrou, me agarrou e disse: 'Você está bem?'. Acho que ninguém sabia o que estava acontecendo, porque mesmo que todos esperassem que Brian morresse jovem, quando isso de fato acontece ainda é um choque. Então eles começaram a falar sobre o Hyde Park, e a primeira coisa que Mick propôs foi: 'Vamos cancelar'. E então eles disseram: 'Não, nós faremos isso, nós faremos isso pelo Brian'."

Repetidas vezes naquele dia, o frágil toca-discos no escritório dos Stones tocou o álbum de Tim Hardin, *Bird on a Wire*. A banda cancelou a sessão de fotos marcada para a tarde, mas foi à gravação do *Top of the Pops* naquela noite. Eles mantiveram o ensaio do dia seguinte, embora Mick, doente, com dor de garganta e rinite alérgica, não tenha cantado. Ele estava escalado para começar *Ned Kelly* na Austrália na segunda-feira, mas não tinha ânimo para viajar. Os advogados da produtora de filmes disseram que se ele estava bem para cantar no Hyde Park no sábado, também estaria para voar à Austrália no domingo.

Na Austrália, Marianne tomou uma *overdose* de Tuinal após ver não seu rosto, mas o de Brian no espelho. Passou dias em coma, oscilando entre a vida e a morte. Mais tarde, ela diria que, enquanto estava inconsciente, encontrou-se com Brian. Eles deram uma longa caminhada, conversando, e então ela disse: "Tenho que voltar".

"E eu tenho que continuar", teria respondido Brian.

Marianne foi substituída no filme por outra atriz. E assim que pôde, internou-se em um hospital suíço para se recuperar.

Em 20 de julho, pela primeira vez, um homem pisou na Lua. Em 10 de agosto, nascia Marlon Richards. Oito dias depois, Mick foi ferido durante as filmagens quando uma pistola defeituosa explodiu em sua mão. Em 12 de setembro, ele já estava de volta a Londres, passando pelo Taiti. No dia 29 do mesmo mês, Mick compareceu ao tribunal e teve sua audiência adiada para dezembro. Uma semana depois, ele iria para Bali por alguns dias, mas voltaria para pegar um voo para Los Angeles com os outros Stones no dia 17 de outubro.

Um público de 250 mil pessoas era esperado para o show gratuito dos Stones no Hyde Park, mas pode ter sido o dobro. Sam Cutler, que trabalhava para a Blackhill, era o mestre de cerimônias. Os Hell's Angels ingleses, mais jovens e muito mais gentis que seus colegas americanos, atuaram como seguranças, como já haviam feito em outros shows, recebendo uma nota de agradecimento de Jo Bergman em nome dos Stones: "Vocês se saíram muito bem no sábado, ajudaram a tornar possível fazermos as nossas coisas, e nos encantou ver seus lindos rostos sorridentes".

Os Stones começaram a tocar no Hyde Park quando cinco mil borboletas foram liberadas após Mick ler duas estrofes de "Adonais" de Shelley:

Peace, peace! he is not dead, he doth not sleep
He hath awakened from the dream of life
'Tis we, who lost in stormy visions, keep
With phantoms an unprofitable strife,
And in mad trance, strike with our spirit's knife
Invulnerable nothings. – *We* decay
Like corpses in a charnel; fear and grief
Convulse us and consume us day by day,
And cold hopes swarm like worms within our living clay.

The One remains, the many change and pass;
Heaven's light forever shines, Earth's shadows fly;
Life, like a dome of many-coloured glass,
Stains the white radiance of Eternity,

Until Death tramples it to fragments. – Die,
If thou wouldst be with that which thou dost seek!
Follow where all is fled! – Rome's azure sky,
Flowers, ruins, statues, music, words, are weak
The glory they transfuse with fitting truth to speak.[106]

"Mick leu o poema", lembrou Shirley Arnold, "então as borboletas voaram, e uma pousou em mim. Foi tão bonito. Eu estava sentada com Shirley Watts, e quando os rapazes entraram, ela murmurou: 'Sinto falta do rosto dele'. A borboleta que pousou no meu braço estava com a asa quebrada, então ela disse: 'Ah, está com a asa quebrada' e começou a chorar. Eu falei: 'Vamos, vamos'. Ouvimos apenas duas músicas, voltamos e nos sentamos no trailer. Foi um dia estranho no parque, seria um ótimo dia se Brian estivesse lá, se estivesse assistindo. Tenho certeza de que ele estava. Tudo o que você podia ver eram milhares e milhares de pessoas – quietas, calmas, sem se mexer. Um casal se levantou e dançou. Acho que se Brian não tivesse morrido, haveria um tumulto, pois a música era fantástica. Mas eles tinham perdido um Stone, e só queriam ouvir a música. Acho que muitas pessoas estavam lá para prestar homenagem.

---

106 Paz, paz! ele não está morto, ele não dorme
Ele despertou do sonho da vida
Somos nós, que perdemos em visões tempestuosas, que mantemos
Com fantasmas uma luta inútil,
E em transe louco, golpeamos com a faca de nosso espírito
Nadas invulneráveis. - *Nós* decaímos
Como cadáveres em um cemitério; o medo e a tristeza
Nos convulsionam e nos consomem dia após dia,
E esperanças frias fervilham como vermes em nosso barro vivo.

O Um permanece, os muitos mudam e passam;
A luz do céu brilha para sempre, as sombras da Terra voam;
A vida, como uma cúpula de vidro multicolorido,
Mancha o esplendor branco da Eternidade,
Até que a Morte a pisa em fragmentos. – Morra,
se quiseres estar com o que procuras!
Siga para onde tudo fugiu! – o céu azul de Roma,
Flores, ruínas, estátuas, música, palavras, são fracas
A glória que transfundem com a verdade adequada para falar. (N.T.)

"Mick seguiu para a Austrália – ele estava em um estado muito ruim –, e Bill, Charlie, Astrid e Shirley foram ao enterro. Havia tantas flores dos fãs. Eu encomendei um arranjo em forma de um spaniel, porque era o cachorro favorito dele. Foi fantástico, parecia um cachorro, todo com flores.

"Na quinta-feira de manhã, depois do Hyde Park, Fred me pegou no escritório para irmos até Londonderry buscar Bill e Astrid, que iriam conosco, além de Suki, em uma grande limusine. Charlie e Shirley seguiriam seu próprio caminho com Stu e sua esposa. Chegamos a Londonderry, Suki com uma expressão triste, mas o sol estava brilhando, era um dia bonito para um funeral. Fizemos essa longa viagem até Cheltenham, o tempo todo conversando, principalmente sobre Brian, só as coisas felizes. Quando chegamos a Cheltenham, estacionamos do lado de fora da casa, onde havia um grande gramado coberto de flores e muitas pessoas ao redor. Esperávamos ficar nos carros, aguardando pelos demais e pelo veículo funerário. Porém, lá estavam o sr. Jones e Tom Keylock na porta. O sr. Jones queria conhecer todo mundo, e eles tinham uma sala para nós com bolos, sanduíches e chá, algo que você realmente aprecia depois de passar horas dentro de um carro.

"Bill e Astrid entraram e apertaram as mãos. Então Tom me apresentou: 'Esta é Shirley Arnold'. O sr. Jones me abraçou e chorou, o que me fez começar de novo. Ele me segurou e não me soltou. O sr. Jones disse que Brian havia falado sobre mim.

"Charlie e Shirley chegaram, os veículos vieram, e nós saímos. Vimos o caixão – feito de bronze, realmente um caixão lindo – e entramos nos carros. A Hatherly Road, onde Brian morava, estende-se por cerca de três quilômetros e, indo devagar pela estrada, havia o que parecia ser um monte de gente. Quando passamos pela escola, todos os meninos e meninas estavam ali olhando, seus professores os deixaram sair para o pátio. Então descemos para a cidade. Havia tanta gente – toda a cidade de Cheltenham veio apenas para ficar de pé e assistir, quer fossem sinceros em relação ao evento ou estivessem ali apenas para apreciar as flores naquele dia bonito."

"Todos nós começamos a andar atrás do caixão em direção à igreja. Shirley Watts caminhava ao meu lado, chorando, e eu também chorava porque, enquanto estávamos andando, podíamos tocar o caixão – e Brian estava lá. Eles trouxeram o caixão e o colocaram em um altar, e o padre... eu ouvi algumas das coisas que ele disse, algo como Brian costumar cantar no coral desta igreja. Foi bacana, os meninos do coral estavam cantando, nos dando a ideia de que Brian já tinha sido um menino do coral também. Foi uma longa missa. Então o padre falou: 'O sr. Jones me pediu para ler este telegrama para vocês'. Era um telegrama que Brian havia enviado a seus pais cerca de três anos antes, quando estava sob acusação de drogas. 'Acho que Brian resume tudo o que ele quer dizer neste telegrama', mencionou o padre antes de lê-lo: 'Por favor, não me julguem com muita severidade'. Ele poderia ter escrito um dia antes de morrer, para ser lido quando morresse.

"Então saímos da igreja e levamos cerca de cinco minutos de carro até o cemitério, onde as coisas saíram um pouco do controle, pois havia muita gente lá com seus filhos, chupando picolés. Não foi muito legal ver todas aquelas pessoas se empurrando para olhar a cova. Nós meio que fomos conduzidos junto com os pais. Lá estávamos eu; Fred; Bill; Charlie; Suki; a irmã de Brian, Barbara; e Julian com Linda, a imagem de Brian. O padre fez outro sermão, também longo, e então começaram a baixar o caixão. Foi tão bonito, o sol estava brilhando no caixão. Normalmente eles descem em um buraco escuro e bem fundo, coberto de grama sintética. Todos ficamos do lado de fora para assistir, você deveria ver aquele caixão descer. Estava quente, e foi horrível quando as câmeras começaram a ser clicadas, tirando fotos. Lembro-me de ver o caixão descendo por um periodo muito longo. Achei que eu é quem iria cair no buraco..."

31

Jerry Lee Lewis: I-N-F-E-R-N-O!

Sam Phillips: Não acredito nisso.

Jack Clement: Grande Deus Todo-Poderoso, grandes bolas de fogo!

Billy Lee Riley: Isso mesmo!

SP: Não acredito nisso.

JLL: Diz assim “Alegra-te! Com a alegria de Deus! *Apenas!”*. Mas quando se trata de música mundana, rock and roll...

BLR: Toca um rock!

JLL: ...qualquer coisa assim, você já deu seu recado para o mundo, e você está no mundo, não veio de fora do mundo, e ainda é um pecador. Você é um pecador, a menos que você seja salvo e renascido e, tal qual uma criança, se apresente a Deus e seja abençoado – e, irmão, quero dizer que você tem de ser puro *assim*. Nenhum pecado entrará ali – *nenhum* pecado! Pois diz nenhum *pecado. Não diz só um pouquinho; ele diz nenhum pecado entrará ali*. Irmão, nenhum mesmo. Você tem que *ir* e *falar* com Deus para chegar ao céu. Você tem que ser *tão* bom para despertar o perdão. Estou lhe dizendo o que sei.

BLR: Aleluia!

SP: Certo. Agora veja, Jerry, convicção religiosa não significa nada parecido com extremismo. Certo. Você quer me dizer que vai pegar a Bíblia, que vai aceitar a palavra de Deus e que vai revolucionar todo o universo? Agora escute. Jesus Cristo foi enviado aqui por Deus Todo-Poderoso...

JLL: Certo!

SP: Ele julgou e salvou todas as pessoas do mundo?

JLL: Não, mas ele tentou!

SP: Ele com certeza tentou. Agora espere um minuto. Jesus Cristo veio a este mundo. Ele tolerava o homem. Ele não pregou de um púlpito. Ele andou por aí e fez o bem para os outros.

JLL: Isso mesmo! Ele pregou em todos os lugares!

SP: Em toda parte. Isso mesmo.

JLL: Ele pregou na terra!

SP: Isso mesmo.

JLL: Ele pregou sobre a água!

SP: Isso mesmo! Agora...

JLL: Cara, ele fez tudo! Ele curou!

SP: Agora, agora, aqui está, aqui está a diferença...

JLL: Você está seguindo aqueles que curam? Como Jesus Cristo fez?

SP: Como assim... você... o quê... eu, eu...

JLL: Bem, isso está acontecendo todos os dias!

SP: Como assim?

JLL: O *cego* teve os olhos abertos.

SP: Jerry...

JLL: O *inválido* começou a andar.

SP: Jesus Cristo...

JLL: O deficiente começou a caminhar.

SP: Jesus Cristo, na minha opinião, é tão real hoje quanto era quando veio a este mundo.

JLL: Certo! Certo! Você está tão certo, nem sabe o quanto!

SP: Agora, eu vou dizer, mais ainda...

BLR: Ah, vamos gravar! Vai vender!

JC: Nunca vai vender, cara, não é comercial.

SP: Espere, espere, espere um minuto. Não podemos, temos que... agora, olhe, ouça, estou lhe dizendo do meu coração, e estudei um pouco a Bíblia...

JLL: Bem, eu também. Eu a estudei inteira, e eu sei do que estou falando.

SP: Ouça, Jerry. Se você acha que não pode, não pode fazer o bem se for um expoente do rock and roll...

JLL: Você pode fazer o bem, Sr. Phillips, não me entenda mal...

SP: Agora, espere um minuto, ouça. Quando eu digo *fazer o bem*...

JLL: Você pode ter um bom coração!

SP: Eu não *quero dizer, não quero dizer apenas*...

JLL: Você pode ajudar as pessoas!

SP: Você pode *salvar almas!*

JLL: *Não! Não! Não! Não!*

SP: *Sim!*

BLR: Você nunca vai conseguir.

JLL: *Como o diabo pode salvar almas? O que você está falando?*

SP: Ouça, ouça...

JLL: Cara, tenho *o diabo* em mim! Se não tivesse, seria cristão!

– Conversa no Sun Recording Studio, 1957

NO *LOBBY* DO HOTEL HUNTINGTON, esperando os elevadores, ouvimos um barulho vindo da escada e erguemos os olhos para ver uma mulher de certa idade, cabelos cor de cobre, vestida num roupão verde-claro, gritando para nós. "Eu gostaria que todos vocês se reunissem e dessem o fora daqui", ela disse. Uma garota com um gravador e dois rapazes com câmeras, pessoas da imprensa *underground* que nos esperavam no saguão, olharam para a mulher e depois para nós, que a ignoramos completamente. A garota e um dos homens falaram: "Uau. Doido".

A imprensa e os irmãos Maysles estavam filmando quando saímos dos elevadores para invadir os corredores do andar de cima. "Minha *groupie* local está aqui?", Keith perguntou, abrindo a porta da suíte, jogando as malas. "Ah, olá, querida."

Encontramos nossos quartos, arrumamos nossas malas e logo estávamos de volta com Keith, ouvindo as fitas do Alabama. Mick, Keith e eu dançávamos em volta dos móveis, enquanto Jo, Ronnie e o promotor da Costa Oeste, David Horowitz, ficaram sentados ali no quarto, todos nós juntos novamente. Como de costume, Horowitz estava tomado de uma preocupação puritana e incompreensível. Keith desligou as fitas para que pudéssemos ouvir um noticiário de TV que fazia o show parecer um belo ato de caridade. "Você vai?", o apresentador perguntou ao seu parceiro, que respondeu: "Não. Ouvi dizer que há uma escassez de banheiros, cerca de um para cada mil pessoas – e tenho tanta sorte que seria o número 999 na fila".

Mick, falando ao telefone com uma estação de rádio de São Francisco, foi questionado sobre a mudança de locais: "Está tudo bem? Vai acontecer?".

"Dissemos que faríamos e faremos", esclareceu Mick. "Vamos sair em um helicóptero em breve para dar uma olhada, informá-lo mais sobre a cena caótica."

Jo, Ronnie e Horowitz saíam. "Vamos checar o helicóptero", falou Horowitz.

"Obrigado", Mick disse. A porta se fechou. "Rainha tolinha."

Enquanto Mick foi tomar banho, Keith, Charlie e eu fumamos nossos últimos fiapos de erva num pequeno narguilé de bronze que Charlie Brown tinha me dado, ouvindo fitas de blues. Keith atendeu a uma batida na porta, deixando entrar dois meninos e uma menina, que pareciam ter saído da rua. Perguntei se eles tinham algo de maconha, e eles disseram que não.

"Não há erva nesta cidade?", perguntou Keith.

Um dos meninos saiu, voltando em alguns minutos com um saco plástico de sanduíche cheio de maconha. Fizemos ótimos cigarros e fumamos, ouvindo Elmore James. Mick voltou, com calças verdes, suéter de tweed laranja e jaqueta camuflada.

"Fume um pouco desta erva que essas pessoas foram gentis o suficiente de nos dar", ofereceu Keith. Eles se sentaram e nos observaram sem dizer nada. O silêncio só foi quebrado após ouvirmos Jimmy Reed cantar "Can't Stand to See You Go" e um dos meninos perguntar: "Dá para conseguir este disco aqui? Neste país?".

A fita terminou, e, por algum motivo, Mick e eu cantamos "Lonely Avenue", comentando ter sido escrita por Doc Pomus. "Embora não conheça toda a discografia de Ray Charles", admitiu Mick, "aquele álbum country & western me desanimava".

Esperamos fumando, cinzas caindo nas calças de Mick. Finalmente Ronnie voltou e disse que não havia helicópteros disponíveis, que teríamos que ir de limusine, levando mais de uma hora para chegar lá. Hesitamos – talvez fosse melhor não ir. Mick foi pegar seu casaco comprido, Keith e eu começamos a descer as escadas. A certa altura, estávamos todos separados, tão incerta era a nossa resolução. Continuamos perguntando um para o outro: "Você vem?". Ficamos parados na calçada, lembrando que não tínhamos dormido na noite passada e pensando em como seria tarde quando voltássemos. Embora o motorista não tivesse certeza de como chegar lá, em Altamont, entramos no carro mesmo assim e partimos para a estrada empoeirada, The Crystals ressoando em nossos ouvidos, os cachorros, as pessoas e as fogueiras na encosta e o som das flautas, como o Marrocos, mas também como qualquer coisa que você quisesse que fosse, uma paisagem imaginária na noite escura da alma onde se podiam ver sinais estranhos. Keith escolheu ficar, enquanto Mick e eu optamos por voltar para a cidade para o que restava da noite.

De volta ao hotel, nos reunimos na suíte de Keith. "Eu tenho um pouco de erva se você quiser um baseado na hora de dormir", avisei.

"Não, vou dormir", Mick disse, pegando uma folha de papel da mesa para escrever uma nota a Charlie sobre como era legal o local do show. Despedimo-nos, fomos para os quartos, e, pouco antes de a luz entrar pela minha janela, adormeci.

Quatro horas depois, Ronnie ligou para dizer que as limusines sairiam mais cedo. Tomei banho para acordar e vesti as mesmas roupas que usei para me aquecer na noite anterior, jeans surrados, camisa jeans de caubói, jaqueta de couro. No andar de baixo, Ronnie esperava na calçada ao lado das limusines. Mick apareceu usando botas de camurça bordô na altura do joelho, calças amarelas de veludo amassado, uma camisa de seda vermelha, um colete de camurça marrom com bordado vermelho e uma capa de couro de Keith com uma gola do que parecia ser penas de galinha.

Com Charlie e Mick Taylor – Wyman não estava pronto para sair e se juntaria a nós mais tarde –, fomos até um píer onde um helicóptero nos receberia. Mick falava sobre Cecil Beaton, que o fotografou em Nova York. "'Você poderia *girar* mais uma vez, oh, adorável, simmm, mais uma vez mais perto de mim'. Perguntei a ele sobre Nijinsky", Mick disse, "e ele respondeu: 'Oh, Nijinsky, simmm, eu nunca vou esquecer quando ele e Diaghilev terminaram'".

"Todos nós sentimos isso", apontou Charlie. Ele observou o veludo, o couro e as penas de Mick. "Não supera Brian Jones em Monterey."

"Eu jamais tentaria superar aquilo", Mick assegurou, jogando o seu cabelo. "Produzido demais."

"Brian no London Palladium, então", lembrou Charlie.

"Essa era a pureza desse estilo", observou Mick. "Depois disso, ele perdeu todo o senso de simplicidade."

"Vocês notaram", Mick Taylor perguntou, "há uma atmosfera em toda a cidade como um Carnaval?".

"Meio festivo, você quer dizer?", falei.

"É, tão legal." Ele sorriu, mas foi só ele.

Charlie olhava para longe, distraído, como se não estivesse vendo os prédios passando. "Brian tinha um baú cheio de joias", ele comentou. O conteúdo do baú, assim como a maioria dos pertences de Brian, havia desaparecido após sua morte. "Era tipo um tesouro de pirata, um baú inteiro cheio de pequenas bugigangas."

Enquanto a bagagem era transferida para o helicóptero, Mick liderou a equipe de filmagem ao redor do píer. Entre as pessoas que assistiam estava uma *groupie* loira, gorda, de meias brancas e estrábica. "Charlie", falou Mick, "apareça no filme".

"Beije a garota", pediu o cinegrafista.

"Não", Charlie se recusou.

"Na bochecha."

"Não", disse Charlie, com um fraco sorriso. "O amor é muito mais profundo do que isso, não é algo para ser desperdiçado em celuloide."

Subimos no helicóptero e demos a partida sobre a baía. "Lembramos de trazer o conhaque?", Charlie perguntou, usando o boné verde-oliva do piloto. "Trouxemos a comida?"

"Sim", assegurou Mick, "os pães e os peixes".

Enquanto sobrevoávamos o interior da Califórnia no helicóptero trêmulo, rabisquei no meu caderno: "Contornos de terra de cor parda abaixo dispostos como as crianças na noite passada, como gigantes em sacos de dormir cáqui". Bem antes de chegarmos a Altamont, já podíamos ver filas de veículos na estrada, carros estacionados e, em seguida, grandes enxames de pessoas. Em um ângulo maluco, começamos a pousar num ponto bem alto da colina atrás do palco, descendo com um solavanco. As portas se abriram, e lá estávamos do lado de fora no meio da multidão. Mick e Ronnie saíram primeiro, então um menino correu até Mick e o acertou no rosto, dizendo: "Eu te odeio! Te odeio!". Eu não consegui ver direito, só entendi que era uma briga e ouvi as palavras. Agarrei Charlie e o segurei, pois não queria que ele se perdesse. Deus sabe o que poderia acontecer com ele.

Não sei como Mick, Ronnie e o pequeno Mick Taylor se moveram tão rápido, mas eles desapareceram, deixando-me com Jo e Charlie Watts, o homem mais educado do mundo. Tentei movê-lo pelo mar de sacos de dormir, garrafas de vinho, cachorros, corpos e cabelos. Como uma mula na areia movediça, ele não queria avançar, nem queria voltar. "Vamos, Charlie", eu dizia. "Apenas pise neles, eles não se importam, não estão sentindo nada." Aqueles que estavam conscientes e se movimentando o cumprimentavam: "Olá, Charlie", e Charlie sorria de volta.

Enquanto nos movíamos, descendo em direção ao palco, ouvimos ao longe os Burritos tocando "Lucille" e "To Love Somebody", que chegavam até nós em feixes de sons de violão. Apesar do frio, o sol estava brilhando e frisbees dançavam no ar. Soubemos mais tarde que o Jefferson Airplane, que havia tocado um pouco antes dos Burritos, ficou perturbado ao ver os Hell's Angels socando um negro na frente do palco. O vocalista do Airplane, Marty Balin, interveio e acabou inconsciente. Empurrávamos a multidão, tropeçando, tentando evitar os cachorros grandes. As pessoas ficavam nos jogando baseados e coisas. Olhando para uma pastilha de LSD amarelo-esverdeada, Charlie perguntou: "Você quer?".

"Não tenho muita confiança nesse ácido de rua", rejeitei.

"Talvez o Keith queira."

Estávamos entrando na área dos bastidores, caminhões e trailers ao redor, pessoas de pé, mas ainda lotado. Nós então nos movemos rapidamente, vislumbrando rostos pintados com luas crescentes e estrelas, um grande garoto gordo nu com sangue escorrendo do nariz. O trailer para o qual seguíamos estava cercado por garotinhas, pessoas com câmeras e Hell's Angels. Assim que subimos os degraus e entramos, estávamos no olho de um furacão, pacífico e cheirando a ozônio.

A apresentação dos Burritos tinha terminado. Gram, Keith e eu nos esparramamos em uma cama em um canto do trailer lotado onde havia uma menininha de dois anos, que se sentou no meu colo e disse a Keith: "Vou bater em você".

"Não me bata", implorou Keith. Ele tinha ficado ali a noite toda, tomando LSD e fumando ópio, e ainda assim parecia lúcido e contente.

"Eu vou bater em você", ela repetiu.

"Isso é uma promessa?", perguntei.

"Vou bater em vocês dois", falou ela.

Esse trailer era onde tínhamos comido biscoitos de chocolate e cheirado cocaína nas primeiras horas da manhã. Agora, no entanto, o ar estava tão denso com a fumaça da maconha que Jo, sentada à mesa dobrável com Ronnie – revezando-se com ele ao telefone para tentar conseguir um helicóptero que pegasse Wyman –, começou a hiperventilar e tremer. Alguns seguranças de Nova York estavam do lado de fora do trailer, e eu levei bebidas, cerveja e café para eles. Tony estava lá, sua mão direita enfaixada com talas. "Soquei alguns caras", contou ele, tirando com a mão esquerda do bolso um grande canivete Buck. "Mas tenho isso para compensar."

Uma garota magra de cabelos escuros, com uns quinze anos, no máximo, me perguntou: "Você diria algo a Keith de parte da garota que estava chorando?".

Keith havia mencionado uma menina doida de ácido, que espiava pelas janelas do trailer, gritando "Keith, Keith". Imaginando que a garota era amiga dela, disse: "Não há nada a ser feito, ele já falou com ela, que não deveria ter tomado tanto ácido".

"*Não tomei*", ela rebateu. "Sou eu, por favor, diga a ele...". E começou a chorar.

"Você viu aquela pirralha, a pequena vigarista?", perguntei a Keith quando voltei para a cama.

"Sim, ela não conseguia falar nada, somente 'Keith, Keith, é você, você é real?'. Não tinha nada que eu pudesse fazer por ela."

Mick e Gram estavam debruçados na porta, conversando com as pessoas. Gram vestia calças de camurça marrom e uma camisa Nudie de strass com Thunderbirds na frente, indígenas nos ombros e um selvagem dançando nas costas. Um pouco depois, Mick e eu tentamos dar uma volta e ver um pouco do show – Crosby, Stills, Nash e Young estavam tocando –, mas não dava, estava muito lotado, era impossível se mexer no meio da multidão, e o que dava para ver eram coisas que você preferia não estar por perto. Michelle Phillips, do Mamas and the Papas, entrou no trailer contando histórias de como os Angels estavam brigando com as pessoas, mulheres e entre si, jogando latas cheias de cerveja na cabeça do público. Augustus Owsley Stanley III, o fabricante de psicodélicos de São Francisco, conhecido como Owsley, estava distribuindo LSD, que os Angels comiam aos punhados, espalhando o excesso em seus rostos. Isso não soava bem, mas não tinha mais como fazer algo a respeito, nada para fazer no centro de um furacão, exceto suportar.

O helicóptero de Wyman estava atrasado, então esperamos. Gram e eu nos sentamos na cama, fumando e cantando músicas de Hank Williams e Ernest Tubb. Então ele disse, enquanto eu tentava lembrá-lo da letra de “Filipino Baby”, que achava que eu tinha desistido da música para começar a escrever.

Na última luz do dia, Wyman e Astrid chegaram. Estavam acompanhados de uma garota que tinha feito algum serviço de escritório para os Stones em Los Angeles.

“Ele é realmente muito legal, né”, Charlie disse para mim, mencionando Gram. “Estive conversando com ele sobre São Francisco, os hippies e tudo isso, e ele tem padrões, ele vai até certo ponto e não mais. E quando aquela garota entrou, ele se levantou naturalmente sem pensar nisso.”

Logo saímos para uma grande tenda de lona amarela a alguns metros de distância, onde as guitarras seriam afinadas. Com Jo ainda tremendo, andei com meu braço em volta dela. Os Stones tinham planejado tocar no pôr do sol, mas não havia mais luz. Os Hell’s Angels estavam fazendo a segurança da tenda. Em seu interior, sobre uma mesa de papelão, havia uma caixa de biscoitos Ritz e um pedaço de queijo amarelo. Keith, Bill e o pequeno Mick começaram a afinar. Ao redor da barraca, algumas pessoas tentavam espiar. Quando um menino olhou por uma fenda na lona, um Angel esticou a mão e empurrou o rosto dele para trás.

Sentei-me na grama em um canto da barraca com Gram, que estava falando como se estivéssemos prestes a deixar o Ensino Médio para sempre. “Gostei muito do que você escreveu sobre o nosso álbum. Poderia me escrever uma carta algum dia, eu com certeza gostaria de receber uma carta sua.”

"Claro, assim que eu tiver a chance", disse a ele. Eu nunca tive a chance.

"As linhas que você citou sobre não se sentir em casa em lugar nenhum... isso foi muito bom, era realmente onde eu estava quando fizemos esse álbum."

Jon Jaymes entrou bamboleando, dando ao Angel na aba da barraca um olhar triste, e eu me aproximei para ouvir suas notícias. "Há quatro carros da Patrulha Rodoviária", informou ele a Mick. "São os únicos disponíveis para levá-los ao aeroporto. Podemos colocá-los bem no fundo do palco, então quando vocês saírem..."

Mick estava balançando a cabeça. "Não com os policiais", afirmou ele. "Eu não vou sair com a polícia."

"Eu sabia que você diria isso", Jon falou.

Por alguma razão, enquanto ele estava cercado por Hell's Angels no fim do mundo da aberração, negando a única saída segura, eu tinha orgulho de conhecer Mick Jagger. Coloquei meu braço em volta de seu ombro, em sua roupa de cetim laranja e preto com asas de morcego, e balancei a cabeça em aprovação. Nós nos olhamos e começamos a rir.

"Onde está o palco?", perguntou Mick. Fomos para a parte de trás da barraca e espiamos por entre duas dobras de lona a plataforma de madeira, construída às pressas, a cerca de trinta metros de distância.

"Você se importaria de levar esta guitarra lá fora para mim?", Keith me pediu.

"Com prazer", eu respondi. Eu não só não me importava, como isso me daria a chance de conseguir uma boa posição no palco.

Keith me entregou seu violão de doze cordas. Quando comecei a sair, um Angel, baixinho, talvez 1,67m, com aparência mexicana, cachos pretos oleosos, suíças desgrenhadas e bigodes inclinados para baixo, disse: "Vou te levar lá". Apreciei a ajuda. A noite estava em cima de nós, e eu não gostaria de abrir caminho pela densa multidão nos bastidores. Caminhões estavam estacionados atrás do palco, uma passagem estreita entre dois deles. Havia pessoas por toda parte, exaustas, confusas, perdidas, expectantes. Segui logo atrás do Angel até o palco, onde entreguei o violão para Stu, que parecia preocupado.

Ele colocou a guitarra em seu suporte de arame na frente de um dos amplificadores de Keith. Fiquei atrás deles, olhando ao redor. As pessoas estavam por todo o palco, a maioria delas Angels e suas mulheres. Eles empurravam todo mundo que não era um Angel ou parte da equipe de palco. Eu tinha visto Angels antes, e, enquanto grupo, eram tão adoráveis quanto eu esperava, botas imundas e jeans ou couro de motociclista, um espécime barbudo usando uma cabeça de urso como chapéu, parecendo ter duas cabeças de ursos ferozes, uma em cima da outra.

Pelo sistema de PA, Sam dizia: "A razão pela qual não podemos começar é que o palco está cheio de pessoas. Já fiz tudo o que posso fazer. O palco deve ficar vazio ou não podemos começar". Sua voz parecia morta de cansaço e sem brilho, demonstrando não se importar com mais nada.

Um Angel – o presidente Sonny Barger, da filial de Oakland, acredito – pegou o microfone e declarou, com uma voz não muito diferente da de Howlin' Wolf: "Tudo bem, todos fora do palco, incluindo os Hell's Angels", e as pessoas começaram a se mexer. Os Angels estavam em cima dos caminhões, atrás, na lateral e nos degraus do palco. Eu segurava meu caderno, pensando: "Deus, por onde começar?", quando fui arremessado de um lado para o outro. "Certo, *fora do palco.*" Tentando ver o que tinha me acertado, encontrei seu corpo à minha esquerda, vestido com um jeans gorduroso, mas sem ainda conseguir distinguir a cabeça. Ele então me pegou pelo bíceps tão rapidamente e me trouxe com tanta agilidade ao nível de seus olhos que não pude reclamar de perder muito tempo. Seus olhos estavam escondidos sob o cabelo louro escorrido que caía sobre seu rosto escurecido pela sujeira. Lá estavam eles, brilhando na escuridão, mas não olhavam para mim nem para nada. Ele estava tão chapado que nem enxergava mais, estava cego em Gaza.

Globos oculares rolando como bolas de gude de porcelana em suas órbitas, mandíbulas estalando, dentes rangendo, salivando de raiva. "*Fora do palco*", ele repetiu em suave advertência, gentil reprovação. Foi aquele momento sempre fresco, sempre novo, sempre mágico, quando você está prestes a ser espancado até virar polpa ou o que quer que seu agressor consiga fazer. Este, ao contrário do último policial confederado no show de Ed Sullivan, poderia, pelo menos com seus camaradas, me transformar em tapioca. Eu estava no ar, ainda segurando meu caderno, pensando que poderia alcançar e enfiar o dedo em seus olhos, poderia colocar minhas mãos atrás de sua cabeça e levantar meu joelho rapidamente, privando-o de seus dentes, ou então poderia meter dois dedos em suas narinas e arrancar seu rosto. Mas um passarinho na encosta me dizia que, no momento que eu fizesse qualquer uma dessas coisas, centenas de Angels viriam correndo. Não lembro o que falei para ele. Minha próxima memória clara é de estar sozinho novamente atrás dos amplificadores. Eu não estava usando nenhuma identificação. Mais cedo, a caminho do helicóptero, Ronnie havia falado sobre jornalistas pedindo passes de imprensa, não acreditando que não houvesse nenhum. É grátis, ele argumentaria, apenas venham. Finalmente grátis. Bem, não exatamente.

"Acabei de falar com um Angel", disse Michael Lydon, surgindo ao meu lado.

"Eu também."

"Perguntei se ele gostava da música dos Rolling Stones."

"Ele gostava?"

"Ele respondeu: 'Sim, eu curto eles'."

Os Stones estavam subindo os quatro degraus entre os caminhões até o palco, um ponto bem iluminado na dobra escura das colinas. A multidão, estimada pela mídia entre duzentos e quinhentos mil, estava bem apertada quando passamos por ela cerca de cinco horas antes. Agora era uma massa sólida espremida contra o palco. Havia meninos e meninas ansiosos na frente, Angels por toda parte, seguranças da turnê tentando manter posições entre os Angels e os Stones. Um detetive de Nova York em Altamont estava muito longe de sua rotina. As expressões nos rostos dos policiais entregavam que eles não estavam gostando nada daquela cena. Não era medo, apenas tinham olhos melancólicos como homens que conhecem problemas e sabem que estão no meio de muita gente que está pedindo por isso. Contra o palco, no meio da massa, um policial negro de bigode observava, feição triste, a aba do chapéu de golfe de lona branca puxada para baixo como se estivesse sob uma chuva torrencial.

Sam foi até o microfone do vocalista e, com uma voz infinitamente cansada, falou: "Um, dois, testando", e então, com um vislumbre de entusiasmo: "Gostaria de apresentar a todos – da Grã-Bretanha – os Rolling Stones".

Houve um pequeno aplauso da multidão – eles pareciam entorpecidos, não vibrantes como as plateias nos ginásios de basquete depois de Tina Turner. Era possível ouvir vários gritos, mas nenhum grande rugido. Notas no baixo, afinação de guitarras, toques de bateria, Mick: "Tudo bem! Whooooh!" – uma nota crescente – "Oww baby! Aw yeah! Aww, tão bom ver *todos vocês!* Uau!". Últimas notas de afinação, depois os acordes de abertura de "Jumpin' Jack Flash".

But it's all right, it's all right
In fact it's a gas

Algumas pessoas dançavam enquanto os Angels se sacudiam com suas mulheres sujas e bufantes. Um manto de cautela e medo parecia estar sobre a plateia, que não estava chapada o suficiente para perceber, mas a música batia forte e tudo estava tudo funcionando, apesar de a bateria não estar devidamente microfonada, as guitarras parecerem se separar e desaparecer em alguns lugares e realmente não ser possível ouvir o baixo de Wyman.

"Ooh, yah", Mick disse quando a música terminou. Ele parou de dançar e olhou ao longe. Sua voz, antes abafada, agora começava a soar pacífica ao vislumbrar pela primeira vez a imensidão que havia criado. Apenas um avanço, e as pessoas seriam esmagadas. Meio milhão de corpos juntos, sem regras nem regulamentos sobre como devem se comportar, podem, por meio do peso físico, criar uma destruição terrível. "Oooh, babies....", em tom baixo maternal, "...vocês são tantos... só fiquem calmos na frente agora, não empurrem... simplesmente fiquem tranquilos". Ele riu como se estivesse falando com uma criança, olhando para os belos rostos entorpecidos diante dele. "Mantenham-se juntos – oh yah."

Keith então testou as três primeiras notas de "Carol" e soltou o *riff*. Mick se recostou para cantar:

Oh, Carol! Don't ever steal your heart away
I'm gonna learn to dance if it takes me all night and day

O som estava melhor, bateria e baixo mais claros, guitarras mais fortes. No final, Mick gemeu: "Uau! Uau! Ai, sim!". Ele ergueu uma garrafa de Jack Daniel's que estava na frente da bateria. "Eu gostaria de beber, ah, beber por todos vocês."

Keith começou "Sympathy for the Devil". Quando Mick cantou: "I was around when Jesus Christ had his moment of doubt and pain[107]", houve um barulho forte de explosão entre a multidão à direita do palco, e uma fumaça azul-branca oleosa subia como se alguém tivesse jogado um sapo em um caldeirão de bruxas. As pessoas estavam empurrando, caindo, abrindo um grande buraco enquanto se afastavam instantaneamente do centro do problema. Eu não tinha ideia de que pessoas em uma aglomeração podiam se mover tão rápido. Mick parou de cantar, mas a música continuou, quatro compassos, oito, então Mick gritou: "Oi! Oiiii! Oi! Keith... Keith... *Keith!*". Agora apenas Keith continuava tocando, mas ele tocava tão alto e forte, como sempre, do jeito que a banda deveria fazer até que o público derrubasse o arame e subisse ao palco com cadeiras e garrafas quebradas. "Você pode ficar frio, e eu vou tentar parar com isso", Mick falou, então Keith parou.

"Ei, ei, gen-te", Mick pediu. "Irmãs... irmãos e irmãs... *irmãos* e *irmãs*... Vamos *lá*." Ele estava oferecendo o contrato social a um agitado tornado de aspecto sombrio. "Isso significa que todo mundo *deve ficar na boa*... vamos nos acalmar, todo mundo..."

"A moto de alguém explodiu, cara", informou Keith.

"Eu sei", respondeu Mick. "Estou ligado. Todos fiquem tranquilos agora, vamos lá, tudo bem? Ainda podemos ficar bem aí na frente? Ainda podemos nos recompor, todo mundo? Todo mundo pode... não sei o que aconteceu, não consegui ver, mas espero que esteja tudo bem... está tudo

107 "Eu estava perto quando Jesus Cristo teve seu momento de dúvida e dor." (N.T.)

bem?" O ponto problemático parecia imóvel. Charlie estava dando batidas ansiosas na bateria, Keith tocando notas perdidas.

"Tudo bem", Mick disse. "Vamos só nos dar... vamos nos dar mais meio minuto antes de recuperar o fôlego, todos se acalmem e relaxem... há alguém aí ferido... hein?... todos estão bem... certo... tudo bem." A música recomeçou. "Bom, podemos dançar... algo muito peculiar acontece quando começamos aquela música... ah, ha!"

Keith e Charlie seguiram o padrão de ritmo, firme e experiente, enquanto Mick pedia novamente "para se apresentar, um homem rico e de bom gosto, mas que não estava disposto a desperdiçar a alma de ninguém". O solo de Keith cortava como um grito agudo no cérebro à medida que Mick cantava. "Todo mundo tem que se acalmar... todo mundo tem que se acalmar... sim! Ah, certo!".

Soando como um instrumento, uma gaita de foles selvagem, os Stones pararam. Mas a multidão, não. E podíamos ver os Hell's Angels girando feito loucos, atacando as pessoas. À direita do palco, um garoto branco alto com uma nuvem preta de cabelo elétrico estava dançando, se remexendo, enfurecendo os Angels por estar se divertindo demais. Ele estava ao lado de um Angel quando o vi pela primeira vez, e me perguntei como ele podia estar tão solto, quase tocando um daqueles monstros. Ele continuou dançando até que o Angel o empurrou, e outro Angel começou a atacar a multidão com um taco de sinuca, ditando o precedente para vários deles passarem a agarrar as pessoas, batendo e chutando. A massa recuava daquela fúria com uma velocidade fantástica. No que o dançarino fugiu do palco, a multidão se abriu diante dele como o Mar Vermelho, então os Angels o pegaram por trás, a ponta pesada de um taco de sinuca em um longo arco batendo na lateral de sua cabeça, derrubando-o como um tronco. Ele ficou reto e não se mexeu, e eu pensei: "Meu Deus, eles o mataram". Mas nem tinham terminado. Quando o menino caiu, eles continuaram em cima dele, batendo com punhos e tacos. E enquanto ele estava ali deitado, eles ficaram parados por um tempo, chutando-o como se chutassem a carcaça morta de um animal, a carne tremendo nos ossos.

A música acabou, e Mick dizia: "Quem... Quem... quero dizer como pessoas, quem está brigando e para quê? Ei, pessoal, quero dizer, quem está brigando e para quê? Por que estamos brigando? Por que estamos brigando?". Sua voz era forte, enfatizando cada palavra. "Não queremos brigar. Vamos, nós queremos... quem quer brigar? Ei... eu... você sabe, quero dizer, tipo... todos os outros shows foram legais. Como se tivéssemos que parar agora. Temos que detê-los agora. Você sabe, não podemos, não faz sentido."

Sam pegou o microfone. "Posso sugerir um acordo, por favor." Ele estava um pouco mais desperto agora, travestido pela alma da paz e da razão. "Posso pedir, por favor, para falar com o...". Então parou, pois a conclusão lógica era: "...com os Hell's Angels e pedir a eles, por favor, que parem de causar caos entre as pessoas".

"Ou esses caras esfriam a cabeça", ameaçou Keith, "ou nós não tocamos mais. Quero dizer, não há muitos deles".

Foi uma coisa muito corajosa de se dizer, mas eu tinha decidido que não queria brigar contra os Hell's Angels desde que um deles me segurou no ar, e provavelmente o restante das pessoas ali já havia concluído havia algum tempo que o primeiro homem que tocasse um Angel certamente morreria. Enquanto Keith falava, um Angel atacava alguém na frente do palco. "Aquele cara ali", Keith apontou, "se ele não parar..."

Houve uma pausa enquanto outro Angel o detinha lentamente. Então mais um deles gritou para perguntar a Keith o que ele queria. "Só quero que ele pare de empurrar as pessoas", respondeu Keith.

Um Angel veio até o microfone e gritou: "Ei, se vocês não ficarem calmos, não vão ouvir mais música! Vocês querem que todos voltem para casa, ou o quê?". Era como culpar os porcos de um matadouro por sangrar no chão.

Horowitz estava levando algumas das mulheres do nosso grupo de volta ao trailer. Michael Lydon me perguntou: "Posso usar suas anotações mais tarde? Minha garota teve uma viagem de ácido ruim e cortou o pé, preciso tirá-la daqui". Mais tarde, Michael escreveu sobre os Angels: "Sua solidariedade absoluta zomba de nossa temerosa esperança de comunidade, seu apetite aberto pela violência, nosso amor desfocado pela paz". Na hora, pensei: "Notas? Ele acha que estou anotando algo?".

Stu, com seu blusão azul, estava ao microfone, dizendo com uma voz fria e triste: “Precisamos de médicos aqui embaixo *agora,* por favor. Podemos ter um médico agora aqui na frente?”.

Você sentia que nos próximos segundos ou minutos poderia morrer, e não havia nada que pudesse ser feito para evitar isso, para melhorar as chances de sobrevivência. Um sonho ruim, no qual estávamos todos incluídos.

Olhei em volta, verificando minha posição – que se não era a pior, tampouco era boa –, e vi David Maysles em cima de um caminhão atrás do palco. Ethan Russell e Al Maysles também estavam lá com suas câmeras, além de mais pessoas, incluindo alguns Hell’s Angels sentados na frente, balançando as pernas para o lado como garotinhos pescando em um riacho no século 19.

“Oi! David!”, eu chamei.

“Você quer subir aqui?”

“Claro.” Enfiei meu caderno atrás do cinto e subi a bordo, tomando cuidado para não empurrar os Angels. Pelo menos agora eu estaria atrás deles, em vez de o contrário, o que me deu calafrios piores do que o vento lá em cima. Estava frio longe dos amplificadores quentes, mas este era, eu esperava, um lugar mais seguro e melhor de se ver.

Agachado atrás dos Angels, notei que apenas um deles usava o emblema, o outro, com seu chapéu de cowboy e botas de motoqueiro, era somente um simpatizante. Sam avisava: “O médico está passando com um suéter verde, ele está aqui...”, apontando para a frente, “...acenando com a mão no ar, olhe”. A massa, como uma besta aquática muda, havia se fechado novamente, exceto por um pequeno espaço ao redor do corpo (o menino não morreu, para minha – e provavelmente dele – surpresa). “Vocês podem deixar o médico passar, por favor, e deixá-lo chegar à pessoa que está ferida?” Alguém na frente falou com Sam, que acrescentou, cansado: “Também perdemos aqui na frente uma garotinha de cinco anos”.

Charlie estava fazendo leves rulos, e Keith atacava num *riff* de blues lento. “Vamos tocar uma música para acalmar”, Keith sugeriu para Mick.

Eles investiram num padrão repetitivo de doze compassos, que parou em meio minuto. “Continuem”, pediu Mick. Então começaram de novo, uma linha meditativa de baixo, os Stones tentando se orientar, tocando uma música de Elmore James/Jimmy Reed que haviam exibido nos clubes úmidos de Londres. "The sun is shining on both sides of the street, I got a smile on my face for every little girl I meet[108]", cantou Mick. O blues lento pareceu acalmar um pouco as coisas. Um Angel enorme com longos cabelos loiros, colete de camurça marrom, sem camisa, jeans azul, estava de pé atrás do gentil Charlie, batendo o pé, uma mão gigante descansando no pulôver branco de Charlie. A música terminou sem nenhum evento, e Mick disse: "Estamos todos arrumados, mas não temos para onde ir", o que era verdade.

"Stray Cat", propôs Keith. Mas houve outra enxurrada de brigas à direita do palco, parcialmente escondida de nós pelo andaime do PA, uma torre de alto-falantes.

"Ei, ei, ei, olhe", Mick disse. Então, para Keith ou para ninguém, ele acrescentou: "Aquelas *situações* lá embaixo".

Inclinei-me para a frente e falei com o cara de chapéu de caubói. "O que está acontecendo, cara", perguntei. "Por que estão brigando?"

Por cima do ombro, com o canto da boca, ele respondeu: "Algum idiota esperto, cara, algum espertinho quer causar problemas... e esses caras estão cansados, cara, ficaram aqui a noite toda, algum espertinho começa algo que eles não gostam... ahh, não posso dizer o que aconteceu". Pegando um jarro de suco de maçã com ácido de seu amigo Angel, ele bebeu até seus olhos parecerem, como Wynonie Harris costumava dizer, duas cerejas em um copo de leite desnatado. Eu fiquei na minha.

"Stray Cat" começou. Mick soando superficial, esquecendo a letra aqui e ali. Keith tocando loucamente.

Uma menina na frente tremia com a música e chorava como se seu sonho de vida tivesse acabado. No corredor dos bastidores entre os caminhões, os Angels e suas mulheres faziam sua dança espasmódica. A maioria daquelas garotas era do tipo tatuado, de aparência dura, com penteados de goma-laca. Mas uma delas, não mais de quatorze anos, tinha um rosto sujo

108 "O sol está brilhando dos dois lados da rua. Tenho um sorriso no rosto por toda garotinha que conheço." (N.T.)

e bonito de bebê, vestindo uma jaqueta de couro preta e movendo o traseiro de seu jeans gorduroso descontroladamente. Lembrei-me da pequena guerrilheira em Fort Collins e fiquei aliviado por ela não estar ali.

O Angel em pé com a mão no ombro de Charlie estava sendo convidado a se retirar do palco por um dos seguranças de Nova York, um homem corpulento, ruivo e de rosto vermelho, vestido com o uniforme leve de jaqueta de golfe. Você conseguia acompanhar o que eles diziam por meio de seus gestos. O policial pediu ao Angel para descer, o Angel balançou a cabeça, o policial pediu de novo e o empurrou um pouco. O policial estava com um cigarro na boca, que o Angel tirou, apenas o arrancou dos lábios do policial como se tirasse uma rosa da boca da bela Carmen, fazendo com que o policial o olhasse com um semblante triste. Somente quando mais dois homens com jaquetas de golfe se viraram e encararam o Angel com expressões igualmente dolorosas é que ele desceu os degraus. Voltou um minuto depois, mas ficou no fundo do palco, dançando, contorcendo-se como um sapo preso a eletrodos.

Quando "Stray Cat" terminou, Mick disse: "Ooh queridos", olhando para cima como se quisesse ser libertado e encontrando uma massa humana disforme que alcançava a escuridão até onde se podia ver. "Queridos... que estão aí no morro... ei, todo mundo, ah... nós vamos tocar, nós vamos tocar, ah... o que vamos tocar?"

"Love in Vain", soprou Keith. A lenta e elegante linha de Robert Johnson iniciou-se, crescendo devagar. "I followed her to the station with my suitcase in my hand… oh, it's hard to tell, when all your love's in vain.[109]" Os Stones não tinham esquecido como tocá-la, mas ninguém parecia estar gostando da música, pelo menos ninguém que pudesse ser visto nas luzes que faziam do palco o centro brilhante de um mundo noturno. Muitas pessoas ainda estavam bem próximas, e os Angels seguiam mal-humorados. À direita do palco, um Angel doido de ácido serpenteava e torcia as mãos, fingindo torcer o pescoço de Mick. À esquerda, estava Timothy Leary acon-

109 "Eu a segui até a estação com uma mala em minhas mãos… É tão difícil dizer, quando todo seu amor é em vão." (N.T.)

chegado com a esposa e a filha, parecendo ter feito viagens melhores. As pontas do palco estavam tão cheias que Mick tinha apenas uma área limitada para trabalhar. Ele parecia apertado, menor do que nunca, e intimidado, assustado, mas continuou cantando.

As coisas ficaram calmas durante "Love in Vain", exceto por alguns empurrões na frente, o clima predominante de morte iminente e o medo e a angústia que você podia ver nos rostos. "É", Mick disse quando a música terminou. "Ei, eu acho... eu acho, eu acho, que surgiu uma boa ideia nesta música, que é... eu realmente acho que a única maneira de vocês se acalmarem é *sentando-se*. Se vocês conseguirem, acho que vai ser melhor. Então, quando estiverem sentados confortavelmente... agora, meninos e meninas..." – removendo o contrato social – "... vocês estão sentados confortavelmente? Quando... quando nós todos realmente gostarmos do final e quisermos ficar absolutamente loucos e pular um no outro, então nos levantaremos de novo, vocês sabem o que quero dizer... mas parece que não conseguimos ficar bem, de pé, tudo bem?"

No fundo, Keith estava tocando os acordes de abertura de "Under My Thumb". Algumas pessoas na frente do palco estavam sentadas, obedecendo a Mick, que pela primeira vez na vida havia pedido a uma plateia que se sentasse. O anarquista estava dizendo às pessoas o que fazer. Então, pouco antes de começar a cantar, ele soltou: "Mas não é uma regra".

"Under My Thumb" começou. "Hey! Hey! Under my thumb is a girl who once had me down[110]..." Mick tinha cantado apenas a primeira linha da música quando houve um movimento repentino na multidão à esquerda do palco. Desviei o olhar de Mick e vi, naquele espaço instantâneo agora familiar ao redor dele, cercado por corpos cambaleantes, um garoto negro estilo Beale Street com um chapéu preto, camisa preta, terno azul-esverdeado brilhante, braços e pernas esticados em ângulos malucos, um revólver niquelado na mão. A arma brilhou nas luzes por um segundo, dois, então ele foi atingido, com tanta força, por tantos Angels, que eu não vi o primeiro –

110 "Sob meu controle, a garota que já me desprezou." (N.T.)

baixinho, com cara de mexicano, aquele que me levou ao palco? – quando ele pulou. Só o vi quando ele desceu, enterrando uma longa faca nas costas do rapaz. Os Angels o cobriram como moscas em uma carcaça fedorenta. O ataque levou a vítima para trás da pilha de alto-falantes e nunca mais o vi.

O garoto negro, Meredith Hunter, apelidado de Murdock, tinha dezoito anos. Estava em Altamont com sua namorada, Patty Bredehoft, uma estudante loura da Berkeley High School, e outro casal. Eles haviam chegado no carro de Hunter por volta das 14h, estacionaram na estrada e caminharam para ouvir as bandas. Perto do fim do dia, Patty Bredehoft e o outro casal tinham voltado para o carro quando Hunter, que rondava a área do palco, veio buscá-la para ouvir os Rolling Stones. Mais tarde, ela diria ao Grande Júri do Condado de Alameda: "Quando finalmente chegamos à frente da multidão, e os Rolling Stones começaram a tocar, havia muito empurrão e Angels no palco. Murdock seguiu tentando ir mais para a frente. Não consegui acompanhá-lo, pois não era forte, então meio que esperei, não tentei chegar tão longe quanto ele. Ele estava o mais perto que podia chegar, onde havia algumas caixas com pessoas em cima delas. Eu diria que havia cerca de cinco pessoas entre mim e ele, mais ou menos, porque a multidão se movia, mas eu podia ver a parte superior do corpo dele.

"Eu estava sendo empurrada e, quando olhei para cima, vi que tinham acertado Murdock, ou o empurrado ou algo assim. Esse Hell's Angel que estava de pé o empurrou ou o derrubou de volta. Não o derrubou no chão, mas sim em direção ao palco, e quando Murdock ia voltar para o Hell's Angel, outro deles, que estava no palco, o agarrou pelo pescoço. Eles estavam brigando. Não tenho certeza qual Hell's Angel era, só lembro que estava brigando. Havia algumas pessoas bloqueando minha visão, e ele estava no chão, eu realmente não conseguia vê-lo. Enquanto as pessoas se afastavam, Murdock veio para meu lado e puxou uma arma. Foi quando vieram na nossa direção... bem, um grupo de Hell's Angels... não tenho certeza se eram todos Hell's Angels, mas sei que a maioria era... vieram em direção a ele, pegaram seu braço, e então começaram todos a chutar e bater e coisas assim, Murdock e os Hell's Angels, e a luta foi se deslocando para onde o andaime estava, na beirada do palco.

"Eu os segui e, então, estava lá vendo eles lutarem, assistindo ao que quer que fosse... eu não poderia realmente dizer o que estava acontecendo debaixo do andaime, e o Hell's Angel... eu pensei que ele era... era um Hell's Angel, porém, eu não tinha certeza, pois ele estava com uma jaqueta jeans, mas eu não conseguia ver a parte de trás para ver se tinha o emblema. Ele estava segurando a arma na mão, na palma da mão, para me mostrar, então disse algo como: 'Isto é o que tiramos dele. Ele ia matar pessoas inocentes, então merecia morrer'."

Um jovem chamado Paul Cox, que estava ao lado de Meredith Hunter antes do início da violência, conversou com o grande júri e com a *Rolling Stone*. "Um Angel ficou olhando para mim, e eu tentei ignorá-lo, não queria olhar para ele. Eu estava com muito medo deles, tinha observado o que estavam fazendo o dia todo. E notei que ele estava tentando causar uma briga ou algo assim, olhando para nós daquele jeito. Ele continuou encarando, e a próxima coisa que eu sei é que ele começou a incomodar esse menino negro do meu lado. Ainda tentando não olhar para ele, só percebi que esticou a mão e puxou esse menino ao lado da cabeça, pensando que era divertido, rindo, então soube que algo ia acontecer e meio que recuei.

"O menino se afastou, e quando ele o fez, a próxima coisa que vi foi ele voando no ar, direto para o chão, assim como todas as outras pessoas que já tinham passado por aquilo. Ele se levantou e começou a recuar, tentando fugir dos Angels, enquanto todos eles estavam... dois pularam do palco e outros dois vieram correndo do lado do palco, e a namorada dele gritava para ele não atirar, porque ele tinha puxado sua arma. Quando ele a sacou, a segurou no ar. A sua namorada tentou agarrá-lo, empurrando-o para trás, e ele, na tentativa de escapar dos Angels que estavam vindo para cima, se virou e começou a correr. E então algum Angel se esgueirou da multidão, saltou e enfiou a faca em suas costas. E eu o vi esfaqueá-lo novamente, enquanto o menino ainda tentava correr. Este garoto negro fugia para o meio da multidão, e você podia vê-lo enrijecer à medida que estava sendo esfaqueado.

"Ele veio correndo em minha direção. Eu me segurei no andaime e o vi correndo em minha direção e caindo de joelhos. Foi quando o Hell's Angel agarrou seus dois ombros e começou a chutá-lo no rosto cerca de cinco vezes até ele cair de bruços. Rendeu-se e tombou de cara no chão. Então um deles o chutou no flanco, e ele rolou, sussurrando algumas palavras. Ele disse: 'Eu não ia atirar em você'. Essas foram as últimas palavras que ele murmurou.

"Se outras pessoas tivessem interferido, eu teria feito o mesmo. Mas ninguém quis se envolver. E depois que ele disse: 'Eu não ia atirar em você', um dos Hell's Angels rebateu: 'Por que você tinha uma arma?'. E, sem nem lhe dar tempo para dizer mais nada, pegou uma daquelas latas de lixo, aquelas de papelão com a borda de metal, e esmagou a cabeça dele com ela. Depois jogou a lata de lixo para fora do caminho e começou a chutar diretamente a sua cabeça, com a ajuda de mais cinco deles. Chutaram-no por todos os lados. E então aquele cara que tinha começado a coisa toda ficou observando-o de perto por um minuto ou mais e foi embora. E aquele de quem eu estava falando não nos deixou tocá-lo por cerca de dois ou três minutos. Tipo: 'Não toque nele, vai morrer de qualquer jeito, deixem que morra, ele vai morrer'.

"As garotas estavam gritando. Era tudo confusão. Eu e um outro cara pulamos para tentar agarrá-lo, enquanto o Hell's Angel apenas ficou parado um pouco sobre ele e depois foi embora. Nós o viramos e arrancamos sua camisa. Esfregamos suas costas para cima e para baixo para tirar o sangue, para que pudéssemos ver onde estavam as feridas. Havia um grande buraco em sua coluna, outro na lateral e um terceiro em sua têmpora. Uma grande fatia aberta. Você podia ver por dentro. Era possível ver pelo menos uns três centímetros dentro dele. Um dos buracos ficava bem onde não há costelas em suas costas... e o lado de sua cabeça estava cortado... você não podia ver muito fundo... estava sangrando bastante... mas suas costas não estavam sangrando muito depois disso... ali... todos nós estávamos encharcados de sangue.

"Eu peguei suas pernas, e outra pessoa... um cara disse que era médico ou algo assim... não sei quem era... ele pegou os braços e disse: 'Preciso de ajuda porque ele vai morrer. Temos quinze ou vinte minutos, se pudermos ajudá-lo...'. E então tentamos carregá-lo até o palco. Falar a Mick Jagger para parar de tocar de modo que pudéssemos colocá-lo no palco e conseguir ajuda para ele. Ninguém falou com Jagger, mas alguém estava tentando lhe dizer para interromper, e ele continuou se inclinando e olhando para a multidão como se estivesse prestando atenção e tentando descobrir o que estava acontecendo. Ele se inclinava com o ouvido, tentando escutar o que alguém estava lhe dizendo, mas não conseguia ouvir. Então eles continuaram tocando, e os Hell's Angels não nos deixavam passar... para subir no palco. Eles ficavam nos bloqueando, dizendo para dar a volta, pegar algum outro caminho. Sabiam que ele ia morrer em questão de minutos. E queriam que ele morresse provavelmente para que não pudesse falar. Então nós o carregamos... demos a volta e fomos para o outro lado. Demorou cerca de quinze minutos para levá-lo atrás do palco. Contornamos tudo e ficamos atrás de um caminhão da Cruz Vermelha, algo assim. Alguém trouxe uma maca de metal, e o colocamos sobre ela. Bem, primeiro nós o deitamos no chão. E então sentimos seu pulso, e ele quase não tinha nenhum... muito lento e muito fraco. Sua boca inteira e outras coisas estavam esmagadas em seu nariz, e ele não conseguia respirar pelo nariz. Estava tentando respirar pela boca. Realmente não havia nada que se pudesse fazer. Nós o carregamos para uma caminhonete, e então o dono do carro entrou, outras pessoas entraram, e eu fiquei. Fui até lá, e eles tinham café, e eu tomei... derramei tudo para limpar todo o sangue."

O médico que ajudou a levar Hunter para os bastidores foi Robert Hiatt, residente do Hospital de Saúde Pública de São Francisco. "Ele estava mole em minhas mãos e inconsciente", lembrou Hiatt. "Ainda respirava, embora muito superficialmente, e tinha um pulso muito fraco. Era óbvio que ele não iria sobreviver, mas se alguma coisa pudesse ser feita, ele teria que chegar depressa a um hospital. Estava com ferimentos muito graves."

O Dr. Richard Baldwin, clínico geral de Point Reyes, que viu Hunter nos bastidores, relatou: "Ele tinha um ferimento muito grande nas costas, que entrava pelas costelas e na lateral da coluna, e só há grandes artérias ali, a aorta, a principal artéria do corpo, e algumas artérias renais. E se acertarem uma dessas, você está morto. Você está morto em menos de um minuto, não há nada que se possa fazer. Em outras palavras, se você estiver em frente ao hospital ou mesmo se for esfaqueado numa sala de cirurgia, não há nada que possam fazer para salvá-lo. É uma daquelas lesões que é simplesmente irreparável".

Quando começou o problema com o menino de terno verde, os Stones pararam de tocar. "Ok, cara", falou Keith, "olha, estamos indo embora, se esses caras, se vocês não puderem... estamos indo embora, se essas pessoas não pararem de bater em todo mundo bem à vista... eu quero vocês *fora daqui*".

Um Angel na frente do palco tentava dizer algo a Keith, mas ele não quis ouvir. "Eu não gosto *que você* me diga...", endureceu, mas outro Angel, no palco, o parou. "Olha", o Angel disse, "um cara está com uma arma aí e está atirando no palco...".

"Tenho uma arma", alguém gritou.

Mike Lang, um dos organizadores de Woodstock, que estava ajudando neste show, pegou o microfone. "Pessoal... ei, gente... vamos ser legais... gente, por favor... não há razão para incomodar ninguém, por favor, não fique bravo com ninguém... por favor, relaxe e sente-se..."

Sam, que estava parado com as mãos enfiadas nos bolsos, assumiu o discurso. "Se vocês forem para trás e se sentarem", afirmou ele, "podemos continuar e continuaremos. Precisamos de um médico sob o andaime da esquerda o mais rápido possível, por favor". Ele estava escutando gritos da frente da multidão. Ouviu uma garota por alguns segundos e continuou: "Há um posto da Cruz Vermelha no topo do palco, e tem havido muitas crianças perdidas, crianças, debaixo do andaime... se você perdeu uma criança, vá buscá-la lá, por favor... é uma van da Cruz Vermelha...".

Depois de outra pausa durante a qual ninguém no palco fez nada além de olhar ansiosamente ao redor, Mick disse: "Parece que depende de mim... podem me ouvir por um minuto... por favor, escutem apenas por um segundo, certo? Em primeiro lugar, todos vão para a lateral do palco agora, exceto os Stones que estão tocando. Por favor, todo mundo, todo mundo, por favor, quem não está tocando pode ir para a lateral do palco. Certo? Já é um começo. Agora, é o seguinte, não consigo ver o que está acontecendo, quem está fazendo o quê, é apenas uma briga. Tudo o que posso pedir a você, São Francisco, é como a coisa toda... esta poderia ser a noite mais linda que tivemos neste inverno. Nós realmente... você sabe, por que, por que... não vamos estragar tudo, cara, vamos lá... vamos nos juntar... todo mundo...

vamos agora... não consigo ver vocês nas encostas, vocês provavelmente são muito legais. Aqui em baixo não estamos tão bem, temos um monte de coisas chatas acontecendo. Eu apenas... todo cara...”.

Houve gritos na escuridão. Mick tentou olhar além das luzes do palco e respondeu: “Sim, eu sei, não podemos nem ver vocês, mas eu sei que vocês estão onde... vocês são legais. Estamos apenas tentando nos organizar. Não posso fazer mais do que pedir a vocês, implorar, apenas para resolver isso. Vocês conseguem, está ao seu alcance... todos... Hell’s Angels, todos. Vamos nos manter juntos”.

“Você sabe”, Mick prosseguiu com uma súbita explosão de paixão, “se nós *estivermos* todos juntos, vamos *mostrar* a eles que somos um. Agora, há uma coisa que precisamos... Sam, precisamos de uma ambulância... precisamos de um médico no andaime ali, se houver um médico, ele pode chegar lá. Ok, nós vamos, nós vamos tocar... eu não sei o que diabos vamos tocar. Apenas sentem-se. Mantenham a calma. Vamos *relaxar*, vamos entrar no ritmo. Vamos, podemos resolver isso. Vamos”.

“Under My Thumb” começava a se agitar novamente, com a banda soando incrivelmente afiada. A multidão parecia mais calma. Mas, sem saber exatamente o quê, todos sentimos que algo ruim havia acontecido. Presumi, e não sou daqueles que sempre imaginam coisas horríveis, que os Angels haviam matado várias pessoas. Gram me contou mais tarde que viu Meredith Hunter ser levantado, com uma grande mancha cor de ketchup espalhada na parte de trás de seu terno. Ronnie corria para a tenda de primeiros socorros, distanciando-se do Hell’s Angel que o estava conduzindo. Hunter estava lá quando Ronnie apareceu, chamando um médico. Um policial disse: “Você não precisa gritar por um médico para este cara, ele está morto”.

Nas últimas notas de “Under My Thumb”, Mick cantou: “It’s all right... I pray that it’s all right... I pray that it’s all right... it’s all right[111]”

“Vamos tocar ‘Brown Sugar’”, sugeriu Mick Taylor.

“‘*Brown Sugah*’?”, perguntou Keith.

111 “Está tudo bem... rezo para que tudo esteja bem... rezo para que tudo esteja bem... tudo bem.” (N.T.)

"'Brown Sugar'?", repetiu Bill.

"O quê?", Charlie falou.

"Ele quer tocar 'Brown Sugar'", disse Mick.

"Espere, deixe-me trocar de guitarra", pediu Keith.

"Obrigado", Mick agradeceu à multidão. Charlie fazia rulos. "Obrigado. Estamos todos, sim, estamos nos juntando... vamos tocar uma para vocês que nós, ah...", pausando, lembrando que ter feito o disco tinha sido uma infração à lei, "...nós apenas, ah... vocês nunca ouviram isso antes porque acabamos de compô-la... acabamos de compô-la para vocês...". Keith afinava. "Não sei se vai ser boa, queridos... ah, esta é a primeira vez que tocamos... a primeira vez que vamos tocar." Keith terminou de afinar e tocou os primeiros acordes da música. Mick gritou: *"Nós vamos tocar uma música agora que fizemos para vocês, que nunca tocamos antes, vamos tocar para vocês pela primeira vez, se chama 'Brown Sugah'"*.

Empilhados como lenha nas laterais do palco havia buquês de rosas vermelhas e amarelas de haste longa. Enquanto os Stones tocavam, os Angels jogavam os buquês na multidão como se estivessem jogando bebês pela janela do avião.

Scarred old slaver knows he's doin' all right
Hear him whip the women, just around midnight
Oh – brown sugar – how come you taste so good
Oh – brown sugar – just like a black girl should[112]

Era uma canção de sadismo, selvageria, ódio/amor racial, uma canção de redenção, que aceitava o medo da noite, a escuridão, o caos, o desconhecido – o medo do qual os nórdicos de olhos loucos, vertidos dos salões de Odin bêbados de hidromel para o deserto da Califórnia, ainda procuravam loucamente escapar.

112 Velho feitor sabe que está fazendo direito/ Ouça-o chicotear as mulheres por volta da meia-noite/ Açúcar mascavo, como você tem um gosto tão bom?/ Açúcar mascavo, como deve ser uma garota negra.

"Ahhh, mais uma vez... uau, baby. Yeah... cantem vocês... awww..." Pegando uma gaita de Stu, Mick tocou alguns *riffs* ameaçadores de "Midnight Rambler". Keith havia trocado de guitarra e estava afinando novamente. Mick tocou notas suaves na gaita, que pararam quando, com a cabeça inclinada sobre o microfone, ele começou a cantar canções de ninar, tentando acalmar a grande fera. "Ah agora, bebê, bebê... quietinho agora, não chore." Sua voz era terna, um tom de voz que Mick Jagger nunca havia usado em público – e talvez nunca em sua vida. "Calma agora, não chore..." Mais algumas notas na gaita, e então, como se estivesse saindo de um devaneio, ganhando força a cada palavra, Mick falou: "Nós vamos tocar para vocês uma que esperamos que *curtam*... se chama 'The Midnight Rambler'. Uhuu!" (Imagem de um camponês tirando o suor da testa com o dedo indicador empoeirado.)

Sighing down the wind so sadly
Listen and you'll hear him moan[113]

A música me assustou quando a ouvi pela primeira vez, porque era verdade, como ninguém em Altamont poderia negar, que a escuridão está cheia de terror, assassinato e maldade no ar da noite. "I'll stick my knife right down your throat, honey, and it hurts![114]"

As coisas pareciam estar se acalmando, como se o lamento do amante assassino tivesse causado alguma liberação psíquica na multidão.

"Ah sim! Ah sim! Levante-se se você puder se levantar", disse Mick. "Levante-se se puder manter a calma." Ele ergueu a garrafa de Jack Daniel's. "Mais um gole para todos vocês." Bebeu e falou novamente em seu tom de ninar, "Awww, bebês." Então, como se estivesse voltando a si, afirmou: "É tão... tããããão doce! É muito dooooce! Vocês gostariam de viver um com o outro? Quero dizer, vocês estão muito próximos um do outro". Olhou para a multidão e pareceu se afastar novamente. "Uau."

---

113 Suspirando contra o vento tão tristonho/ Preste atenção e vai ouvi-lo gemendo. (N.T.)

114 "Vou enfiar minha faca na sua garganta, querida, e vai doer!" (N.T.)

"Está pronto?", perguntou Keith.

"Sim, estou pronto", Mick assentiu.

"Um dois três quatro", Keith rosnou, e eles começaram "Live with Me".

Ao redor do palco, as pessoas estavam dançando, mas na frente, olhando para Mick, um garoto de cabelos encaracolados com um boné de marinheiro dizia: "Mick, Mick, não..." – eu podia ler seus lábios. Atrás do menino, uma garota gorda de cabelos pretos, nua até a cintura, dançava, apertando os seios enormes, boca aberta, olhos focados em algum ponto ao norte de sua testa. Quando a música terminou, a menina, pele rosada, piscando como uma máquina de pinball em flashes de ácido orgásticos, tentou subir ao palco, tal como o general Grant tomou Richmond. Completamente nua agora, ela tentava passar por cima da multidão para colocar um pé no palco, onde cinco Angels estavam ao mesmo tempo entre ela e os Stones, chutando e socando suas costas, seu peso sufocante caindo sobre as pessoas atrás dela.

"Espere", disse Mick.

"Pare com isso", gritou Keith.

"Ei-eieieieieieiei*Ei*! Alguém pode controlar aquela garota, você sabe o que quero dizer. Ei companheiros, ei companheiros. Um de vocês pode controlá-la, cara", Mick pediu, falando a última frase para o Angel mais próximo dele no palco.

"Sim, vamos fazer isso", respondeu o Angel, submerso em seu mundo próprio, assim como todos os Angels olhando para a multidão. O desejo de alcançar a garota com punhos ou botas, descer e esmagar seu rosto, bater em sua garganta, chutar seus peitos e enviá-los voando sobre as cabeças desta multidão idiota de ovelhas, e chutá-la na boceta, fazendo-a sangrar até a morte.

"Ei, vamos lá, pessoal", Mick estava dizendo, ficando um pouco frenético, "um de vocês pode controlar uma garotinha... vamos lá, tipo... tipo... tipo... apenas sente-se, querida", ele falou para a menina. Ela ainda estava de pé, piscando sua pélvis preta, seus olhos como escuros redemoinhos olhando para o céu como se estivesse tentando ficar acima do palco, acima das luzes. Se ela pudesse subir até lá e continuar andando noite adentro, acima do mundo, ela se livraria de tudo que era nojento em si, como uma crisálida, e renasceria, no ar, um anjo de Deus. Os Hell's Angels se debruçaram sobre o palco para detê-la, para agarrá-la, para arrancar seus dentes e esmagar suas malditas gengivas, extirpar seus olhos malucos com o polegar, estourar seus tímpanos, puxar sua careca, escalpelar a boceta barata.

"Companheiros", Mick disse, tentando gentilmente afastar os Angels, "vocês podem abrir... uh... e ela vai... deixe... deixe... deixe que lidem com ela... eles podem lidar com ela". As pessoas na frente estavam conseguindo rastejar para longe da garota, enquanto os Angels queriam ficar e colocar as mãos nela. "Companheiros, vamos lá, companheiros", Mick continuou, "eles estão bem".

Keith começou a tocar, sendo seguido por Wyman, Charlie e Mick Taylor. Os Angels se esgueiravam para o lado, sedentos de sangue. Mick estava cantando:

Yeah, I see the storm is threatening
My very life today
If I don't get some shelter
I'm gonna fade away
War, children, it's just a shot away[115]

Os Angels estalavam os dedos, olhando em volta com os olhos vermelhos à procura de carne para rasgar. "Como vamos sair daqui?", eu me perguntei. *Será* que vamos sair, ou vamos morrer aqui, numa explosão na qual os Angels, como dinossauros, matarão a si e todos nós numa fúria selvagem de niilismo? A planície será encontrada pela manhã imersa numa sopa sangrenta, cheia de dentes e ossos. Um último Angel louco, cego pelas botas e soqueiras de um camarada, tripas cortadas em tiras pela faca do parceiro, rosnando, rasgando a fenda aberta sob sua camiseta imunda, mastigando suas próprias entranhas sangrentas azul-esbranquiçadas.

115 Ah, uma tempestade está ameaçando/ A minha vida hoje/ Se eu não encontrar um abrigo/ Sim, eu vou morrer/ A guerra, crianças, está a um tiro de distância. Trecho de "Gimme Shelter". (N.T.)

"Rape… murder… it's just a shot away[116]", Mick cantava repetidamente. Na plateia, à esquerda do palco, onde tinha acontecido o problema com o garoto negro de terno verde, um Angel estava socando alguém, mas a vítima caiu rápido, e acabou. De perto, olhando, estava uma garota com cabelos brancos fosforescentes, um milagre químico. Era impossível dizer se estava com o Angel ou com a vítima. "Love, sister, it's just a kiss away[117]", Mick cantou enquanto a música trovejava até parar.

"Yuhh", Mick gemeu, muito baixo, então "Yuhhh" novamente, ainda mais baixo, como um homem fazendo uma descoberta terrível. "Certo... estamos bem, eu sei que estamos." Ele estava olhando para a multidão. E como se tivesse acordado mais uma vez, gritou: "Vocês estão se divertindo? Ooh... sim!".

"Little Queenie" estava começando; era o momento do show em que as luzes se acendiam para revelar novos rostos extasiados. Mas não essa noite. Mesmo as pessoas que dançavam, apesar do perigo, pareciam infelizes. Às vezes, a voz de Mick soava leve, como se ele tivesse perdido o grave dela. Já Keith estava tocando como um homem pronto para dançar em seu próprio túmulo.

A música terminou com aplausos da multidão, alguns até se animaram. "Eu... eu... eu agradeço muito", falou Mick. "Muito obrigado." As notas iniciais de "Satisfaction" começaram como uma corrente elétrica. Provavelmente nunca tocaram melhor. Charlie manteve um *boogaloo* direto, como a versão de Otis Redding, e seguiu adiante. Mick cantava: "We got to find it… *got* to find it… got to *find* it… early in the mornin'… late in the evenin[118]...". Ele encerrou a canção aos gritos, deu três urros de guerra ao estilo indígena e, quando sua voz morreu em um sussurro, olhou para a multidão, centenas de milhares de pessoas que vieram porque ele pediu, e agora não podia lhes dar nada melhor do que isso, caos e terror.

116 "Estupro... assassinato... está a um tiro de distância." (N.T.)

117 "Amor, irmã, está a um beijo de distância." (N.T.)

118 "Temos de encontrar... no início da manhã... no fim da noite." (N.T.)

"Apenas queria dizerrrr", Mick se manifestou, então fez uma pausa e pareceu se perder mais uma vez, imaginando o que ele, de fato, gostaria de dizer. Depois de um momento, emendou-se rapidamente: "Bem, houve alguns problemas, vocês sabem, mas eu quero dizer no geral, quero dizer, ah vocês são lindos..." (e em um tom mais baixo) "vocês têm sido tão legais... ai!" (novamente animado) "Todas as mulheres livres podem ficar de pé e levantar as mãos... todas as mulheres livres levantem as mãos!" Mas as mulheres livres estavam cansadas como todo mundo. Algumas garotas se levantaram, algumas mãos subiram na escuridão. Naquela noite, ninguém pensaria em tocar "I'm Free", embora essa tivesse sido a ideia do show, dar um vislumbre gratuito ao proletariado faminto do rock and roll de Ralph Gleason e fugir da violência do sistema, dos cassetetes dos policiais, do cabo do esfregão de Klein. O maior grupo de colegas escolares da história estava no recreio, sem professores para protegê-los dos garotos maus, dos valentões, que podem ter sido crianças maltratadas e dignas de compreensão, mas que te matariam de qualquer maneira. A música dos Stones era forte, mas não conseguia parar o terror. Havia uma expressão de incredulidade nos rostos das pessoas, imaginando como os Stones podiam continuar tocando e cantando nas entranhas da loucura e da morte violenta. Não havia muitas mãos no ar, e Mick disse: "Isto não é suficiente, não temos muitas mulheres livres, o que vocês vão fazer?".

A banda começou "Honky Tonk Women", tocando tão bem como se estivesse em um estúdio, as lindas e horríveis harmonias de Keith navegando no ar frio da noite. Ninguém, nem mesmo os guardiões da moralidade pública na *Rolling Stone*, que afirmaram que "Altamont foi produto de egoísmo diabólico, autopromoção, inépcia, manipulação de dinheiro e, no fundo, uma falta fundamental de preocupação com a humanidade", poderia dizer que os Rolling Stones não podiam tocar como o diabo quando as fichas estavam baixas.

Quando "Honky Tonk Women" acabou, o sistema de som parou de funcionar, retornando em seguida. "Olá, eu voltei", anunciou Mick. "É... voltei para... ah... nós vamos, ah, nós vamos, ah... nós vamos dar um beijo de despedida em vocês... e deixar vocês se beijarem um ao outro... e... vocês... nós vamos voltar a vê-los, vamos vê-los, nós vamos vê-los de novo...” E com aquela suavidade repentina, ele perguntou “tudo bem?” em uma voz tão suave quanto a de um gatinho. “Beijem-se uns aos outros... durmam... boa noite...”.

Então veio a última música, “Street Fighting Man”. “...the time is right for fighting in the street[119]”, cantou Mick, um líder com um eleitorado internacional, mas incapaz de salvar alguém.

Ah, but what can a poor boy do
But to sing with a rock ‘n’ roll band[120]

A música batia forte o suficiente para levar até a garota gorda nua para o céu. “Tchau, tchau, tchau”, Mick cantou. “Tchau, tchau, tchau.” Stu me entregou o violão de doze cordas de Keith e avisou que as caminhonetes para nos levar aos helicópteros estariam no topo da colina, direto atrás e à esquerda. Eu desci do caminhão, pegando a guitarra pelo pescoço, e saí pela noite, tentando fazer com que as pessoas na passagem entre os caminhões dos bastidores se movessem e me deixassem andar. “*Por favor, deixe-me passar*”, eu gritava.

Um garoto de uns dezessete anos andava de costas na minha frente, dizendo: “Vamos construir uma superestrada, cara, nunca construímos uma antes, mas vamos produzir uma por conta própria para mostrar que podemos fazer isso sem adultos...”.

Atrás de mim, Mick encerrava: “Tchau, tchau, tchau”, enquanto eu mergulhava entre gritos de vozes desconhecidas, tentando não derrubar as pessoas. Ouvi os Stones chegando, além das vozes de Gram e Michelle, então chamei por eles, todos tropeçando na porra da escuridão. Finalmente, ainda vivos, estávamos fora do palco, lutando no escuro, tentando não perder ninguém. “Reagrupar!” A voz de Ronnie saiu rouca, e então chegamos à encosta, uma ladeira íngreme que subíamos pelo barro empoeirado e a grama morta – eu só com uma mão, cotovelo e joelhos, segurando o violão

119 “...chegou a hora de lutar nas ruas.” (N.T.)

120 Ah, mas o que um garoto pobre poder fazer/ Além de cantar em uma banda de rock and roll. (N.T.)

na outra. No topo da colina, havia uma cerca anticiclone, mas passamos por um buraco nela, ainda correndo, até um carro e uma ambulância. Entrei na parte de trás da ambulância, seguido por meia dúzia de seguranças de Nova York. Tocando as buzinas, passamos pela multidão que se aglomerava ao nosso redor, nos movendo o mais rápido que podíamos. Quando paramos perto de um helicóptero e saímos, dei a guitarra para Sam. Os Stones, Astrid, Jo, Ronnie, Sam, Tony, David Horowitz, Jon Jaymes, Mike Scotty, Ethan Russell, entre outros, embarcaram na pequena aeronave. Gram, Michelle e eu ficamos do lado de fora das lâminas giratórias imaginando o que aconteceria se fôssemos deixados, perdidos na escuridão desta multidão, mas Sam gritou: "Vamos!". Gram ajudou Michelle, subiu sozinho, e então eu subi. A pequena cápsula bulbosa estava cheia de cabeças e joelhos, e eu pulei alegre para o único lugar onde havia espaço para me sentar, o colo de David Horowitz, rainha tolinha ou não. O helicóptero tremia e subia como um avestruz acordando, seus zumbidos e estrondos abafando tudo, exceto gritos. Mick e eu trocamos olhares, seus olhos arregalados, lábios franzidos e baixos querendo assobiar. Olhei para cima e para longe, indicando como eu não estava nem pronto para trocar olhares.

Em poucos minutos, o helicóptero sobrecarregado desceu no aeroporto de Tracy ou Livermore, caindo muito rápido, o chão se aproximando de nós em vez de se acomodar suavemente como um beija-flor, derrapou como um avião. Batemos com força, mas nos mantivemos de pé e quicamos. Enquanto descíamos, Keith, caminhando sob as lâminas, dirigia-se para o prédio do aeroporto se queixando dos Angels: "Eles estão doentes, cara, eles são piores que os policiais. Simplesmente não estão prontos. Não quero ter nada a ver com eles novamente". Ele parecia um garoto de escola pública inglesa cuja decência fundamental e senso de jogo limpo foram ofendidos pela conduta antidesportiva no futebol de alguns de seus colegas.

Mick estava sentado em um banco de madeira no pequeno aeroporto, os olhos ainda feridos e raivosos, confusos e assustados, sem entender quem eram os Hell's Angels ou por que estavam matando pessoas em seu show gratuito de paz e amor. "Como alguém pode pensar que essas pessoas são boas, pensar que são pessoas que você deveria ter por perto", questionou ele.

"Ninguém em sã consciência poderia", apontei, "é por isso que..." – e eu ia começar a dizer: "É por isso que eu afirmei ontem à noite que você acredita demais no *hype*". Mas não falei. Ele já havia pago por suas crenças, e ninguém tinha o direito de condená-lo.

"Algumas pessoas simplesmente não estão prontas", Keith criticava. Mas até que ponto qualquer um de nós estava pronto para viver no mundo real, um mundo que a cada ano se tornaria mais parecido com Altamont?

"Eu preferia ter policiais", disse Mick.

"Os Angels são piores que os policiais", Gram acrescentou. "Eles são bobos, apenas um bando de bobos. São tão burros. Michelle e eu estávamos do lado direito do palco sem incomodar ninguém, apenas parados o mais longe que podíamos sem perder a vista, e um Angel ficava tentando nos empurrar para trás a cada dois minutos. A cada dois minutos, eu tinha que explicar a ele tudo de novo, como da primeira vez, que deveríamos estar lá."

"Algumas pessoas simplesmente não estão prontas", Keith insistia. Ele tinha tirado a camisa vermelha de Nudie usada no palco e jogado no ombro. Estava começando a tremer. "Ei, onde estão minhas jaquetas? Oi, Sam! Sam! Você tirou minhas jaquetas do trailer?"

"Estão no helicóptero", disse Horowitz, sem nenhuma ideia de onde diabos estavam as jaquetas.

"Não deixe isso decolar", pediu Keith, "uma jaqueta de veludo preta e uma jaqueta húngara tipo cigana", esquecendo o casaco nazista mofado. "Ambos custam uma fortuna, não deixe o helicóptero decolar com elas."

Horowitz deu uma olhada no helicóptero e voltou com uma velha jaqueta de pele de carneiro, dizendo: "Elas não estavam lá, devem estar no trailer, vamos pegá-las, não se preocupe, por favor, vamos pegá-las. Mas agora você vai colocar isso, só por enquanto, pode ser?".

Keith finalmente se dignou a jogar a jaqueta sobre os ombros. Enquanto isso, Horowitz, sempre desesperado para fazer a coisa errada, dizia a Gram e Michelle: "Há poucos lugares no avião" – que tinha acabado de pousar – "mas já temos outro a caminho. Vocês não vão se importar em ficar, certo, será só uns dez minutos".

Ao ouvir isso, eu falei para Gram: "Só um minuto", e fui até Keith. "Há espaço para Gram e Michelle no avião, não há?"

"Claro", respondeu Keith.

Saímos para o avião, que tinha uns quinze lugares. Depois de tantos, os nomes todos se misturam e não importa se são vermelhos e brancos, ou brancos e dourados, ou se os assentos são marrons ou verdes bicolores. Foi uma viagem curta até São Francisco e outra não tão curta em limusines de volta ao Huntington, sãos e mais ou menos salvos. Gram beijava Michelle, tentando dar uns amassos, e ela parecia estar levando aquilo como uma universitária se contentando com um garoto do colegial a caminho de casa de um passeio de carroça até a igreja. "Nós nem estaríamos aqui se não fosse por você", Gram me disse. "Muito obrigado."

"Não foi nada", falei. Ficamos em silêncio quando nos aproximamos do hotel. Começava a amanhecer para nós que tínhamos sobrevivido.

Junto aos elevadores havia um *Examiner* com a manchete "300 MIL FALAM COM MÚSICA". Falam o quê?

Keith estava andando pela sua suíte como um galgo, indignado. "Como o Rock Scully não sabe o que está falando, cara, pensando que os Angels são... o que ele disse? Honra e dignidade?"

"Ele parece ter uma visão romântica das coisas", comentei, sentado no chão.

"Sim, cara", concordou Keith, acendendo um baseado enquanto passava por cima de mim, indo para o sofá. "Ele é apenas um romântico infantil, não tenho tempo para essas pessoas."

Após ouvirmos os noticiários da televisão sobre o assassinato, especulamos se teríamos de ficar e testemunhar ou se deveríamos sair da cidade imediatamente. Mas estávamos com muita fome, então chamamos um garçom com um cardápio. "Oh, Deus", Gram gelou, "está em francês". Entregou o menu para Keith. "Leia esta coisa."

"Ah", bufou Keith, "isso torna tudo muito mais complicado".

Pouco antes de o garçom chegar, Keith estava falando sobre os Angels. "Eles são maníacos homicidas, deveriam ser colocados na cadeia."

"Doido", eu disse a mim mesmo. Mick tinha mencionado que preferia ter policiais, e agora Keith, como o Coronel Blimp, queria jogar os desgraçados na cadeia. Os Rolling Stones fizeram sua turnê de retorno, funcionou, eles teriam uma publicidade pior do que nunca, ainda estavam vivos, a maior banda de rock and roll do mundo – mas o que você poderia fazer por um bis ao sacrifício humano?

Sentados no chão, fumando, assistimos mais algumas vezes às reportagens da televisão sobre o assassinato, depois desligamos. Keith tocou as fitas do Alabama. Ronnie e Jo foram ao aeroporto e compraram as passagens. "Vou avisá-la pela manhã se vou pegar o avião para Genebra", Mick falou para Jo.

Pedimos para Sam sair do sofá, onde ele tinha desmaiado. Ele então se levantou e foi até uma cadeira, desabando novamente, esquelético e eriçado em sua gola alta branca, a cabeça jogada para trás, a boca aberta. "Ei, acorde, cara", cutucou Keith. "Vá para a cama, é uma chatice ter você por perto, está inconsciente."

Sam abriu os olhos, espiou em volta rapidamente, depois entrou em coma de novo. Estávamos todos em vários graus de choque, sentindo como se tivéssemos sido jogados na praia por uma tempestade furiosa.

Quando a comida chegou, comemos e continuamos sentados, mais ou menos sem palavras. Estávamos todos mortos de sono, mas nenhum de nós queria ir embora. Tínhamos passado por uma experiência devastadora, de certo modo aquela que buscávamos por toda a nossa vida, mas ninguém sabia o que dizer. Por telefone, Mick falava com uma estação de rádio: "Achei que a cena aqui deveria ser tão legal. Não sei o que houve, foi terrível, se Jesus estivesse ali, teria sido crucificado".

Quando ele desligou o telefone, confessou que estava desanimado com a ideia do filme. "Não quero esconder nada", afirmou ele, "mas também não quero mostrar algo que foi apenas uma chatice".

A certa altura da noite, Mick e eu estávamos sentados no chão com Emmaretta Marks, uma garota negra que havia passado algum tempo com Keith em Los Angeles antes do início da turnê. O nome de Janis Joplin surgiu, e Mick comentou que ela se esforçava para ser *funky*, mas ainda assim não era negra. Pensando no cara do equipamento do Taj Mahal, dizendo que você podia se divertir mais com os negros do que com qualquer outra pessoa, eu falei, para ver como Mick reagiria: "Bem, este é o sonho, todos queremos ser negros, o que achamos que é ser negro".

"*Eu* não", Mick respondeu. "Não sou negro e tenho orgulho disso." Emmaretta riu, e Mick sorriu pela primeira vez desde que tinha subido ao palco naquela noite.

Tony foi para a cama, mas o hotel havia se oposto a ele ter duas mulheres em seu quarto. "Eu disse a eles que eram minha esposa e minha irmã", contou. "Aí falaram que eu era imoral. Malditos desgraçados." Liguei para a recepção e pedi mais um quarto.

Às 4h da manhã ainda estávamos sentados. Charlie geralmente ia para a cama cedo, mas esta noite ninguém queria ficar sozinho. Um velho disco de blues riscado tocava no gravador de Keith. "Você pode entender essa frase?", Mick me perguntou. "O que ele está dizendo?".

Eu escutei, mas havia muito barulho na superfície, não dava para entender a mensagem. "Não consigo entender", admiti. "Algo sobre Deus e o Diabo."

"Vou tocar de novo", disse Mick.

Escutei novamente. "Ainda não consigo entender." Eu estava tão cansado que meus ouvidos não estavam claros.

"*Mas é a parte mais importante da música toda.*"

Finalmente disse boa-noite e falei para Mick que, se eu não o visse no dia seguinte, nos encontraríamos na Inglaterra. Fui para o meu quarto, não liguei para ninguém, nem pensei, apenas me deitei na cama e adormeci.

32

A tragédia absorve a música orgiástica mais elevada e, ao fazer isso, consome a música. Mas então coloca de lado o mito trágico e o herói trágico. Como um poderoso titã, o herói trágico carrega todo o mundo dionisíaco e tira de nós o fardo. Ao mesmo tempo, o mito trágico, através da figura do herói, liberta-nos da nossa ávida sede de satisfação terrena e recorda-nos uma outra existência e um deleite superior. Para esse deleite, o herói se prepara, não por meio de suas vitórias, mas por meio de sua ruína. A tragédia interpõe uma nobre parábola, *mito*, entre a universalidade de sua música e a disposição dionisíaca do espectador e, ao fazer isso, cria a ilusão de que a música é apenas um instrumento supremo para dar vida ao mundo artificial do mito. Em virtude desse nobre engano, ele agora é capaz de mover seus membros livremente em uma dança ditirâmbica e ceder sem reservas a um abandono orgiástico, uma indulgência à qual, sem esse engano, não poderia se permitir. O mito nos protege da música e, ao mesmo tempo, dá à música sua máxima liberdade. Em troca, a música confere ao mito trágico um significado metafísico convincente, que a palavra e a imagem sem suporte jamais poderiam alcançar, e, além disso, assegura ao espectador um deleite supremo – embora o caminho passe pela aniquilação e pela negação, de modo que ele é levado a sentir que o próprio ventre das coisas fala audivelmente com ele.

Friedrich Nietzsche: *O Nascimento da Tragédia*

"PENSEI QUE TINHA CAÍDO POR CIMA", lembrou Shirley Arnold, "mas desmaiei ao lado. A próxima coisa de que me lembro, além de ver o caixão descer, foi estar de volta ao carro e dizer: 'Como você me levantou?'. Todo mundo estava perguntando: 'Você está bem?'. Então voltamos para casa, tomamos uma xícara de chá rapidamente e fomos embora.

"Enquanto estávamos dirigindo para o cemitério... nos portões do lugar havia um policial. Ele fez continência quando Brian passou, e Charlie riu. Eu, que estava chorando muito, fiquei curiosa: 'Do que *você* está rindo?', e ele respondeu: 'O policial fez continência. Brian está se enroscando em algum lugar, olhando e adorando'."

Eu não queria ficar muito na recepção na casa dos Jones, mas a sra. Jones sentou-se comigo e com o gato enquanto o sr. Jones falava, divagando de um momento da vida de Brian para outro, juntando pistas. "Muito rápido", recordou-se, "os dois juntos, Jagger-Richards, estavam ficando ricos. Louie e eu fomos ao Colston Hall, Bristol, no outono de 1966, para ver Brian quando estava tocando com o grupo lá. Ele parecia bem diferente. Todo aquele fogo parecia ter desaparecido. Estava muito infeliz. Não ficamos, Brian não estava simpático. Uma mudança indefinível abateu-se sobre ele."

"Era típico de Brian ligar mais tarde, após o fim da turnê, e pedir desculpas. Ele disse: 'Não fui muito legal'. Falei: 'Tudo bem'. Ele então me contou que estava triste com Anita – que, segundo soube, afirmou após a morte dele que o havia tratado mal.

"Brian tocou 'Honky Tonk Women' para mim em Cotchford Farm. O arranjo era dele, mas acredito que foi regravado sem ele. Encontramos Brian cerca de cinco semanas antes de ele deixar os Rolling Stones – e estou convencido de que ele não tinha a menor ideia de que ia deixar os Rolling Stones na época –, mas havia movimentos em andamento para tirá-lo.

"Quando Brian tornou-se um Rolling Stone, parecia que havia encontrado sua alma, alcançado o que queria. A crítica o incomodava muito por nossa causa – quando havia um ataque nos jornais, ele ligava. Especialmente depois, por causa das drogas. Ele dizia: 'Estou muito chateado porque sabia que isso ia deixá-los mal'. E eu falava para ele que não, mas era claro que sim.

"Depois que ele foi preso pela segunda vez, nos ligou – estava chorando. 'Foi armação', assegurou ele. 'Dou minha palavra, pai, eu não fazia ideia de que essa maldita coisa estava lá.' Eu disse: 'Acredito em você, filho', e realmente acreditava. Ele nunca me contou uma mentira. Quando eu estava chateado com ele, mesmo quando criança, ele sempre me dizia a verdade sobre o que tinha feito.

"Nunca fui ao tribunal. Brian me pedia para não ir, então nunca fomos. Depois dos julgamentos, ele sempre telefonava para a mãe e lhe dizia que as coisas ficariam bem. Ele perguntava: 'Está um pouco melhor, mãe?'.

"E ele ligava outras vezes, com bastante regularidade – todo mês, mais ou menos. Quando se sentia feliz, seguro e forte, não ligava. E, às vezes, ele vinha nos ver, não se importava com a hora, chegava às 4h da manhã. Ele me ligava a qualquer hora da noite, de Hollywood, Viena, Paris, Melbourne... Ele ligou de Melbourne uma vez e conversamos por quase uma hora. Estava com saudades de casa. Ele estava ouvindo o funeral de Winston Churchill no rádio.

"Eu fui muito tolo uma vez. Confiei naquele motorista, Brian Palastanga. Ele veio aqui após ter levado Brian à Casa de Repouso Priory. Contei-lhe que as pessoas tinham sido rudes com a mãe de Brian – e ele repassou isso para Brian, que ficou muito chateado. Ele ligou, em lágrimas. Toda a experiência no Priory foi muito ruim para Brian, um monte de lixo psicológico que o fez se sentir uma aberração.

"A fome em Biafra afetava Brian profundamente. Ele sentia que deveria ir com Mick para Biafra e tentar fazer algo para ajudar a situação. 'As pessoas dizem que não vai adiantar nada', ele me falou, e, é muito provável, não adiantaria. Mas ele sentia demais o sofrimento dos outros – animais, outras pessoas.

"Naquela noite, na fazenda Cotchford, Brian tinha ido para a cama com seu comprimido para dormir, um 'dorminhoco', como o chamava. Ele conhecia esse Frank Thorogood, que estivera lá trabalhando no local. E o sujeito trouxe essa enfermeira para o apartamento – que ficava na garagem, longe da casa. Brian havia permitido que Frank ficasse no apartamento, mas quando veio a enfermeira, ele não gostou. Era uma cidade pequena, e Brian sabia que poderia ter problemas. Ele se levantou da cama e tentou, a Anna nos contou mais tarde, expulsar Frank, mas não conseguiu. Então eles fizeram o que foi chamado de 'festa', que eu interpreto como se tivessem tomado algumas bebidas juntos, e aí Brian ficou com sono, pois tinha tomado um remédio para dormir. Ele se levantou, tentou mandá-los embora e, após alguns drinques, decidiu nadar. Com as pílulas, a bebida e o calor da piscina – Brian mantinha a temperatura em cerca de 30 °C ou mais –, ele simplesmente dormiu na piscina.

"Nunca entendi aquela declaração que os jornais supostamente receberam de Anna sobre uma 'festa'. Se alguém estivesse planejando fazer uma festa, tomaria pílulas para dormir antes? Por quê? No inquérito, Anna nunca chegou a testemunhar – ela estava muito chateada. Fiquei horrorizado com o fato de que as pessoas sabiam que um médico havia prescrito os medicamentos que Brian tinha tomado e não falaram nada sobre isso. Ninguém fez perguntas. Escrevi uma carta à polícia dizendo que as drogas tinham receitas, para que pudessem investigar e esclarecer, de qualquer forma, que tinham sido prescritas para Brian por um médico. Enviei a carta na sexta; na segunda, o médico estava fora do país. Não tenho ideia do que isso significava."

Com os maxilares cerrados, o sr. Jones olhou para o fogo frio, incapaz, embora Brian estivesse enterrado no cemitério de Cheltenham, de deixar de querer consertar as coisas. "Acho", disse Jones, "que, quando Brian estava no sexto ano, a escola cometeu um erro. Queriam que ele estudasse ciência e tecnologia. Mas eu disse: 'O menino tem temperamento artístico – isso não deveria ser levado em consideração?'. A escola respondeu: 'Não, não é prático. Ciência e tecnologia são o mais importante hoje'. Brian não estava nem um pouco interessado nesse tipo de coisa. Lembro-me de lhe comprar um martelo quando era apenas um rapazinho. Ele não era nem um pouco atraído por isso. A maioria dos meninos adora martelos, o Brian não".

Perguntando sobre Linda Lawrence, ofendi o sr. Jones. "Você não pode esperar que eu tenha orgulho desse lado da vida do meu filho. Eu senti que Brian nunca se importou com Linda, que a única garota que ele realmente amou foi Anita."

"Mas ele, Julian, é seu neto", eu o recordei, tonto e tolo – e até que minha própria filha, cujo nome é uma homenagem a Billie Holiday, estivesse segura com meus pais, eu nunca saberia o que os Jones tinham passado.

Uma vez, sim. Uma família pode resistir uma vez, mas Brian tinha feito aquilo várias vezes. Ele era uma ameaça. Ele era loucura. Ele estava fora de controle. "Foi o fanatismo de Brian que colocou os Rolling Stones no mapa", teorizou o sr. Jones.

Eu tinha feito essas coisas – tudo que Brian fez, eu fiz –, tinha feito de propósito para pesquisar para o livro? Se sim, que horror. E se foi acidental, que horror.

Logo já era tarde e chamei um táxi. O sr. Jones, apertando minha mão, disse: "Não recebemos cartões no Natal, nada dos meninos. Se você os vir, lembre-lhes... diga a eles que, se quiserem escrever ou ligar, ficarei feliz em ouvi-los".

A caminho do hotel, sondei o motorista – que, pelo meu sotaque, notou que eu era turista – sobre o Cheltenham Spa.

"Você está meio atrasado, sabe. As águas estragaram há cerca de oito anos."

Oito anos – mais ou menos na época em que Brian deixou Cheltenham.

O motorista mencionou que tinha trinta e dois anos e era fã de Jim Reeves. Contei a ele que escrevia sobre música. "Curtia rock dos anos 1950", disse ele. "Jerry Lee Lewis, Buddy Holly. Os norte-americanos parecem ter mais sensibilidade para isso. Agora os Beatles e os Rolling Stones e toda essa bobagem – um deles é daqui, na verdade."

"Sério, quem?"

"Um que morreu. Na verdade, ele morava a apenas cinco ou seis portas de onde você estava esta noite. A mãe e o pai dele ainda moram lá. Às vezes aparecem, tipo fãs, que vão ver seu túmulo. Esses dias, duas garotas alemãs, não falavam uma palavra de inglês, vieram na época do Natal – um negócio maluco e doentio. Bem, boa noite."

Na manhã seguinte, deixei minhas malas na recepção, saí do hotel e peguei um táxi para o cemitério, na Priory Road. Estava nublado, depois choveu, e, em seguida, o sol começou a brilhar, forte e quente. Quando chegamos ao cemitério, começou a chover de novo, algumas gotas. Entramos até certo ponto, mas um homem que aparava as flores ao lado do caminho nos parou, então pedi ao motorista que me esperasse. Descendo um acesso à esquerda, virei à direita e ali, numa esquina ao sul da igreja, estava o túmulo de Brian, com seu pequeno marcador de metal. Nenhuma pedra ainda; leva pelo menos um ano para o solo assentar depois de ser perturbado por coveiros.

Parecia tão pequeno, como a antiga casa de Brian, que mais uma vez tive a sensação de que aquilo devia estar errado – mas estava certo; este homenzinho, não mais do que um menino na verdade, daquela casinha, agora neste pequeno túmulo.

De pé diante da sepultura, no modesto cemitério na periferia de Cheltenham, dava para ver Cotswolds ao longe, não muito distante, não muito alto, colinas verdes perfeitamente decentes. A igreja do cemitério ficava ali perto, uma construção medieval simples de pedras pardas e cinzentas, decorada e protegida por grifos escamosos e rosnadores, com sua torre alcançando o céu cinza. A chuva estava mais forte agora, embora pinheiros abrigassem os jazigos. O número do túmulo de Brian é V11393, um único terreno numa estreita curva em um canto do cemitério, ao lado de Albert "Bert" Trigg, amado marido de Ethel.

Três ramos de flores estavam sobre o túmulo, além de um poema escrito com a mãozinha redonda e insegura de uma colegial numa folha de papel branca, dobrada e embrulhada com celofane para protegê-la da chuva, mas já desvanecendo-se com a condensação de orvalho de cada dia.

Only the living die
By the hand of life
Privileged, Branded
Spoken to when alone
By the voice of earth
Marked through multiplying nights
Of sorrow and defeat, eaten by
Victory.[121]

121 Só os vivos morrem/ Pela mão da vida/ Privilegiado, marcado/ Falamos quando sozinhos/ Pela voz da Terra/ Marcados através de noites repetidas/ De tristeza e derrota, comidos pela/ Vitória. (N.T.)

E então, na parte inferior da página, com a mesma letra: "Mas nunca será o mesmo sem o garoto que adorávamos".

Recoloquei o bilhete, de pé sobre o túmulo, com a chuva caindo ao redor, e olhei para onde a luz do sol brilhava nas colinas.

33

Quem fala de vitória?
Sobrevivência é tudo.

Rainer Maria Rilke:
"Réquiem para o Conde Wolf von Kalckreuth"

QUANDO ACORDEI, era uma manhã clara de domingo em São Francisco, dia de Pearl Harbor. Eu me vesti e desci para a suíte de Keith. Charlie, Mick Taylor, Gram, Michelle e Emmaretta estavam lá. Mick tinha pego o voo das 9h para Genebra, levando consigo o dinheiro que os Stones tinham recebido nos EUA. Ele e Jo viajaram juntos. Bill e Astrid pegaram o mesmo avião para Nova York, depois iriam para a Suécia passar as férias.

Na sala de estar de Keith, cheiramos cocaína e tomamos Old Charter no café da manhã, trocamos endereços de contato e, de repente, tudo acabou. Descemos e pegamos as últimas limusines para o aeroporto na luz da manhã. No rádio, Buster Brown estava cantando: "Well, I want somebody to tell me what's wrong with me, I ain't in trouble, so much as misery[122]".

No aeroporto, nos abraçamos e fomos embora. Gram e Michelle estavam indo para Los Angeles. Eu seguia para Memphis e, depois, para Londres. Keith, Charlie e Mick Taylor iriam para a Inglaterra; Charlie para Shirley e Serafina, Keith para Anita e Marlon. Brian, por sua vez, estava hospedado no cemitério perto da encosta.

122 "Bem, quero que alguém me diga o que está errado comigo, não tenho problemas, o que tenho é tristeza." (N.T.)

Em Genebra, o primeiro funcionário da alfândega que viu Mick logo chamou a polícia. Mick e Jo foram revistados, como dizem, no corpo, mas os únicos itens questionáveis que a polícia encontrou estavam na bagagem de Jo, comprimidos de ervas de um naturista de Los Angeles, então eles logo foram autorizados a entrar no país. Abriram uma conta bancária, depois pegaram um Learjet com um piloto alemão para Nice, onde Marsha Hunt juntou-se a eles para passarem o dia olhando casas no Sul da França. No dia seguinte, voaram para Gatwick com um piloto francês. Nos Alpes, Mick e Jo discutiram planos para o próximo ano. Após o julgamento de drogas de Mick, havia o novo single, "Brown Sugar", que seria lançado no início de fevereiro. Mick achava que os Stones deveriam passar fevereiro gravando e organizando uma turnê que incluísse todas as principais capitais europeias e Moscou. A gravação deveria se estender até março e abril, enquanto a turnê começaria com um show de 1º de maio, em algum lugar no meio da Europa, e terminaria em Moscou, em junho. (Os Stones conheciam pessoas que conheciam pessoas que conheciam uma mulher que tinha sido amante de Khrushchev e agora era ministra da Cultura. Ela era considerada bastante moderna e, portanto, parecia uma possibilidade razoável.) Houve também uma oferta para shows dos Rolling Stones no Japão. Em julho, se a imigração permitisse, eles apareceriam em festivais nos Estados Unidos. Passariam agosto de férias, setembro e outubro gravando, novembro na estrada e dezembro estava longe demais para se pensar. Aconteceu pouco desses planos, e esse pouco não foi nada como o esperado.

Keith, Charlie e Mick Taylor chegaram à Inglaterra no início da manhã de um novo dia, cansados, com *jet lag*, ainda em choque por Altamont, prontos para qualquer coisa, Moscou, Japão, o mundo, o que fosse preciso. Mas antes teriam de encarar a horda de repórteres de jornais e fotógrafos em Heathrow, além de Anita, que estava lá com Marlon. A grande fofoca era que Anita poderia não ter permissão para ficar no país a menos que ela e Keith se casassem para remover seu status de estrangeira. "Keith, eles estão me expulsando do país", disse ela, interpretando a cena ao máximo, segurando no alto o bebê que ela temia que fosse de Brian.

"Keith, o que você tem a dizer sobre isso? O que você vai fazer?", os repórteres perguntavam, aglomerando-se ao redor dele como fizeram milhares de vezes antes.

"Vamos resolver isso mais tarde", respondeu Keith, dirigindo-se para a saída, "mas primeiro eu tenho que descansar um pouco".

CODA

Muito continua sem ser contado, mas pelo menos você tem que ouvir a banda tocar. Após a turnê que se encerrou com Altamont, fui morar na Inglaterra e fiquei lá até que, após um certo fim de semana em Redlands, decidi que se Keith e eu seguíssemos mergulhando no mesmo saco, não haveria livro e nós dois estaríamos mortos.

Passei um tempo com os Stones em turnês futuras, e eles sempre foram bons, mas nunca parecia haver tanto em jogo. Havia, porém, o mesmo tanto em jogo, mas era mais difícil de ver. Por um lado, nunca mais fomos para o deserto, acima de todas as leis. Em concertos posteriores dos Stones, dei meus assentos a pessoas como Sir John Gielgud e, uma vez, a um candidato a vice-presidente dos Estados Unidos. Guitarristas, produtores e mulheres – exceto Shirley Watts – iam e vinham, coisas terríveis e maravilhosas aconteciam em salas de concerto, arenas ao ar livre, boates, prisões, tribunais, quartos enquanto persistíamos em nossa loucura.

Hump yo'se'f ter de load en fergit de distress,
En dem w'at stan's by ter scoff,
Fer de harder de pullin', de longer de res',
En de bigger de feed in de troff[123].

Joel Chandler Harris:
"Time Goes by Turns", *Uncle Remus, His Songs and His Sayings*

123 Curve-se sobre o peso e esqueça o sofrimento,
E coma o que está na sua frente,
Porque quanto mais forte a fadiga, mais longo o descanso,
E a comida mais abundante no comedor. (N.T.)

EPÍLOGO
METADE DA ETERNIDADE

Escrever este livro parecia, na época, uma boa ideia. E foi, no sentido de que o palpite que mencionei no capítulo 7 era justificado, algo realmente estava prestes a acontecer, e eu não perdi. Mas o livro não trouxe nenhum dos benefícios que eu esperava, financeiros ou não – e não trouxe até hoje, às vésperas do ano 2000. Tinha imaginado escrever um livro contendo sexo, drogas, rock and roll, violência, assassinato, caos, comédia, tragédia. Um livro que me possibilitaria voltar ao meu país natal, o Sul da Geórgia, e escrever as histórias que eu sentia que nasci para contar.

Bom, *As Verdadeiras Aventuras* continha todos esses elementos, mas não se mostrou comercial. Continuo, talvez de maneira teimosa, a acreditar que isso não foi por culpa dele. A culpa foi parcialmente minha, suponho, por levar quase quinze anos para escrever o livro. Quando foi lançado, no final de 1984, a atmosfera nos Estados Unidos era radicalmente diferente do que havia sido no final dos anos 1960. Ronald Reagan era presidente, e as forças da ganância tinham triunfado. O militarismo, o capitalismo *laissez-faire*, a indiferença aos sofrimentos dos pobres foram considerados atributos positivos. Os hippies e yippies tinham sido substituídos por yuppies, jovens profissionais urbanos. E embora algumas pessoas tenham colocado adesivos em seus carros dizendo "Die Yuppie Scum[124]", eles não morreram, e sim se reproduziram. Dá para ver os filhos deles no shopping mais próximo, usando calças *baggies* e *piercings* no nariz.

Por que demorou tanto para escrever o livro? Tive de esperar o prazo de prescrição expirar, eu disse, mas esse não foi o principal motivo. Tive de me tornar uma pessoa diferente do narrador para poder contar a história. Isso

124 Morra, lixo yuppie. (N.T.)

foi necessário por causa da mágoa, da decepção, do desgosto, do arrependimento, do remorso. Todos nós, Stones, fãs, aproveitadores, parasitas, observadores, estávamos cheios de otimismo lá no outono de 1969, otimismo que os anos seguintes provaram ser completamente injustificado. Tanto em nossa vida privada, como na vida pública de nosso tempo, fomos decepcionados, pelos outros e por nós mesmos. Esta é a experiência de todas as gerações, mas acreditávamos que éramos diferentes, que, de alguma forma, tínhamos sido escolhidos, ou ungidos, para o sucesso, para o amor e para a felicidade. Estávamos errados.

Meu problema em escrever a história foi expresso em uma música de Bob Dylan: "If you can't bring some good news, don't bring any[125]". Que boas notícias eu tinha para trazer? Dia e noite, durante anos, procurei a resposta para essa pergunta. A ação no livro não foi tão desanimadora quanto a ação que se seguiu e parecia negar tudo o que havia acontecido antes. O significado de Altamont pode ser exagerado, mas depois as coisas foram diferentes, e não apenas para os Rolling Stones. Era como se, em resposta a esse acontecimento, os jovens da época entrassem em suas vans com seus cachorros grandes e feios e companheiras de cabelos trançados e, cheirando a patchuli, se dirigissem para as colinas.

Eu mesmo fiz uma versão disso, morando em uma cabana em Ozark, no Arkansas, por quase uma década. Como meus contemporâneos, tentei esquecer esse negócio de salvar o mundo. Mas eu tinha essa história, esse fardo para carregar, e não podia, não conseguia deixá-la. Eu acreditava que era, apesar de tudo, uma história de valor duradouro, mas contá-la, diante da depressão clínica, da dependência em drogas, da agitação doméstica, quase me matou. Eu estava tão dilacerado que, às vezes, implorava pela morte. Por anos, eu a provoquei quase constantemente, me jogando enfim de uma cachoeira numa montanha do Norte da Geórgia sobre as pedras de granito abaixo, esmagando meu rosto, quebrando minhas costas. Foi um acidente. Acho.

125 "Se não puder trazer boas notícias, não traga nenhuma." (N.T.)

O *I Ching* nos diz que o homem superior é como uma brisa suave que não para de soprar na direção de seu destino. (Desesperado por orientação naqueles anos, às vezes, consultava o *I Ching* com tanta frequência que eu recebia a leitura que significa, na verdade, "pare de me incomodar".) Não importa quantas vezes perdia o rumo, sempre voltava à minha história. Em alguns momentos, quando quase nada mais funcionava, parecia fazer algum sentido.

O cineasta francês François Truffaut certa vez fez uma espécie de koan zen[126] ao afirmar que os filmes não deveriam dizer nada e, quando perguntado se era possível um filme não dizer nada, respondia que não era. Ele queria dizer, é claro, que os filmes deveriam mostrar, não contar. Essa também é a tarefa da representação em prosa – mostrar, não contar. O que é impossível. Vários leitores reclamaram das epígrafes dos capítulos, algo de que continuo gostando bastante. Eu pretendia que as epígrafes apresentassem, ou pelo menos indicassem, uma história companheira, como o conto do lendário trompetista de jazz Buddy Bolden, entre outros, para mostrar que os Stones tinham precursores, faziam parte de uma tradição. Também tentei, com as citações de Brown, Freud, Lovell, Nietzsche e assim por diante, colocar essa tradição dentro da história religiosa e intelectual ocidental. Não me admiro que as pessoas reclamassem. Mas senti, e ainda sinto, que o uso das citações era justificado. Por um lado, a história era sobre algumas pessoas viajando por aí para tocar para jovens dançarem, como observou a notável filósofa Shirley Watts. Por outro lado, parecia, um pouco por causa dos números envolvidos – milhões de pessoas se importavam com os Stones até certo ponto, pelo menos o suficiente para lhes dar dinheiro –, que havia um significado maior.

A guerra no Vietnã, os assassinatos, os tumultos, as manifestações, o combate às drogas, tudo fazia parte do período, o pano de fundo contra o qual o narcisismo do rock and roll representava seus dramas (em última análise, mesqui-

126 O koan é uma forma de narrativa, diálogo, pergunta ou afirmação no budismo zen que contém aspectos que são inacessíveis à razão, cujo objetivo é propiciar uma iluminação espiritual do praticante de budismo zen. (N.R.)

nhos, talvez). Mas os contrastes eram tão fortes – personagens como Brian Jones, Gram Parsons e John Lennon coexistindo com Nixon e seus comparsas Spiro Agnew e John Mitchell. Os bandidos eram tão fáceis de identificar.

Então tudo pareceu mudar ao redor. A guerra, um erro óbvio e feio, durou outra meia década. O presidente Carter pelo menos reconheceu o mal-estar da vida americana na segunda metade dos anos 1970, mas pouco pôde fazer para mudá-lo. Quem mudou foi Reagan, dando ao país o que ele desejava, ou seja, a negação. *Dias do Vale da Morte* reprisado como *Manhã na América*. Enquanto isso, muitos de nós continuávamos tomando drogas para adormecer a dor da perda. Tínhamos abandonado amores, amigos, objetivos, fé. É um milagre que tenhamos sobrevivido.

Parte do motivo pelo qual o livro permanece até hoje pouco mais do que um boato é a forma como foi publicado, uma espécie de cruzamento entre uma bobeira de fã e história cultural séria. Se estiver bem escrito, que as pessoas descubram depois, aconselhei, não sendo otimista o suficiente para acreditar que muitos leitores, sobretudo os que tinham algum interesse pelos Rolling Stones, compravam livros pela qualidade da escrita. Soube que, em minha feliz terra natal, 3% das pessoas compram livros de capa dura. Que parte minúscula desses 3% lê por causa do estilo? Na verdade, havia alguns anúncios impressos para o livro, a editora fazendo um enorme investimento de fé. Os anúncios apareceram no *Times* de Nova York e Los Angeles, jornais lidos diariamente por todos os fãs dos Stones... claro que não. Não foi investido nem mesmo um classificado na *Rolling Stone*. Pelo preço dos anúncios nesses dois prestigiosos jornais das duas costas, daria para ter comprado pelo menos um anúncio de tamanho modesto que alguém que se importasse com rock and roll poderia ter visto. Mas o editor do livro, que estava no segundo ano do Ensino Médio quando Jimi Hendrix morreu, tinha por vários motivos uma atitude desdenhosa com o fundador da *Rolling Stone*, Jann Wenner, e rejeitou com orgulho a ideia de comprar espaço publicitário dele. Isso fez o livro pouco conhecido entre os fãs de música.

Minha ideia era fazer eventos de lançamento em lojas de conveniência, 7-Elevens, aeroportos. Um conceito recebido com total falta de compreensão por parte da editora. Os Stones eram um fenômeno de massa, então por que não ir no lugar em que seus fãs estavam? Mais uma vez, eu estava simplificando demais o que as pessoas inteligentes haviam complicado para seus próprios fins. Aqui está o que eu aprendi: as prateleiras desses lugares são alguns milímetros menores do que os livros, mesmo as edições pequenas. Seu destino está selado.

Na Inglaterra, onde o negócio não era tão perverso, o livro foi promovido com habilidade e inteligência – por Susan Boyd, esposa do romancista William Boyd – e apareceu na lista de mais vendidos do *London Times*. Desde o início, mesmo antes de ser concluído, foi sucesso de crítica. Ou seja, pessoas que escrevem bons livros, como Mikal Gilmore, Harold Brodkey e Robert Stone, leram e elogiaram muito, fazendo com que eu sinta que meu tempo não foi completamente desperdiçado.

Tentei, de modo tão consciente quanto fui capaz, escrever um livro sobre pessoas famosas como se fossem completamente desconhecidas do leitor, para que cem anos depois, digamos, alguém pudesse pegar o livro e lê-lo apenas pela história, para entender os destinos dos personagens. Claro, não consegui por completo, mas devo admitir que não me envergonho da tentativa.

“Este livro conta muito mais sobre Stanley Booth do que você jamais quis saber”, escreveu um crítico de Chicago. Ele não estava sozinho nessa opinião. Na verdade, a tradução alemã deixou de fora um capítulo inteiro, certamente porque não era sobre os Stones. Mas meu objetivo era escrever algo mais complexo do que uma biografia tradicional.

O livro possui, como poucos notaram, um formato altamente deliberado. Suas três seções são precedidas por cenas de Altamont, o local do clímax da história. Esse apogeu aparece logo depois de desmaiarmos (mentalmente) com Shirley Arnold no túmulo aberto de Brian Jones. Desde o início, tive a sensação de que narrar a história de Brian e a história da turnê de 1969 em sequência alternada daria um final poderosamente emocional. Depois de Altamont, nos encontramos de volta onde estávamos trinta capítulos antes, no

Capítulo 2, a sala de estar dos pais de Brian com Jinx, o gato. O poema no túmulo de Brian foi um presente de Deus para o escritor, junto com a chuva e a luz do sol brilhando nas colinas. Nada mais a fazer depois disso, a não ser ir para casa e descansar.

O livro foi escrito em várias mídias. Primeiro, em miniblocos de notas que eu enfiava na frente do meu jeans antes de subir no palco para buscar refúgio atrás dos amplificadores de Keith. Mais tarde, em blocos de notas regulares, usados três ou quatro de cada vez, nos quais reescrevia passagens em um e, depois, em outro, chegando finalmente a uma versão aceitável. O corpo do livro foi criado em uma máquina de escrever Royal com papel tamanho padrão, da mesma forma que Kerouac, um dos principais guias de estilo do livro, usava papel teletipo. (Os outros heróis estilísticos foram Vladimir Nabokov, Evelyn Waugh e, acima de tudo, Raymond Chandler. Tentei fazer com que cada frase pudesse ser dita pelo narrador-detetive de Chandler, Philip Marlowe). Por fim, datilografei as páginas em uma Adler, que soube ser o tipo de máquina de escrever que Hitler tinha, muito boa.

O rascunho nas páginas tamanho padrão estava em espaço simples, sem letras maiúsculas ou pontuação, exceto por traços aqui e ali, o mais impenetrável que consegui. Havia uma razão para fazer isso. O contrato original do livro previa um adiantamento de 51 mil dólares, uma boa soma nos anos 1960. Ao assinar, recebi dez mil dólares. Mas, logo depois, um livro antigo sobre os Stones, uma brochura, basicamente um trabalho de recortes de um repórter de um jornal britânico, foi republicado com novas fotos e uma atualização até Altamont. O editor do que se tornou *As Verdadeiras Aventuras* se ofendeu, dizendo que esperava um exclusivo e propondo cortar o adiantamento para 26 mil dólares. A essa altura, eu já havia gastado os dez primeiros e precisava de dinheiro para viver. Meu agente sugeriu que eu aceitasse a redução do adiantamento. Durante sua vida ele poderia fazer centenas de livros com a editora, mas só alguns – ou talvez apenas um – comigo. Desesperado, aceitei, entregando metade do manuscrito e recebendo outros oito mil dólares – e essa foi praticamente toda a minha compensação financeira por contar esta história.

Após a traição do meu agente e alguns problemas com a lei, desapareci nas montanhas Boston do planalto de Ozark. De volta à minha casa em Memphis para uma visita alguns anos depois, recebi uma carta da agência informando que a editora havia solicitado formalmente a entrega do manuscrito, uma preliminar para exigir a devolução do adiantamento. Minha resposta foi ir até a cozinha, pegar uma faca de açougueiro, apanhar um travesseiro no quarto, abri-lo, juntar um punhado de penas, dobrá-las em uma folha de papel de datilografia, enfiá-la em um envelope e enviá-la à agência. Então voltei às colinas, onde fiz o manuscrito o mais próximo do ilegível que pude por paranoia – talvez –, pois preferia morrer a abandoná-lo antes que ele, não eu, estivesse pronto. Pensei que poderia ser a última coisa que faria, se conseguisse fazer, e queria que fosse correto, ou o mais próximo que pudesse chegar.

Quando finalmente o livro ficou pronto, acabei publicando-o em outro lugar e devolvendo o dinheiro ao pretenso editor original. O adiantamento, 20 mil dólares, me permitiu fazer isso e pagar meu novo agente – sem sobrar nada. Mas, ei, tenho que ouvir a banda tocar.

Uma nota sobre o título da primeira edição de capa dura – eu chamei o livro de *As Verdadeiras Aventuras dos Rolling Stones* todo o tempo (considerável) em que estive escrevendo. Algum gênio da editora, porém, teve a ideia inspirada de chamar a primeira edição de capa dura de *Dança com o Diabo*. (Os editores geralmente não dão a mínima para o que os escritores pensam que deveria ser o título de seus livros, e, em qualquer caso, eles mesmos são, sem exceção, escritores frustrados, desesperados para demonstrar o que sinceramente acreditam ser sua criatividade superior. Escritores jovens e inéditos considerem-se avisados.)

Pois bem, esta edição chegou e, pela habilidade de marketing da editora, desapareceu *muy pronto*. Como o livro vendeu muito bem no Reino Unido sob seu título real, a edição em brochura norte-americana foi chamada *As Verdadeiras Aventuras*. O engraçado é que, alguns anos depois, a mesma editora lançou um romance do ator Kirk Douglas, chamado *Dança com o Diabo*. Alguém naquela editora realmente gosta desse título e pode continuar chamando os livros assim até que um deles seja um grande sucesso.

Apesar de tudo, o livro ganhou o prêmio Deems Taylor da Sociedade Americana de Compositores, Autores e Editores. (Deems Taylor foi o Leonard Bernstein da Segunda Guerra Mundial. Leonard Bernstein foi... deixa pra lá.) Com isso, surgiram outros problemas. Um amigo me deu uma festa no St. Regis, com a presença de Harold Brodkey e muitas outras pessoas, incluindo Jerry Wexler, o único com boas maneiras para ligar no dia seguinte e me agradecer por convidá-lo. "Jerry", eu disse, "preciso falar com você".

"Querido", ele respondeu, "vamos tomar um *brunch* no Friars no sábado. Eles têm salmão defumado e bagels".

Quando nos encontramos (o Friars estava ótimo, comida excelente, Buddy Hackett estava lá), eu falei a Wexler que havia sido chamado para participar de um programa de TV global que se repetia quatro vezes em quatro dias, visto por milhões internacionalmente. Eles me ligaram por volta do meio-dia de uma segunda-feira, me disseram que queriam que eu participasse do programa, e eu pedi que ligassem para minha editora e marcassem. "Por favor, me ligue de volta", eu avisei. Depois disso, o telefone não tocou por horas. Por volta das 17h, comecei a ligar para o escritório de publicidade da editora. Nenhuma resposta. Por volta das 19h, liguei para o assistente do meu editor, a única pessoa no prédio em quem eu sabia que podia confiar. "Mark", eu disse, "você poderia, por favor, andar pelo corredor e pedir que alguém da Publicidade atenda o telefone?". Ele disse que faria isso.

"Alô?", um publicitário respondeu, momentos depois.

Eu me apresentei. "Você já ouviu falar do programa de entrevistas?"

"Sim."

"Oh, ótimo. Você resolveu tudo?"

"Dissemos a eles que havia um conflito na agenda."

"Você disse a eles o quê?"

"Eles querem que você participe do programa, vão fazer quando você quiser."

"Ligue de volta. Peça desculpas e diga que faremos quando eles quiserem."

"Você não fez nada para se desculpar."

"*Eu sei.*"

Escritores não conseguem aparecer na televisão. Essa era a norma. Àquela altura, 1985, apenas Truman Capote e, raramente, Norman Mailer e Gore Vidal conseguiam tempo no ar. William Styron, Philip Roth, James Jones, Kurt Vonnegut, todo o resto podia esquecer. Ofereceram-me uma oportunidade literalmente de ouro que o pessoal de publicidade da minha editora simplesmente jogou no cesto de lixo. Contei tudo isso a Wexler.

"Você está lutando", afirmou ele, "o que eu chamo de batalha do edifício".

"Mas Jerry", eu disse, cheio de minha ignorância como sempre, "se essas pessoas promovessem este livro, poderiam ganhar algum dinheiro. Por que eles não querem ganhar dinheiro?".

"O que você está dizendo não elimina a verdade de minha afirmação", Wexler continuou placidamente. "Em algum lugar daquele prédio há um homem. E o homem não fez *isso*." Ele demonstrou com um aceno poderoso. "Se esse homem fizesse esse gesto, essas pessoas que você acha tão incompetentes iriam surpreendê-lo com sua capacidade de cuidar dos negócios."

Era isso. Eu sabia que estava ferrado pela duração desse contrato. Nada a fazer a não ser ir para casa e escrever outro livro.

Então, quatorze anos depois, a editora deixou o livro esgotar, tornando possível esta nova edição. Ao longo de todo esse tempo, eles não me pagaram um dólar de *royalties*. Não ganhei *royalties* na edição em brochura porque a capa dura havia sido publicada sem sucesso. O livro vendeu muitos milhares de exemplares e gerou uma grande renda, mas não para mim. Crianças, cuidado.

Cinco anos após a publicação inicial do livro, fiz uma entrevista na *Playboy* com Keith Richards. Os Stones tinham, naquela época, se separado. Keith e Mick se falavam apenas para discordar e estavam em turnê com diferentes bandas como artistas solo. Keith casou-se com a modelo Patti Hansen e teve duas filhas louras, Theodora e Alexandra. Ele ficou sentado jogando cigarros para o alto e pegando-os com a boca. Nós dois tínhamos ficado bem mais tranquilos. "Agora custa a Keith e a mim um centésimo do que custava para passar uma noite", escrevi na introdução.

Nesse período, eu assisti a Keith e sua banda X-pensive Winos em seu aniversário. Sarah Dash, a cantora negra que apareceu no álbum do Winos, cantou no palco com Keith. Mais tarde, perguntei a Theodora, de quatro anos, que viu o pai se apresentar naquela noite pela primeira vez, se ela havia gostado do show.

"Eu quero ser uma garota negra", disse ela. Algo inevitável, pensei.

A última vez que assisti aos Stones, entrei como um civil, com um ingresso. Na entrada, logo após a bilheteria, uma garota estava distribuindo pedidos de Rolling Stones Visa e MasterCard com o logotipo da língua. Tive uma visão da OTAN alugando a língua para colocar em helicópteros, tanques, bombas. Nos anos 1960, acreditávamos em um mito – que a música tinha o poder de mudar a vida das pessoas. Hoje acreditam em outro – que a música é apenas entretenimento. O mito dos anos 1960 era, preciso dizer, muito mais interessante – mas não tão eficaz quanto uma ferramenta de merchandising. Assim como parece ter perdido o último resquício de significado moral ou social, de modo que não é mais contracultural. O rock and roll agora pode se tornar o Abre-te Sésamo para um nirvana de patrocínio corporativo – bebidas recreativas, roupas de grife, acessórios e armas para centros de conflito para maior glória de Deus e do homem.

Os descendentes dos Stones, aqueles que conscientemente acreditam que eles faziam parte de uma tradição valiosa, como os Black Crowes, operam em um ambiente cultural onde tudo é *déjà vu*. É como se sua empresa estivesse presa entre aspas. Eu vi os Black Crowes, acompanhados por membros do Dirty Dozen, quando se mostraram melhores do que os Stones foram em mais de vinte anos, mas o que os cerca mudou. Sob a presente repartição, somos todos bons capitalistas juntos. Há bandas com programas sociais, de rappers a Kevorkian Death Cycle. Mas todo o negócio da música é tão fragmentado que o protesto é irrelevante, completamente contido em um sistema de embalagem e distribuição que não muda nada, exceto a renda das pessoas no sistema. Enquanto isso, crianças morrem de fome, governos matam prisioneiros, guerras continuam acontecendo, trilhões de dólares são desperdiçados em armas insanas e perigosas. Eu acho que a música pode parar essas coisas? Não. Acho que ela deveria tentar? Talvez não diretamente. Mas considere este verso que eu costumava ouvir Furry Lewis cantar: "My ole mistress promised me, when she died, she'd set me free; she lived so long till her head got bald, and God had to kill her with a white oak maul". Não consegue ouvir o protesto nisso? Elvis Presley costumava chamar "Hound Dog" ("You told me you was high-class… well, that was just a lie[127]") de seu hino de protesto. Está no coração desta música uma profunda tensão de insurreição misteriosa, sem a qual a canção morre.

Mark Twain afirmou que, se você escrevesse bem o suficiente, seu trabalho duraria "para sempre – e, para sempre, quero dizer trinta anos". *As Verdadeiras Aventuras*, publicado pela primeira vez nos Estados Unidos em 1984, durou pouco mais da metade da eternidade. O que quer que sejam agora, ou que venham a ser no futuro, os Rolling Stones, quando jovens, se colocaram em perigo muitas vezes por causa de quem eram, o que eram, como viviam, no que acreditavam. Durante partes desses anos, eu estava com eles. Algumas pessoas sobreviveram a essa época, outras não. *As Verdadeiras Aventuras* é a história daqueles dias, quando o mundo era mais jovem, e os significados eram, ou pareciam ser, por um tempo, mais claros. Quase uma eternidade atrás.

127 "Você me disse que tinha classe. Bom, era mentira." (N.T.)

Este livro foi composto em Liberation Serif e impresso em pólen 70g pela gráfica Impress, em novembro de 2022.